企业合规与社会治理

主　编◎陈瑞华　李玉华
副主编◎马明亮　尹云霞

法律出版社 LAW PRESS · CHINA | 北京

图书在版编目(CIP)数据

企业合规与社会治理 / 陈瑞华，李玉华主编. -- 北京 : 法律出版社，2021
ISBN 978 - 7 - 5197 - 5892 - 9

Ⅰ. ①企… Ⅱ. ①陈… ②李… Ⅲ. ①企业法 - 研究 - 中国②社会管理 - 研究 - 中国 Ⅳ. ①D922.291.914 ②D63

中国版本图书馆 CIP 数据核字(2021)第 176433 号

企业合规与社会治理
QIYE HEGUI YU SHEHUI ZHILI

陈瑞华　李玉华 主编
马明亮　尹云霞 副主编

策划编辑 高　山
责任编辑 高　山　许莹洁
装帧设计 汪奇峰

出版发行 法律出版社
编辑统筹 学术 · 对外出版分社
责任校对 周合芝
责任印制 陶　松
经　　销 新华书店
开本 710 毫米 × 1000 毫米　1/16
印张 27.75　**字数** 433 千
版本 2021 年 10 月第 1 版
印次 2021 年 10 月第 1 次印刷
印刷 三河市龙大印装有限公司

地址:北京市丰台区莲花池西里 7 号(100073)
网址:www.lawpress.com.cn
投稿邮箱:info@lawpress.com.cn
举报盗版邮箱:jbwq@lawpress.com.cn
销售电话:010 - 83938349
客服电话:010 - 83938350
咨询电话:010 - 63939796

书号:ISBN 978 - 7 - 5197 - 5892 - 9　**定价**:118.00 元
凡购买本社图书,如有印装错误,我社负责退换。电话:010 - 83938349

编 者 简 介

陈瑞华

北京大学法学教授，博士生导师，北京大学法学院学术委员会主任。兼任中国法学会常务理事，最高人民检察院专家咨询委员会委员，中国检察理论研究会副会长。曾获中国法学会全国十大杰出青年法学家称号，教育部“长江学者奖励计划”特聘教授。主要研究诉讼法、证据法、司法制度、企业合规等领域。著有《刑事诉讼法》《刑事证据法》《刑事审判原理论》《刑事诉讼的前沿问题》《程序正义理论》《程序性制裁理论》《企业合规基本理论》等。

李玉华

中国人民公安大学法学院院长、教授、博士生导师，中国人民公安大学企业合规与社会治理研究院院长。兼任教育部高等学校法学类专业教学指导委员会委员、中国刑事诉讼法学研究会常务理事、中国案例法学研究会常务理事等。主要研究领域为刑事诉讼法学、证据法学、数据法学。基础理论代表作《刑事证明标准研究》，应用研究代表作《侦查人员合法取证指引》《警察出庭作证教学示范DVD》《论独立统一涉案财物管理中心的建立》。

编 者 简 介

马明亮

中国人民公安大学法学院教授，社会治理与企业合规研究院副院长，博士生导师。中国警察法学研究会理事。研究领域为：刑事诉讼法学、大数据、人工智能、区块链与刑事司法的融合问题。出版个人学术专著两部，教材两部，在《中外法学》《法学家》《法律科学》等刊物发表学术论文五十余篇。主持国家课题一项、省部级课题三项，参与国家、部级课题十余项。

尹云霞

方达律师事务所合规及政府执法业务的负责合伙人，合规领域的领军律师。尹律师连年被国际知名评级机构钱伯斯亚太及Legal500分别评为中国“企业调查/反腐败”及“监管/合规”和“数据保护”第一等律师，被司法部评为走出去的“十佳合规律师”。尹律师代表中国入选B20合规组专家，为G20首脑提供合规建议。尹律师连年主笔《中国年度合规蓝皮书》。

序　言

2020年12月20日,“企业合规与社会治理专题研讨会”,暨“中国人民公安大学企业合规与社会治理研究院成立仪式”,在中国人民公安大学木樨地校区召开。本次会议由中国人民公安大学法学院、中国人民公安大学企业合规与社会治理研究院、方达律师事务所联合举办。来自司法机关、行政监管机关的工作人员,中国知名企业负责人,合规领域的优秀律师,中国人民公安大学校内人员等一百六十余人积极参与了本次会议。本论文集是本次会议的重要成果展示。

企业合规作为一个国内新兴的交叉领域,近年来成为我国法学理论界与实务界、企业界讨论的一个热门话题,也成为律师业务新的增长点。作为一个舶来品,企业合规代表着一种新型的社会治理模式。可以说,合规已经成为一种世界趋势,是企业走向世界的通行证。我国企业也不例外。正如陈瑞华教授所言,随着改革开放的逐渐深入,越来越多的中国企业走出国门,越来越多的外国企业来到中国,这样的“一来”“一往”促进了企业合规机制在我国的发展,并逐渐被视为公司治理的重要方式。我国企业合规制度的发展就是在这样的背景下逐渐发展起来。

我国对合规体系的重视起始于金融监管部门,主要集中在经济法的各项领域,如反垄断、证券与金融监管以及跨国商业行为。自2005年期,中国行政监管部门陆续颁布《中国银行合规风险管理指引》《保险公司合规管理办法》《合规管理体系指南》《证券公司和证券投资基金管理公司合规管理办法》《中央企业合规管理指引(试行)》《企业境外经营合规管理指引》等,加强对国有企业、跨国企业的合规建设。2018年的中兴事件,可以说是我国企业合规的里程碑事件,让企业合规真正进入了我国理论界、实务界的视野。近些年,党中央的重要文件都在进一步肯定合规的重要意义。例如,中共中央、国务院印发的《关于营造更好发展环境支持民营企业改革发展的意见》明确要求:“推动民营企业守法合规经营。"《中华人民共和国国民经济和社会发展第十四个五年规划和2035年远景目标纲要》提出:"引导企业加强合规管理,防范化解境外政治、经济、安全等各类风险。""推动民营企业守法合规经营……"等。同时,人力资源社会保障部会同国家市场监督管理总局、国家统计局在2021年正式将"企业合规师"纳入《中华人民共和国职业分类大典》,可见在国家层面对合规的支持与重视。

同时,企业合规制度作为一种预防、发现、制止企业犯罪的机制,可以作为一种犯罪治理的方式。在刑事合规领域,这种方式可以外化为合规不起诉制度。该制度起源于美国,在20世纪90年代初,由审前转处协议演变而来。由于具备以下显著的优势,合规不起诉制度在后安然(Enron)时代,得到各国广泛关注,也受到检察官的青睐。(1)对企业而言具备除罪化功能。合规不起诉能使企业与有罪判决相隔离,避免企业因被定罪而死亡。(2)在犯罪治理角度具有突出的社会效果。对检察官来说,合规不起诉可以提升刑事诉讼效率,节约诉讼成本,重建股东与社会对企业的信心,避免对无辜第三人产生不利影响以及其他可能致使企业遭受巨大损失的附带效应,如丧失与政府签订合同的资格等。2014年,英国通过《犯罪与法院法》正式确立了暂缓起诉制度。2016年,法国通过《萨宾第二法案》设立强制合规的制度,并确立极具法国特色的暂缓起诉制度。2018年,加拿大、澳大利亚、新加坡也纷纷效仿英国,正式确立暂缓起诉制度。这些国家,均将企业重建合规体系纳入协议之中,作为暂缓起诉的附加条件。随着我国治理现代化的深入发展、健全和支持民营经济发展各项举措的落地、疫情防控与复工复产的持续推进以及检察机关参与社会治理角色的转变,在最高人民检察院的推动下,深圳、上海、浙江等地的六家基层检察机关在2020年3月开始合规不起诉的探索工作,目前已经取得了可喜的成绩。2021年4月,最高检启动第二轮合规改革探索工作,将试点范围进一步扩张至10个省份上百家检察院。

由此观之,企业合规已经从一项外来制度,逐渐成为我国本土化的社会治理制度。基于此,为进一步推动合规问题的学术研究,为合规理论与实务搭建沟通平台,中国人民公安大学正式设立非在编科研机构——企业合规与社会治理研究院,系统性地推进企业合规的研究。本研究院的宗旨在于,通过聚焦企业合规制度的理论发展和实践需求,为促进相关领域的法律制度改革和国家治理能力、国家治理体系现代化提供智库支持。本研究院将打破学科藩篱，坚持问题导向、采用多学科交叉的研究方法，整合学院内外学术、实践资源，提升我校回应国家战略需求、产学研结合的能力。本研究院将以企业合规的法律研究为基础，借助法学专业多学科的支持，辐射社会治理的关键、重要领域。同时，本研究院将以学术研究为核心，坚持理论联系实际、交叉学科协作，推出一系列能够实现产学研结合的成果。本研究院实行开放办院，欢迎相关领域校内外专家学者加入。希望有更多对企业合规有兴趣的同仁，可以依托本平台进行更好的学术交流。

本论文集选择收录了研讨会中具有代表性的学术论文，主要分为理论与实践两部分。在内容上，理论学者与实践工作人员分别从自身研究的角度出发，全方位对企业合规的相关问题进行探讨。包括刑事合规、专项合规等领域的前沿问题。在此，与大家一起分享。

目录

第一编 理论

第二编 改革

第一编

理　论

创建有效的企业合规管理体系*

丁继华**

国家标准化管理委员会发布的《GB/T 35770—2017 合规管理体系指南》，提出组织创建合规管理体系可以按照建立、发展、实施、评估、维护、改进几个关键步骤来展开。在落实上述关键步骤时，组织的合规管理部门要承担重要的职责。本文将重点介绍企业如何建立有效的合规管理组织架构。

一、把握创建合规管理组织架构的原则

在调查研究大量的国际跨国公司、中央企业、民营企业建立合规管理组织体系的经验基础上，我们认为，企业在构建合规管理组织架构时要遵循以下原则：

一是组织适应性原则。一个企业设立合规管理部门时可能会受到较多因素的影响，有区域因素（国内与国外经营环境）、行业环境因素、企业规模因素、现有组织结构和企业组织资源因素，等等。因此，企业在设立合规管理部门时，要根据企业经营的业务性质、地域范围、监管要求等来设置相应的合规管理机构，合规管理机构的规模要与合规管理任务相匹配。一些规模较小的公司，不一定要设立专门的合规管理机构，而可以由相关业务部门履行合规管理职责。例如，在一些公司中，法律部门、内控部门、审计部门或者财务部门可以单独或联合承担一部分合规管理职责。对于组织结构成熟的企业，在设置合规管理机构时要充分利用原有架构建立合规管理组织架构。

二是责权相匹配的原则。企业在设立合规管理部门时，要对合规管理部门的职责与权力范围进行明确的界定，确保合规管理部门能够在明确的职责范围内开展工作。若合规管理部门在开展合规管理工作时受到阻力，必要时

---

* 原文载《首都建设报》2018 年 8 月 24 日第 4 版。

** 丁继华，北京新世纪跨国研究所副所长。

可以通过组织赋予权力或者调动相应的资源来保证合规管理工作顺利实施。根据企业的实践经验，许多企业都把广泛的合规管理要素作为合规管理的要求，但是合规管理部门在承担具体工作职责时，会将如反对商业腐败、第三方合规管理等一些日常性工作与如贸易管制合规、反垄断合规等一些重要领域的工作相结合，并根据企业发展进行不断调整。

同时，为了帮助合规管理部门开展工作，公司需要赋予合规管理部门一定的权力，授权合规管理相关人员参与相关会议和相应业务决策等，使合规管理人员能够获取相关业务信息，从而做好有效的合规管理工作计划。

三是工作独立性原则。从事合规管理的工作人员，无论是专职合规官还是设有兼职的合规岗位人员，普遍认为合规管理部门的独立性是企业设置合规管理的重要原则。合规管理部门的独立性主要体现在直达决策层的报告渠道、适当的权力和充足的资源三个方面。

合规管理机构的报告不应当经过其他职能部门或业务部门的转达，不能够受到其他职能部门或业务部门的影响，必须如实地、不夸张也不打折扣地呈现在决策层面前，由决策层讨论后做出决定。合规管理机构应具有适当的权力，使其能够参与公司内部的各项管理工作，能够顺利完成各项调查任务，能够有效推进各项整改措施。合规管理机构还应分配到充足的资源，使其能够拥有或能够调动足够多的、满足工作要求的人员和设备，从而不会因为资源问题而无法及时完成工作或降低工作质量，也不会因为资源问题而受制于公司内部部门，丧失独立性。

四是指挥一致性原则。在组织中，合规管理工作的开展分为横向与纵向两个方面。在纵向合规管理业务线上，不同层次的合规管理机构要明确上下隶属关系，一个下级机构只能接受一个上级机构的命令和指挥，这使合规管理工作信息能够得到有效的传递；在横向部门间关系上合规管理机构要与同一层级的相关部门，例如审计、内控、纪检监察（国企或合资企业），建立顺畅的联系和协调机制，实现部门之间的有效配合。通过部门之间的配合与信息分享，合规管理部门可以得到其他部门的支持，从而更加有效地开展工作。在不同层级之间，合规管理部门也要与相关部门之间保持密切的联系，这样才能获得相对充足的信息。

二、创建适应组织特征的合规管理组织架构

根据以上原则，企业可以创建以下类型的合规管理组织架构：

一是设立独立的“合规部”。采用这样的方式，意味着要在企业内部要建立一个专业的合规管理部门，任命一位首席合规官作为合规管理总负责人。首席合规官领导专职的合规团队开展工作。该类型的优点在于，企业合规管理部门的独立性强，合规团队专业能力强，合规工作也做得相对专业。当然，这样的设置要求企业投入大量的资金、人力等资源，对合规管理人员职业技能也高，既要懂合规专业知识，又要懂具体的业务知识。合规管理部门与其他部门之间的沟通协调能力也要求较高。比如，西门子就设立了独立的合规管理部门来负责公司的合规管理工作。

二是由法务部与合规部共同组建“法律合规部”。大多数企业采用此类型，把法务部或者法律事务部的管理职能与合规部门管理职能统一到法律合规部门职能之中，由法律合规部对企业的法律事务工作和合规管理工作进行统一管理。该类型的优点在于，部门设立相对容易，投入成本相对较低。公司在设立合规管理部门时可以利用公司现有的法律部门的资源，因为大多数公司在成立合规部之前都有法律部门。另外，合规管理工作与法律部工作配合容易，因为合规管理部门有效开展工作的前提是对外部法律法规、监管等规定有正确的理解。在一个领导之下，合规管理部门与法律部门之间的沟通也相对顺畅。

参与国务院国资委合规管理试点工作的中国中铁公司就在原有的法律事务部下增设了合规处，法律事务部变更为法律合规部。

三是由法律、审计、风险管理、合规等职能部门共同组建“法律合规部”。企业采用这样的类型往往是在原有的法律、审计部门基础上增加合规管理人员，组建具有法律、审计、风险管理职责的法律合规部。此类型有助于合规管理部门与法律部、审计和风险管理部门之间的信息沟通，方便合规管理团队了解到法律风险和审计风险等。当然，这样的设置对法律合规部负责人的领导力提出了很高的要求，法律合规部要做好业务与合规风险管理的平衡。参与国务院国资委合规管理试点工作的招商局集团就以此类型组建法律合规部。

四是建立“公司治理、风控和合规部”的“GRC”类型。[①] 采用这样的设置方式，融合了公司治理、风险控制与合规管理。该模式大大提升了合规管理部

---

① “GRC”类型是指“Governance，Risk and Compliance”，即内控合规与操作风险管理。

门整合公司资源的能力，使其有很强的独立性，也方便了合规部门与审计部门、风险管理部门的沟通。合规部门在合规风险评估时可以和审计、风控等部门结合起来共同开展工作，实现风险管理工作成果共享。这样的设置对合规部的领导力提出了很高的要求，同时也需要企业提供较多的资源支持。合规部门需要与其他部门加强沟通，平衡业务与合规风险管理的关系。

大众汽车与上汽大众公司就是采用了“GRC”类型。

五是合规部与审计部结合的“合规审计部”。这样的设置方式便于企业对合规风险进行管理，企业可以通过较少的投入达到合规管理的目的。但是，这样的设置方式往往独立性不强，只适用于业务单一且面临合规风险较低的企业。以生产汽车为主的北京奔驰汽车就采用了该类型。

六是其他的合规管理类型。合规管理部门设置并不以以上类型为限，具体要根据公司业务类型、组织结构、组织资源来确定。比如英国石油公司（British Petroleum，BP）在集团层面设置“道德与合规部”进行合规管理，同时配以法律各领域专家提供日常的法律专业支持，保证了 BP 各部门的合规、专业、有效的运行。BP 公司除了在道德与合规部门工作的全职合规工作人员之外，在每个业务与职能部门及其每一个下属地区部门，都有一位部门领导兼任本部门的“道德与合规联络人”。其职责是确保各项合规制度在本部门的有效实施，以及就日常工作中的合规问题进行处理和解答。这种安排能够有效提高本部门领导的合规意识，以及高效率解决日常合规问题。此外，为应对外部环境的快速变化，合规管理部门内部还要通过更加灵活的方式对外部环境变化带来的合规风险进行识别和管理。比如，通过组建合规项目组或构建合规管理网络方式对新出现的合规风险进行评估和管理。

三、形成合规管理工作的闭环

完整的合规管理组织体系要实现合规管理工作的闭环。建立了较为独立的合规管理部门的企业，合规管理工作往往是以合规风险为导向，建立预防、监察和应对的闭环管理体系，从而达到合规管理的目的。因此，企业的合规管理部门的职责主要是围绕合规风险的预防、监察和应对来展开。在预防环节，合规管理部门要加强对合规风险的预防，主要是通过形成有效的措施避免系统化的错误，这属于事前的管控。从具体预防工作来看，可以在开展业务之前进行风险识别，通过制定对应的政策和流程，进行培训和沟通以预防合规风险。从具体的事实基础来看,公司在经营过程中面临着合规风险,并在快速变化的经济、社会、法律法规、技术变革等因素影响下企业面临的合规风险日益放大,对企业的经营的影响也越来越大。此外,持续对法规的监测,了解外部的那些法规即将发生变化或已经发生变化,这些变化带给公司什么样的合规风险,其影响程度又将怎样,根据预估的影响来考虑当前的风险控制措施是否到位,是否还需要增加新的措施来加以预防等,也是合规管理预防环节的重要工作。因此,在预防环节,对合规风险的分析研究、预判和制定实质性的应对计划就变得非常重要,这成为企业合规管理部门重要的工作职责之一。在监察环节,合规管理部门要在事中对开展的业务进行持续的监控,及时发现或举报不当行为,并开展调查工作。在此环节,其他部门对合规管理的配合显得非常重要。比如,审计部门在审计过程中往往会发现一些风险,合规管理部门要与审计部门及时沟通,了解相应的风险,并和审计部门、业务部门一起制定措施来应对合规风险。当然,合规部门在设计合规管理体系时,通过落实各个部门的合规责任,形成的畅通的合规汇报路线也是合规管理部门发现风险的重要渠道。此外,合规管理部门还应当有独立的违规举报路线,这也是合规管理部门实施监察的重要方式。除了以上监察方式外,合规管理部门也可以主动开展工作,定期与业务部门进行沟通,通过问卷、访谈等方式去了解业务部门在开展业务过程中存在的风险。

应对环节可作为合规管理闭环的最后一个环节。在应对过程中,首先是定期向合规管理负责人进行汇报合规管理工作,包括合作管理工作遇到的问题,需要新的资源支持及工作计划。其次是在合规管理制度建立与完善方面,根据监察环节中发现的合规问题,合规管理部门要把公司分散的管理制度按照公司合规治理与合规管理的要求,进行修订、删减或增加,从而使公司的管理制度在流程、内容上合规。最后合规管理部门要加强与外部沟通,包括与合作伙伴、政府部门等进行沟通,传递公司合规管理的价值观,宣传公司合规文化。

四、创建适应组织特征的合规管理组织架构

在有效的合规管理体系下,合规管理部门要与其他职能部门对共同构筑三道防线达成共识。合规管理三道防线是指业务部门、职能部门与调查审计部门共同开展合规管理,以业务部门作为合规管理的第一道防线,职能部门作为合规管理的第二道防线,调查与审计部门作为合规管理的第三道防线。这三道防线中,各个部门在合规管理中承担的职责是,本部门的负责人是本部门合规管理的第一责任人,对本部门员工在开展业务过程中要承担合规文化的倡导,合规制度与流程的贯彻实施和监控,对合规咨询和疑虑要进行解答,对于违规行为采取适当惩处措施职责。各道防线除了承担以上职责外,还有其他的职责:其一是业务部门在合规管理中的职责。业务部门在合规管理方面要配合合规管理部门的工作,积极组织本部门员工参加合规管理培训,主动向合规管理部门沟通部门中存在的合规风险。其二是职能部门在合规管理中的职责。职能部门包括法律部、人事部、战略规划部等部门,这些部门要与合规管理部门密切配合,共同推动公司的合规管理工作,包括制定合规制度流程、设计合规管理工具、提供合规培训等。其三是调查审计部门在合规管理中的职责。这些部门包括了审计部门、调查部门、纪检部门等。这些部门承担着公司合规风险的发现、合规问题的提出、改进措施的进出及监控相关改进结果等职责。

五、明确合规管理部门的具体职责

合规管理部门要承担以下工作职责:发现组织的合规义务,评估与预判合规风险,制订组织的合规目标,实施合规风险管理计划和采取风险控制的措施,开展合规绩效评估和进行合规报告,管理不合规事项并促进组织合规管理体系的持续改进。

具体来讲:

一是持续关注公司总部所在地(国)和经营所在地(国)法律法规、行业监管要求和国际准则的最新发展,正确理解法律法规、监管要求和国际准则的规定及其精神,准确把握法律法规、监管要求和国际准则对公司的影响,及时为最高管理层提供合规建议。

二是利用相关资源,识别合规职责,并将其转化为可行的方针、程序和流程,并及时将新识别出的合规职责融入现有方针、程序和流程。

三是组织制订合规管理程序以及合规手册、员工行为准则等合规指南性文件,评估合规管理程序和合规指南性文件的适当性,为员工恰当执行法律法规、监管要求和国际准则提供指导。

四是制订并执行“风险导向”的合规管理计划,包括特定政策和程序的实施与评价、合规风险评估、合规性测试、合规培训宣贯等。

五是推动将合规责任纳入岗位职责和员工绩效管理流程。建立合规绩效指标,监控和衡量合规绩效,分析绩效,识别改进行动。

六是建立合规报告和记录系统,制订实施资料管理流程,例如投诉反馈热线、举报系统和其他机制。

七是确保按计划周期评估合规管理体系,实施充分且具有代表性的合规风险评估和测试,包括通过现场审查对各项政策和程序的合规性进行测试,询问政策和程序存在的缺陷,并进行相应的调查。合规测试结果应通过合规管理报告路线向上汇报,以确保各项政策、程序和实施细则符合法律法规、监管要求和国际准则的要求。

八是建立并保持与监管机构日常的工作联系,确保在建立、实施和维护合规管理体系流程中能够获得适当的专业建议。同时,跟踪和评估监管意见和监管要求的落实情况。

六、协调好与重点部门的工作关系

企业在开展合规管理工作过程中,往往不能清楚界定合规管理部门的工作与法律事务部、审计部、风控部、纪委等部门的工作之间的区别,这也成为合规管理部门开展合规管理工作的难点。这里有必要进一步明确这个几个部门在合规管理方面的关系。

第一,法律事务部是对公司的法律风险进行咨询和提供建议的部门,与合规管理部门在法律方面的合规风险管理中存在某些重叠。企业可以在法律事务部门与合规管理部门工作侧重点和职责上进行清晰的划分。法律事务部主要涉及审核与合作单位的合同、诉讼等方面的法务工作,以及对重大的并购重组事项等提供法律意见。而合规部门要识别或者协调法律事务部识别公司面临的法律合规风险。此外,合规部门还要对员工遵守企业内部规章制度、行为道德规范方面的合规风险进行管理。

第二,审计部门重要工作是就企业业务事项开展审计,关注某个“点”的问题,通过对违规个案的处理,揭示合规管理存在的问题,进一步完善相关制度,达到亡羊补牢的目的。

第三,风控部门关注的是“线”的问题,其从企业流程角度来管理,实现对端到端的管理,以揭示业务流程中存在的合规管理问题。通过业务流程的控制,控制住合规管理的风险,达到扬汤止沸的目的。当然,如果在风控过程中发现问题,则需要进一步对流程进行优化,使整个流程合规,达到釜底抽薪的目的。

第四,企业纪检监察部门更多负责对党员干部的违规、违纪处理,对合规管理运行有效性可以起到监督作用。合规管理部门与纪委监察部门要在职责上加以明确,并建立起部门之间的沟通机制,在举报信息的收集、案件的调查、案件的处理等形成明确的分工与配合。

总之,企业的合规管理不是合规管理部门一个部门的事,合规管理是一项系统工作,涉及各个部门的沟通与配合。因此,合规管理不仅需要业务部门进行配合,还需要各个职能部门进行配合。为了使得各个部门之间能顺畅地配合,就要明确各个部门的职责,同时还要建立起正式与非正式的信息交流渠道和沟通机制,这样才能发挥各个部门强化合规管理的职责,形成合规管理的合力。

公司合规的源流及中国的制度局限*

邓　峰**

公司合规源于美国，已有60年的历史，①在中国的提出也有若干年，但最早关心这一话题的仅仅是赴国外上市的公司以及外国在华公司，并不普及。2006年的银监会《商业银行合规风险管理指引》以及2008年的证监会《证券公司合规管理试行规定》中的"合规"和"合规总监"，以及国资委的"总法律顾问"制度，可以看成是中国法上引入这一制度的开始。

两个公司治理危机事件层叠地促进了一般公司去严肃审视这一机制。首先，肇始于2007年并大兴于2011年的"中国概念股"公司在美国上市之后遭遇到各种信息披露和财务欺诈问题的事件，引发了高度关注，域外律所从此时开始提供合规引导的服务，但由于所引发的更多是民事赔偿，范围也就局限于此类公司。其次，由于域外长臂管辖的存在，诸多跨国公司的风险上升到可能遭受刑事处罚的层面，中兴通讯、华为等案件，陡然成为当下学界和业界的热点话题。具有国外业务的公司，开始使用有关合规的法律服务。合规成为新的律师业务的增长点。不仅如此，监管部门也受到影响，开始强调合规概念，甚至已经有部门出台了针对一般公司的合规指引，如2019年7月9日发布的《浙江省企业竞争合规指引》。

今天通常所讨论的合规，源于经济法的各领域，如反垄断法、证券和金融监管以及跨国商业行为，合规是这些领域的监管和责任追究的替代品。现在，合规已经扩展到经济和社会规制的各个领域。合规兴起于不同的部门，从最开始的分流和不同目标，在近年来逐步合并成干流，成为多个法律部门的共享

---

* 原文载《比较法研究》2020年第1期。

** 邓峰，北京大学法学院教授、博导。

① See Miriam Hechler Baer, *Governing Corporate Compliance*, 50 B. C. L. Rev. 949, 961 - 962 (2009). 有明确记载的最早文献，参见 James R. Withrow, Jr., *Making Compliance Programs Work*, 7 Antitrust Bull, p. 877 - 887 (1962)。

制度。从经济和社会规制中的行为监管,到作为刑事制裁的替代手段,再到公司法中的社会责任和注意义务,到最后,形成这一制度的共同目标:引导公司成为“良善公民”(good citizen)这是一个逐步演化、由分到合的过程。

因时势而勃发的中国合规,在目前成为实践热点。但是源于美国并扩展到世界范围内的这一制度,有许多值得检讨的地方,对其效果的争议也一直不断,甚至被许多学者批评为失败的制度。现有中文研究对此关注更多是操作层面的模仿,而欠缺制度和理论层面的深入分析。中国式的公司治理,限制了合规作用的发挥。本文试图在梳理合规的源流、并轨及其内涵外延演变的基础上,对其在理论上的争议进行回顾,对中国模式的合规制度背后的理论问题及其制度条件进行检讨。

一、分散的起源和汇集的共识

合规是服从的含义,“规”是翻译而来的,当然“规”的含义是多重的,包括法律和伦理规范两种,并不仅限于法。显然,合法的内涵要小,针对的是“硬法”(hard law)。而对于是否应当包括“软法”,后者更多表现为公司社会责任(CSR),有不同理解。② 合规也被称为“组织尽责”(organizationaldue diligence)。③ 按照美国律师协会(American Bar Association,ABA)合规指南起草人之一的保罗·E.麦格雷尔(Paul E. McGreal)的表述,“公司合规和伦理体系(ethics program)是符合法律立法和内部伦理标准的,由组织行为规则、政策和程序构成。为此,组织必须:首先,创造一个公司文化,教育和动员组织雇员,遵循法律规则和伦理规范而行事;其次,通过风险评估、督导、审计和适当的纪律来阻止和发现违规。其挑战是,在一个组织结构、文化和法律环境内,去识别和实施有效措施,以最好方式实现每个任务”。④

站在公司的立场上,合规更多和“风险管理”(risk management)、“内控体系”(internal control)联系在一起。通常使用的界定,一是美国反虚假财务报告委员会下属的发起人委员会(The Committee of Sponsoring Organizations of the Treadway Commission,COSO)所界定的内控和合规,包括五个要素:控制

---

② See Christiana Ochoa, *Corporate Social Responsibility and Firm Compliance: Lessons from the International Law-International Relations Discourse*, 9 Santa Clara J. Int'l L, p. 169, 177 (2011).

③ William S. Laufer, *Corporate Culpability and the Limits of Law*, 6 Bus. Ethics Q, p. 311 (1996).

④ Paul E. McGreal, *Corporate Compliance Survey*, 60 Bus. Law, p. 1759 (2005).

环境、风险评估、控制程序、信息和交流以及督导;二是指美国公众公司合计监督委员会(Public Company Accounting Oversight Board, PCAOB)所界定的,"由实体的董事会、管理层和其他人事执行的,用于提供合理的与操作、汇报和合规相关的目标实现的过程"。[⑤] 公司的合规、风控、内控、内审等,在每个公司中有分有合,或同或异,但都是"公司用于确保其雇员不违反适用规则、规制或者规范的一套程序"。[⑥]

合规作为一个制度,对于外部监督者(规制者、执法者、行业管理者、社会行动者)而言,是"组织采用的,防止违反法律和确保对外部权威的服从,由此采取步骤来发现违规的政策和控制系统"。[⑦] 作为对法律服从的合规,通常认为由三个要素组成:一是公司应当确立发现和阻止高频发生的犯罪行为的内部机制;二是这一机制应当持续完整地运作;三是尽管公司可以依据不同的标准进行特殊分工,但应当采取广泛的预防措施。这些通常被更具象地形容为"一套正式行为准则、一个合规部门和官员以及一个面向员工的热线电话"。[⑧]

结合前述的软硬法的区分,公司合规实际上有两层:第一层是阻止非法行为,尤其是防止诸如洗钱、内幕交易、贿赂、会计和银行欺诈等行为,也包括违反规制,包括不当价格政策等垄断行为,以及工作场所性骚扰等行为。在这个层面上,合规强调的是减少雇员的非法行为风险,公司由此可以降低所承担的上级(respondent superior)责任。第二层是合规体系通常会倾向于和正向价值规范相符合,包括要求雇员遵守除了法律之外的公司内的行为准则和惯例。后者填补了正式法律规则和规制执行机制的空白,也被称为商业伦理规则或者与社会责任相关的内容。

美国司法部《量刑指南手册》§ 8B2. 1(a) – (b)[⑨]提出了有效合规体系的最低标准,根据该标准,组织应当:(1)采用应有勤勉来阻止和发现犯罪行为;

---

⑤ Lynford Graham, Internal Control Audit and Compliance: Documentation and Testing under the New COSO Framework 2, John Wiley &Sons, Inc. 2015.

⑥ Todd Haugh, *The Power Few of Corporate Compliance*, 53 Ga. L. Rev. 129, p. 139 (2018).

⑦ Miriam Hechler Baer, *Governing Corporate Compliance*, 50 B. C. L. Rev. 949, p. 958 (2009).

⑧ Philip A. Wellner, *Effective Compliance Programs and Corporate Criminal Prosecutions*, 27 Cardozo L. Rev. 497, p. 501 (2005).

⑨ U. S. Sentencing Commission Guidelines Manual 2018, § 8B2. 1 Effective Compliance and Ethics Program (a) – (b), 2018.

（2）促进鼓励伦理行为和守法承诺的组织文化。合规和伦理体系应当被合理设计、实施和执行，以实现在阻止和发现犯罪行为上的一般有效性。未能阻止或发现紧急违规，并不必然意味着体系不能一般性地阻止和发现犯罪行为，具体包括：（1）创造阻止和发现犯罪行为的标准和程序；（2）体系内的所有级别都应负责，并应当向管理者提供充分的资源和权威；（3）组织应当采用合理努力发现或应当通过应有勤勉来发现，在具有实质权限的组织人员从事非法活动，或者有其他与有效合规和伦理体系相冲突的行为的时候，剥夺其权限；（4）组织应当采用合理步骤，确保所有级别的人员以符合实际的方式交流合规和伦理体系的其他方面的标准和程序；（5）采用持续督导、审计和禁止报复的内部建议/报告系统，包括定期对体系有效性进行评估，建立允许匿名或保密的发布系统，以便雇员或代理人可以汇报或者提出建议；（6）采用明确的激励和惩罚措施，促进和推行合规与伦理行为；（7）发现违规之后，采取合理措施，作出适当回应，并阻止更多的不当行为。2019 年更新版的《量刑指南手册》，明确提出了 12 项评估合规体系有效性的指标，并在《商业组织联邦起诉原则》中明确提出了三个评价标准：⑩合规体系是否设计良好？是否有效实施？是否实际发挥作用？

合规应当“因人而异”，⑪但讽刺的是，大多数公司的合规体系都是类似的。⑫ 首先，大同小异的合规体系都要求对员工进行教育和培训。公司制定行为准则，分发员工手册，要求员工进行记忆或背诵令行禁止的行为，其中包括公司的使命或者价值，以及具体的员工行为。比如防止利益冲突，以及禁止旅行、礼物往来以及各类休闲娱乐。其次，督导的目标是保证公司政策目标得以落实，迅速发现任何违规。直接督导从雇佣开始，所有员工应当接受经常性的对其行为的监督，包括鉴定、离职程序和监督总结。间接督导采用热线电话或者网站媒介以支持对不当行为的投诉，也包括在商业交易之中使用巡视员或者外部审计。最后，合规需要强制执行，这主要是对违规人员追责，在这过程中公司要配合执法部门，对员工实施罚款、取消授权、降职甚至配合将其定罪

---

⑩ John Nassikas et al., *New DOJ Compliance Program Guidance*, (June 10, 2019), https://corpgov.law.harvard.edu/2019/06/10/new-doj-compliance-program-guidance/.

⑪ D. Daniel Sokol, *Teaching Compliance*, 84 U. Cin. L. Rev. 399, p. 401 (2016).

⑫ Kimberly K. Krawiec, *Cosmetic Compliance and the Failure of Negotiated Governance*, 81 Wash. U. L. Q. 487, p. 494 – 496 (2003).

入狱。[13] 千篇一律的操作，导致合规成了可选择度较低、同质性较强的强制版本。[14]

公司合规在过往的60年内，从非正式、被动反应式向正式、积极踊跃式演化。公司合规最初属于问题导向，是指公司向监管机关作出行为承诺。1946年通用公司首先采用了反垄断合规政策，所有公司官员均需要签署符合反垄断法从事活动的声明，但是不能减轻处罚。20世纪50年代，电气设备制造业的几家大公司，从事了固定价格、围标和分割市场的行为，[15]政府对此除了实施罚金外，还要求一些公司采用反垄断合规体系。1966年，美国联邦贸易委员会主席Dixon提出，如果公司存在符合法律的内部体系，在有效监督和诚实运营下，如果违规仅仅是粗心造成的，并迅速得到了纠正，那么公司对监管机关的承诺是可信的。[16]

缘于反垄断法的合规在之后扩展到了美国证监会、税务署等系统。20世纪70年代水门事件中，检察官发现很多公司在1972年总统选举中提供非法政治献金。美国证监会和税务署发现，非法贿赂和回扣行为在公司商业实践之中非常普遍，于是制定了相应的上市公司自愿信息披露制度。如果公司采用自我调查，并且向证监会披露不当行为，则可以减轻处罚。证监会同时还要求存在不当行为的公司作出承诺，改变其业务程序，采用外部审计。[17]

20世纪70年代，很多美国公司被发现广泛存在对外国政府官员的贿赂行为，美国国会通过了《反海外贿赂法》，确立了有关公司在财务审计和同外国政府商业往来上的内部控制的要求。

在证券法领域，不断曝光的内幕交易丑闻暗示着有关市场在自愿披露和

---

⑬ See Martin T. Biegelman, *Building a World-Class Compliance Program: Best Practices and Strategies for Success*, John Wiley & Sons, Inc, 2005, p. 205.

⑭ See Paul J. Larkin, Jr. & John-Michael Seibler, *All Stick and No Carrot: The Yates Memorandum and Corporate Criminal Liability*, 46 Stetson L. Rev. 7, p. 8 (2016).

⑮ See Walker B. Comegys, *Antitrust Compliance Manual: A Guide for Counsel, Management, and Public Officials*, 2d ed., Practising Law Institute, 1992, p. xxviii.

⑯ See Richard J. MacLaury, *Compliance Programs Under the Robinson-Patman Act and Other Antitrust Laws-The Practical Effect of Such Programs or the Absence Thereof*, 37 Antitrust L. J. 96, p. 103 (1968).

⑰ See John C. Coffee, Jr., "*No Soul to Damn: No Body to Kick*": *An Unscanalized Inquiry into the Problem of Corporate Punishment*, 79 Mich. L. Rev. 386, p. 1115 – 17 (1981).

实施审计监督方面的不足,美国国会在1988年通过了《内幕交易和证券欺诈强行法》,将证券业对员工的监督列入了强制要求。[18] 证监会在20世纪90年代也强制要求投资银行建立合规体系以防范欺诈行为。由于金融业内不时发现欺诈财务报告,Treadway委员会建议发展公司行为准则,该委员会之后确立的风险与内控系统成为行业普遍采用的标准。

20世纪80年代中期,美国国防产业中的浪费和承包商欺诈丑闻引发了大众和媒体的高度关注,里根总统组建了国防管理的帕卡德委员会,提出了一系列改进方案,包括在国防产业承包商中建立伦理准则,建议承包商自愿披露不当行为,并提出可以将之作为一个减轻处罚的情节。同时还发布了国防系统内的《承包商风险评估指南》,其成为后续许多规制或者监管机关采用的样本。之后,司法部在政府采购中也采用了类似的制度。

合规的发展是一个不断升级的过程。最开始是作为一种轻微违规监管处罚的替代工具,要求公司承诺特定行为;[19]之后合规因素成为考虑减轻处罚的情节,然后逐渐成为监管部门要求采用的一般机制。尤其是从国防部开始,出现了在合规中要求主动汇报和完全配合调查的义务。当国防部发展出对公司内的合规体系进行评估的制度时,法律的执法方式就又向前跃进了一大步。实践探索为之后的法定合规制度塑造了原型。这些法律上的变化,体现了现代经济规制的特性,被视为回应型法的典型制度。[20] 而回应型监管(responsive regulation),也成为监管领域的趋势共识和代表性标签。

随着经济和社会规制针对组织的处罚的增加,刑事责任的需要凸显出来。《组织量刑指南》(联邦量刑指南的一个章节)就是针对公司行为的。1984年的《量刑改革法》创设了一个量刑委员会,来制定量刑指南,其中涉及对组织的缓刑和罚款事项。应国会的要求,该委员会在1988年发布了草稿,其中并没有规定若采用合规体系就可以减少罚金的机制,只是建议减少"累犯"。草案提醒法院,在决定量刑的时候,应当考虑阻遏的收益是否会显著超过对私人经

---

⑱ See Charles J. Walsh & Alissa Pyrich, *Corporate Compliance Programs as a Defense to Criminal Liability: Can a Corporation Save Its Soul*, 47 Rutgers L. Rev. 605, p. 654 (1995).

⑲ See *Growing the Carrot: Encouraging Effective Corporate Compliance*, 109 Harv. L. Rev. 1783, p. 1784 (1996).

⑳ 参见[美]诺内特、塞尔兹尼克:《转变中的法律与社会》,张志铭译,中国政法大学出版社1994年版,第110~112页。

营活动的司法监督的明显成本。起草人提出，“这些指南的核心目的，是改善公司的自我监督控制，增加内部预警系统发现未来犯罪行为的可能性”。㉑1991年4月，委员会制定了新的指南，明确了合规体系作为量刑处罚的考虑因素——如果存在有效的系统来阻止和发现违法行为时仍然存在违规，则可以在量刑打分上获得奖励，从而降低罚金。2004年的修订要求合规应推动组织文化，鼓励伦理行为。指南的出现和不断改进，促成了合规成为正式的具有激励效果的法律制度和普遍的商业实践。有评价认为指南是精心起草、累年经验和专家意见的产品。㉒

“胡萝卜加大棒”成为这一制度的标志性形容词。司法部副部长撰写的“汤普森备忘录”，可能是胡萝卜中最大的一根，规定检察官在对组织进行调查、指控和辩护交易的时候，应当考虑9个因素，其中3个涉及有效的公司合规体系：“公司及时和自愿披露错误行为，表现出愿意配合调查其代理人的意愿，如必要，放弃公司的律师—客户（attorney-client）保密和工作底稿（work product protection）保护权利”；“存在并且是充分的公司合规体系”；“公司的救济行动，包括实施或改进有效公司合规体系的任何努力、更换负责的管理层，对错误行为人进行纪律处分或者开除、支付补偿，以及与相关政府人员合作等”。㉓

二、公司治理中的权力变化

滥觞于经济规制，蔓延到社会规制和行政规制，兴盛于刑事制裁的合规，更多是一种法律上的考虑。然而，从公司及其治理的视角来看，合规更多表现为商业伦理、企业社会责任（Corporate-Social-Responsibility，CSR）的内容，也就是量刑指南中所指向的伦理目标。CSR也是公司商业实践内在发展出来的，合规仅仅是第一代CSR的一部分，㉔法律不过是复制、扩大了这一既有实践而已。

㉑ John C. Coffee, Jr., Richard Gruner & Christopher Stone, *Draft Proposal on Standards for Organizational Probation*, *in Discussion Materials on Organizational Sanctions* U. S. Sentencing Commission ed., 1988, pt. II, at 7.

㉒ See Serena Hamann, *Effective Corporate Compliance: A Holistic Approach for the SEC and the DOJ*, 94 Wash. L. Rev. 851, p. 862 (2019).

㉓ Supra note 5, at 1762.

㉔ See Simon Zadek, *The Civil Corporation*, Earthscan Publications Ltd., 2007, p. 10 – 23.

CSR 的兴起，和三个社会经济条件的变化及思潮是相联系的。首先，20 世纪 60 年代后美国大型公司进入了多元化经营时代，两权分立进一步加强，公司治理上管理中心主义和经营管理思想中的精英主义盛行。CSR 有助于管理层实现权力集中，独立于股东控制，推行特定的理念。其次，跨国公司的兴起中，当一个企业从法治发达国家扩展到法治程度较低国家的时候，其所需要遵守的法律规则就有所变化。许多原本遵守高标准的企业，面临着“随行就市、入乡随俗”还是“砺行厥初、严格自律”的选择。CSR 起到了用伦理、社会责任来填补跨国公司在不同法律和规制水平国家间的行为标准落差的作用。最后，CSR 也受到 20 世纪 80 年之后以欧美为中心的政治体系中不断强化的人权观念的推动，其中典型的代表是 1977 年发源于美国的苏利文原则（Sullivan principles）。从牧师 Sullivan 呼吁公司抵制南非的黑白种族隔离政策开始，积极承担某类价值责任的内容不断扩展到环境保护、消费者安全、劳动保护等领域。

公司本身的扩张发展同样带来了对合规的需要，包括横向范围的、不断的、跨国、多元化、多事业部（multi-division model）模式的发展，以及纵向范围内公司权力体系的改变，如两权分立的加强、权力集中和向下授权的同时扩张。如何在广袤的地理范围、不同的政治—经济—法律之间实施有效的管理？在防控风险、内控制度、风险管理、流程重组中以及大量长期的依赖于外包的审计、诉讼、评估等专业化中介服务等事务中进行有效的管理？公司需要一些被正式表达并且明确维持的价值观念。在这样的动力下，早期诸多的跨国公司设立了合规官，其被称为“首席伦理官”（Ethical Chief Officer，ECO），以巡视的方式，向董事会汇报不当制度、经营行为和员工违规活动，以便在不同的“规则区域”协调庞大组织的行为，从而保持组织行为与标准的一致性。

Dodd 教授指出，当公司股东之间出现了修改章程等冲突，公司法的实用主义解决方案是保护权力的完整性，让小股东取得异议评估价值离开公司。这就意味着通过公司民主或者司法审查的方式去解决权力行使问题，是存在先天缺陷的。传统模式的失败，促使他最早提出了利益攸关者公司治理和 CSR。[25]

---

[25] See E. Merrick Dodd, Jr., *Dissenting Stockholders and Amendments to Corporate Charters*, 75 U. Pa. L. Rev., p. 585 - 613 (1927).

20世纪30年代开始,证券法和证券交易法随着罗斯福新政而得到了联邦化和成文化,"二战"期间的经济管制减弱了股东对收益回报的渴望正当性,特拉华州的立法趋向于"管理者中心",在司法领域也出现了判例支持董事对外捐赠行为的正当性。自此,"两权分离—公司业务的公共性—公司独立于股东—公司对所在社区的责任—公司作为社会良好公民的存在",成为公司治理的演化主线。20世纪50年代之后,CSR问题从公司董事应当向哪些群体负责的诚信义务争论,扩展到了公司在社会和政治生活中的角色。从1960年出现到1980年大为盛行的接管浪潮,直接推动了公司的利益攸关者条款。法律不再要求董事会向股东利益负责,而是强制要求董事在决策时必须考虑公司的长期利益(包含了利益攸关者),或者要求直接考虑利益攸关者。㉖ CSR最终在资本市场反并购活动所引发的社会反应中,取得了正当性。

几乎所有的利益攸关者条款,都扩充了董事会的权力。㉗ 与CSR、合规制度并行的公司权力中,最为重大的变化包括:第一,董事会作为公司的最高权力机关得到强化,利益攸关者条款保证了董事会拥有自行判断公司长期利益而对抗股东,尤其是反收购的权力,股权和债权划分的淡漠弱化了股权的管理职能,独立董事的增加尤其是SOX法案之后要求独立董事占据董事会席位的三分之二以上,更加强了董事会对抗股东的能力,而公司的社会化也在不断加剧这种趋势;第二,管理层趋向于集权,董事会趋向于督导职能,传统的战略管理、智囊的功能交给了管理层或者专业研究机构,而由于公司管理宽度、幅度和层级的增加,董事会通过组建下属委员会日趋进行授权和放权;第三,公司内部权力制衡和分立的增强,这体现在风险管理、内控制度以及合规的建立;第四,董事的注意义务,逐渐从被要求积极作为变成了督导职责,典型的标志性案例是1996年In re Caremark Internatinal Inc.派生诉讼案;第五,董事的善意(in goodfaith)、合规或者服从(duty of obedience)义务逐步成为诚信义务的组成部分。而其免责事由——业务判断规则——也与这一过程相适应,不断得到解释扩大。合规与董事义务,外部施加的合规与内部的公司治理之间的

㉖ See Eric W. Orts, *Beyond Shareholder: Interpreting Corporate Constituency Statutes*, 61 Geo. Wash. L. Rev., p. 14 – 135 (1992).

㉗ See Melvin A. Eisenberg, *Corporate Conduct that Does Not Maximize Shareholder Gain: Legal Conduct, Ethical Conduct, the Penumbra Effect, Reciprocity, the Prisoner's Dilemma, Sheep's Clothing, Social Conduct, and Disclosure*, 28 Stetson L. Rev., p. 1 – 27 (1998).

关系,也在合规相关的法律之间得到了明确。1982 年,《反海外贿赂法》78m(b)(2)中明确规定了董事“负有义务维持内部会计系统对企业的控制”;美国法学会(ALI)《公司治理和结构准则》草案中第 4.01(b)条也明确,注意义务包括“合理的对是否存在和是否有效的督导系统,包括法律合规体系的关注”。

总体而言,从规制到刑事责任的发展,是在公司本身横向和纵向扩张发展的现实和在公司的商业实践、治理转型、权力分配变化的整体演化逻辑下进行的,公司合规不过是这个现实与逻辑的一个结果而已。

三、理论演变与成效检讨

“合规是一种授权追责,通过企业的结构、流程和决策来沿着公司层级向下驱动。”[28]在公司扩大而内在又要求价值的同一这一背景下基于风险而进行管理,可以通过购买保险和采取内控作为自我保险,以面对跨法域的风险。从法律效果的层面,作为一个法律制度,尤其是在一般公认的两个关键点——作为缘起的反垄断合规以及作为一般刑事量刑制度的指南——之后,其主要功能在于当公司违法或者犯罪的时候,可以减轻处罚,包括取得和解协议(consent decree)和辩诉/认罪协议(plea agreement)。之后,在不同的领域,这种合规对法律责任形式和轻重程度的影响又对应地产生了更为多元具体的法律机制,包括:第一,选择性赦免。1993 年之后,美国司法部在合规上确立了赦免政策。被定罪的公司应当支付一个最低的罚金,承担被指控的声誉损失;政府合同承包商如果欺诈,可能被取消资格或者停牌。公司可以在赦免或减轻处罚之间根据成本来进行选择,但是不允许“零罚款”。[29] 第二,自我评估权。这可以和前一项结合适用,也可以单独适用。公司自我进行的内部审计具有可信性,董事在没有疑点的时候可以有效信赖会计师的工作。与之相伴的法律上的权利(priviledge)主要是专业服务机构的客户保密权和工作底稿原则,对这些权利,联邦执法机关开始并不认可,但得到了法院的确认,在劳动法、反垄断、证券法等领域均有效。指南规定,公司的合规体系能够促进信息交换,虽然有保密原则的保护,但如果下级雇员也能获得审计发布的错误行为信息,

---

[28] William S. Laufer, *Corporate Liability, Risk Shifting, and the Paradox of Compliance*, 52 Vanderbilt L. Rev. 1343, p. 1393 (2009).

[29] See Division to Recall Verticals Guides, *Expand Amnesty Policy for Corporations*, 65 Antitrust & Trade Reg. Rep. (BNA) No. 1627, p. 227 – 228 (1993).

可以减轻处罚。第三,合作式事前批准。对灰色地带行为,公司合规体系可以和监管机关合作,提出汇报和咨询。监管部门(主要是美国证监会)经过评估后如果无异议(no-action),则可以确认其合法性。如果监管部门发出了建议函(advisory),则函件公布后可以作为先例。在司法定罪之中,法院在适用缓刑的时候,合规也成为一个重要的考量因素。㉚

上述作为激励性法律制度的合规,具有两个典型的特点:第一,在监管等层面,合规属于刺破式的,其介入到公司的权力体系及其日常运作之中。监管层面对合规体系的评估强化了公司按照明确的规则对权力分配、流程等方面所进行的运作,公司趋向于透明化。这同时也意味着公司治理的一般框架得到了法律或监管的确认。第二,随着公司经营和行为范围的扩大,不当行为的后果严重性程度上升,公司犯罪的数量也不断上升,这种公司犯罪的复杂性对法律和执法活动形成了挑战,合规在目前法律及监管上的地位状态,就是在对这种现实及挑战的应对中确立的。

公司合规在公司犯罪上,被普遍认为是对上级责任的突破。这里涉及公司犯罪的法律认定问题,首先是公司主观犯意及动机的确立。在拟制论下,公司不能满足犯罪要件中需要的“犯意”(meansrea)。尽管有突破性的公司犯罪判例,但这些案件没有考虑精神状态要件。㉛ 早期英美的公司由于都是公共公司,刑罚的适用主要是基于明确的成文法强制要求。随着公司在社会经济生活中的逐渐普遍和地位上升,通过刑法实现对公司行为的一般控制就成为必然。在经济规制领域,1890 年的《谢尔曼法》明确规定了公司的“重罪”行为,在此之后的模式,针对公司均采用了无须考虑主观状态的罚金。

尽管公司犯罪从 19 世纪末期开始已经成为常态,但是其犯罪的主观状态问题仍然存在,到了 1909 年,美国最高法院明确确立了目的犯罪,判决公司基于其自然人代理人的动机和意图而拥有(habor)了犯罪动机。1918 年,美国最高法院宣布借鉴民事责任,确立刑法上的上级责任,公司应当为其雇员在雇佣授权范围内的行为负责。“公司基于代理人意图而得其主观意图”与“公司为其对雇员授权范围内的行为负责”结合,成为公司目的犯罪的逻

㉚ See Christopher A. Wray, *Corporate Probation under the New Organizational Sentencing Guidelines*, 101 Yale L. J., p. 2017, 2029 (1992).

㉛ See Henry W. Edgerton, *Corporate Criminal Responsibility*, 36 Yale L. J., p. 827, 828 (1927).

辑构造。在犯意问题上采用上级责任来替换，产生了两个标准——授权范围和主观意图上为了公司利益。无论是公司内的高级还是低级人员，其适用并无区分。这两个概念替换使用，试图保证公司内的各级人员均能受到“阻遏”，但造成了公司即便没有对其职员进行任何具体授权，也不能免责的情形。同时，以主观为了公司利益为标准，会导致公司雇员即便是实施了违反公司政策或者上级指令的行为，公司也因为上级责任无法免责。由于现代公司普遍采用了内部分工，如果几个不同雇员每一个人不具有错误意图，但是决策流程产生了违法，犯意问题如何解决呢？法院又创造了“集体知晓”（collective knowledge），[32]导致了即使没有任何一个自然人具有犯意，公司也不能免责的情形。

认识到这些问题，美国法学会在1962年起草《标准刑罚准则》（the Model Penal Code），区分了三种公司犯罪责任，前两种是违反规制和过失，第三种针对目的犯罪，规定为“公司董事或者高级管理人员授权、要求、命令或者执行的，或者重大过失的容忍”（recklessly tolerate），而低层、没有政策制定权力的雇员不再受到制裁。之后，大部分州都采取或借鉴了这一模式。

这种刑法理论的演化，随着公司法上公司本质理论的变化。20世纪以来，拟制论被实体论所替代，[33]并且公司内部的权力分配得到了尊重；随着对公司的程式（formality）和运作惯例（routine）的理解，出现了程式理论。[34] 没有这些公司理论的支持，对合规法律与现实的需求很难成为一个普遍现象。法学上的三个理论基础，即上级责任、董事义务和罚金的动摇、变化或者维持，是合规的前提。[35]

然而，不幸的是，以“胡萝卜加大棒”作为量刑指南，来引导公司采用合规，

---

[32] See Dan K. Webb, Steven F. Molo & James F. Hurst, *Understanding and Avoiding Corporate and Executive Criminal Liability*, 49 Bus. Law., p. 617, 625 – 626 (1994).

[33] See Mark M. Hager, *Bodies Politic: The Progressive History of Organizational "Real Entity" Theory*, 50 U. Pitt. L. Rev., p. 575 – 654 (1989).

[34] See Geoffrey M. Hodgson & Thorbjorn Knudsen, *The Firm as an Inter actor: Firms as Vehicles for Habits and Routines*, 14 J. Evol. Econ., p. 281 – 307 (2004).

[35] See *Corporate Crime: Regulating Corporate Behavior through Criminal Sanctions*, 92 Harv. L. Rev., p. 1227 (1979).

从一开始就遭到了批评和指责,[36]并且随着时间的推移,学界质疑、反对、嘲讽之声几乎是压倒性的。这些声音分布在各个领域,以不同视角切入,并且在不同阶段出现,当然其间也伴随着法律制度的不断修订。

首先是激励并没有起到效果,并且经常出现极端的反面典型。比如在2000年的时候,西门子合规部门只有6个律师,监督超过40万的雇员。有调查显示,在超过200个雇员以上的11个产业的组织之中,只有15.6%具备了所有7个合规要素,18.38%的组织没有伦理手册。[37] 2016年的调查显示,只有32%的合规总监对合规项目的有效性具有信心,而14%的无信心,45%的只有一点信心。[38] 在1995年按照指南处罚的208家公司之中,只有一家属于存在"有效合规"。其次,是否存在有效合规,对法院判决几乎没有影响。而在监管者或者检察官是否起诉或者处罚的时候,尽管有明确的规定,但实际上存在另外的规则,比如允许检察官考虑所有的不合规情节,从而产生了抵销作用。最后,公司犯罪有增无减,处罚力度不断加大,一般阻遏并未达到效果。澳大利亚学者对规制领域所依赖的审计制度进行了实证研究,研究涉及反垄断、证券等领域,发现公司合规项目审计的用处很少。[39] 在公平交易领域,通过对999家最大公司的调查,发现合规有些仅仅是执行部分内容。[40] 美国学者也认为合规在反垄断领域是失败的。[41] 此外,合规实施还产生了筛选效应,对大公司而言,更多起到了设定辩诉交易条款的作用,即没有合规的应当建立合规,合规不足的应当增加,合规出问题的应当改进;而被判刑罚的小公司比例

---

[36] See e.g. James R. Withrow, Jr., *Compliance with the Antitrust Laws*, 9 N.Y.L.F. 187 (1963); see also *Decision making Models and the Control of Corporate Crime*, 85 Yale L.J., p.1091 (1976).

[37] See Muel Kaptein, *The Ethics of Organizations: A Longitudinal Study of the U.S. Working Population*, 92 Bus. Ethics, p.601, 615 (2010).

[38] See Deloitte, *Compliance Week-In Focus: 2016 Compliance Trends Survey*, available at Deloitte https://www2.deloitte.com/content/dam/Deloitte/us/Documents/governance-risk-compliance/us-advisory-compliance-week-survey.pdf.

[39] See Christine Parker, *Regulator-Required Corporate Compliance Program Audits*, 25 Law & Pol'y, p.221 (2003).

[40] See Christine Parker & Vibeke L. Nielsen, *Do Business Take Compliance Systems Seriously? An Empirical Study of the Implementation of Trade Practices Compliance Systems in Australia*, 30 Melb. U. L. Rev., p.441, Section IV (2006).

[41] See e.g. Jesse W. Markham, Jr., *The Failure of Corporate Governance Standards and Antitrust Compliance*, 58 S.D. L. Rev., p.499 (2013).

大量增加。[42] 更为重要的是,合规又产生了新的道德风险,这包括所有的公司都采用相似的制度,这本身是不符合合规应有目的的,而对恶意的公司高管可以通过权力调整、授权、信赖下级,以合规的存在作为理由躲避责任,即由于公司层级的存在,管理者将可以通过权力链条来转移风险,进而转移责任。合规体系的存在可能会由于流程等决策体系的网络化,而成为掩盖公司犯罪或违规的工具。诸如"阅后即焚"的躲避监管,以及类似"中兴通讯"删除记录等,被称为"合规犯罪化"。[43]

尽管批评声音巨大,但并没有学者希望回到继续沿用上级责任、忽略公司治理特性的老路。这些改进的道路无非是:更加实际地判断公司实际合规的能力、法律制度和实践之间更加协调一致地融合、基于双罚制[44]而更好地扩展多种制裁手段以及更多地调动其他社会科学去更好地理解公司复杂性,并结合市场声誉等诸多手段更好地回应公司犯罪的挑战,[45]同时,更好地进行实证研究检验其效果。[46]

四、中国合规

完整意义上的中国法下的公司合规,始于跨国公司对域外合规制度被动采纳的商业实践,继而在公共性最强的三个领域(证券公司、银行保险和金融机构以及央企)进行了监管实践,现在进一步升级到新的阶段:反垄断的监管部门已经在考虑是否起草和颁布有关指南,同时刑事责任上的减轻、免责也已经引发了学界的高度关注。[47] 如果从合规制度的要素来看,包括内控体系、合规高管、风险管理、外部审计、员工培训,以及与监管机关的合作等很多内容已

---

[42] Barry J. Pollack, *Time to Stop Living Vicariously: A Better Approach to Corporate Criminal Liability*, 46 Am. Crim. L. Rev., p. 1393, 1405 – 1409 (2009).

[43] Todd Haugh, *The Criminalization of Compliance*, 92 Notre Dame L. Rev., p. 1215, 1217 (2017).

[44] See Stephen Calkins, *Corporate Compliance and the Antitrust Agencies' Bi-Model Penalties*, 60 Law & Contemp. Probs., p. 127 (1997).

[45] See V. S. Khanna, *Corporate Criminal Liability: What Purpose Does It Serve*, 109 Harv. L. Rev., p. 1477 (1996).

[46] See Eugene Soltes, *Evaluating the Effectiveness of Corporate Compliance Programs: Establishing a Model for Prosecutors, Courts, and Firms*, 14 N. Y. U. J. L. & Bus., p. 965 (2018).

[47] 例如,参见李本灿:《企业犯罪预防中合规计划制度的借鉴》,载《中国法学》2015 年第 5 期;陈瑞华:《企业合规制度的三个维度——比较法视野下的分析》,载《比较法研究》2019 年第 3 期;黎宏:《合规计划与企业刑事责任》,载《法学杂志》2019 年第 9 期;时延安:《合规计划实施与单位的刑事归责》,载《法学杂志》2019 年第 9 期。

存在于目前的各类管理与法律制度中，诸如证监会的上市辅导制度，反垄断局采用的附条件通过合并审查等均已成为实践。合规或其思路在不同的领域，或多或少地已经存在。在合规制度上我们所欠缺的主要是：(1)董事注意勤勉义务的制度化；(2)合规体系作为刑事处罚的减轻、豁免情形或者处罚的替代或者并加手段。前者涉及中国公司治理中的权力分配和追责考量因素问题，后者则涉及区分对待公司的决策者和行动者问题，[48]两个问题都共享一个价值目标：阻遏公司违规或者犯罪。

美国公司制度和法治演化史已经长达200年，受益于远离政治和战争的波动，在过往的50年间，其从诸多的分散源头汇集到一起，形成了具有共性的合规制度。而在中国40年的法治进程中，民刑商经等领域的割裂分据的趋势，在某种意义上却有增无减。不同步的各法律部门的演化进度，与这一阶段中国经济发展的速度，以及中国公司日趋扩张的跨国商业实践之间形成了反差，导致了合规制度的基础性条件的缺乏，主要表现在以下：[49]

第一，中国公司治理中的两权分立不足、组织化水平低下、权力集中于股东会、合规的公司制度条件不足。我国现行公司制度起源于中外合资经营企业，属于合资企业(joint venture)，股权集中度高，同时国有股的广泛存在，导致股东导向的价值突出。我国公司法学研究的模板一直是有限公司，立法模式采用了股份公司与有限公司合一的模式，股份公司更多是有限公司的升级版，造成有限公司中两权分立不足的状态延伸到了上市公司。由此决定了我国公司制度中的诸多弊端。首当其冲的是股东会作为权力中心，忽略了组织应当具有的代议制制度特征，包括分权、分工、程式、层级等。在法律理论上仅仅用所有权来解释组织，甚至连是否存在着有别于全体股东利益的公司利益都是有争议的，经济理论也几乎清一色使用委托代理理论来解释股东和高管人员的关系。迄今为止，主流解释体系仍然采用财产甚至物权理论去解释股东和公司的关系。

现有的这种格局、话语和思维，也导致了非常严重的偏离：公司的权力并不掌握在董事和高管人员手中——他们事实上随时可能被撤换，股东委任制度下甚至无须经过实质的选举即可上任，为什么权力的行使结果，委托人所有

---

[48] 蒋熙辉：《论公司犯罪的刑事责任构造》，载《中国法学》2005年第2期。

[49] 邓峰：《代议制的公司》，北京大学出版社2015年版，第1～59页。

人的责任要由代理人来承担呢？不仅如此，由于存在强大的大股东甚至政府机关（国有企业中的出资人身份）的实际意志，公司治理中缺乏对股东意思的程序制约尤其是公开透明的程式和分权制衡的机制，“控制”“命令”的传递甚至不需要遵守章程的约定，股东间的一致即可以被法律所认可，造成了公司的组织运作并无严格的法定程式，多数实质上处在“黑箱”的层面。如果公司或者组织主张依据其存在合规体系而减轻处罚，事后追责的监管者、检察官、法官是否可以相信公司是按照章程、细则、规章和决议实际运作的？事实也是显然的，监管机关在实践中也并不承认公司的自我约束，而更多采用了“严格责任”形式，乃至某种程度的直接命令式介入与控制。

第二，中国公司治理之中的董事义务和责任追究模式同合规制度的所需基础完全不兼容，并且少有司法救济。东亚地区的公司近代化始于19世纪的中国和日本，在知识来源上属于法国法的谱系。而法国法传统上并不追究董事的管理过失，只需要“热心肠，空脑袋”（warm heart，empty head），[50]这也是权力分配模式的自然结果。我国1993年的公司法统编教材对董事义务的表述，和法国法系一样，仅指“竞业禁止”，强调忠实义务。2005年《公司法》规定了“勤勉义务”，但这不过是一个“孤词”，内涵和外延并无具体界定。而即便是犯罪视野下的公司合规，其在公司法上的本质有时不过是下级员工违反忠实义务从事了违法行为；也可能仅仅意味着董事或者高管人员违反了看护合规体系的注意义务。可以说，中国公司法并不存在基于过错的注意义务实施。一个连注意义务都没有能力去具体界定的法律制度，如何去设定在此基础上更复杂的合规？

当下的理论学说和公共舆论罔顾事前的权力配置，将公司违规的板子直接打向了董事和高管人员。然而，自2005年大幅增加董事和高管责任条文后，判例至今仍然有限。司法解释迟迟未动，这也不难理解——外来的嵌入式规则在法律的整体运作之中被搁置了。如果再考虑到董事会的行事方式，就更为复杂，判断集体决策效力的规则（《〈公司法〉司法解释四》）也不过颁布不久，遑论对集体决策、网络化运作体系的追责。不仅如此，中国法上没有任何正式规则对董事、高管人员的权力和职位加以保护，诸如美国法上的解职规则、业

---

[50] Douglas M. Branson, *The Indiana Supreme Court Lecture: The Rule That Isn't a Rule—The Business Judgment Rule*, 32 Val. U. L. Rev., p. 631 – 654 (2002).

务判断规则、责任豁免乃至责任保险,都是阙如的。在这种现实下,将合规与否、成效大小作为判断公司犯罪责任的考量因素,几近于沙上盖楼。

第三,单位犯罪则采用法定代表人和直接责任人的表述,越过了公司内的角色设定与规则体系。尽管可能会采用因果关系去判断行为过错和罪责之间的关系,区分不同人的责任差异,但在一体处罚的一般规则下,实践中是否愿意考虑公司内的体系和分工,完全取决于控方。

第四,合规制度的另外一个含义是,通过对组织体系和运作的评估考察,甄别和评价组织的"制度"良善与否。由于制度化、组织化的水平不足,信息的公开透明,并且依据公开透明的信息进行交往并不占据主导方式,社会交往、制度、治理中的信息编码化(codification)程度低,[51]合规所需要的正式信息交流、透明公开等也就存在着社会行为习惯和治理上的阻碍。[52] 信息编码化的不足,具体到中国当下的法治模式下,表现为监管、司法和执法部门一方面处在规则甚至制度的不断变革之中,另一方面由于"遵循先例""同案同判"的缺乏,合规所需要的种种行为边界的稳定标准事实上无从判断,这也限制着专业人员提供知识支持的能力。

这些制度上的不足与约束,对合规的影响是明显的。基础规则并不能有效支持合规制度的引入,因此也就在中国现有的合规实践上出现了悖论与畸形:第一,合规变成了公司义务的扩张,而丧失了自律的意义。第二,对中国的跨国公司有意义的合规,更多是针对域外实践的,进而形成了在一个公司之内,日常经营行为和合规采用不同的标准甚至体系,造成了公司法在域内与域外的分裂。第三,监管机关尝试性地颁布的合规指南,因为缺乏具体的尺度、标准和情形,导致了现有法律的重复,合规指南变成了普法。第四,在规则不清晰的地方,合规的"预先汇报"制度既是先例的创制,也是面向未来的改进方案。

五、结论

中国现有的公司制度结构和组织行为之间形成了相互嵌套,在缺乏支柱

---

[51] Max Boisot & John Child, *From Fiefs to Clans and Network Capitalism: Explaining China's Emerging Economic Order*, 41 Adm. Sci. Q., p. 600 (1996).

[52] Timur Kuran, *Private Truths, Public Lies: The Social Consequences of Preference Falsification*, Harvard University Press, 1995, p. 217 – 220.

性规则变动的时候，不断的法典化、法条注释相互之间形成了更为紧密的网络。这对于改革中的社会而言，的确是一种困境：变革需要法治，但是不断蔓延的细化规则，其本身反而在固化既有实践。

尽管合规本身在其他法域之中，存在种种批评和质疑，但正如我们不能退回过去一样，既有制度、原则和理论的内在弊端和空白，导致了合规的产生。公司犯罪理论的缺乏，并不是维持单位犯罪框架的理由；法人制度试图约束甚至替代公司制度，也不可能对抗商业、经济和社会实践的力量；公司治理中的制度薄弱，更是不断改进的方向。当我们的公司、监管和刑罚在实践中已经开始拥抱新的模式的时候，既有制度的约束条件不过是下一步的改革方向而已。

企业合规视野下的暂缓起诉协议制度*

陈瑞华**

一、问题的提出

传统上，无论是对自然人犯罪案件，还是对公司犯罪案件，检察机关都可以有三种处理方式：一是提起公诉；二是作出不起诉的决定；三是与被告方达成“辩诉交易”或“量刑协议”，在被告人自愿认罪的前提下，建议法院作出宽大的刑事处理。

但是，在检察机关提起公诉、作出不起诉决定以及与被告方达成“量刑协议”之外，美国还确立了一种“审前转处协议”(pre-trial diversion agreement)制度，也就是检察官与被告方达成协议，承诺设置一定的考验期，在考验期之内暂时不对其提起公诉，而被告方在此期间要履行一系列的义务，如自愿承认被指控的犯罪事实、赔偿被害方、承诺全力配合调查等，在考验期结束后，检察官经过审核认为被告方履行了协议义务的，就可以放弃对被告方的起诉，案件以被告人受到无罪处理而告终。最初，这种审前转处协议制度及出现在美国少年司法程序之中，被用来处理那些涉嫌犯有轻微犯罪的未成年人，后来逐渐被扩展适用到那些需要适用强制性治疗措施的毒品犯罪案件。1974 年，美国国会颁布的《迅速审判法案》，正式确认了审前转处协议制度。1990 年，美国司法部颁布的《联邦检察官手册》(U. S. Attorney Manual)，对于检察官适用审前转处协议的目标、条件和程序等作出了详细规定。迄今为止，审前转处协议制度仍然是美国检察机关处理轻微刑事案件的一种重要方式。

自 20 世纪 90 年代以来，美国联邦检察机关逐步将“审前转处协议”制度适用到公司涉嫌犯罪的案件之中。尤其是在公司涉嫌商业贿赂、洗钱、违反出口管制法律、个人数据信息保护、金融欺诈、环境污染、违反医疗监管等犯罪的

---

* 原文载《比较法研究》2020 年第 1 期。

** 陈瑞华，北京大学法学院教授，法学博士，教育部“长江学者奖励计划”特聘教授。

案件中,美国联邦检察机关要么通过与涉案企业达成“暂缓起诉协议”(Deferred Prosecution Agreement,DPA),要么通过与其达成“不起诉协议”(Non-Prosecution Agreement,NPA),来替代原来的提起公诉或者不起诉决定。与辩诉交易制度不同的是,检察官对于接受上述两种审前转处协议的企业,在考验期结束后一旦认为企业遵守了协议要求的,就可以不起诉而结案。换言之,与检察官达成辩诉交易的企业,最终仍然要被法院作出有罪裁决;而与检察官达成暂缓起诉协议或者不起诉协议的企业,在考验期结束后会被宣告为无罪。

与传统的针对自然人的审判转处协议制度不同的是,这种适用于公司的暂缓起诉协议和不起诉协议,对被告方设定了新的义务:一方面,公司要缴纳高额罚款,被没收所有违法所得,向所有因犯罪行为受到损失的被害方进行赔偿;另一方面,公司还要承诺在配合检察官调查的前提下,重建合规计划,或者完善合规管理体系,接受检察机关派驻的合规监督员,定期就其完善合规计划的进展情况向检察机关汇报。检察机关在对涉案公司进行持续合规监管的基础上,在考验期结束后,会根据该企业重建或者完善合规计划的情况,最终决定是否作出提起公诉的决定。

从制度设计上来看,暂缓起诉协议与不起诉协议具有一些细微的差异。通常说来,检察官对于已经提起公诉的案件,可以与涉案企业达成暂缓起诉协议。暂缓起诉协议会记载有关的犯罪事实,需要取得法官的批准。而对于尚未提起公诉的案件,检察官则可以与企业达成不起诉协议。这种协议不需要法官的批准,也一般不需要记录有关犯罪事实,完全由检察官与涉案企业通过协商来达成协议。在美国检察机关的司法实践中,暂缓起诉协议与不起诉协议一旦达成,在协议条款的设定上几乎没有任何实质性的区别。1992 年美国纽约联邦地区检察官办公室对所罗门兄弟公司(Salomon Brothers)证券欺诈一案,第一次适用了不起诉协议制度。在两年后,该联邦检察官办公室对于普鲁顿特证券公司(Prudential Securities)虚报投资收益一案,则第一次适用了暂缓起诉协议制度。

美国针对公司案件实行的审前转处协议制度,由于在降低诉讼成本、预防公司再次犯罪、避免损害无辜者利益等方面产生了积极效果,因此对其他国家刑事诉讼制度的发展产生了较大的影响。但鉴于其中的不起诉协议制度赋予检察官过于宽泛的自由裁量权，且规避了法官的司法审查，因此，一些国家对于美国推行的暂缓起诉协议制度更为青睐。继美国之后，英国于2014年实施了《犯罪与法院法》，正式确立了暂缓起诉制度。2018年6月，加拿大仿效英国，修订了刑法典，正式确立暂缓起诉协议制度，授权检察官在企业涉嫌欺诈、贿赂、洗钱等严重经济犯罪案件中，可以与涉案企业达成暂缓起诉协议。2018年，澳大利亚也以英国立法为范本，通过了《刑事立法修正案》，在对刑法有关跨国贿赂犯罪条款作出修订的同时，确立了暂缓起诉协议制度。2018年3月，地处亚洲的新加坡，也仿效英国确立了暂缓起诉协议制度。该国议会通过了《刑事司法改革法》，允许检察官与那些涉嫌贿赂、洗钱等犯罪的企业达成附条件的暂缓起诉协议。

2016年12月8日，法国议会通过了旨在严惩企业商业贿赂行为的《萨宾第二法案》，在推行了强制性企业合规制度的同时，引入了法国式的暂缓起诉制度。这是法国继确立英美式的认罪量刑协商制度以来，再次接受源自普通法的协商性司法制度。根据这一制度，检察机关在与那些涉嫌商业贿赂的企业进行庭前认罪答辩（CRPC）的基础上，可以达成附条件的和解协议。这项被称为"基于公共利益的司法协议"（CJTP）的制度被视为法国式的暂缓起诉协议制度。这标志着美国式的起诉和解制度被正式引入欧洲大陆法国家。

值得关注的是，无论是美国的暂缓起诉协议或不起诉协议，还是英国、加拿大、澳大利亚、新加坡、法国等国确立的暂缓起诉协议，都将企业重建合规体系纳入协议之中，并将其作为检察机关暂缓起诉的重要附加条件。可以说，那些涉嫌严重经济犯罪的企业承诺重建合规计划，已经成为检察机关与其达成暂缓起诉协议的前提；这些企业对合规计划的完善情况，也成为检察机关最终放弃起诉的重要依据。在一定程度上，与检察机关达成暂缓起诉协议，并进而说服检察机关放弃对企业的刑事指控，已经成为众多企业重建或者是完善合规计划的最大动力之一。

目前，我国政府监管部门正通过行政主导的方式全力推进企业的合规管理体系建设，越来越多的国有企业和民营企业也开始重视合规计划的构建问题。但与此形成鲜明对比的是，我国刑法对于单位犯罪的定罪量刑规则显得过于墨守成规，而我国刑事诉讼法对于单位涉嫌犯罪的案件也没有确立特殊的诉讼程序，尤其是没有将合规机制引入这两部法律之中，没有为企业建立合规机制确立刑法上的激励机制，也没有为企业以合规换取宽大处理设定诉讼程序上的空间。结果，企业在推进合规体系建设方面就缺乏足够强大的动力。

有鉴于此，笔者拟从比较法的角度，对美国、英国、法国、澳大利亚、加拿大、新加坡等国的暂缓起诉协议制度作出初步的研究。本文将这种暂缓起诉协议制度划分为检察官自由裁量与司法审查两种模式，分析暂缓起诉协议制度与企业合规制度的关系，并对这种暂缓起诉协议制度的正当性作出论证。在此基础上，本文将对这一制度引入中国的必要性和可行性作出初步的评论。

二、暂缓起诉协议的两种模式

美国检察机关在将审前转处协议适用于涉案企业时，创设了暂缓起诉协议和不起诉协议这两种制度。后者赋予检察官近乎独断的权力，使其可以按照自身意愿与涉案企业达成协议而不受任何形式的司法审查。而暂缓起诉协议尽管要经过法官的审查和批准，但在实践中，这种协议从内容、考验期的确定，到协议的监控和最终决定，都完全控制在检察官手中，法官的审查和监控几乎形同虚设。与此相反，无论是英国、法国，还是作为英国制度仿效者的加拿大、澳大利亚、新加坡，都不仅对那种检察官拥有绝对控制力的不起诉协议制度予以排斥，而且在引入暂缓起诉协议制度时，也进行了大规模的改造，使其能受到较为严格的司法审查。检察机关与涉案企业达成暂缓起诉协议后，检察官需要将协议文本提交法院，法官在经过听证程序加以审查确认后，该项协议方才发生法律效力；在考验期之内，法院要对协议的履行情况，尤其是涉案企业重建合规计划的情况进行监控；在考验期结束后，检察官要向法院提出建议，由后者决定是撤销案件，还是恢复法庭审理。由此，在英、法等国的暂缓起诉协议制度中，一种有别于美国模式的司法审查模式蔚然成型。在以下讨论中，笔者拟以美国和英国的暂缓起诉协议制度为蓝本，对这两种暂缓起诉协议模式作出比较，并作出简要的评论。

（一）检察官自由裁量模式

在美国，对涉嫌犯罪的企业是否适用暂缓起诉协议或不起诉协议，完全由联邦或州检察官自行决定。法官对暂缓起诉协议的审查或者批准，经常是形式上的，并不具有实质性的意义。暂缓起诉协议可以被应用于包括垄断、欺诈、贿赂、逃税、环境污染、违反出口管制、侵犯个人数据信息等在内的诸多公司犯罪案件，这些案件通常涉及证券法、贸易法、反不正当竞争法、环境保护法、反海外贿赂法、食品药品安全法、税务和货币交易法、反欺诈法和反洗钱法等诸多方面的法律法规。

美国法律赋予检察机关较为广泛的执法权,也授权检察机关与涉案企业较为自由地达成暂缓起诉协议或不起诉协议的权力。在实践中,由于几乎所有企业违法违规行为都会同时构成犯罪和行政违法,因此,检察机关会会同其他政府监管部门与涉案企业达成所谓的"一揽子和解协议"。例如,经常随同美国检察机关与涉案企业达成暂缓起诉协议的政府监管部门有:美国证券交易委员会、美国食品药品监督管理局、美国商务部、美国财政部、美国联邦贸易委员会、美国国土安全部等。在不少案件中,美国各州的检察机关也经常会同州政府的监管部门与涉案企业达成这种暂缓起诉协议。例如,在著名的西门子海外贿赂案件中,美国司法部就会同证交会与西门子公司达成了暂缓起诉协议;而在中国中兴通讯公司违反出口管制法案件中,美国司法部就会同商务部、财政部与中兴公司达成暂缓起诉协议。

在美国检察官适用的审前转处协议中,不起诉协议的适用在比率上明显大于暂缓起诉协议的适用。这在一定程度上反映出检察官对自由裁量权适用的偏好,因为不起诉协议的适用就连最起码的司法审查都可以规避。而在适用暂缓起诉协议的案件中,检察官通常会与涉案企业进行长达数月乃至一年以上的和解谈判,只有在双方达成协议后,才会将暂缓起诉协议的文本提交到法官面前。而法官通常只是进行形式上的审查,几乎不会推翻或者改变检察官提交的暂缓起诉协议。法官在批准 DPA 之后,对于整个协议的执行情况也很少进行监控。例如,在 2016 年的美国诉福克航空公司(*USA v. Fokker Services BV*)一案中,一名联邦地区法院法官以检察官没有对涉嫌犯罪的公司高管起诉,以及暂缓起诉协议内容对于被告公司过于宽大为由,没有批准检察官与被告公司达成的协议。但在上诉程序中,华盛顿特区的巡回上诉法院撤销了地区法院的判决,认为是否签订暂缓起诉协议以及如何设定 DPA 的具体条款,都完全属于联邦检察官的职权范围。而在 2017 年的另一起案件中,联邦第二巡回上诉法院对于法官监控 DPA 执行过程的权力作出了明确限制。有资料表明,迄今为止,无论是对暂缓起诉协议的审查和批准,还是对这一协议执行情况的监控,美国法官几乎都采取听之任之的态度,没有施加实质性的干预。至于在考验期结束后,对企业遵守协议情况的评估以及决定是否提起控告,则几乎完全由检察机关自行确定,法官几乎没有改变过检察官的决定。对于这种司法审查流于形式的问题,越来越多的评论家批评说,美国检察官在签订 DPA 方面基本上绕开了正式法律体系,因而引发了宪法和公共政策上的危机。同时,也有不少人担心检察官在签署 DPA 时占据了不正当的优势地位,这使其在与被告公司的谈判和协商中可能会滥用公诉权力。

在适用暂缓起诉协议方面,法官通过司法审查对检察官自由裁量权的约束是十分有限的。为防止这种自由裁量权的滥用,美国司法部持续不断地发布有关对企业提起刑事指控的指南或者备忘录,以期为检察官确立一些可供遵守的行为规范。其中,1999 年发布的《霍华德备忘录》以《对公司提起刑事指控》为题,列明了检察官对企业提起公诉时需要考虑的八个因素。2003 年发布的《汤普森备忘录》,以《联邦商业组织起诉原则》为题,要求检察官将企业与政府合作以及企业对违规行为披露等作为宽大处理的依据,并强调尽量通过达成 DPA 和 NPA 来代替提起公诉。2008 年发布的《菲利普备忘录》,对汤普森备忘录进行了修订,并且其被纳入了《美国检察官手册》之中。2006 年发布的麦克纳蒂备忘录对检察官为获得涉案企业合作所采取的措施作出了一些限制。2008 年发布的《莫德福备忘录》,为检察官任命合规监督官以及划定监督官的职责范围等问题确立了一些指导意见。2010 年的《格林德勒备忘录》,对检察官与企业达成的暂缓起诉协议中有关合规监督官的角色定位问题,尤其是解决协议履行中公司与合规监督官的争议问题,提供了指导意见。那么,一份典型的暂缓起诉协议究竟包括哪些内容呢?通过考察诸多美国检察官与涉案企业达成的暂缓起诉协议,我们可以简要列举一下检察机关要求企业履行的基本义务:一是涉案企业承认其犯罪事实;二是涉案企业接受执法机关提出的处罚、罚款、恢复原状、没收违法所得、向被害方提供赔偿以及其他补救措施;三是涉案企业有义务配合执法机关的持续调查;四是执行有效的合规计划,预防和杜绝今后发生类似的违法违规行为;五是撤换乃至改组董事会或公司高级管理团队,对于企业违法违规行为的发生负有直接责任的员工或公司高管,作出严厉处罚;六是接受检察机关委派的合规监督员,接受为期三年以上持续的合规监管;七是在考验期内不得重新实施该项犯罪行为,也不得以任何方式违反协议条款;八是涉案企业放弃迅速审判的权利以及有关诉讼时效的抗辩权;九是禁止涉案企业作出与协议相矛盾的陈述;等等。

因推行暂缓起诉协议可以责令涉案企业缴纳动辄高达数亿美元的高额罚款,美国联邦检察官通过每年与全世界企业达成暂缓起诉协议和不起诉协议可以获得数十亿美元的“经济收益”。近年来,这种通过罚款所获取的收益还呈现出逐年递增的发展趋势。特别是对在美国开展业务或者上市的外国公司,这种“和解罚款”正面临着越来越大的争议。不少人士指责美国联邦司法部“动机不纯”,甚至构成对外国企业的“敲诈勒索”。但从客观上讲,联邦检察官通过实施暂缓起诉协议和不起诉协议,也确实使那些存在贿赂、洗钱等不法行为的公司受到了强有力的惩罚。最引人关注的是,检察官通过设定考验期,在责令涉案公司缴纳罚款的同时,还须要求公司建立或者完善合规机制,这使合规制度和合规文化在全世界范围内得到全面的推行。在一定意义上,美国的暂缓起诉协议制度,促使全世界的跨国企业不得不重视合规机制的建立和完善,这一制度成为企业合规文化的最重要的推动者。

(二)司法审查模式

英国的暂缓起诉协议是指检察机关在对涉嫌犯罪的企业提起公诉后,在法官的监督下与该企业达成的一项附条件的暂停起诉的协议。有权与涉案企业达成这一协议的主要是英国反严重欺诈办公室(SFO)和皇家检察署(CPS)。这两个机构可以对刑事案件提起公诉,也可以对那些符合条件的刑事欺诈、贿赂及其他公司犯罪案件提出暂缓起诉的申请。

与美国暂缓起诉制度不同的是,英国的暂缓起诉只针对涉嫌犯罪的企业,而不适用于涉嫌犯罪的自然人。这一协议由检察官与涉案企业自愿达成,但需要法官进行审查并作出批准,方可产生法律效力。生效后,诉讼程序就此中止。在协议所设定的考验期之内,涉案企业需要履行协议所确立的各项义务,特别是缴纳罚款和推进合规计划的义务。在考验期结束后,检察机关经过审查,如果认为涉案企业履行了暂缓起诉协议所确立的各项义务,撤销起诉更有利益维护公共利益的,就可以正式撤销起诉,案件最终以检察机关不起诉、涉案企业避免定罪结局而告终。

为避免检察官滥用自由裁量权,英国法律为检察官在适用暂缓起诉方面设立了两方面的检验标准:一是证据检验;二是公共利益检验。

在证据检验方面,如果检察官要适用暂缓起诉制度,就需要确以案件中的犯罪事实有足够证据证明,或者能基于一些可接受的证据表明对企业构成犯罪具有合理怀疑,并且有合理的理由相信通过进一步调查就可以获得可接受的证据,以便现有证据能够证明犯罪事实。

而在公共利益检验方面,检察官要考虑假如不对企业提起诉讼,而是达成暂缓起诉协议,是否更有利于公共利益的实现。检察官在考虑公共利益时,需要兼顾多个方面的因素:例如,涉案企业过去是否实施过类似行为,假如该企业被采取过刑事、民事或监管执法方面的处罚措施,那么,暂缓起诉就难以适用;又如,公司是否制订了积极有效的合规计划;假如涉嫌违反 2010 年反贿赂法,该企业是否遵守了有关适当程序的指导意见;在被发现存在不法行为之后,涉案企业是否与检察官保持了合作,等等。

通常情况下,一份完整的暂缓起诉协议包括以下条款:支付经协商确定的罚款;对受害者作出经济补偿;支付检察机关的相关费用;与执法机构进行合作;遵守禁止从事特定活动的禁令;提交财务报告;建立强有力的合规计划或监督计划;对于检察机关将来起诉公司内部员工保持合作;等等。

与美国模式相比,英国暂缓起诉协议制度具有一个鲜明的特征,那就是这种协议必须取得法院的审查、批准和监督。在与涉案企业进行协商过程中,检察官可以提交自行作出的事实陈述以及每项罪行的详情,双方可就商谈的事实信息作出保密承诺,只有在就事实陈述达成一致意见的情况下,才能达成暂缓起诉协议。在签订暂缓起诉协议之前,检察官必须向法官证明,签订暂缓起诉协议可能更符合司法公正的要求,所有条款都是公平、合理和相称的。在检察官提交暂缓起诉协议后,法官会举行秘密的听证会,对协议条款进行审查。一旦接受了暂缓起诉协议,审判法官就要在公开的听证会上正式批准该项协议。只有在这个时候,检察官才可以将暂缓起诉协议的内容公之于众。

具体来说,英国法律确立了以下四个阶段的 DPA 适用程序:一是 DPA 启动程序,通过涉嫌经济犯罪的公司进行自我举报,或者举报人进行报案,或者检察机关初步调查,检察机关与涉案公司进行初步协商,表露达成暂缓起诉协议的意向。二是检察官邀请涉案公司进行 DPA 谈判,一般会提出正式邀请函,双方需要确定涉嫌违规的事实以及所适用的法律条款。三是检察官与涉案企业根据检察官法和检察指南来形成初步的 DPA 草案。四是法院审查和批准,检察官与涉案企业达成协议后,将协议提交法院,后者要经过两道程序来进行审查:(1)法院秘密举行预先庭审,检察官向法院提交包含事实陈述的相关证明文件,并证明所提交的DPA"可能符合司法利益",且DPA的相关条款是公平、合理和相称的,法官在此环节既可以修改DPA的条款,也可以拒绝接受所提议的DPA;(2)在随后举行的最终庭审中,检察官需要申请刑事法院的法官宣布DPA符合司法的利益,DPA的条款是公平、合理和相称的。一旦协议得到批准,法院应当以公开听证会的方式公布DPA的全部内容。

从2014年《犯罪与法院法》生效到2018年12月为止,英国检察机关一共与四家企业成功达成了暂缓起诉协议。这些企业分别是渣打银行(2015年)、一家匿名公司(2016年)、劳斯莱斯(2017年)、特易购(2017年)。作为协议的主要内容,上述四家公司共向英国政府支付罚款6.7亿英镑。2018年11月30日,英国反严重欺诈办公室宣布,英国首个暂缓起诉协议正式终止,涉案企业渣打银行(PLC,现称为ICBC)已经完全遵守协议条款,最终被撤销起诉。

2015年11月30日,英国反欺诈办公室与渣打银行达成的暂缓起诉协议正式生效。此前,检察官曾向法院提起诉讼,指控渣打银行违反2010年《反贿赂法》第7条,未能防止公司员工发生在坦桑尼亚的商业贿赂行为。反欺诈办公室与该公司达成了以下协议:(1)渣打银行必须与调查机构进行充分而诚实的合作,包括披露有关个人活动的信息和材料;(2)向坦桑尼亚政府提供600万美元的经济赔偿,并支付相关利息;(3)所获取的840万美元利润将由SFO予以没收,并转交英国财政部;(4)调查机构对渣打银行罚款1680万美元,并转交英国财政部;(5)重建公司合规计划;(6)渣打银行将向反欺诈办公室支付3.3亿英镑的费用。对于上述协议所确立的义务,渣打银行在2017年8月之前,已经全部履行完毕。这种履行协议的情况得到了反欺诈办公室的肯定。经法院批准,反欺诈办公室撤销了对该银行的起诉。

三、暂缓起诉协议与企业合规的关系

暂缓起诉协议制度发端于美国,目前同时被适用于涉嫌轻微犯罪的自然人以及涉嫌经济犯罪的企业。对于涉嫌犯罪的自然人而言,暂缓起诉协议无非是一种检察官根据被告人改过自新的意愿所签署的一种附条件不起诉协议而已,与企业合规没有任何关系。但对于那些涉嫌商事犯罪的企业而言,暂缓起诉协议已经与企业建立合规计划建立起极为密切的联系。特别是在美国,20世纪90年代对企业适用暂缓起诉协议的案件还是不多见,直到21世纪初期,随着安然案件、世通案件以及安达信案件的发生,尽管联邦检察官对这些企业提起公诉并达成了对其定罪的目的,但也造成了诸如企业破产、员工失业、经济和金融遭遇严重动荡等方面的后果。自此以后,美国司法部开始大规模适用暂缓起诉协议,并在几乎每一个达成和解协议的案件中,将企业合规机制融入这种审前转处协议之中。自2014年以来,英国、法国在确立暂缓起诉协议制度的同时,也将企业合规机制吸收进来,使企业完善合规计划成为和解协议的重要内容,也成为检察机关最终不起诉的前提条件。2018年以后,加拿大、澳大利亚和新加坡在仿效英国确立暂缓起诉协议制度时,也无一例外地将企业合规机制引入到这种协议之中。

尽管上述各国对于暂缓起诉协议吸收企业合规机制的方式和程度存在一定的差异,但大体说来,企业合规机制的构建都已经成为暂缓起诉协议的有机组成部分。具体而言,在这些国家,企业合规与暂缓起诉协议存在三个方面的关系:一是涉案企业建立合规计划,这是检察机关与其达成暂缓起诉协议的前提条件之一;二是在暂缓起诉协议中,企业通常都要承诺完善合规计划,也就是要提出全面重建合规管理体系的具体方案;三是在考验期之内,检察机关会对企业重建合规计划的进展情况进行持续不断的监控,这种监控可以通过派驻独立的合规监督员进行持续不断的监督来实现,也可以由企业自行定期提交合规进展报告来实现。下面依次对其加以简要分析。

(一)作为签署暂缓起诉协议之前提的合规计划

无论是在美国,还是在英国,对于涉嫌经济犯罪的企业,检察机关不仅要将该企业是否建立合规计划作为是否提起公诉的考量因素,在决定是否与其签署暂缓起诉协议时,还要考虑企业是否已经确立了合规计划。相对于那些从来没有建立合规计划的企业而言,那些已经初步建立合规计划的企业,与检察机关达成暂缓起诉协议的可能性要大得多。对于这些企业而言,暂缓起诉协议往往会包含一系列有关加强合规管理的条款,这些条款的目的在于确保合规计划的有效性。但对于一个从未"有合规计划"的企业而言,检察机关无法相信通过达成暂缓起诉协议,会促使其从无到有地建立起"有效的合规计划"。

根据美国《联邦检察官手册》,检察官在决定是否提起公诉,以及是否达成暂缓起诉协议或不起诉协议时,至少要考虑以下十个重要因素:一是犯罪的性质和严重程度;二是公司内部不法行为的普遍性;三是公司类似行为的前科,包括民事不法前科和犯罪前科;四是公司是否愿意协助调查其代表人;五是公司是否建立了合规计划;六是公司是否及时并自愿披露不法行为;七是公司是否采取补救措施,如解雇实施不法行为的员工,并与政府机构进行合作;八是起诉可能引起的附带后果,包括对股东、员工等的影响;九是对公司采取民事或行政监管措施是否已经足以产生惩罚效果;十是对公司员工的起诉是否充分。

检察官在考量以上因素时享有较大的自由裁量权。通常情况下,从检察机关启动调查程序到暂缓起诉协议的达成,都要经历时间不等的谈判期间。在此期间,涉案企业为促成和解协议的达成,通常会采取诸如披露违法信息、与调查部门展开合作、完善合规计划等方面的措施。这些工作的进展情况会成为检察官决定是否签署暂缓起诉协议时需要考量的重要因素。大量的案例显示,检察官对于那些已经建立合规计划,与调查机构展开充分合作,但合规计划有待完善的涉案企业,更愿意通过签署暂缓起诉协议来督促其完善合规计划,以实现刑罚的惩罚、威慑和矫正功能。

例如,2018 年 11 月 18 日,美国联邦司法部和纽约南区检察官办公室与法国兴业银行(SG)达成一项暂缓起诉协议,兴业银行同意向美国政府和纽约州政府支付 8.8 亿美元的刑事罚款,以换取联邦和州检察机关在约定的三年考验期内不对其涉嫌共谋犯罪提起公诉的结果。根据该暂缓起诉协议所附的"事实陈述",该项协议的达成充分考虑了兴业银行与调查机构的实质性合作和完善合规计划的情况。在调查机构启动调查程序后,兴业银行除了就其违法行为作出信息披露以外,还进行了广泛而彻底的交易审查,与政府签订了罚款和延期罚款协议,向调查机构提供了大量书面材料及调查结果,回答了调查机构的问题,并安排有关员工接受各种面谈。不仅如此,兴业银行在调查开始之前,就终止了违法行为,对其遵守制裁法方面的合规计划进行了重大改进。从 2009 年到 2017 年,该银行增设了中央制裁法合规职能部门,将其员工增加到 31 名,而且将其全球合规部员工从 169 名增加到 785 名;银行也对其合规 IT 进行了改进,总体合规预算从 2010 年的 5380 万欧元增加到 2016 年的 1.86 亿欧元;针对遵守制裁法的问题,兴业银行发布了有关遵守制裁法的合规政策,建立了对参与违反制裁法业务的员工辞退政策,并就与制裁法合规政策进行了员工培训。

而在英国，根据反严重欺诈办公室和皇家检察署公布的 DPA 守则，检察官在考虑是否对涉案企业适用 DPA 时，要进行证据检验和公共利益检验。涉案企业是否建立合规计划，被视为公共利益检验的重要考量因素。为确定签署暂缓起诉协议是否更符合公共利益，检察官通常要考虑企业所犯罪行的严重性，同时也要考虑以下四个因素：一是企业类似不法行为的历史；二是企业在违规之前、期间和之后的合规计划；三是企业什么时间披露其不法行为以及所提供的信息的准确性和完整性；四是企业配合刑事调查的情况。与此同时，在对检察官提交的暂缓起诉协议进行司法审查时，法官同样要对企业建立合规计划等因素进行考量，以便确认批准暂缓起诉协议更符合公共利益。

（二）作为协议重要内容的合规计划

作为暂缓起诉协议制度发源地的美国和后来确立这一制度的英国、法国等国，几乎无一例外地将涉案企业完善合规计划作为这一协议的主要内容。为达成这种附条件的延期起诉协议，检察官通常要求涉案企业在缴纳高额罚款的基础上，作出完善合规计划的承诺，接受改进合规计划的持续审查，并且作出与调查机构进行全面合作的承诺。另外，为避免受到更严厉的处罚，防止遭受更严重的损失，涉案企业也会承诺在原有披露违法信息、配合监管调查、完善合规计划等项工作的前提下，进一步地采取改进合规管理体系的措施，以堵塞合规体系的漏洞，防范、识别和有效监控可能的合规风险，有效地惩处违法违规责任人，最大限度地减少再次出现违法行为的可能性。在一定程度上，所谓的暂缓起诉协议，其实主要是指检察机关与涉案企业在完善、改进企业合规管理体系方面所达成的妥协方案而已。

对于暂缓起诉协议所确立的重建合规计划的条款，任何国家都不会提出千篇一律的要求，而是会针对个案中企业涉嫌违规的情况以及特定高风险领域，来确定具体的合规改进条款。在这一方面，美国、英国、法国等国都发布了有效合规计划的最低标准。美国联邦司法部几乎每年都会为检察官确立有效合规计划的规范指引。可以说，在督促企业重建合规计划方面，各国检察机关既遵循最低限度的有效合规计划要求，又享有一定的自由裁量权，做到了原则性和灵活性的有机结合。

例如，2019 年美国联邦司法部与 Lumber Liquidators 公司达成的暂缓起诉协议，要求被告公司从加强内部控制、政策和程序方面，改进或者重建其合规计划,以确保公司具有有效的内部会计控制系统以及严格的反欺诈合规计划。不仅如此,该项协议还专门将重建企业合规计划的部分作为独立的附件,从高层承诺、政策与程序、定期风险审核、适当监督、培训和指南、内部报告和调查、纪律惩戒、第三方关系、兼并与收购、监控与测试等方面,对被告公司全面提出了重建合规体系的要求。

又如,在经过长达四年的反贿赂调查之后,英国反严重欺诈办公室与劳斯莱斯公司 2017 年达成的暂缓起诉协议,获得了高等法院王座法庭的批准。根据这项涉及高达近五亿英镑罚款的协议,被告公司须继续委托 Gold 爵士领导的团队对其反贿赂和腐败合规情况展开独立审查,以在已经完成的两份中期报告的基础上,完成第三份有关重建合规计划的独立报告。在第三份报告完成后,被告公司需要制订一份书面计划,以便对前两份报告就完善合规计划所提出的建议加以落实和实施。同时,英国反严重欺诈办公室建议第三份报告对以下四个领域的合规风险作出重点分析:一是被告公司以现金、信贷或其他方式向客户提供“特许权”的问题;二是被告公司合规员工的地理分布、数量和专业能力问题;三是为防控合规风险而展开合规培训问题;四是劳斯莱斯动力系统的有效反腐败政策、程序和控制问题。

(三)对企业完善合规计划的持续监控

在美国、英国、法国的暂缓起诉协议制度中,检察机关除了要求涉案企业在约定的考验期之内作出改进合规计划的承诺以外,还要求企业聘请独立的合规监督员(compliance monitor),以便随时监督和审查涉案企业遵守协议、改变经营方式以及制定或完善合规机制的情况,并向执法机关或监管机构作出定期汇报。这种合规监督员制度对于企业针对合规风险重建合规计划起到了持续监控的作用,是企业防止再次出现违法违规情况的重要制度保证。可以说,在暂缓起诉协议制度的实施过程中,没有合规监督员持续有效的监控,所谓重建合规计划的承诺将无法得到落实。

在美国,这种合规监督员一般由从事过检察官、法官或证券管理工作的人来担任合规监督员。首先由涉案企业提出若干名人选,最终由检察机关确定,但要由企业来支付工作薪酬。在实践中,那些曾经在司法部工作过的前任检察官被委任为合规监督员的比例非常高。在英、法等国,合规监督员也可以由一名德高望重的法律界、财经界或者其他领域的专业人士来担任。

合规监督员一旦得到任命,就要对涉案企业违法违规情况、主要合规风险领域、合规计划的缺陷、第三方监控体系等进行全面审查,并提出改进合规管理体系的建议。涉案企业在接到合规监督员的审查和建议之后,应有针对性地进行整改和调整,除了按照建议调整公司董事会成员、撤换高级管理层、增加合规管理人员等以外,还要按照有效合规计划的要求,从制定员工手册、建立合规风险防范体系、监控体系和应对体系等角度,全面重建企业的合规管理体系。对于企业整改和重建合规计划的情况,合规监督员要向检察机关提交定期报告。通常情况下,合规监督员要向检察机关提交季度报告,最迟每半年提交一份报告。不仅如此,在整个考验期之内,合规监督员还可以从防范合规风险的角度,对企业日常经营活动、重大公司决策乃至公司人事安排提出建议。

例如,在2015年美国司法部与Louis Berger International公司达成的暂缓起诉协议中,公司被要求在3年考验期内接受1名协议双方都认可的合规监督员的监督。在协议生效后的30日内,公司应提交3个监督员候选人的名单,司法部将从中自主选任一位担任正式的合规监督员。合规监督员必须具有以下资格:具备FCPA及其他反腐败法律方面的专业知识和能力;具备设计或审查企业合规政策、程序和内部控制体系方面的经验(包括在FCPA和反腐败政策、程序和内部控制方面);具备为履行监督员职责而获取和使用相关资源的能力;具备为有效而公正地履行监督员职责所需要的充分独立性。合规监督员的首要职责是评估和监督被告公司遵守协议条款的情况,包括执行协议所确立的重建合规计划的义务,以便处理和降低任何违法行为再次发生的危险。为有效地履行合规监督职责,合规监督员有权就公司遵守反腐败法律的有效性进行初步审查(initial review)并提交初步报告(initial report),然后进行后续审查(follow up review),并向检察官办公室提交后续报告(follow up report);合规监督员有权就公司相关腐败行为以及虚假报表和记录行为向公司高层披露,并有义务就其中的违法行为向司法部进行报告;合规监督员应在提交报告后与司法部官员进行会面,就报告中的具体情况进行讨论。

又如,2014年,英国反严重欺诈办公室与Standard Bank PLC达成了英国历史上第一起暂缓起诉协议。根据这份协议,被告公司在考验期之内须与SFO和其他调查机构进行充分和诚实的合作。在此基础上,被告公司须委托普华永道会计师事务所(以下简称 PWC 公司)对该银行的内部反贿赂和反腐败合规程序进行审查,并接受 SFO 所确定的审查范围和程度。在审查完成后,被告银行须接受相关的合规重建建议,并在审查完成后 12 个月内按照建议采取行动。PWC 公司须向 SFO 提交定期报告,以验证被告银行改进合规计划的进展情况。

当然,检察机关并不是在每起案件中都委任合规监督员。自 2016 年以来,美国司法部实施了一种针对企业主动披露违规情况的合规奖励制度(cooperation credit)。根据这一制度,在接受检察机关以及其他监管部门调查期间,涉案企业假如主动进行自我披露,就调查机构没有发现的违法行为和违规责任人进行主动报告,检察机关在与其达成的暂缓起诉协议或不起诉协议中,可以不再提出强行派驻合规监督员的要求。取而代之的是企业承担定期报告的义务。美国检察机关在近年来达成的暂缓起诉协议中,逐步开始使用企业合规报告制度(corporate compliance reporting),也就是要求企业在考验期之内,每年向检察机关或其他监管部门就其完善和执行合规计划的情况提交一份报告。

一些暂缓起诉协议的文本,在载明完善合规计划和定期提交合规报告的条款之外,还会附上完善合规计划的详细方案以及有关提交年度报告的要求。例如,在 2018 年美国司法部与 Transport Logistics International 公司达成的暂缓起诉协议中,被告公司作出了全面完善企业合规计划的承诺,同时还就其完善反海外腐败合规计划的进展情况承担每年至少一次的定期报告义务。根据相关条款,该公司应在签署协议后的一年以内完成初步审查并提交初步报告,并在剩余的两年考验期内完成两次审查并提交两份后续报告。所有审查和报告都要围绕着改进反腐败合规计划,完善有关公司在执行 FCPA 等相关法律方面的内部控制、政策和程序等问题而展开。

四、暂缓起诉协议制度的理论基础

有研究者基于对美国审前转处协议制度的研究和观察,认为美国之所以对企业适用审前转处协议制度,主要是为了避免“刑罚的水波效应”,也就是为了避免因惩罚罪犯(公司)而对其他人(与犯罪行为无关,但与罪犯存在某种社会关系的第三人)所可能带来的不利影响。2001 年前后随着美国安然案件、世通案件和安达信案件的发生,检察机关对这些企业提起公诉所带来的企业破产、员工失业的严重教训，促使了美国司法部转变起诉政策，利用检察官的起诉威慑功能换取涉案企业内部的公司治理。通过适用包括暂缓起诉协议在内的审前转处协议制度，司法部期望避免损害公司的投资者、雇员、养老金领取者、客户等无辜第三人的利益，避免刑罚的水波效应。

的确，诸多讨论美国审前转处协议的文献都提到了安然案件和安达信案件，并认为这些案件的发生与暂缓起诉协议在企业犯罪案件中的广泛运用具有一定的联系。笔者也基本赞同“对涉案企业适用暂缓起诉协议是为了避免刑罚的水波效应”这一判断。但是，即便在美国，仅仅从这一角度来对审前转处协议制度的正当性作出解读，似乎仍嫌过于简单。这是因为，假如检察机关签署暂缓起诉协议仅仅是为了避免对涉案企业提起公诉，那么，为什么还要求企业缴纳近乎天文数字的罚款？为什么要企业作出配合调查尤其是主动披露违法行为和违法人员的承诺？为什么要企业重建合规计划，甚至委任合规监督员全程监控合规进程？这仅仅从避免刑罚的水波效应这一点，是难以得到解释的。况且，英国、法国、加拿大、澳大利亚、新加坡等国家只是确立了暂缓起诉协议制度，且对其适用范围、适用方式和适用程序作出了严格限制，确立了有别于美国的司法审查模式。从比较法的角度来看，如此多的国家采纳暂缓起诉协议制度，并将其作为处理公司犯罪案件的刑罚替代方式，肯定有其内在和外在的原因。

从本质上看，暂缓起诉协议属于检察机关与涉案企业基于平等协商和自愿选择所签署的一份“合同”或“契约”。既然是合同或契约，那么，缔约方一般都会经过理性的利害关系考量，为追求利益的最大化，最达到损失的最小化，而选择双方都能接受的协议条款。因此，与辩诉交易一样，暂缓起诉协议也要符合基本的“利益兼得原理”。与此同时，仅仅基于利害关系的考量并不足以解释任何制度改革的正当性，这里往往还存在更为深层的动因，使诸如公共利益、司法公正等方面的因素被考虑在内。英国与其他一些英联邦国家都强调暂缓起诉协议要接受法院的司法审查，使其“符合司法的利益”，并且要满足“公平”、“合理”和“适当”等要求，就有这方面的考虑。有鉴于此，我们拟从三个方面对暂缓起诉协议的正当性作出理论上的解释。

（一）利益兼得原理

很多人对暂缓起诉协议制度提出的主要非议是，它赋予检察机关较大的自由裁量权，使其替代法院成为企业涉嫌犯罪案件的实际裁决者；它剥夺了涉案企业的正当法律程序保障，诸如律师对客户的作证豁免特权、获得法庭公正审判的权利、申请非法证据排除的权利等都难以得到实现。尤其是，一旦涉案企业接受了暂缓起诉协议，就要承认检察机关指控的犯罪事实，而这种承认在检察机关恢复对其提起诉讼时有可能作为指控证据使用。这就造成涉案企业一旦选择暂缓起诉协议，就几乎不可能再获得无罪裁判的机会。

其实，对暂缓起诉协议的上述批评，与当年对辩诉交易的批评具有相似之处。但是，辩诉交易制度符合“利益兼得原理”，能够满足各个方面的利益，这种功利主义的基础使其长期成为美国处理大多数刑事案件的程序。同样，即便面临上述多方面的批评，暂缓起诉协议制度也能够满足整个社会、检察机关和涉案企业的利益，最大限度地避免了负面的社会效果，因此具有广泛的社会现实基础。

检察机关通过与涉案企业达成暂缓起诉协议，使绝大多数涉嫌犯罪的企业最终避免了被提起公诉的结局，摆脱了被法院定罪的命运，并避免承受诸多方面的附带结局，防止因企业破产而出现员工失业、投资人或股东血本无归、养老金领取者老无所依、客户以及其他无辜第三人付出沉重代价等一系列后果，避免因经济动荡或金融危机而影响政府的管治秩序。这种对刑罚水波效应的避免，显然是各国检察机关所追求的政治收益。毕竟，无论是美国的司法部，还是诸如英国反严重欺诈办公室以及其他国家的检察机关，在决定是否对企业提起公诉方面，都要考虑公共利益的需要，也不可能离开对政治因素的考量。而选择与企业签署暂缓起诉协议，在很大程度上确有避免企业破产、防止员工失业、预防经济滑坡等政治方面的考量。

除此以外，检察机关还会基于提高诉讼效益的考虑，通过适用暂缓起诉协议，避免冗长烦琐的司法程序，避免法庭审判的不确定性，减轻检察官在公司犯罪案件中承担极为沉重的调查责任和举证负担，从而最大限度地提高执法效率和增强执法力度。

经验表明，将涉案公司起诉到法院，使其接受法庭审判，这不仅存在耗时费力、案件久拖不决的问题，而且也难以保证检察机关获得一个确定的胜诉结局。这一方面是因为公司犯罪大都属于专业性极强的经济违法行为，且发生在公司运营过程之中，能见度较低，检察官很难收集到足以达到排除合理怀疑的指控证据。另一方面,涉案公司一般都拥有雄厚的财力,会聘请经验极其丰富的律师的帮助,检察官无论是在调查取证还是在提起公诉方面,都将面临来自专业律师的强有力的"抵制",后者要么会对公诉方证据的合法性提出质疑,要么会对案件是否达到定罪标准提出挑战,这就大大增加了对企业定罪的难度。

而随着公司犯罪案件的迅猛增加,各国检察机关对诸如商业贿赂、不正当竞争、违反出口管制、洗钱、侵犯个人信息、商业欺诈等公司犯罪案件加大执法力度,法院面临着日趋严重的案件积压、诉讼拖延的问题。这种"不堪重负"的情况势必造成检察机关要经历很长时间才能在一个完整的诉讼程序中将涉案公司绳之以法。美国学者的实证研究表明,很多公司犯罪案件的审判,从案件发生到生效判决产生,动辄持续七年乃至更长的时间。这使检察机关将大量时间、财力和人力投入到部分案件的诉讼过程之中,无力对其他涉案经济犯罪的公司展开调查和起诉,从而导致不同程度的执法不力问题。

而对暂缓起诉协议的广泛采用,使得检察机关摆脱了上述困境,对公司犯罪案件的执法效率和执法力度上都得到了显著的保证。首先,暂缓起诉协议的签署建立在公司承认指控犯罪事实的前提下,公司对检察机关的调查和起诉可以提供多方面的配合和支持。涉案企业不仅要全面配合检察机关和监管部门的调查,积极提供证据,接受调查取证,督促员工接受问询,对公司违法事实以及实施违法行为的员工进行自我披露,还要像自愿认罪的自然人那样,放弃包括申请排除非法证据、申请行使律师保密特权在内的正当程序保障,这大大节省了检察机关的时间和财力,大大减少了检察官在调查取证和提起公诉方面的阻碍。其次,暂缓起诉协议的签署还意味着检察机关可以获得相对稳定的有利结局,无论是在考验期之内督促企业履行协议所确定的配合调查、重建合规计划、接受合规监管等义务,还是在考验期结束后对公司遵守协议情况进行最终审核,都使得检察机关占据了极大的主动性,在涉案企业履行义务方面起到了监控、审核和督促的作用。最后,实证研究也表明,大量适用暂缓起诉协议的案件,从公司案发,到暂缓起诉协议所确定的考验期结束,一般都会经历四年左右的时间。当然,相对于那些进入正式法庭审判程序的案件而言,时间的节省还没有反映出问题的全貌。在这一段时间里,检察官可以借助于公司自我披露和合规监督员的合规监控机制等,将自己从繁重的调查和公诉工作中解脱出来，同时办理其他公司涉嫌经济犯罪的案件，从而大大提高了执法的效率和执法的力度。

那么，对于那些选择与检察机关达成和解协议的企业来说，通过签署暂缓起诉协议，究竟可以获得哪些方面的收益呢？

从实质上看，企业一旦被定罪，所带来的直接后果无非是遭受法院的罚金处罚。但是，无论是在美国、英国，还是在法国、加拿大、澳大利亚等国，法院对企业宣告有罪的同时，往往会对其作出附带处罚，如剥夺与政府签订合同的资格，甚至吊销某种营业资格。这种由定罪所带来的“剥夺资格”处罚往往属于定罪的附带后果。例如，在 2002 年的安达信案件中，检察机关对其提起公诉的第二天，美国证交会就要求安达信在同年 8 月 31 日起停止从事上市公司的审计业务，这等于迫使其关门歇业，相当于“被置于死地的死刑”。以金融机构为例，这些企业之所以选择暂缓起诉协议，是为了避免遭受更大的损失或者遭受更为严重的代价。这些损失和代价主要包括以下几项：一是失去业务执照。一旦被美国监管机构“暂停业务”或者“吊销执照”，那么，银行就会失去美国这个最重要的市场，无法在美国继续生存和经营，从而导致极为沉重的损失。二是失去市场、客户和员工。在很多案例中，这类案件即便被诉诸法院，烦琐冗长的司法程序，也会使公司陷入讼累之中，导致市场、客户和员工大量流失。三是股价下跌。监管机构一旦放出不利信息，就会导致涉案企业股票价格大幅下跌，带来重大损失。四是持续不断的恶意监管。假如不与监管机构达成和解协议，那么，涉案企业就有可能遭受恶意监管，被再次起诉的概率大大提高。

在此背景下，一旦遇有监管机构提起某种指控，特别是检察机关提出刑事指控的，涉案企业通常都会与其进行闭门协商，寻求最“优惠”的罚款数额和最宽松的合规监管条件，以换取这些监管机构放弃向法院提起诉讼。在实践中，几乎所有达成起诉和解的案件，最终在考验期结束后，都以检察官放弃起诉而告结束。涉案企业在逃避了被定罪命运的同时，也避免了被剥夺与政府交易或者从事某种营业资格的结局。在“起诉公司相当于判其死刑”的制度背景下，选择暂缓起诉协议，在很大程度上关系到企业的生死存亡，企业所获得的收益显然是不可估量的。

（二）刑罚功能的有效替代

暂缓起诉协议制度面临的一项批评是，检察机关对那些构成犯罪的企业不予起诉,以高额罚款替代了刑事处罚,难以发挥刑罚所应发挥的报应和威慑功能,有放纵犯罪之嫌。确实,检察机关一旦与涉嫌犯罪的企业达成暂缓起诉协议,在经过若干年的考验期之后,几乎不再对其提起公诉。但是,检察机关对涉案企业所处的罚款,以及对其施加的配合调查、完善合规计划等义务,尽管不具有刑事处罚的性质,却可以发挥不亚于刑事处罚的效用。这种对刑事处罚功能的有效替代,是暂缓起诉协议制度具有正当性的重要体现。

根据当代社会学上的结构功能主义原理,任何制度或结构的存在,都取决于它所发挥的功能和作用,结构与功能相互依存,达到一定的平衡状态。在特定结构存在缺陷的情况下,要建立一种取而代之的新结构,就应当使其发挥原有的功能。按照这一原理,检察机关对涉嫌犯罪的企业提起公诉,使其遭受定罪判刑,固然存在一定的缺陷,但要以暂缓起诉协议制度取而代之,还必须确保这一制度能够发挥刑罚所固有的功能。否则,单纯考虑避免企业被定罪这一因素,就有可能导致企业犯罪不仅得不到惩罚,还会受到纵容,其他企业也会纷纷仿效,以至于无法维系基本的法律秩序。

暂缓起诉协议制度的运用,使检察机关通常会放弃对涉案企业的起诉,客观上导致企业避免了受到定罪判刑的后果。但这一制度的生命力在于,它只是避免企业以“罪犯”的名义接受刑事处罚,但却使企业遭受了另一种形式的惩罚,并通过一系列新的制度安排,迫使企业接受了披露犯罪事实和犯罪人、重建合规计划、接受合规监控等补救措施,既有助于防止企业再次实施犯罪行为,也能对其他企业起到足够的威慑效果。暂缓起诉协议制度使那些涉嫌犯罪的企业避免了受到刑事处罚的命运,也发挥了刑罚所固有的惩罚和威慑功能,甚至在惩罚和威慑功能的发挥方面还具有更为理想的效果。

首先来看暂缓起诉协议在发挥惩罚功能方面的效果。

刑罚唯有充分发挥惩罚效果,才能体现其固有的报应功能。而要发挥这一效果,就应确保犯罪人受到与犯罪性质和严重程度相适应的刑事处罚。从企业犯罪所遭受的刑事处罚来看,各国刑法适用最为广泛的是罚金刑,但对所科处的罚金数额都有严格的法律限制。从达成辩诉交易或认罪协议的案件来看,这种罚金数额一方面要受到刑法的限制,另一方面还要适度地予以放宽。因此,无论是在美国、英国还是法国,对于自愿认罪并与检察机关达成认罪协议的企业,法院在定罪后所科处的罚金数额一般都是几十万美元或欧元,最多时达到数百万美元或欧元。

但是,在适用暂缓起诉协议的案件中,检察机关享有较大的自由裁量权,可以通过与涉案企业协商来确定罚款数额,而无须遵守刑法有关罚金数额的法律限制。这种“罚款”并不具有刑事罚金的性质,其实属于一种“和解金”,也就是涉案企业为接受和解协议所支付的“补偿金”,其中既包括单纯的惩罚性费用、没收的违法所得,也包括向被害方支付的赔偿金以及向就监管部门、检察机关支付的调查费用。从美国近年来达成的暂缓起诉协议的情况来看,这种带有“和解金”性质的罚款动辄高达数千万美元或者欧元,甚至超过一亿美元或欧元的案件也已经变得极为常见。美国学者的一项研究表明,在 1987 年至 2011 年,那些适用暂缓起诉协议的案件的罚款基准数额为 1. 89 亿美元,适用不起诉协议的基准罚款数为 2. 19 亿美元,而同一时期适用辩诉交易的案件,法院罚金的基准数则为 7570 万美元。在英国迄今为止反严重欺诈办公室签署的四项暂缓起诉协议中,有两起案件的罚款额度都在一亿欧元以上,其中作为被告人的劳斯莱斯公司甚至需要向英国缴纳接近三亿英镑的罚款,向美国和巴西分别支付 1. 7 亿美元和 2550 万美元的罚款。2016 年法国法院对一家瑞士银行涉嫌洗钱犯罪的案件,批准了国家金融检察院与被告银行通过庭前认罪答辩程序(CRPC)所达成的认罪协议,对被告银行宣告有罪,并判处 280 万欧元的罚金。但 2017 年法国法院批准了国家金融检察院与另一家瑞士银行达成的暂缓起诉协议,被告银行需支付的罚款和赔偿金总额达到创纪录的 3 亿欧元。

当然,法院一旦对企业定罪判刑,不仅会将企业认定为“罪犯”,对其科处罚金,还会带来一系列的附带后果,使其丧失某种与政府交易或从事特定经营的资格,这种直接后果和附带后果的结合,确实会使企业遭受极大的损失。但是,暂缓起诉协议的适用,却使企业承受近乎天文数字的罚款,这种动辄高达数千万元乃至上亿美元或欧元的罚款,对于任何企业来说,都是极为沉重的负担。尤其是考虑到企业所涉嫌实施的犯罪通常都属于牟利型犯罪行为,具有明显的获得不正当利益的性质,因此,这种高额罚款在很大程度上可以发挥“剥夺违法者违法所得之利益”的效果,甚至还会使涉案企业承受远远超出其违法所得的经济损失。

其次来看暂缓起诉协议的特殊威慑效果。

刑事处罚的特殊威慑效果通常表现在犯罪人因受到严厉而及时的刑事处罚,承受高昂的代价和损失,从而失去了再次实施犯罪的动力和能力。通过适用暂缓起诉协议,涉案企业首先承认实施了检察机关所指控的犯罪事实,这相当于自然人对犯罪事实的“供认”,具有“认罪悔罪”的效果;其次,对于那些试图在经营中获得不当利益的企业而言,高额罚款本身就构成一种重大威慑,迫使其不再实施新的犯罪行为;再次,协议为企业所确立的配合调查、主动披露违法行为和违规人员、重建合规计划乃至接受全程合规监管的义务,迫使其清除导致再犯罪的因素,堵塞合规漏洞,有效预防、识别和应对可能的违规行为,减少了今后再次实施犯罪行为的可能性;涉案企业一旦没有履行协议,检察机关将保留对其起诉的权力,并可以使用在考验期内调查取得的所有证据以及被告企业所作的陈述,这就使“法院定罪几乎成为定局”,因此几乎没有企业在达成 DPA 后的考验期内重新实施犯罪的情况,而即使在检察机关放弃起诉后,企业再犯新罪的可能性也变得微乎其微了。

最后来看暂缓起诉协议的一般威慑效果。

刑事处罚的一般威慑功能主要表现在,通过对犯罪人的严厉处罚,使那些潜在的犯罪人认识到犯罪后遭受惩罚的必然性和严厉性,从而失去了实施犯罪的动力。暂缓起诉协议的适用,使得涉案企业受到近乎天文数字的高额罚款,这本身对于那些潜在的以获取非法利益为目的的企业而言,就足以发挥心理威慑效果。而在暂缓起诉协议达成后,特别是得到法院批准后,那些记录了起诉书、犯罪事实和企业认罪条款的协议文本,通常都会通过法定途径被公之于众。这种对协议文本的公开发布,无异于对企业犯罪行为进行了公开宣告和谴责,会不同程度地降低企业的信誉和社会评价,使企业在经营业务、获得交易机会、增强竞争优势等方面受到负面的影响。不仅如此,涉案企业通过创建合规计划、接受全程合规监管,最终获得了检察机关撤销起诉的奖励,这在很大程度上可以促使其他企业加快建立有效合规计划的进度,争取获得合规激励机制的机会。暂缓起诉协议制度对于企业建立合规管理体系的推动作用,势必确保其他企业建章立制,预防、识别和应对违规行为的发生。这对于减少企业犯罪无疑是有益的。

(三)检察官参与公司治理的助推器

暂缓起诉协议制度经常受到的另一种批评是,检察机关在涉案公司没有被法院定罪的情况下，却对其像“犯罪人”一样对待，违反无罪推定原则；检察机关作为行使刑事调查权和公诉权的国家机关，却行使着那种针对罪犯才能行使的“行为矫正权”，这显然属于一种越权。这种批评不无道理，但是，与传统的公诉制度相比，暂缓起诉协议制度使得检察机关在企业没有被定罪的情况下，参与到企业治理的过程之中，实现了从追求惩罚、威慑效果，向督促公司改变治理方式的重大转变，从而发挥一种针对公司犯罪行为的矫正功能。

首先，通过与检察机关达成暂缓起诉协议，涉案企业要进行全方位的合作，在自愿承认犯罪事实的前提下，为检察机关以及其他监管部门的调查大开绿灯，并对公司决策层、管理层、审计机构进行全面整顿，撤换那些负有责任的高层管理者。不仅如此，通过被动地或者主动地承担自我披露的义务，涉案企业不仅向检察机关提供新的违法事实，还将有关员工乃至高层管理人员的违法行为告知调查人员。这种对刑事调查和监管调查的全面配合，一方面意味着企业对过去的违法违规行为进行了“认罪悔过”，另一方面也导致所有对违法犯罪行为负有责任的自然人被及时有效地追究法律责任，实现了违法员工与企业的有效切割。这显然为检察机关和监管部门督促企业“脱胎换骨”地变革治理方式，奠定了基础。

其次，作为暂缓起诉协议的核心要求，检察机关责令涉案公司重建合规计划，全面评估公司的合规风险，督促企业重新组建合规组织体系，并从事先防范、事中监控和事后应对等多个角度完善合规管理体系，切实有效地避免公司违法违规行为的发生。与此同时，在协议所确定的考验期内，检察机关还通过委任独立的合规监督员，或者建立合规报告制度，对涉案企业重建合规计划的进展情况进行实时监控，使其接受定期审核，提交定期报告，必要时提出新的整改意见。由此，检察机关在企业重建合规治理体系方面就发挥着监督者、审核者乃至裁判者等司法官的角色，使暂缓起诉协议发挥着通过改进公司治理结构来矫正原有违规经营方式，有望在协议所确定的数年考验期之内，督促和引导企业逐步形成一种依法合规开展业务活动的机制，形成一种合规经营的企业文化。这种对涉案企业合规经营方式的全面塑造，是暂缓起诉协议制度所能发挥的最显著功效。

最后，暂缓起诉协议制度的推行，促使企业在加强对内部员工和高层管理人员加强合规管理的同时，也加强了对投资并购相对方以及第三方的合规管理，在很大程度上避免后者出现违法犯罪行为。大量案例表明，公司在投资并购环节经常出现重大合规风险，公司在发展诸如供货商、经销商、代理商等第三方合规伙伴过程中比较容易出现违法违规行为。投资并购的相对方一旦出现违法违规行为，公司作为投资方或并购方，通常要承担“继承责任”，对前者的违法违规行为承担连带责任。而各类第三方合作伙伴一旦实施违法犯罪行为，也会导致公司承担相应的法律责任。在暂缓起诉协议中，检察机关通常都会责令涉案企业完善针对投资并购领域和第三方合作伙伴的合规管理，除了评估第三方合规风险、全面展开合规尽职调查以外，还要对第三方合作伙伴的经营模式和交易方式提出整改方案，促使其建立依法依规经营的机制和文化。于是，在检察机关的督促下，涉案企业通过重建合规计划，就可以对为数众多的第三方合作伙伴的合规管理进行了监控、督促和裁判，使得合规管理体系产生了强烈的辐射效应。

五、中国的暂缓起诉协议制度

在传统的刑事诉讼中，检察机关对于犯罪嫌疑人只能在提起公诉和不起诉中作出选择。这对于涉嫌犯罪的自然人或许是没有太大问题的，但对于涉嫌经济犯罪的企业来说，却出现了严重的问题。在针对企业的刑事诉讼程序中，各国法律几乎都引入了源自美国辩诉交易的控辩协商制度，但这种最终走向对企业定罪的处理方式，仍然无法解决原有的问题，并引发出了不少新的问题。暂缓起诉协议制度的出现，为检察机关处理企业犯罪问题提供了一条新的道路。这一制度承继了辩诉交易或控辩协商中的协商性司法因素，但同时设置考验期，促使涉案企业承认犯罪事实，配合调查，完善合规计划，并在涉案企业完成合规计划的重建后，放弃对企业的起诉，使其被宣告无罪。可以说，这是一种协商性司法与合规激励机制的有机组合体，对于涉案企业重建合规计划可以产生极大的激励效果，同时又发挥了刑事处罚所固有的报应和威慑的功能，还避免了因对企业定罪而可能“伤及无辜者”的负面后果。

暂缓起诉协议制度的优势是毋庸置疑的，它也越来越受到美国以外国家的青睐，成为处理企业犯罪问题的第三种方式。那么，在我国刑事诉讼中，暂缓起诉协议制度被引进的可行性究竟有多大呢？

迄今为止，我国刑事诉讼法已经在少年司法程序中确立了“附条件不起诉”制度。这种在 2012 年出现在我国刑事诉讼法中的制度，使得检察机关对于那些可能被判处一年有期徒刑以下刑罚的未成年人，可以设置半年到一年的考验期，在考验期满后再根据未成年嫌疑人接受矫正和监督的情况，来决定是否提起公诉。当然，绝大多数被处以附条件不起诉的未成年嫌疑人，最终都被作出不起诉决定。

对于犯有轻微刑事案件的未成年嫌疑人适用附条件不起诉，一度被视为是我国刑事司法改革的重大举措。但是，由于这一制度只能适用于很少一部分案件，且未成年嫌疑人也无法与检察机关就接受监督和矫正的义务进行协商，加上一些基层检察机关在沉重的办案压力下无力对其进行实质性的监管和矫正，因此，这一制度在实践中基本上成为检察机关对未成年嫌疑人作出不起诉的一种方式。

当然，我国刑法确立了“单位犯罪”制度，对那些涉嫌犯罪的企业一般按照“双罚制”的方式追究刑事责任。所谓“双罚制”，是指单位构成犯罪的，司法机关在对单位加以定罪的前提下，同时对单位和单位内部的相关自然人处以刑事处罚。而接受处罚的自然人通常是单位内部的主管人员和其他责任人员。单位构成犯罪的前提条件，一般是上述人员以单位的名义，为着单位的利益，体现单位的意志，实施刑法所禁止的社会危害行为。

在刑法确立单位犯罪制度的前提下，我国刑事诉讼法也确立了一些适用于单位案件的特殊诉讼程序。但是，前述附条件不起诉制度并不适用于单位案件。甚至就连那种带有控辩协商成分的认罪认罚从宽制度，也没有被确立于单位案件。检察机关对于单位犯罪，仍然保留着提起公诉和不起诉这两种传统的处理方式。

在司法实践中，这种要么起诉，要么不起诉的单位案件处置方式，已经带来一系列消极的后果。一方面，检察机关一旦对企业提起公诉，通常会带来企业被定罪的后果，而这又会带来诸多负面的问题，如企业资产被查封、扣押、冻结、拍卖甚至变现，企业员工、投资人、股东、退休金领取者，乃至诸多客户、第三方、消费者等，受到不应有的损失，造成经济滑坡，市场动荡，尤其是民营企业，更可能遭受灭顶之灾。另一方面，检察机关假如对那些涉嫌犯罪的企业动辄采取不起诉的方式，而既不进行罚款，也不提出任何建立合规计划的要求，这就可能带来放纵犯罪的后果，使得企业存在侥幸心理，不仅不采取任何制度整改措施，甚至放任乃至纵容员工继续实施违法违规行为，从而难以避免企业的再次犯罪行为。

既然对于涉嫌犯罪的企业提起公诉和作出不起诉决定都会带来难以解决的问题,那么,我们为什么不能探索一条新的道路呢?为什么不把源自美国的暂缓起诉协议制度引入到我国法律之中呢?

其实,我国法律在接受暂缓起诉协议制度方面已经具有一定的兼容性,并不存在根本的价值冲突和制度障碍。首先,我国刑事诉讼法已经确立了刑事和解制度和认罪认罚从宽制度,前者是指在被害方与被告方达成和解协议的前提下司法机关对被告人作出宽大处理的制度,后者则适用于检察官与被告方达成认罪认罚协议的案件,两者都包含着协商性司法的因素,而暂缓起诉协议制度也具有协商性司法的性质,属于检察机关与涉案企业通过协商和妥协达成协议的制度,这与刑事和解和认罪认罚从宽具有本质上的相似性。其次,我国政府监管部门正在以行政主导的方式全面推行企业合规管理体系建设,甚至逐步确立强制合规、合规考核、合规认证等制度,而暂缓起诉协议制度在鼓励企业在配合调查的前提下,促使其重建合规计划、接受全流程合规监控,又恰恰是推动企业建立合规计划的有效途径。最后,我国刑事司法实践的教训表明,对于企业的经济犯罪行为,仅仅依靠“严刑峻罚”是无法解决问题的。无论是高层政治家还是司法界人士,都已经意识到,对于民营企业,如果动辄采取查封、扣押、冻结等强制性处分措施,或者动辄加以定罪并将涉案财物加以追缴,甚至导致企业破产,这必然会带来不可挽回的社会损失,既损害企业经营者的利益,也侵犯国家利益和社会公共利益。在此背景下,通过推进合规管理体系建设,促使企业依法依规经营,才是治理企业犯罪的有效方式。而暂缓起诉协议制度所包含的检察机关督促企业重建合规计划等要素,显然符合我国针对民营企业所采取的重保护、轻惩罚的刑事政策。

暂缓起诉协议制度在我国法律中的引入,固然是必要且可行的,但其仍然会面临一些不容忽视的困难。唯有正视并解决这些困难,才能为这一制度引入我国法律之中,创造必要的条件。

首先,对已经构成犯罪的企业,通过达成协议的方式,最终使其受到无罪处理,这可能不符合我国固有的“罪刑法定”“罪责刑相适应”的原则。针对已经构成犯罪的嫌疑人,我国刑事诉讼法已经确立了相对不起诉制度和附条件不起诉制度。但是,相对不起诉制度的适用前提是这些人的犯罪情节显著轻微，依照刑法可以不追究刑事责任或者免除刑事处罚，而附条件不起诉制度所适用的对象则仅限于那些可能被判处一年有期徒刑以下刑罚的未成年嫌疑人。相反，暂缓起诉协议制度一旦实施，即意味着对于任何一家涉嫌经济犯罪的企业，都可以在其满足配合调查、信息披露和重建合规计划等条件的前提下，对其作出不起诉的决定。这就有可能使犯有重罪的企业避免了被定罪量刑的结局。如此以高额罚款、重建合规计划来换取司法机关的定罪量刑，显然难以与现行刑法中的罪刑法定、罪责刑相适应原则兼容。

其次，暂缓起诉协议制度一旦实施，意味着检察机关在督促企业重建合规机制方面要承担主要的责任，这可能与我国检察机关的法律地位难以相符。暂缓起诉协议制度的实质在于检察机关通过责令企业缴纳高额罚款，重建合规计划，接受合规全程监控，来重新建章立制，消除再犯新罪的可能性，促使企业依法依规开展业务活动。检察机关被赋予了推进企业建立合规机制的行政监管责任，也承担着防止无辜者受到不公正惩罚、避免经济动荡的社会责任。这与西方国家检察机关作为行政监管机关的法律地位是比较吻合的。然而在我国，检察机关作为“法律监督机关”，并不承担行政监管的责任，在对侦查机关、法院、执行机关进行“诉讼监督”的同时，还可以通过提起行政公益诉讼等方式，对行政机关进行“行政监督”。中国检察机关所具有的这种“司法机关”地位，决定了它与行政机关的责任具有本质的区别，对于企业合规机制的推行难以有所作为，对于通过督促企业建立合规机制来对犯罪企业进行激励，也缺乏足够的热情和兴趣。今后，如何激发检察机关在推进企业建立合规机制方面的积极性，促使其以新的方式维护国家利益和社会公共利益，这仍然是一个需要解决的难题。

最后，暂缓起诉协议制度所具有的合规激励效用，在我国法律制度中刚刚出现，还没有得到法律的普遍确立。西方国家在推动企业建立合规机制方面，确立了一种非常有效的合规激励机制，也就是对存在违法违规情况乃至构成犯罪的企业，以建立合规机制来换取较为宽大的行政处理和刑事处理。其中，行政监管机关与涉案企业达成行政和解协议，检察机关与企业达成暂缓起诉协议，都属于这种宽大行政处理和刑事处理的表现形式。这被视为企业建立和完善合规机制的最大动力。而反观我国，行政监管部门主要通过行政主导的方式推动合规机制的建立，检察机关对于合规计划的建立尚处于无所作为的状态。迄今为止,除了证监会这样的行政监管部门已经开始探索以合规换取行政和解的制度以外,其他行政监管部门尚未接受这种合规机制推进方式。而这种督促企业以合规换取宽大刑事处理的机制,在我国刑法和刑事诉讼法中更是难觅其踪。未来,在行政监管和刑事诉讼这两个领域之内,如何引入以合规换取宽大处理的机制,将是无法绕开的制度建设难题。

我国企业合规的刑事诉讼激励[*]

李玉华[**]

一、引言

近几年,企业合规逐渐成为法学界、律师界以及企业界讨论的一个热门话题。从字面上来看,“合规”具有“合乎规定”的意思。作为一种舶来品,“合规”在英文中的表述是 compliance,通常包含着三层意思:一是企业在运营过程中要遵守法律法规;二是企业要遵守商业行为守则和企业伦理规范;三是企业要遵守自身所制定的规章制度。① 在实践中,从不同的角度看,企业合规又有特定的涵义。从公司管理者的角度看,企业合规是一种公司治理方式。从行政管理部门的角度看,企业合规是一种有效行政监管方式。从公安司法部门的角度看,企业合规是治理企业犯罪的一种有效方式。企业合规不仅有利于预防犯罪,而且有利于调查和惩罚犯罪。因此,企业合规是一种现代社会治理方式。企业合规作为现代社会的一种治理方式已经成为世界趋势。党的十九大报告中明确提出:从 2020 年到 2035 年“国家治理体系和治理能力现代化基本实现”;从 2035 年到本世纪中叶“实现国家治理体系和治理能力现代化,成为综合国力和国际影响力领先的国家”。企业合规不仅是实现国家治理体系和治理能力现代化的一种手段,也是国家治理体系和治理能力现代化的一种体现。因此,积极推动企业合规是新时代国家治理的需要。

合规有利于我国企业走向世界。目前合规已经成为一种世界趋势,是企业走向世界的通行证。不同国家开始进行企业合规的时间和事件背景不尽相同。对中国而言,中兴事件可以视为中国企业合规管理的里程碑。中兴事件让国人近距离感知了什么是企业合规以及企业合规对国家和企业的意义,认

---

* 原文载《比较法研究》2020 年第 1 期。

** 李玉华,中国人民公安大学法学院院长、教授,博导。

① 陈瑞华:《企业合规制度的三个维度——比较法视野下的分析》,载《比较法研究》2019 年第 3 期。

识到中国企业走上世界必须进行合规建设。2018 年 6 月,美国商务部与中兴公司达成解除制裁,恢复运营的协议:中兴公司支付 10 亿美元罚款,另外准备 4 亿美元交由第三方保管,并且更换管理团队,同时聘请美方认可的合规官。中兴公司以极大的代价换来了生存的机会。此外,欧盟《通用数据保护条例》(General Data Protection Regulations,GDPR)的生效以及美国公司的被诉,让国人进一步认识到企业合规已经迫在眉睫,大型电商纷纷着手合规应对。2018 年 5 月 25 日,号称史上最严的数据保护条例②《通用数据保护条例》在欧盟成员国正式生效实施的第一天,脸书(Facebook)和谷歌就遭到了诉讼,被指控强迫用户同意共享个人数据。因此,在《通用数据保护条例》生效后部分企业的网站和服务直接屏蔽了欧盟地区,有的则直接对欧盟用户提供了极为简陋的纯文字版网站。2019 年 7 月 8 日,英国信息监管局发表声明,英国航空公司因为违反《通用数据保护条例》被罚 1.8339 亿英镑(约合 15.8 亿元人民币)。由此可见,企业合规已经成为一种世界趋势,进行企业合规建设有利于我国企业走向世界。

企业合规有利于企业承担社会责任并解决新时代我国社会的主要矛盾。中兴事件和《通用数据保护条例》的生效让我们感到了企业合规的国际现实压力,国内公众对公平正义、安全生活和环境的需求则成为企业合规的内在需求与动力。党的十九大报告指出,“中国特色社会主义进入新时代,我国社会主要矛盾已经转换为人民日益增长的美好生活需要和不平衡不充分之间的矛盾”。人们“不仅对物质文化生活提出了更高要求,而且在民主、法治、公平、正义、安全、环境等方面的要求日益增长”。特别是在公众关心的腐败、食品、药品和环保领域,国家、社会和企业都有很多事情要做,企业在这方面需要承担更多的社会责任。对在腐败、食品、药品和环保方面违法的企业进行罚款、停业整顿等惩罚不是目的,而是要通过惩罚促进企业进行合规管理,公平竞争,承担社会责任,进而为公众提供合格的食品、药品并做到绿色环保。

在国际压力和国内需求的双重作用之下,我国企业合规迎来了发展的契

② 号称“史上最严”,一是因为其适用范围极为广泛,不仅适用于在欧盟境内设有业务机构的组织,也适用于虽不在欧盟境内设立业务机构,但处理欧盟境内个人的个人数据的组织;二是因为其对企业违法行为的惩处非常严厉,行为轻微的罚款 1000 万欧元或全年营收的 2%(两者取最高值),行为严重的罚款 2000 万欧元或全年营收的 4%(两者取最高值)。

机。中国企业联合会与贸促会、跨国公司研究所成立了全国企业合规联盟。③ 2016 年 4 月,国资委把招商局集团、中国石油、中国移动、东方电气和中国中铁 5 家单位列为首批合规管理试点中央企业。2018 年 11 月 2 日,国务院国资委印发了《中央企业合规管理指引(试行)》,推动中央企业全面加强合规管理,加快提升依法合规经营管理水平。大型企业开始重视合规业务,不仅要参与培训研讨,更重要的是要付诸行动。④ 律师界积极组织和参与培训,举办关于企业合规的研讨会,积极开展企业合规业务的探索。学术界将企业合规作为一个新兴的研究领域,积极推进:成立研究机构、举办研讨会、出版著作、发表文章。目前我国法学界对企业合规的研究尚处于初始阶段,主要分四类:第一类是刑法学界多从实体法的角度研究刑事合规,如企业刑事责任、刑罚激励等;⑤第二类是从企业风险的角度研究合规;⑥第三类是立足某一特定领域研究企业合规;⑦第四类是从国际视野和整体上研究合规。⑧ 在法学领域企业合规也是一个跨学科的问题,涉及行政法、公司法、刑法、刑事诉讼法等。本文

---

③ 刘鹏:《中兴事件后国家对合规问题更加重视》,载新浪网,http://finance. sina. com. cn/meeting/2018-06-30/doc-ihespqrx4686449. shtml。

④ 招商集团有限公司著:《"一带一路"和境外投资法律合规手册》(美国分册),法律出版社 2017 年版;招商局开展了"合规从高层做起"等系列合规文化宣传活动;制作了《合规驶得万年船》等宣传片;发布实施了《招商局集团合规手册》等。2018 年 10 月 16 日,中国石油集团公司正式发布新版《诚信合规手册》。

⑤ 例如李本灿:《企业犯罪预防中合规计划制度的借鉴》,载《中国法学》2015 年第 5 期;万方:《企业合规刑事化的发展及启示》,载《中国刑事法杂志》2019 年第 2 期;孙国祥:《刑事合规的理念、机能和中国的构建》,载《中国刑事法杂志》2019 年第 2 期;黎宏:《合规计划与企业刑事责任》,载《法学杂志》2019 年第 9 期。

⑥ 例如杨力:《中国企业合规的风险点、变化曲线与挑战应对》,载《政法论丛》2017 年第 2 期。

⑦ 例如喻玲:《从威慑到合规指引——反垄断法实施的新趋势》,载《中外法学》2013 年第 6 期;李本灿:《公共机构腐败治理合规路径的构建——以〈刑法〉第 397 条的解释为中心》,载《中国刑事法杂志》2019 年第 2 期;杨迅:《"网络安全法"后的企业合规之路》,载《上海信息化》2017 年第 4 期;胡文华:《冲击与应对:GDPR 与〈网络安全法〉》比较视野下的企业合规》,载《中国信息安全》2018 年第 7 期。

⑧ 如陈瑞华:《企业合规制度的三个维度——比较法视野下的分析》,载《比较法研究》2019 年第 3 期;《有效合规计划的基本标准——美国司法部〈公司合规计划评价〉简介》,载《中国律师》2019 年第 9 期;《中国金融监管机构确立的合规体系》,载《中国律师》2019 年第 8 期;《国有企业的合规管理问题》,载《中国律师》2019 年第 7 期;《西门子的合规体系》,载《中国律师》2019 年第 6 期;《法国〈萨宾第二法案〉与刑事合规问题》,载《中国律师》2019 年第 5 期;《美国暂缓起诉协议制度与刑事合规》,载《中国律师》2019 年第 4 期;《英国〈反贿赂法〉与刑事合规问题》,载《中国律师》2019 年第 3 期;《美国〈反海外腐败法〉与刑事合规问题》,载《中国律师》2019 年第 2 期。

从刑事诉讼的视角探讨了强制性措施和程序分流对我国企业合规的激励，分析了刑事诉讼激励发挥作用的前提和刑事诉讼激励企业合规的实体法保障。

二、强制性措施对企业合规的激励

（一）我国的强制性措施在激励企业合规方面具有天然的本土优势

强制性措施包括对人的强制性措施、对物的强制性措施以及对隐私的强制性措施。其中常用的、对个人干预和影响比较大的是对人的强制性措施和对物的强制性措施。相对于英美等一些西方国家，我国强制性措施的适用具有两个特点：一是“厉”，即措施严厉，羁押率比较高；二是“易”，即启动容易，审批受到的制约少。

在对人的强制性措施的运用中，我国的羁押率比较高，大多数的犯罪嫌疑人在审前会被采取拘留或逮捕等羁押性强制措施。尽管我国一直在努力降低羁押率，但是由于我国的诉讼文化、地理条件以及社会治理手段等因素，羁押率还是比较高。最高人民检察院相关部门负责人指出：“全国刑事案件逮捕人数总量仍然很大，每年近 90 万人，批捕率持续在 80% 左右的高位运行；忽视社会危险性条件，构罪即捕的问题仍然较为突出。”[⑨]另外从徐红亮律师研究上市公司高管犯罪的统计数据来看，“在 280 位自然人涉嫌犯罪的案件中，261 人被采取过刑事拘留强制措施，179 人被采取过逮捕强制措施，此外还包括 8 人被监视居住（是否指定居所监视居住不详）。在审判阶段的第一次法庭审理时，被告人被羁押的占 60.84%。”[⑩]孙长永教授选取东部地区 G 省 B 区、中部地区 H 省 Z 区、西部地区 S 省 L 区基层法院，统计出 2013 年《刑事诉讼法》实施后，刑事拘留在侦查实践中适用的总体情况并没有较大改变，依旧是适用率最高的强制措施。刑拘转捕率在三地区分别为 89.6%、54.34%、78.75%，与 2013 年《刑事诉讼法》实施前相比有所下降，但仍然较高。[⑪] 林喜芬教授按照“羁押率≈逮捕羁押数/（提起公诉数 + 不起诉数）”的公式计算出

⑨ 熊秋红：《在刑事程序法上加强民营企业家人身财产安全保护的若干建议》，载《法律适用》2019 年第 14 期。

⑩ 徐红亮等：《中国上市公司高管犯罪案例研究报告（2016—2017）》，载微信公众号“德衡律师集团”2018 年 8 月 13 日，http://mp.weixin.qq.com/s?_biz = MjM50TlyNzU2MQ。

⑪ 参见孙长永、武小琳：《新〈刑事诉讼法〉实施前后刑事拘留适用的基本情况、变化及完善——基于东、中、西部三个基层法院判决样本的实证研究》，载《甘肃社会科学》2015 年第 1 期。

我国 1997 年至 2007 年,审前羁押率大致在 80% ~90% 之间波动,并逐渐降低;2008 年至 2011 年,审前羁押率大致在 70% ~80% 之间波动,并逐渐降低;2012 年之后,审前羁押率跌破 70%;其中,2016 年全国检察机关批准、决定逮捕的人数为 828,618 人,审前羁押率为 56.42%。⑫

在我国,对涉案财物采取查封、扣押、冻结等强制性措施也比较普遍。例如,徐红亮律师研究上市公司高管犯罪的统计数据显示,“在搜集的 180 宗案例中,侦查机关查封、扣押、冻结财物的案例共 131 个。经初步分析,部分案件中因不涉及违法所得的追缴或者违法所得被挥霍或者其他原因,未能对财物实施查封、扣押、冻结”⑬。此外,在司法实践中,对涉案财物超范围、超期限查封、扣押、冻结的情况也比较多,《关于完善产权保护制度依法保护产权的意见》中也提到“利用公权力侵害私有产权、违法查封扣押冻结民营企业财产等现象时有发生”。例如,2018 年最高人民法院先后发布两批人民法院充分发挥审判职能作用保护产权和企业家合法权益典型案例,其中北鹏公司申请赔偿案,是最高人民法院赔偿委员会直接审理并决定赔偿的首例刑事违法扣押赔偿案。2014 年本溪中院作出的生效刑事判决对北鹏公司、刘华、刘杰犯非法占用农地罪免予刑事处罚,但未对辽宁省公安厅及直属辽河公安局在侦查中扣押的财务文件和 2000 万元作出处理。辽宁省公安厅自 2008 年 9 月 9 日就扣押该公司 2000 万元,至刑事判决生效后仍继续扣押。2015 年 7 月,北鹏公司向最高人民法院赔偿委员会提出国家赔偿申请。⑭ 天新公司、魏某国申请某某省某某市人民检察院国家赔偿一案,四川省高级人民法院赔偿委员会经审理认为,某某省某某市人民检察院扣押天新公司的资金 161.20 万元系错误扣押案外人财产。该错误扣押从 2006 年一直持续到 2016 年四川高院作出赔偿决定。⑮

---

⑫ 参见林喜芬:《解读中国刑事审前羁押实践——一个比较法实证的分析》,载《武汉大学学报(哲学社会科学版)》2017 年第 6 期。

⑬ 徐红亮等:《中国上市公司高管犯罪案例研究报告(2016 - 2017)》,载微信公众号“德衡律师集团”2018 年 8 月 13 日,http://mp.weixin.qq.com/s?_biz = MjM50TlyNzU2MQ。

⑭ 参见《人民法院充分发挥审判职能作用保护产权和企业家合法权益典型案例》,载中华人民共和国最高人民法院 2018 年 1 月 30 日,http://www.court.gov.cn/zixun-xiangqing-79262.html。

⑮ 参见《人民法院充分发挥审判职能作用保护产权和企业家合法权益典型案例(第二批)》,载中华人民共和国最高人民法院 2018 年 12 月 4 日,http://www.court.gov.cn/zixun-xiangqing-133721.html。

在我国,不管是对人的强制性措施,还是对物的强制性措施,除逮捕由检察机关审批以外,其余均由侦查机关等办案机关自行审批,审批快、效率高,但从另外一个角度看就是强制性措施审批所受制约少。正是由于我国强制性措施适用的“厉”和“易”两个特点,强制性措施对犯罪嫌疑人的人身和财产干预程度比较深,强制性措施在实践中对被追诉自然人和单位的威慑力比较大。特别是在涉企业的案件中(尤其是涉及民营企业的),如果法定代表人涉案被采取强制措施,就不能正常领导企业的生产经营,企业就可能受到重创,甚至死亡;如果企业的财产被查封、扣押、冻结,就有可能影响到正常的生产经营,甚至倒闭。如太子奶集团濒临破产时,创始人李途纯因涉嫌非法吸收公众存款罪、挪用资金罪、职务侵占罪被批捕,但在羁押 15 个月后被无罪释放。作为企业合法产权拥有者的李途纯,由于羁押等原因无法在破产重整中主张合法权益,只能眼睁睁看着属于自己的合法产权任人处置,即便通过法律途径维护部分产权的合法权益,也难以找回当年鼎盛一时的“太子奶”了。⑯

因此,在我国,以企业合规或以企业合规达成和解为前提条件降低强制性措施的适用对企业和企业负责人均具有很大的激励作用,其正式推行具有很大的空间和可能性。

(二)强制性措施如何发挥激励企业合规的作用

强制性措施发挥激励企业合规的作用需要两步:一是将合规作为决定采取强制性措施必须考虑的因素;二是明确合规在适用强制性措施时的具体优惠。首先,建议在刑事诉讼法中明确规定,“决定对涉案企业和企业涉案人员采取强制性措施时,应当审查企业合规的情况。”如果企业采取了有效的合规措施,公安司法机关可以对企业涉案人员及企业采取较轻的强制措施。这也是比例性原则在适用强制性措施时的体现。其次,对采取有效合规措施的企业及其人员适用较轻的强制性措施可具体体现为:对进行有效合规企业的涉案人员,能不采取强制措施的就不采取;能不采取羁押性强制措施的,就不采取羁押性强制措施。对进行有效合规企业的财物,能不查封、扣押、冻结的就不查封、扣押、冻结;必须查封、扣押、冻结的,应尽量减少查封、扣押、冻结的范围和期限;查封、扣押、冻结要选择适当的时机,尽量减少对生产经营的影响。

---

⑯ 参见《该市重视“谦抑性原则”的时候了》,载中国网财经中心 2017 年 7 月 17 日,https://item.btime.com/062r5hbmiik4ibhr3f6glud9lq2。

最近几年我国出台了依法对非公有经济进行产权平等保护的系列法律文件，这些文件有：中共中央、国务院《关于完善产权保护制度依法保护产权的意见》；最高人民法院《关于充分发挥审判职能作用切实加强产权司法保护的意见》《关于充分发挥审判职能作用为企业家创新创业营造良好法治环境的通知》《关于为改善营商环境提供司法保障的若干意见》；最高人民检察院《关于充分履行检察职能加强产权司法保护的意见》《关于充分发挥职能作用营造保护企业家合法权益的法治环境支持企业家创新创业的通知》；最高人民检察院、公安部联合颁布的《关于公安机关办理经济犯罪案件的若干规定》。这些文件对强制性措施的轻缓适用表述得日趋明确、合理，⑰因此，可以在激励企业合规时吸收适用。

我国关于产权保护的系列文件确立了对非公有制经济的平等保护，而且明确了在办理经济犯罪案件中应“准确适用限制人身、财产权利的强制性措施，慎用羁押性强制措施，对财物不得超权限、超范围、超数额、超时限查封、扣押、冻结。”然而，在这个过程中，也有质疑的声音：这难道不是所有刑事案件中采取强制性措施都应当遵循的吗？企业家和企业犯罪为什么能够获得比普通人更多的照顾？这是否有违法律面前人人平等呢？

笔者认为，以企业合规促进企业承担社会责任，促进社会发展，以及保证诉讼顺利进行，可以作为对企业家和企业采取较轻的强制性措施的正当理由

---

⑰ 例如最高人民检察院、公安部联合颁布的《关于公安机关办理经济犯罪案件的若干规定》第31条，公安机关决定采取强制措施时，依法慎用羁押性强制措施。采取取保候审、监视居住措施足以防止发生社会危险性的，不得适用羁押性强制措施。第46条规定，严格区分违法所得、其他涉案财产与合法财产，严格区分企业法人财产与股东个人财产，严格区分犯罪嫌疑人个人财产与家庭成员财产，不得超权限、超范围、超数额、超时限查封、扣押、冻结。第47条规定，对依照有关规定可以分割的土地、房屋等涉案不动产，应当只对与案件有关的部分进行查封。对不可分割的土地、房屋等涉案不动产或者车辆、船舶、航空器以及大型机器、设备等特定动产，可以查封、扣押、冻结犯罪嫌疑人提供的与涉案金额相当的其他财物。犯罪嫌疑人不能提供的，可以予以整体查封。冻结涉案账户的款项数额，应当与涉案金额相当。最高人民检察院《关于充分履行检察职能加强产权司法保护的意见》第5条规定，慎重选择办案时机和方式，慎重使用搜查、查封、扣押、冻结、拘留、逮捕等强制性措施。对于涉嫌犯罪的各类产权主体主动配合调查，认罪态度好，犯罪情节较轻，且没有社会危险性的，一律不采取拘留、逮捕、指定居所监视居住等强制措施；对于不涉案的款物、账户，包括企业生产经营资料、涉案人员近亲属的合法财产等，一律不查封、扣押、冻结。第10条规定，对于涉案企业和人员正在投入生产运营或者正在用于科技创新、产品研发的设备、资金和技术资料等，能够采取非强制性措施即可达到保障诉讼目的的，不使用强制性措施。加强查封、扣押、冻结涉案财产甄别审查工作，最大限度缩短甄别审查期限，确保合法财产不受牵连。

之一。首先,从企业承担的社会责任来看,企业在营利的同时也承担着重要的社会责任,这是自然人无法替代的。如提供合格的批量食品、药品;处理垃圾的同时不造成污染;生产批量合格的机械设备;生产批量合格的高科技产品;等等。企业在生产经营的过程中如果违反法律的规定,是要受到法律的惩罚的。但是,对企业进行惩罚并不是最终目的,而是要通过处罚等手段使企业合法规范经营,承担起应有的社会责任。因此,在刑事诉讼中,如果企业已经采取了有效合规措施或者承诺采取合规措施,对企业或企业家在强制性措施的适用上采取审慎态度从宽适用是有积极意义的。其次,从强制性措施保障诉讼顺利进行的功能来看,强制性措施适用的目的不是惩罚,而是保障诉讼的顺利进行。如果企业已经采取的合规措施足以保障诉讼的顺利进行,就没有必要再采取严厉的强制性措施。对企业或企业家进行刑事追诉的目的是使其改过、规范经营,而不是通过追诉消灭企业或企业家。当然,笔者也希望以民营企业家和民营企业强制性措施的规范适用为契机推动所有案件强制性措施的规范适用和审慎适用。

在强制性措施激励企业合规这个问题上,我们可进行的是一种本土性的改革推进,因为西方国家强制性措施的适用与我国不同,不具备激励合规的足够大的动力。在英美等西方国家,对人身的强制措施的适用中,保释适用较为普遍,因保释是一项宪法性权利,因而羁押率比较低。不管对人还是对物的强制性措施,审批均由法官进行,来自外部的制约比较多。

三、程序分流对企业合规的激励

无论在国内还是国外,作为程序分流的不起诉(Non-Prosecution Agreement, NPA)和暂缓起诉协议(Deferred Prosecution Agreement, DPA)都会对企业合规产生激励作用。在美国通过合规达成和解,从而获得不起诉或暂缓起诉是一种比较普遍做法。“如果有替代方式,几乎没有公司愿意冒被起诉的风险,更不要说审判。替代方式确实存在:暂缓起诉和不起诉给公司提供了避免被起诉的机会。”[18]“几乎所有因违反美国《反海外腐败法》(FCPA)而受到调查的

[18] Peter J. Henning, *The Organizational Guidelines: R. I. P.?* 116 Yale L. J. Pocket Part 312 (2007), http://www.thepocketpart.org/2007/03/20/henning.html (accessed Oct. 1, 2019).

公司都会选择以和解的方式来结束调查”[19]在美国司法部办理的海外反腐败案件中,99%的企业都同意合作然后开始谈判,只有极少的企业走诉讼程序(几百个案件中只有两例)。还有少数的企业采取拖延战术,如阿尔斯通案。[20]

在我国,由于2012年和2018年《刑事诉讼法》的修改,对自然人通过刑事和解、认罪认罚作出不起诉的比较多;对企业适用刑事和解等措施则鲜有报道。但是,在企业合规即将成为中国现代化治理方式时,也应当充分发挥程序分流对企业合规的激励作用。程序分流在激励我国企业进行合规建设上有很大的动力和可能性。

(一)程序分流为什么对企业合规有激励作用

程序分流对涉案企业的激励主要有三个方面:一是通过程序分流可以节约由于审判等诉讼活动所导致的时间、精力和财力的支出;二是通过程序分流有利于尽早挽回企业形象,避免严重的附带后果和刑罚后果;三是通过程序分流可能有更好的解决公司问题的方案。

无论中外,案件进入刑事诉讼的审判阶段都要花费一定的时间、精力和财力。也有人将其称为“软成本”,因为“员工生产力的损失,通常发生在高层,这是由于在解决法律问题上花费了大量精力,中断了业务运营,损害了员工士气导致将来更严格的审查和对政府的义务。”[21]例如,在美国《反海外腐败法》(FCPA)调查中,“公司将负担巨大的调查成本,耗资数百万美元成本的重大的反海外腐败调查项目并不少见。此外,调查还可能带来其他不利影响,如与政府签订的合同被终止,公司声誉受损、股价下降,以及企业在调查和解决问题过程中耗费大量资源和精力。”[22]在犯罪嫌疑人、被告人没有被羁押的情况下西方大部分国家对审理期限都没有法律规定,普通诉讼程序的耗时很长。在我国的刑事诉讼中,一审、二审的期限均有明确的规定,但是案件有可能会延期

---

⑲ 招商局集团有限公司著:《“一带一路”和境外投资法律合规手册》(美国分册),法律出版社2017年版,第79页。

⑳ 参见[法]弗雷德里克·皮耶鲁齐、马修·阿伦:《美国陷阱》,法意译,中信出版社2019年版,第136页。

㉑ Dan K. Webb & Steven F. Molo, *Some Practical Considerations in Developing Effective Compliance Programs: A Framework for Meeting the Requirements of the Sentencing Guidelines*, 71 Washington University Law Quarterly 375, p. 377 (1993).

㉒ 招商局集团有限公司著:《“一带一路”和境外投资法律合规手册》(美国分册),法律出版社2017年版,第80页。

审理、发回重审等,因此,也无法精确计算一个刑事案件的审判到底要用多长时间。从徐红亮律师研究统计的数据可以发现,上市公司高管涉嫌犯罪的案件,一审诉讼大多是在 12 个月到 24 个月这个周期内审结,24 个月以上 30 个月以内的较少,而 6 个月以内以及 30 个月以上的案件也数量极少。"㉓通过程序分流可以节约由于审判等诉讼活动所导致的时间、精力和财力的支出。有美国学者统计分析了 1997 ~2011 年的 302 份协议,发现不起诉协议和暂缓起诉协议的平均持续时间往往比辩诉交易协议更短。辩诉交易协议平均持续 40.7 个月。相比之下,不起诉协议和暂缓起诉协议的协议期限分别为 27.8 个月和 28.3 个月。㉔ 因此,如果企业承诺进行有效合规,与控诉方达成和解协议,可以不起诉或暂缓起诉的话,企业或企业家可以及早从诉讼中摆脱出来,走向规范发展之路。

通过程序分流有利于尽早挽回企业形象,避免严重的附带后果和刑罚后果。企业涉刑事诉讼还会导致"硬成本"的损失。企业一旦涉诉,声誉就会受到影响,进而营业收入也会下降。涉诉时间越长,这种损失就会越大。此外,一旦被起诉和审判,企业就可能被判处刑罚,面临罚款或从业资格的限制或丧失。"刑事处罚通常比民事罚款具有更大的威慑,因为刑事起诉和处罚带有社会污名,即使对企业也是如此。在一个聪明和知情的消费者的世界里,企业被起诉和定罪可能对消费者的偏好和购买决定产生深远的影响。被定罪的企业可能被禁止参与某些业务领域,包括政府合同的投标。"㉕在美国,通常认为刑事起诉是安达信(Arthur Andersen)崩溃的主要原因。有人认为"公司刑事起诉等同于公司死刑"。㉖ 在被刑事起诉后,安达信行使了宪法赋予的陪审团审判权利,并让美国司法部承担了举证责任。2002 年陪审团判定安达信妨害司

㉓ 徐红亮等:《中国上市公司高管犯罪案例研究报告(2016—2017)》,载微信公众号"德衡律师集团" 2018 年 8 月 13 日,http://mp. weixin. qq. com/s?_biz = MjM50TlyNzU2MQ。

㉔ Cindy R. Alexander & Mark A. Cohen, *The Evolution of Corporate Criminal Settlements: An Empirical Perspective on Non-Prosecution, Deferred Prosecution, and Plea Agreements*, 52 American Criminal Law Review 537, p. 586 (2015).

㉕ Charles J. Walsh & Alissa Pyrich, *Corporate Compliance Programs as a Defense to Criminal Liability: Can A Corporation Save Its Soul?* 47 Corporate Compliance Programs 605, p. 634 – 635 (1995).

㉖ Wulf A. Kaal & Timothy A. Lacine, *The Effect of Deferred and Non-Prosecution Agreements on Corporate Governance: Evidence from* 1993 – 2013, 70 The Business Lawyer 61, p. 70 (Winter 2014/2015).

法公正。由于受到刑事指控和刑事定罪,安达信遭受了许多附带后果,包括丧失其注册会计师执照,以及由此导致的无法审计上市公司的结果。很快,安达信解雇了数千名员工,并在 2002 年倒闭。2005 年最高法院一致推翻了安达信的有罪判决,然而,刑事指控和定罪的负面影响已经迅速发生,无法逆转。[27]

通过不起诉协议或暂缓起诉协议可以避免严重的不利后果。根据 2003 年的《美国量刑指南》,"若其他条件相同,则实施了合规管理的企业较未实施的企业须缴纳的罚金额可能降低 30% 至 83% 。"[28]2016 年 4 月,美国司法部颁布了 FCPA 方案,该方案规定如果公司主动向执法当局供述在其项下的违法行为,积极配合政府调查(包括对个人的调查),以及对发现的问题采取相应的补救措施,那么这家公司最高可以获得 50% 的罚款减免。[29] 在通用电缆公司案中,通用电缆公司与美国司法部签署了不起诉协议,美国司法部同意在《美国量刑指南》的基础上给予通用公司 50% 的刑事罚金减免,减免数额达到 2050 万美元。[30]

此外,"假如不与监管机构达成和解协议,那么,涉案企业就有可能遭受恶意监管,被再次起诉的几率大大提高。"[31]企业涉刑事诉讼会对企业形象和收益均会产生很大的不利影响,企业为挽回形象和损失和避免附带后果及刑事处罚,会倾向于通过合规尽早终结诉讼。在美国的现实情况是,很少有上市公司或受监管的公司能够承受联邦刑事起诉悬而未决所带来的不确定性和后果,更不用说定罪。仅仅是被起诉的耻辱就可能导致客户流失、业务急剧亏损、股价暴跌以及繁重的报告义务。在实际的担忧之下,许多公司将无法存活足够长的时间在审判中为自己辩护。[32]

---

[27] Mike Koehler, *Measuring the Impact of Non-Prosecution and Deferred Prosecution Agreements on Foreign Corrupt Practices Act Enforcement*, 49 U. C. Davis Law Review 497, p. 501 – 502 (2015).

[28] [日]川崎友巳:《合规管理制度的产生与发展》,李世阳译,载李本灿等译:《合规与刑法——全球视野的考察》,中国政法大学出版社 2018 年版,第 16 页。

[29] 招商局集团有限公司著:《"一带一路"和境外投资法律合规手册》(美国分册),法律出版社 2017 年版,第 80 页。

[30] 参见招商局集团有限公司著:《"一带一路"和境外投资法律合规手册》(美国分册),法律出版社 2017 年版,第 129 页。

[31] 陈瑞华:《美国暂缓起诉协议制度与刑事合规》,载《中国律师》2019 年第 4 期。

[32] Mike Koehler, *Measuring the Impact of Non-Prosecution and Deferred Prosecution Agreements on Foreign Corrupt Practices Act Enforcement*, 49 U. C. Davis Law Review497, p. 509 – 510 (2015).

通过程序分流可能会产生更好解决公司问题的方案。传统上通过刑事诉讼处理企业犯罪的做法有两种:指控犯罪或不指控犯罪。现在则增加了第三种选择:被称为“替代解决工具”的不起诉协议和暂缓起诉协议。对公司的违法行为进行惩罚不是最终的目的,最终目的是使公司纠正违法行为并承担社会责任。“通过不起诉或暂缓起诉获得的结果可能比法院系统中可用的补救措施更可取,因为检察官和公司可以以创新和可调整的方式共同解决现有问题并适当改善各个公司的治理。”[33]通过不起诉或暂缓起诉等程序分流可以使企业在避免定罪的同时进行个性化的合规整改,获得重新发展的机会。此外,通过不起诉协议和暂缓起诉协议的分流还可防止刑罚对投资者、雇员、养老金领取者、客户等无辜者发生水波效应。[34]

(二)程序分流如何发挥激励企业合规的作用

在美国“不起诉/暂缓起诉协议是政府与从事某种不法行为的公司之间的协议。作为协议的一部分,政府可能会实施制裁行为,例如,罚款、恢复原状、机构变更和额外的报告义务。作为公司接受这些制裁的交换,政府同意在不起诉协议中不起诉或者在暂缓起诉协议中撤回提起的指控。”[35]不起诉协议和暂缓起诉协议在使用对象、条件和功能等方面有很多相同之处,但也存在一些区别:第一,二者适用的诉讼阶段不同。对于没有提起公诉的案件可以适用不起诉协议,对于已经提起公诉的案件则可以适用暂缓起诉协议。第二,是否指定考验期不同。不起诉协议有时不指定考验期,有时指定考验期;而暂缓起诉协议均指定考验期。据初步统计,2000 年至 2011 年,协议平均履行期限为 28 个月,最长的为 60 个月,最短的为 6 个月。[36] 第三,批准程序不同。对于不起诉协议,由检察官和涉案企业通过协商达成协议,无须法官审批;对于已经提

---

[33] Wulf A. Kaal & Timothy A. Lacine, *The Effect of Deferred and Non-Prosecution Agreements on Corporate Governance: Evidence from* 1993 - 2013, 70 The Business Lawyer 61, p. 70 (Winter 2014/2015).

[34] 刑罚的水波效应是指惩罚罪犯对其他人(与犯罪行为无涉、但与罪犯存在某种社会关系的第三人)所可能产生的不利影响。参见叶良芳:《美国法人审前转处协议制度的发展》,载《中国刑事法杂志》2014 年第 3 期。

[35] Wulf A. Kaal & Timothy A. Lacine, *The Effect of Deferred and Non-Prosecution Agreements on Corporate Governance: Evidence from* 1993 - 2013, 70 The Business Lawyer 61, p. 69 (Winter 2014/2015).

[36] 叶良芳:《美国法人审前转处协议制度的演进及其启示》,载《刑事法评论》第 31 卷。

起公诉的暂缓起诉协议则需要法官审批。此外,虽然不起诉协议和暂缓起诉协议与辩诉交易的有罪答辩协议(plea agreement)都属于程序分流的方式,但也有明显的不同之处。不起诉协议和暂缓起诉协议不涉及认罪问题;而辩诉交易的有罪答辩协议是以认罪为前提的。

不起诉协议或暂缓起诉协议通常包含以下四个要素:“坦白事实,合作协议,协议的具体期限,以及货币和非货币制裁的协议。常见的制裁措施包括恢复原状、罚款、缓刑、监督员的任命和负责人的个人的离职”[37]。作为协议的前提条件,涉案企业一般都要严格遵循协议所设定的诸多义务,这些义务主要有:商业和合规计划改革、合作、缴纳大额罚款、承诺打击违法行为等。[38] 例如,在通用电缆公司因海外腐败与美国司法部签署不起诉协议案中,通用电缆公司主动向美国司法部和美国证监会披露了自身的违法行为,以充分配合的态度改进了其合规项目,并承认其违反了美国《反海外腐败法》中的反腐败条款、会计记录条款和内部控制条款。[39] 在汇丰银行因洗钱与美国司法部签署暂缓起诉协议案中,汇丰银行支付了12.56亿美元罚金,与司法部合作,采取了暂缓起诉协议中规定的整改措施,司法部同意将暂缓起诉期设定为5年。这些整改措施包括:为汇丰银行在北美的运营安置一个新领导层;为汇丰北美和汇丰美国的反洗钱高管和合规高管设立延迟红利的回拨机制。2011年,汇丰美国在反洗钱项目上花费2.44亿美元,约为2009年的10倍多;增加反洗钱的员工,从2010年92名增加到2012年880名;调整反洗钱部门,提高其内部地位;改制客户背景调查项目;实施新的客户风险评级方法;退出109项业务;监控汇丰美国的每一笔电汇;在整改措施上花费超过2.9亿美元等。[40]

通常认为,1992年发生的所罗门兄弟(Salomon Brothers)案是检察官适用不起诉协议处理法人犯罪的第一案。1994年发生的保诚证券(Prudential

---

[37] Cindy R. Alexander & Mark A. Cohen, *The Evolution of Corporate Criminal Settlements: An Empirical Perspective on Non-Prosecution, Deferred Prosecution, and Plea Agreements*, 52 American Criminal Law Review 537, p. 538 (2015).

[38] 陈瑞华:《美国反海外腐败法与刑事合规问题》,载《中国律师》2019年第2期。

[39] 参见招商局集团有限公司著:《“一带一路”和境外投资法律合规手册》(美国分册),法律出版社2017年版,第129页。

[40] 参见招商局集团有限公司著:《“一带一路”和境外投资法律合规手册》(美国分册),法律出版社2017年版,第123~124页。

Securities)案则是公开报导的检察官适用暂缓起诉协议处理法人犯罪的第一案。[41] 2003 年汤普森备忘录为不起诉协议和暂缓企业起诉打开了大门。2004 年 12 月,美国司法部在针对隐身科技公司(InVision)和通用电气公司(GE)的美国《反海外腐败法》执法行动中,首次使用了替代解决工具。在美国,"不起诉协议和暂缓起诉协议已经作为解决刑事调查时起诉违法公司的有力替代。联邦检察官将其作为重要的执法工具"。[42] "尽管美国司法部的政策规定,不起诉协议和暂缓起诉协议只能在适当情况下使用,但是,替代解决工具已成为美国司法部解决企业美国《反海外腐败法》审查的主导方式,也是过去 10 年美国《反海外腐败法》执法力度普遍加大的一个明显原因。"[43]自 2004 年 12 月美国司法部首次在美国《反海外腐败法》执法行动中使用替代解决工具以来,截至 2014 年,已有 84 起针对商业组织的美国《反海外腐败法》刑事执法行动,其中 70 起(约 85%)涉及替代解决工具。[44]

"发端于美国的暂缓起诉协议制度,相继得到了英国、法国、加拿大、澳大利亚和新加坡等国家的采纳,并被这些国家通过立法加以确立下来。"[45]从国外司法实践来看,不起诉协议和暂缓起诉协议主要解决的是贿赂、回扣、反垄断、数据保护等方面的案件,涉及了金融、医疗保健、食品与药品、个人信息保护等多个领域。

美国的不起诉协议和暂缓起诉协议并非源于联邦法规的任何变化,而是来自刑事执法实践的创新以及刑事和民事执法机构之间的相关协调。[46] 美国的不起诉协议和暂缓起诉协议起源于针对自然人轻微犯罪的审前转处协议,

---

[41] 参见叶良芳:《美国法人审前转处协议制度的发展》,载《中国刑事法杂志》2014 年第 3 期。

[42] Cindy R. Alexander & Mark A. Cohen, *The Evolution of Corporate Criminal Settlements: An Empirical Perspective on Non-Prosecution, Deferred Prosecution, and Plea Agreements*, 52 American Criminal Law Review 537, p. 553 (2015).

[43] Mike Koehler, *Measuring the Impact of Non-Prosecution and Deferred Prosecution Agreements on Foreign Corrupt Practices Act Enforcement*, 49 U. C. Davis Law Review 497, p. 499 (2015).

[44] Mike Koehler, *Measuring the Impact of Non-Prosecution and Deferred Prosecution Agreements on Foreign Corrupt Practices Act Enforcement*, 49 U. C. Davis Law Review 497, p. 521 (2015).

[45] 陈瑞华:《企业合规制度的三个维度——比较法视野下的分析》,载《比较法研究》2019 年第 3 期。

[46] Cindy R. Alexander & Mark A. Cohen, *The Evolution of Corporate Criminal Settlements: An Empirical Perspective on Non-Prosecution, Deferred Prosecution, and Plea Agreements*, 52 American Criminal Law Review 537, p. 537 (2015).

最早可追溯至1914年芝加哥的少年法庭,后来,联邦检察官主动地将其用于法人犯罪案件的处理,并在类型和内容方面掺入新的元素,形成了不起诉协议和暂缓起诉协议两种基本类型。[47] 美国通过不起诉和暂缓起诉的程序分流制度激励企业合规的发展过程对我们是有启示的。

我国现在尚未专门建立企业合规的程序分流激励机制,但是,我们具备建立该机制的制度基础和实践基础。首先,我国《刑事诉讼法》规定了适应不同情形的比较完善的不起诉体系,而且在司法实践中有不断扩大适用的倾向。"我国刑事诉讼法规定的不起诉可以分为五种,即法定不起诉、证据不足不起诉、酌定不起诉、附条件不起诉和特殊情形下的不起诉。"[48]其中酌定不起诉、附条件不起诉从适用范围和案件数量上均有扩大适用的趋势。在检察机关作出不起诉的犯罪嫌疑人中,"2014年至2018年,酌定不起诉人数的占比分别是69.4%、66.6%、69%、72.9%、74.9%,从2015年逐年升高"。[49] "2012年《刑事诉讼法》修订后,不起诉可以适用的程序空间从普通程序延伸到了特别程序。在未成年刑事诉讼程序、当事人和解的公诉案件诉讼程序中,检察机关可以根据案情采用附条件不起诉和酌定不起诉。"[50]附条件不起诉和酌定不起诉也可以作为程序分流制度扩大适用于企业合规激励,建议增加以下条文:"检察机关起诉应当考虑企业合规的情况。对于采取有效合规计划的涉案企业或企业负责人,可以根据情况采取附条件不起诉或酌定不起诉提前终结诉讼程序。"

其次,我国的认罪认罚从宽为暂缓起诉提供了法律和制度上的依据。我国2018年修订的《刑事诉讼法》在第15条增加规定了认罪认罚从宽的原则。认罪认罚从宽,不仅指实体上的从宽,"还包括程序上的从宽,也就是对认罪认罚的犯罪嫌疑人、被告人适用轻缓的强制措施,作出轻缓的程序性处理,或者适用更为便利的诉讼程序"。[51] 认罪认罚从宽作为一项基本原则在我国《刑事诉讼法》中规定下来,可以适用于刑事诉讼的全过程。其不仅可以适用于审前程序的不起诉,也为案件移送到法院后建立和适用暂缓起诉提供了可能性。

---

[47] 参见叶良芳:《美国法人审前转处协议制度的发展》,载《中国刑事法杂志》2014年第3期。
[48] 童建明:《论不起诉的合理适用》,载《中国刑事法杂志》2019年第4期。
[49] 童建明:《论不起诉的合理适用》,载《中国刑事法杂志》2019年第4期。
[50] 童建明:《论不起诉的合理适用》,载《中国刑事法杂志》2019年第4期。
[51] 李寿伟主编:《中华人民共和国刑事诉讼法解读》,中国法制出版社2018年版,第33页。

认罪认罚从宽的原则鼓励任何阶段的认罪认罚。目前我国的《刑事诉讼法》规定了不起诉,但是对于提起公诉以后的并没有规定暂缓起诉。根据认罪认罚从宽的原则和精神,建议增加“提起公诉后被告人认罪认罚的,经人民法院审查批准,人民检察院可以作出暂缓起诉的处理”的规定,以及单位参加刑事诉讼的程序相关规定,将不起诉和暂缓起诉制度在《刑事诉讼法》中确立。我国的《刑事诉讼法》尚未规定单位犯罪案件的刑事诉讼程序,有关单位参加刑事诉讼的规定只散见于一些司法解释。[52] 这种立法状况并不能满足单位刑事诉讼的需要。“单位犯罪本身就有其特殊性,这种特殊性决定了单位犯罪的刑事程序不可能与自然人犯罪的刑事程序完全一致。就法律位阶而言,最高法的规定仅仅是司法解释,尚未上升到法律的高度,并且最高法的司法解释只规定了单位犯罪的审理程序,未能涵盖单位犯罪的整个刑事程序。”[53]

最后,我国检察机关有利用合规与企业达成不起诉或暂缓起诉协议的法律依据和实践基础。检察机关对涉案企业进行程序分流也是进行法律监督、预防犯罪、维护公共利益的行为,这可以在法律中找到依据。我国《宪法》第134条规定:“中华人民共和国人民检察院是国家的法律监督机关。”《人民检察院组织法》第2条规定:“人民检察院通过行使检察权,追诉犯罪,维护国家安全和社会秩序,维护个人和组织的合法权益,维护国家利益和社会公共利益,保障法律正确实施,维护社会公平正义,维护国家法制统一、尊严和权威,保障中国特色社会主义建设的顺利进行。”习近平总书记在致第22届国际检察官联合会年会暨会员代表大会的贺信中指出:“中国检察机关是国家的法律监督机关,承担惩治和预防犯罪、对诉讼活动进行监督等职责,是保护国家利益和社会公共利益的一支重要力量。”[54]此外,我国的检察实践也有了相关的可贵探索。最高人民检察院《关于充分履行检察职能加强产权司法保护的意见》第8条提出,“针对薄弱环节和突出问题,延伸审查逮捕、起诉工作产权保护效果。……积极参与社会治安防控体系建设,采取检察建议等形式,帮

---

[52] 如《最高人民法院关于适用〈中华人民共和国刑事诉讼法〉的解释》《最高人民法院关于审理单位犯罪案件具体应用法律有关问题的解释》《最高人民法院、最高人民检察院、海关总署关于办理走私刑事案件适用法律若干问题意见》等。

[53] 参见李翔:《单位犯罪司法实证研究》,上海人民出版社2016年版,第132页。

[54] 郭洪平:《以习近平同志为核心的党中央关心重视检察工作纪实》,载搜狐网2017年10月31日,http://www.sohu.com/a/201334996_124609。

助各类产权主体强化产权保护意识,促进国有企业健全内部监督制度和内控机制、规范国有资产流转程序和交易行为,促进集体经济组织建立健全集体资产管理制度和财务管理监督制度,促进民营企业提高依法规范经营和维护自身合法权益的意识和能力,从源头上预防和治理侵犯产权犯罪"。从这条可以看出我国的检察机关不仅已经有了帮助企业进行合规建设的意识,也有了"检察建议等"具体手段。这是我国通过刑事诉讼进行企业合规激励的可贵的司法实践基础。虽然没有使用"合规"二字,但是"内部监督制度和内控机制""规范国有资产流转程序和交易行为""集体资产管理制度和财务管理监督制度""依法规范经营"等都是合规建设的内容。2019 年 2 月 26 日,最高人民检察院发布的《人民检察院检察建议工作规定》[55]在第 2 条明确指出:"检察建议是人民检察院依法履行法律监督职责,参与社会治理,维护司法公正,促进依法行政,预防和减少违法犯罪,保护国家利益和社会公共利益,维护个人和组织合法权益,保障法律统一正确实施的重要方式。"根据第 3 条和第 5 条的规定,检察机关向涉案单位提出社会治理检察建议和其他检察建议。检察建议的功能与不起诉协议和暂缓起诉协议中的合规建议有相似之处。"检察建议等"中的"等"理解为"包括不起诉协议和暂缓起诉协议"并无不妥。

四、有效的合规计划是刑事诉讼激励发挥作用的前提

在美国有效的合规计划是联邦起诉和量刑必须考虑的重要因素。根据《美国检察官手册》(USAM),公司已有的合规计划的存在和有效性是检察官处理公司目标时应当考虑的九个因素之一。[56] 有效合规计划的存在和执行也将是我国强制性措施和程序分流在企业合规方面发挥激励作用的前提。

(一)什么是有效的合规计划

关于合规计划,国内外学者们有不同的表述。"简言之,是指一个合理设

---

[55] 《人民检察院检察建议工作规定(试行)》2009 年发布施行;《人民检察院检察建议工作规定》2019 年 2 月 26 日公布施行。

[56] 这九个因素是:犯罪的性质和严重性;公司内部不法行为的普遍存在,包括公司的不法行为的共谋或纵容管理;该公司类似的不当行为的历史;及时自愿披露;公司已有的合规计划的存在和有效性;补救行动;附带后果;起诉负责公司渎职行为的个人的充分性;充分的补救措施,如民事或监管执法行动。See Cindy R. Alexander & Mark A. Cohen, *The Evolution of Corporate Criminal Settlements: An Empirical Perspective on Non-Prosecution, Deferred Prosecution, and Plea Agreements*, 52 American Criminal Law Review 537, p. 551 (2015).

计、实施和执行的机制，旨在有效预防和发现犯罪行为。”[57]有学者将合规计划的基本含义概括为两个方面：“第一，由法人主动制定和实施，目的在于预防法人内部的违法和犯罪行为；第二，在法人内部实施的机制，并在一定程度上体现为法人守法文化，与外部的法律规定和政府政策相区别。”[58]1991 年美国联邦量刑委员会发布的《美国量刑指南》列出了有效合规的一般标准：“一是建立合规政策和标准，合理预防犯罪行为的发生；二是制定高层人员监督企业的合规政策和标准；三是禁止向那些可能有犯罪倾向的个人授予重大自主决定权；四是通过培训等方式向员工普及企业合规的政策和标准；五是建立有效合规的合理监督措施，如利用检测、审计系统发现犯罪行为，建立违规举报制度，确保员工举报可能的违规行为；六是建立惩戒机制，严格执行合规标准；七是在犯罪行为发生后，采取必要措施应对犯罪行为，预防类似行为再次发生，如修改完善合规计划等。”[59]《汤普森备忘录》明确指出，未被公司人员有效内部化并成为公司文化一部分的公司合规计划将被视为无效。根据司法部（DOJ）的指南，合规计划必须“充分设计，以最大限度地防止和发现员工的不当行为”。[60] 此外，在日本、意大利、法国、澳大利亚等国的立法中也规定了有效合规的条件。不同国家的规定大同小异，有学者按照犯罪行为发生的时间将合规计划的有效性标准分为两个部分：“在犯罪行为发生之前，商业组织要根据所面临的风险、经营业务的性质和范围等因素确定适合其自身的预防贿赂行为的相称程序。在犯罪行为发生后，商业组织首先要对犯罪事项进行处理、惩罚相关人员，并及时、主动向司法机关报告犯罪行为；其次，针对犯罪行为的性质，商业组织要及时调整内部的合规计划，以预防相同罪行再次发生；最后，在司法机关调查过程中，商业组织要积极配合司法机关的调查，并且按照司法机关的要求调整其合规计划的内容。”[61]

---

[57] 陈瑞华：《美国反海外腐败法与刑事合规问题》，载《中国律师》2019 年第 2 期。

[58] 周振杰、赖祎婧：《合规计划有效性的具体判断——以英国 SG 案为例》，载《法律适用》2018 年第 14 期。

[59] 陈瑞华：《美国反海外腐败法与刑事合规问题》，载《中国律师》2019 年第 2 期。

[60] Andrew Weissmann With David Newman, *Rethinking Criminal Corporate Liability*, 82 Indiana Law Journal. 411, p. 443 (2007).

[61] 周振杰、赖祎婧：《合规计划有效性的具体判断：以英国 SG 案为例》，载《法律适用》2018 年第 14 期。

有效的合规计划是采取轻缓强制性措施和进行不起诉或暂缓起诉等程序分流的重要考量因素。“在量刑指南的指导下,一个完备的合规计划有可能帮助企业免去近30%的罚款。”[62]此外,“除了避免或减轻民事诉讼、刑事罚款和负面宣传的不利影响的明显好处之外,有效的道德和合规计划也可能对公司的利润产生积极影响;在公众信任是珍稀之物的市场中,有效的合规计划可能是无价之宝。”[63]既然有效的合规计划对一个公司如此重要,公司就有可能制订一个看起来有效的合规计划,这个合规计划不一定是最好的,所以这样的计划也被称作“纸面上的计划”或“次优的计划”。纸面上的计划和次优的计划一样需要费用的投入,但是,其不能真正发挥应有的作用,而只是公司规避法律的一种手段。“纸面的合规计划”一旦被认定就无法据此作为采取轻缓强制性措施或达成不起诉、暂缓起诉协议。因此,在诉讼过程中需要适用强制性措施和程序分流时,必须审核并保障合规计划的有效性。

（二）合规计划有效性的审核

在刑事诉讼程序分流的不起诉和暂缓起诉中,审核合规有效性的主体通常是检察官,一是因为检察官代表国家具有客观中立的立场,二是因为检察官直接负责不起诉和暂缓起诉的工作。不起诉是由检察官直接做出的。暂缓起诉虽然要经过法官的审查,但法官通常只是形式性审查,因此,在不起诉和暂缓起诉协议中,涉及合规有效性的审查实际上都是由检察官来做的。在我国将来通过刑事诉讼激励进行企业合规的工作中,不起诉和暂缓起诉中的合规审核也应当由检察官来进行,这一点中外没有太大的差异。在采取强制性措施时如果涉及是否存在有效合规进而决定是否采取轻缓的强制性措施,由有权决定采取强制性措施的机关来进行审核比较可行。但是,鉴于采取强制性措施比较紧急,对合规有效性的审查标准应当与作出不起诉或暂缓起诉时有所区分:前者可以是初步的审查判断,作形式审查;后者应当是一个深入的判断,作实质性审查。

那么检察官作为司法官员,如何审核合规计划的有效性呢？在美国评估

---

[62] Ryan D. McConnell, Jay Martin & Charlotte Simon, *Plan Now or Pay Later: The Role of Compliance in Criminal Cases*, 33 Houston Journal of International Law 509, p. 531 (2011).

[63] Dr. John D. Copeland, *The Tyson Story: Buiding an Effective Ethics and Compliance Program*, 5 Drake Journal of Agricultural Law, 305, p. 321 (2000).

公司合规计划时，检察官要问一系列问题，例如，公司董事是否对提议的行动进行独立和知情的审查；是否有内部审计系统来确保对公司交易的独立评估；公司内部是否有报告系统，为管理层和董事会提供有关公司守法情况的及时准确的信息；合规计划是否针对公司特定业务中“最有可能”发生的不当行为类型进行检测；员工是否充分了解公司的合规计划，他们是否相信该计划反映了公司及其管理层的价值观；公司是否配备了足够的合规计划人员来审计、记录、分析和利用公司合规工作的结果。[64] 建议立法上赋予侦查人员、检察人员在审查合规有效性时可以行使必要的调查权，如查阅公司文件、账册、询问有关人员、委托进行司法鉴定等。

（三）合规计划有效执行的保障

在规定的考验期内如何保障涉案公司遵照执行协议中所规定的合规计划呢？美国实行的是合规监督官制度。合规监督官是美国司法部等监管机构派驻到公司的外部控制人，通常是一名律师，也有曾任检察官的法律人士。例如，百时美施贵宝公司协议（the Bristol-Meyers Squibb Agreement）中指定的合规监督官弗雷德里克·B. 莱西（Frederick B. Lacey）曾是美国检察官和联邦法官；驻中兴公司的合规监督官罗斯科·霍华德是华盛顿 Barnes & Thornburg 律师事务所的合伙人，曾担任哥伦比亚特区联邦检察官。合规监督官的工资由被监管公司承担，负责确认该公司切实履行协议的承诺。合规监督官要向美国司法部报告公司执行合规的情况。合规监督官拥有与行使合规监督所需的独立权力。如根据 2018 年 6 月和解文件，中兴的合规监督官霍华德将拥有全面且完整的权利，可以接触所有相关的公司员工、账目、记录、系统、文件、审计、报告、设施和技术信息。因此，可以说任命外部合规监督官是一种昂贵的、侵入性的治理措施。

合规监督官制度主要是由《莫福德备忘录》（Morford Memo）来规定的。《莫福德备忘录》为司法部检察官，包括美国检察官，任命监督官及其职责范围提供了指导。《莫福德备忘录》为联邦检察官提供了有关使用公司监督官的九项基本原则，以及起草暂缓起诉协议有关监督条款的指南。《莫福德备忘录》指出，在谈判协议时检察官应该考虑任命监督官的好处（例如，公司和公众的

---

[64] Andrew Weissmann With David Newman, *Rethinking Criminal Corporate Liability*, 82 Indiana Law Journal 411, p. 443 (2007).

收益)和成本。该备忘录列出了关于监督官的职责范围的六项指导原则。[65] 在《莫福德备忘录》发布后,副总检察长格林德勒就合规监督官问题发布了进一步的备忘录。格林德勒备忘录(Grindler Memo)专门解决了协议签署后如何解决公司与其监督官之间的争议的问题。[66]

五、刑事诉讼激励企业合规的实体法保障

(一)刑事诉讼激励企业合规的实体法压力不足

刑事诉讼通过强制性措施和程序分流激励企业合规还需要刑事实体法的配合。企业都是逐利的,要计算成本和收益,如果合规的成本很大,而刑罚的后果又不严重,也就是说犯罪的成本低于合规的成本,企业就不会产生合规的积极性。美国企业合规的经验说明"胡萝卜加大棒"是有效的。美国在 1991 年的《美国量刑指南》中作出相关规定。"一方面,将史无前例的高额罚金刑予以法定化;另一方面,则在适当地实施了合规计划的情形中留有大幅度减轻罚金数额的余地。如此一来,这极大地激励了企业引入合规计划,也正因如此,高水准的合规计划被评价为具有引入价值的、划算的安排,渗透到了许多企业中。"[67]

我国企业合规的实体法压力不足主要体现在两个方面:一是罚金的力度不够,有些罚金刑的数额甚至低于行政处罚中的罚款。例如,《中华人民共和国公司法》(2018 修正)第 202 条规定:"公司在依法向有关主管部门提供的财务会计报告等材料上作虚假记载或者隐瞒重要事实的,由有关主管部门对直接负责的主管人员和其他直接责任人员处以三万元以上三十万元以下的罚款。"《刑法》第 161 条规定:"依法负有信息披露义务的公司、企业向股东和社会公众提供虚假的或者隐瞒重要事实的财务会计报告,对其直接负责的主管人员和其他直接责任人员,并处或者单处二万元以上二十万元以下罚金。"此

---

[65] Cindy R. Alexander & Mark A. Cohen, *The Evolution of Corporate Criminal Settlements: An Empirical Perspective on Non-Prosecution, Deferred Prosecution, and Plea Agreements*, 52 American Criminal Law Review 537, p. 552 (2015).

[66] Cindy R. Alexander & Mark A. Cohen, *The Evolution of Corporate Criminal Settlements: An Empirical Perspective on Non-Prosecution, Deferred Prosecution, and Plea Agreements*, 52 American Criminal Law Review 537, p. 553 (2015).

[67] [日]川崎友巳:《作为企业注意义务的合规计划》,曾文科译,载李本灿等译:《合规与刑法——全球视野的考察》,中国政法大学出版社 2018 年版,第 210 页。

外，与国外相比，我国的罚金数额也比较低，例如，自2008年以来全世界因违反美国《反海外腐败法》向美国支付罚款超过1亿美元的公司有26个，其中欧洲的公司支付53.39亿美元，美国的公司支付17.74亿美元，其他国家支付17.59亿美元，总计88.72亿美元。其中，支付金额最高的是德国的西门子公司，共支付了8亿美元。[68] 而北京市第一中级人民法院(2014)一中刑初字第801号判决书中认为，被告镇江金钛软件有限公司犯单位行贿罪，判处罚金50万元人民币；陕西省西安市中级人民法院(2017)陕01刑终250号判决书中认为陕西凯盛医疗器械邮箱公司犯单位行贿罪，判处罚金80万元人民币。二是刑罚种类单一，对单位和自然人的刑罚体系均不完善。目前我国《刑法》对单位犯罪的刑罚种类单一，仅限于罚金，缺少资格刑或其他附加刑。相较于我国单一的罚金制，英国有防止再发生命令；奥地利有防止再发生命令、损害赔偿命令；法国有损害赔偿命令、禁止活动、关闭营业场所、解散法人；[69]《美国模范刑法典》详细地规定了类似于自然人自由、生命刑的公司营业资格的取消和对公司营业活动的限制的资格刑设置。[70]

(二)加大部分罚金刑力度，完善刑罚种类，为企业合规提供适当的压力

针对合规刑事实体法压力不足的现状，笔者的建议是从加大罚金刑的力度和增加刑罚的种类两个方面对现行体制进行完善。首先，在刑罚力度方面，建议增加罚金刑的数额，力度至少要大于行政处罚中罚款；其次，在刑罚的种类方面，建议分别构建以单位和自然人为适用对象的刑罚体系，增加资格刑。参照我国《行政处罚法》中规定的“责令停产停业”“暂扣或者吊销许可证、暂扣或者吊销执照”等处罚种类，将刑事破产、执业禁止和停业整顿作为对犯罪单位适用的主刑，将罚金、没收财产和剥夺荣誉称号作为附加刑。[71] 对单位直接负责的主管人员和其他直接责任人员等自然人的刑罚增加限制或者剥夺其

---

[68] 参见[法]弗雷德里克·皮耶鲁齐、马修·阿伦：《美国陷阱》，法意译，中信出版社2019年版，第347~347页。

[69] 参见[日]樋口亮介：《法人的处罚——立法论》，张小宁译，载李本灿等译：《合规与刑法——全球视野的考察》，中国政法大学出版社2018年版，第226页。

[70] 参见美国法学会编：《美国模范刑法典及其评注》，王祎等译，法律出版社2005年版，第91~92页。

[71] 参见郝新华：《构建我国单位犯罪刑罚体系的思路》，载《贵州警官职业学院学报》2004年第5期。

从事某项经营活动的权利。

六、结语

美国是最早使用不起诉协议和暂缓起诉协议等刑事诉讼程序分流促进企业合规的国家,也是运用最多的国家。美国通过本世纪以来的大量运用积累了一些可资借鉴的经验,同时,也暴露出一些问题。其中检察官的权力过大是最受关注的问题。首先,在达成不起诉和暂缓起诉协议的过程中,检察官同时扮演了检察官、法官和陪审团的角色,破坏了权力制衡。[72] 其次,检察官在协议过程中权力过大,易产生过度惩罚和权力滥用。如 2005 年 6 月新泽西州美国检察官办公室(USAO)和百时美施贵宝(Bristol-Meyers Squibb)之间的暂缓起诉协议要求该公司在检察官母校美国律师学院 Seton Hall (United States Attorney's law school,Seton Hall)捐赠一个商业道德教授席位。2003 年 12 月联邦检察官和纽约赛马协会(NYRA) 的暂缓起诉协议要求赛马设施运营商在其场馆安装自动售货机,此举与税务欺诈完全无关。[73] 在世通公司(WorldCom Inc.)案中,协议要求被告 10 年内在俄克拉荷马州提供 1600 个就业岗位。[74] 此外,还有人提出普通的自然人被告被起诉、定罪和服刑,而上市公司、跨国公司反而会被不起诉或暂缓起诉,这破坏了法律的公平正义。另外,也有人对执法质量表示担忧。虽然不起诉协议和暂缓起诉协议增加了美国《反海外腐败法》执法数量,但它们也降低了美国《反海外腐败法》的执法质量。[75] 对于通过刑事诉讼激励企业合规中存在的上述问题,美国学界和司法部门已经注意到,并开始尝试改善。其他国家在学习借鉴的过程中也给予了关注,如英国《2013 年犯罪和法院法》(Crime and Courts Act 2013)规定暂缓起诉协议只有经过法官听证并批准后才能生效。[76]

合规是我国企业走向世界的必由之路。在企业合规的过程中我们要积极

---

[72] See Mike Koehler, *Measuring the Impact of Non-Prosecution and Deferred Prosecution Agreements on Foreign Corrupt Practices Act Enforcement*, 49 U. C. Davis Law Review 497, p. 505 – 506 (2015).

[73] Peter Spivack & Sujit Raman, *Regulating the "New Regulators": Current Trends in Deferred Prosecution Agreements*, 45 American Criminal Law Review 159, p. 174 (2008).

[74] 叶良芳:《美国法人审前转处协议制度的演进及其启示》,载《刑事法评论》第 31 卷。

[75] Mike Koehler, *Measuring the Impact of Non-Prosecution and Deferred Prosecution Agreements on Foreign Corrupt Practices Act Enforcement*, 49 U. C. Davis Law Review 497, p. 499 (2015).

[76] See *Crime and Courts Act 2013*, legislation UK (Oct. 1, 2019), http://www.legislation.gov.uk/ukpga/2013/22/contents/enacted?view=plain (accessed Oct. 1, 2019).

学习美国等先行国家的经验,如通过不起诉和暂缓起诉等程序分流措施激励企业合规遵纪守法、承担社会责任、节约侦查和打击犯罪的诉讼成本。同时,对于美国等先行国家在企业合规中出现的问题要尽可能在引入该制度时就采取措施予以避免。例如,通过加强司法审查防止检察官权力过大的问题,采取措施防止协议对司法公正的损害。此外,还要结合中国的国情,使其本土化。例如,将企业合规作为适用强制性措施的考虑因素,将我国的认罪认罚从宽与不起诉、暂缓起诉等程序分流有机结合激励企业合规。

作为犯罪治理方式的企业合规*

马明亮**

一、引言:企业合规的全球趋同与中国倡议

企业合规(corporate compliance)可以有多维度的定义,①鉴于它有检测与预防企业犯罪的功能,②有论者认为其本质是以民事制裁、企业整顿为内容的企业缓刑。③ 为强化企业的合规责任,许多国家立法规定了企业或者责任人员的刑事责任,将不合规视为相关主体责任归咎的依据,并将不合规的情况作为刑事处罚的情节。④ 在此意义上,企业合规成为犯罪治理的一种手段,是一种特殊预防措施,属于刑事合规的范畴,⑤也可以称为企业合规的刑事司法化。以各国颁行的规范为对象,通过合规计划强化企业刑事责任,以合规为导向重构企业刑事责任理论与司法程序,已经成为全球范围内的一个共同态势。⑥

---

* 原文载《政法论坛》2020 年第 3 期。

** 马明亮,中国人民公安大学法学院教授,博导。

① 比如既是公司治理方式、刑法激励机制,又是律师业务。参见陈瑞华:《企业合规制度的三个维度——比较法视野下的分析》,载《比较法研究》2019 年第 3 期。

② 参见[美]菲利普·韦勒:《有效的合规计划与企业刑事诉讼》,万方译,载《财经法学》2018 年第 3 期。

③ See Jessica Naima Djilani, *The British Importation of American Corporate Compliance*,76 Brook. L. Rev. p. 303 (2010).

④ 比如在美国,合规已成为联邦检察机关起诉、判处经济犯罪的企业时主要的考虑因素。参见[美]瑞恩·D. 迈克康奈尔等:《"事前规划"抑或"事后处罚":合规在刑事案件中的作用》,万方译,载李本灿等编译:《合规与刑法:全球视野的考察》,中国政法大学出版社 2018 年版,第 145 页。

⑤ 有很多刑法学者从刑罚与犯罪的视角展开讨论,称为刑事合规。具体是指为避免因企业或企业员工相关行为给企业带来的刑事责任,国家通过刑事政策上的正向激励和责任归咎,推动企业以刑事法律的标准来识别、评估和预防公司的刑事风险,制定并实施遵守刑事法律的计划和措施。参见孙国祥:《刑事合规的理念、机能和中国的构建》,载《中国刑事法杂志》2019 年第 2 期。

⑥ See Gustavo A. Jimenez, *Corporate Criminal Liability: Toward a Compliance-Oriented Approach*, 26 Ind. J. Global Legal Stud. p. 378 (2019).

在经济全球化、全球价值链的背景下,[7]我国没有,也不可能置之度外,故而也提出了企业合规的倡议,主动或被动地实施合规计划:其一,走出国门的企业被迫接受合规计划,比如众所周知的中兴事件。[8] 另如,2019 年 6 月 12 日,世界银行宣布对中国某公司的"欺诈行为"进行制裁。[9] 上述企业合规都暗含一条规律:合规计划失败都将面临刑事指控的风险。[10] 其二,国内出台规范性文件以及企业合规的实践。[11] 其三,非政府组织的倡议"中国合规管理最佳实践"。[12]

目前,走出国门的企业合规尚具备犯罪治理的理念,而国内的实践主要还停留于公司治理层面,犯罪治理与预防并不是重点甚至根本没有涉及。[13] 经过横向对比,通过企业合规进行犯罪治理,构建以企业合规为导向的公司责任体

---

⑦ 随着国际分工形式的深刻变革,国际贸易形式从成品贸易向中间品贸易发展,全球经贸利益的分配方式也向价值链形式转变。在目前的多边贸易体制下,各国的产业比较优势进一步凸显,经济贸易融合进一步加强。

⑧ 《中兴事件带给中国的六点警示》,载搜狐网 2019 年 7 月 9 日,http://www. sohu. com/a/234904049_141624。

⑨ 刘相文、王德昌、Graham Adria:《中国企业如何应对世界银行合规调查——世界银行制裁程序与处罚裁量情节解析》,载搜狐网 2019 年 8 月 2 日,http://www. sohu. com/a/329573855_120051855。

⑩ 比如世界银行列明了五类应予制裁的行为:腐败、欺诈、胁迫、共谋、妨碍行为。欺诈行为是导致调查的最常见的原因,但如果出现腐败行为,调查的材料可能成为犯罪指控的依据。

⑪ 前者如,2018 年 11 月 2 日,国务院国有资产监督管理委员会发布了《中央企业合规管理指引》(试行);后者如,中国证监会与高盛(亚洲)、北京高华证券以及高盛亚洲和高华证券的相关工作人员等 9 名行政和解申请人于 2019 年 4 月 23 日达成行政和解协议,申请人交纳行政和解金 1.5 亿元人民币,并采取必要措施加强相关公司的内控管理,证监会依照规定终止对申请人有关行为的调查、审理程序。

参见《行政和解首现资本市场　高盛 1.5 亿元过关》,载东方网 2019 年 8 月 3 日,http://mini. eastday. com/a/190425102032630. html?qid = 58dh。

⑫ 比如 2019 年,美中贸易委员会主办了一项早餐计划,分享有关"美国反海外腐败法"(FCPA)的趋势和预测的最新情况,以及公司管理有效合规团队的最佳实践。该计划由一个内部合规专家小组组成,分享案例研究,以管理有效的合规团队。*2019 Compliance Best Practices and the China Initiative*, USChina (Aug. 5, 2019), https://www. uschina. org/events/2019-compliance-best-practices-and-china-initiative。

⑬ 虽然有论者认为,刑法典的诸多罪名比如重大责任事故罪,以及《刑法修正案(九)》所确立的"拒不履行信息网络安全管理义务罪"以及对交通肇事罪中相关责任人内控义务的进一步确认等,都体现了刑事合规的理念。参见李本灿:《刑事合规理念的国内法表达——以"中兴通讯事件"为切入点》,载《法律科学》2018 年第 6 期。但这不过是理论上解释,立法对企业合规尚没有成型的刑法规则与司法模式。

系与司法体系,在全球范围内已经进行了广泛的实践。[14] 与全球的践行热度与效果相比,企业合规的刑事司法化与中国化已经时不我待。鉴于此,本文将深入挖掘这一极具实用主义治理模式的独有价值,并结合我国企业犯罪及其治理现状,清醒认识该治理模式的局限与潜在风险,在重新评价与重构我国企业犯罪的法律和程序的基础上,构建以合规为导向的企业刑事责任体系与司法体系。此举旨在赋予企业合规司法的生命力,让它在全球风险社会与信息社会的背景下发挥企业犯罪治理的独特价值。

二、我国企业犯罪的治理现状与问题

解读我国企业犯罪的治理现状、面临的问题与背后成因,是讨论合规计划适用于企业犯罪治理的实证前提。[15]

(一)我国企业犯罪治理面临的问题

合规计划引入犯罪治理的国际化趋势,折射出传统的企业犯罪治理方式之局限,我国也概莫能外。[16] 经过梳理,我国企业犯罪治理面临的问题主要有三方面:

1. 企业犯罪的手段日趋隐蔽,刑事定性与侦查取证日益困难,司法机关与行政监管部门很难发挥犯罪预防的功能。随着经济的发展,一些企业借助高科技、新金融等平台,不断衍生出新的犯罪方式。行为是否构成犯罪,离开大数据研判很难查明,在初始阶段难以定性。而且,企业借助网络平台实施犯罪行为,涉案被害人散见于各地,犯罪的跨地域性成为常态,传统的侦查取证手段难以奏效。例如,北京某科技公司搭建非法支付平台,并且大肆进行“洗钱”违法犯罪活动。[17]

---

⑭ 2017 年以来,许多拉丁美洲国家比如巴西、阿根廷、智利、墨西哥,也都吸收以合规导向的公司刑事责任理论,并且已经制定了相关法律,要求各个行业的公司通过与政府和当局的合作来承担责任,以期实现刑法的威慑与惩罚的目标。集中的介绍与评析,参见 Gustavo A. Jimenez, *Corporate Criminal Liability: Toward a Compliance-Oriented Approach*, 26 Ind. J. Global Legal Stud. p. 367 – 373 (2019)。

⑮ 企业犯罪并非刑法的规范术语,我国刑法采用的是单位犯罪,还有学者称为公司犯罪,考虑到实践中单位犯罪大多数是企业实施的,因此本文统一采用企业犯罪的概念。

⑯ 有论者发现,无论是总体的犯罪数目还是具体到企业犯罪,在实践中都呈现出愈发严峻的趋势,并未收到良好的企业犯罪预防效果。参见李本灿:《企业犯罪预防中合规计划制度的借鉴》,载《中国法学》2015 年第 5 期。

⑰ 蓝鲸财经:《聚合支付的至暗时刻》,载百家号 2019 年 8 月 13 日,https://baijiahao.baidu.com/s?id=1636934394405723243&wfr=spider&for=pc。

2. 企业涉嫌经济犯罪,行政机关或司法机关公开与直接地介入调查,与企业正常经营之间的矛盾越来越深。这会影响企业的正常运转,尤其是上市公司。比如,财政部 2019 年 6 月 4 日在其官网发布公示,会同国家医保局成立部际协调工作组,将开展医药行业会计信息质量检查工作,77 家企业被列入稽查检查名单。此工作组重点围绕医药企业的费用、成本和收入的真实性进行检查。受上述消息影响,医药生物板块指数持续下跌。截至收盘,医药生物指数下跌 53%,多达 18 只板块个股跌幅超过 3% 以上。目前生物医药行业总市值达到了 3.5 万亿元,也就意味着当天一天市值下跌超 500 亿元。⑱ 还有,对上市公司负责人的刑事拘留往往引发市值动荡。比如,2019 年 3 月 13 日,某上市公司实控人刘某群、原董事长刘某庆等 3 人因涉嫌操纵证券市场、内幕交易被常州市公安局直属分局刑事拘留,上市公司申请临时停牌。受该消息影响,公司 3 月 20 日复牌后开盘即跌停,4 个交易日大跌近 20%。直到 2018 年 6 月 27 日和 10 月 8 日,刘晓庆和刘德群才先后被允许回家。这次刑拘成为刘某群背后债务黑洞曝光的导火索:在父女两人被公安局拘留后的几个月里,事情持续发酵,上市公司控制权发生巨大变化。⑲

3. 涉众型经济犯罪案件猛增,由于挟裹的人数众多,被害人权益与社会公共利益保护问题日益严峻,凸显了传统“严惩犯罪”模式的局限。据公安部 2019 年 5 月 10 日披露,2018 年至 2019 年第一季度,全国非法集资、传销等涉众型经济犯罪案件近 1.9 万起,涉案金额 4100 余亿元。其中,自 2020 年 6 月以来,各地公安机关依法查办涉嫌非法集资犯罪 P2P 网贷平台 400 余个。涉众型经济犯罪的特点是,社会领域经济犯罪与专业领域经济犯罪相互叠加,传统经济犯罪与网络经济犯罪交织共生,这使得犯罪的破坏力、传播力、危害力倍增。涉众型经济犯罪的另一个特点是蔓延传播速度非常快,涉及领域非常广泛,在商品营销、房产投资、教育培训等传统领域也时有发案。一些新兴经济领域,如网络借贷、投资理财、养老服务、消费返利、虚拟货币、金融互助等,

---

⑱ 《重磅!财政部加急文件点名稽查 77 家药企冲账的发票 是否存在药品回扣?》,载一点资讯 2019 年 7 月 15 日,http://www.yidianzixun.com/article/0MBmve8p?s = yunos&appid = s3rd_yunos。

⑲ 紫枫:《债务炸雷,高利贷炸雷,董事长炒股被刑拘,债主上位:晨鑫科技“拍案惊奇”》,载搜狐网 2019 年 6 月 16 日,http://www.sohu.com/a/325959849_585920。

已成为涉众型经济犯罪的“重灾区”。[20] 这类犯罪，司法机关在处理过程中，稍有不慎就可能酿成群体性事件。

（二）不容忽视的现象：附带追责企业

上述困局促生了一个现象：执法机关在企业犯罪治理过程中，主要追究负责任的个人的责任，附带追责企业。即追诉企业刑事责任往往成为附带后果，或以行政处罚取代刑事处罚，或只以罚金刑追究刑事责任。

2018 年长春长生企业的“问题疫苗”事件，即为行政处罚取代刑事处罚的典型事例。2018 年 7 月 23 日，长春市长春新区公安分局依据吉林省食品药品监督管理局移交的《涉嫌犯罪案件移送书》，对长春长生生物科技有限责任公司生产冻干人用狂犬病疫苗涉嫌违法犯罪案件迅速立案调查，将主要涉案人员公司董事长高某芳（女）和 4 名公司高管带至公安机关依法审查。吉林省食品药品监督管理局给予该企业没收与罚款的行政处罚。同时，长生生物科技股份有限公司的子公司被取消高新技术企业资格。[21]

实践中，对企业的罚金刑，往往根据违法所得与收益来确定数额，具有一定的恣意性。比如，青岛正音乐器有限公司的走私普通货物案中，被告单位被判处罚金人民币 30 万元。[22] 许某某、李某某非法吸收公众存款罪案，被告单位原通化县喜来登餐饮娱乐有限公司因犯非法吸收公众存款罪，被判处罚金 20 万元。[23]

追诉企业刑事责任的附带性与恣意性带来了诸多弊端：其一，以行政处罚代替刑事立案的现象，不仅导致大量刑事责任黑数，而且降低了刑罚的威慑性。其中，行政处罚还出现“过轻与过重”两个极端并存的现象，不利于法治的统一性。其二，行政监督机关与司法机关充分考虑企业的社会责任而轻缓追究企业责任，这本无可厚非，但有可能会演化为地方保护主义。比如 2011 年河南“瘦肉精”系列案中，河南省法院重点打击研制、生产、销售“瘦肉精”犯罪和对食品安全负有监管职责的国家工作人员失职渎职犯罪。据统计，在审结

---

⑳ 《公安部：去年至今年第一季度对非法集资等涉众型经济犯罪已立案近 1.9 万起》，载央广网，http://china.cnr.cn/NewsFeeds/20190510/t20190510_524608597.shtml。

㉑ 《长春长生疫苗事件始末时间线全程回顾一览》，载贤集网 2019 年 9 月 12 日，https://www.xianjichina.com/news/details_78524.html。

㉒ 山东省青岛市中级人民法院刑事判决书，(2018)鲁 02 刑初 19 号。

㉓ 吉林省通化县人民法院刑事判决书，(2017)吉 0521 刑初 211 号。

的58案113人中,判处“瘦肉精”制售者和玩忽职守、滥用职权的国家工作人员77人。㉔ 其三,限于罚金刑的刑事责任,只是实现了刑罚的威慑功能。如果罚金数量比较少,仍不能体现威慑功能,至于矫正、教育功能则无法实现。在此意义上,企业刑事责任会被虚置化与纸面化。总之,这种附带追责企业的范式,从犯罪治理角度讲是低能甚至是无效的。

(三)附带追责企业现象的成因

上述案例并非偶然,有表象原因,比如行刑交叉的案件,主要是行政机关权力过当运行使然,本该移送司法机关处理的反而行政处罚了事。还有更深层次原因,司法人员认为追究企业刑事责任意义不大,比如,在危害食品药品安全犯罪中,主体往往是民营企业,犯罪行为是某些负责人绕过企业而独自实施的。在这种情况下,追究企业的刑事责任,不能发挥刑罚的威慑功能。

除此之外,更有深层的、结构性原因,详述如下:

1. 经济形势主导了企业犯罪治理的刑事政策。我国在企业犯罪的治理模式选择上,深受经济态势的影响,企业犯罪治理根据经济状况呈现出宽严之间循环往复的怪圈。在经济下行的当下,对企业犯罪即呈现相对宽松的刑事政策,不予追究或轻缓追究企业刑事责任的情景顺势而生。比如在企业涉嫌“骗税”“骗保”案件中,㉕往往只追诉财务主管人员的刑事责任,广西防城港鲁桂公司骗税案即为例证。鲁桂公司在没有发生真实的货物出口业务的情况下,通过非法手段向他人购买取得出口服装、皮制手袋和机械配件类产品单证,虚构自营业务假报出口,并让他人为自己虚开增值税专用发票,通过伪造资金流,形成支付货款给开票方的假象,再以中间账户进行“资金回流”,虚构购销关系骗取出口退税。涉案人员均需承担刑事责任,662.38万元退税款亦被予以追缴,对未退的106.6万元税款则不予退税。㉖

2. 滞后的企业刑事责任理论及其引致的刑事立法局限。具体表现为三方面:其一,在企业刑事责任理论上采用僵化的“责任主义”归责原则。多年来,我国企业犯罪理论深受责任主义的约束,适用过错责任原则,坚持主客观相统

㉔ 《河南“瘦肉精”系列案审结 113人被判刑》,载食品伙伴网2019年9月11日,http://news.foodmate.net/2011/11/194944.html。

㉕ 比如《刑法》第204条规定的骗取出口退税罪,第198条规定的保险诈骗罪。

㉖ 《我国持续高压打击出口骗税 前三季度挽回税款近50亿元》,载央视网2019年8月28日,http://news.cntv.cn/2015/10/21/ARTI1445416256444142.shtml。

一的入罪机制,但司法机关在实践中很难对企业犯罪的主观要素进行证明。结果,避开企业刑事责任就成为很实用的作法。其二,我国刑法基本以自然人为构建对象,呈现出“严惩个人、附带追诉企业”模式,企业犯罪的认定依附于个人行为。企业犯罪一般只能通过企业中的“直接负责的主管人员和其他责任人员”的方式认定。于是,对于企业等单位实施的犯罪通常会将企业责任转嫁由个人承担也就不足为奇了。[27] 其三,缺乏企业缓刑制度。缓刑不仅可以为企业实施内部改革与整顿提供机会,也为司法机关在追诉犯罪过程中充分关注企业社会责任提供制度平台。但我国《刑法》第72条规定的缓刑制度,仅适用于自然人犯罪,无法适用于单位犯罪。实践中,只有通过对个人判处缓刑,才有可能对企业适用缓刑。[28]

3. 过度强调惩罚犯罪、“出罪”功能严重不足的司法程序。在目前的刑事诉讼法框架下,侦查、控诉机关仍然过度强调惩罚犯罪,程序“出罪”功能严重不足,对企业犯罪缺乏灵活的程序手段。比较典型的情况是,公安机关立案侦查程序缺乏缓冲机制,要么刑事立案、侦查到底,要么不立案,仅满足于前期的行政处罚。还有,虽然立法赋予检察院不起诉的权力,但不起诉仍然受到严格限制。一句话,进入刑事诉讼的企业难逃被定罪的命运。因此,在诉讼源头上将企业分流出去就成为司法机关关照企业社会责任的不二选择。

三、企业合规刑事司法化的独特价值

通过合规计划实现企业犯罪治理,其理念是,直接追诉并强化个人刑事责任,以合规计划为条件暂缓或放弃追诉企业。这为企业犯罪治理提供了新的思路甚至是一种替代模式。[29] 诸多论者也主张刑事制裁体系引入企业合规,并详细阐述了由此带来的刑法理论与程序制度的变迁。[30] 这些解释更多的是理论推演,此处以比较成熟的美国实践为例,深入分析企业合规刑事司法化的独特价值。

---

[27] 参见万方:《企业合规刑事化的发展及启示》,载《中国刑事法杂志》2019年第2期。

[28] 参见万方:《企业合规刑事化的发展及启示》,载《中国刑事法杂志》2019年第2期。

[29] 参见[德]乌尔里希·齐白:《打击经济犯罪的刑法及其替代模式》,载《全球风险社会与信息社会中的刑法:二十一世纪刑法模式的转换》,周遵友等译,中国法制出版社2012年版,第5页。

[30] 比如,合规计划革新了刑罚理念,扩大了刑罚的社会效果。参见李本灿:《认罪认罚从宽处理机制的完善:企业犯罪视角的展开》,载《法学评论》2018年第3期;赵赤:《企业刑事合规:全球趋势与中国路径》,载《检察日报》2018年8月22日,第3版。

根据美国联邦法律，企业可以对其员工和代理人的犯罪行为承担刑事责任，检察官如何处理可参考《司法手册》(Justice Manual，JM)，[31]使用各种方式，包括以签署合规计划为前提的暂缓起诉协议(deferred prosecution agreements，DPA)与不起诉(non-prosecution agreements，NPA)，在同意民事制裁的同时进行刑事起诉。[32] 其中，暂缓起诉和不起诉是企业合规的典型模式。[33] 基于不断演变的检察官备忘录与刑事政策，《司法手册》也一直处于不断修改完善之中。虽然近年来美国司法部又出台了一些企业合规评估指南，比如反欺诈部门发布的《公司合规计划评价》、反托拉斯部门于 2019 年 7 月颁发的《刑事反垄断调查中的公司合规计划评价》，但这些指南主要作用是补充。[34] 同时，《美国量刑指南》(U. S. SENTENCE GUIDELINES MANUAL)也是重要的参考。因此，本文以《司法手册》第 9 部分“对商业组织的联邦控诉原则”，以及《美国量刑指南》的第 8 部分“对组织的量刑”为蓝本，从内在原理与外在路径两方面解读美国合规计划在企业犯罪治理方面的独特功用。

(一)内在原理：特殊预防理论

传统刑法理论是针对已经犯罪的行为人，但晚近以来刑事政策转向并形成的积极的一般预防理论，强调面向未来的刑罚目的，以刑罚来确认与强化公民对规范忠诚的价值信念。[35] 积极的一般预防理论的形成与现代风险社会的出现密切相关，但这种理论在企业犯罪治理方面却存在新的风险与障碍，它暗

---

[31] 美国司法部发布的《司法手册》，https://www. justice. gov/jm/jm-9-28000-principles-federal-prosecution-business-organizations，2019 年 8 月 2 日访问。

[32] See Gustavo A. Jimenez，*Corporate Criminal Liability：Toward a Compliance-Oriented Approach*，26 Ind. J. Global Legal Stud. p. 358 – 359(2019). 暂缓起诉制度，是指司法部与公司之间在庭外经过私下谈判并达成协议，司法部同意推迟起诉，以换取公司承认对所谓行为的责任，同时同意采取合规导向行动，该协议最终提交给法庭。简言之，如果司法部同意不起诉，则为不起诉制度。See Mike Koehler，*Measuring the Impact of Non-Prosecution and Deferred Prosecution Agreements on Foreign Corrupt Practices Act Enforcement*，49 U. C. DAVIS L. REV. 497，p. 505 (2015).

[33] 当然，对公司犯罪合规处置的主要方法，除此之外，美国还有起诉到法院之后的辩诉交易。See Cindy R. Alexander; Mark A. Cohen，*The Evolution of Corporate Criminal Settlements：An Empirical Perspective on Non-Prosection，Deferred Prosecution，and Plea Agreements*，52 Am. Crim. L. Rev.，p. 537 (2015).

[34] See Gustavo A. Jimenez，*Corporate Criminal Liability：Toward a Compliance-Oriented Approach*，26 Ind. J. Global Legal Stud.，p. 376(2019).

[35] 参见[德]米夏埃尔·帕夫利克著：《目的与体系——古典哲学基础上的德国刑法学新思考》，赵书鸿等译，法律出版社 2018 年版，第 102 页。

含“创新就可能犯罪”的倾向,导致企业不敢创新性经营,这不利于科技日新月异时代下的企业发展。

将合规计划纳入企业犯罪治理体系就可以回避该风险。因为合规采取的是出罪与入罪的中间路线,它通过综合衡量多方面利益,体现了以企业自治为基石的特殊预防理论。具体而言,其一,合规计划目的明确,可以充分给予企业自治,这在有效预防犯罪的同时,还不会让企业失去发展的动力与活力。这充分体现于《美国量刑指南》之中,该指南认为企业合规计划是指“用于预防、发现和制止企业违法犯罪行为的内控机制”。[36] 其二,结合“企业社会危险性”来制订的着眼于未来的计划。其预防犯罪的有效性,取决于司法机关对公司企业的危险性的合理判断,《司法手册》即通过公司的过往经历(历史)、合作的善意与勤勉、是否有恶意阻碍等方面,综合考察公司企业的危险性。[37] 其三,充分关注公共利益。《司法手册》明确要求,检察官在决定是否起诉时,必须保护关键的公共利益,包括:(1)通过法治来保护经济和资本市场的完整性;(2)保护消费者、投资者和商业实体免受因违法获益的竞争者之侵害;(3)禁止产生违反环境法的行为;(4)阻止以牺牲公共利益为代价的非法商业行为。[38]

(二)外在路径:协商治理模式

将合规计划刑事司法化,从程序法的视角来看,司法活动不再是司法机关单方面的努力,而是要通过协议实现刑事司法中的社会参与。[39] 我们可以称为“协商治理模式”。围绕合规计划这一纸协议,协商治理模式的独特价值可以浓缩为几个关键术语——共享、自治、合作、互惠与共赢。

1. 协议的起点:基于公共利益的“价值共享”。检察官保护公共利益的职责与企业的社会责任、企业负责人的职责具有内在价值的一致性,这是合规计划产生的基础。因为企业在创造利润、对股东和员工承担法律责任的同时,还

---

[36] See U. S. S. G. § 8B2. 1 (a) (2004).

[37] 参见 JM 9 - 28. 600. “公司过往的历史”。

[38] See Gustavo A. Jimenez, *Corporate Criminal Liability: Toward a Compliance-Oriented Approach*, 26 Ind. J. Global Legal Stud. , p. 358 (2019).

[39] 参见崔玮:《刑事司法中的社会参与:主体、模式及完善进路》,载《中国刑事法杂志》2018 年第 6 期。

要承担对消费者、社区和环境的社会责任;[40]企业董事和高级职员也承担着公共责任,因为他们对公司股东(公司的真正所有者)负有信托义务,并且他们有责任向公众和消费者提供与公司监管文件和公开声明有关的诚实交易。[41]

2. 协议的履行保障:以互惠、共赢为目标的合作。考虑到公司"人"的特殊性质,检察官在决定是否提出指控,或谈判协商达成其他协议时,企业对检察官调查的合作态度、方式与程度是重要的参考因素。这种合作对企业与检察官而言是双赢的。从企业角度讲,合作是一个缓解因素,企业通过合作不仅可以获得商业上的信用、信誉,[42]而且企业的自愿披露计划,包括自我报告、补救计划等,可能使其有资格免除或减少制裁。[43] 从检察官角度讲,合作可以缓解调查取证方面的困难。因为在调查企业内部的不法行为时,检察官可能会遇到基于企业本身性质而产生的若干障碍,比如很难确定是谁代表企业采取了哪些行动。权限和责任的范围可以在运营部门或部门之间共享,记录和人员可能分布在整个美国甚至几个国家之间。如果犯罪行为持续了很长一段时间,那么有罪的人可能已经被提拔、转岗、退休或解雇。因此,企业的合作对于识别潜在相关参与人、查找相关证据以及提升侦查效率都至关重要。[44]

3. 协议的内容:充分、有效的合规计划。一般情况下,合规计划由公司管理层制定,这有助于防止不当行为的发生或在事后及时发现不当行为,确保公司活动依法进行。美国司法部鼓励这种企业自我监管,包括向政府自愿披露发现的自身存在的任何问题。但是,检察官不会因为有合规计划就放弃指控,如果其认为该合规计划仅仅是一个"纸面计划",并没有以适当的方式酌情设计、实施、审查和修订,检察官会视之为不充分、无效的计划,最多只能从轻指控。[45]

---

[40] 企业承担社会责任的原因分析,详细参见张世明:《义利之和:企业社会责任与并购》,载《政法论丛》2019年第4期。

[41] 参见 JM 9 - 28.100."联邦检察官的职责和公司领导的职责"。

[42] 需要说明的是,通过合作获得的信誉程度将取决于传统上用于评估的各种因素,例如,公司合作的及时性,内部调查的勤奋性、彻底性和效率性,以及合作的积极性。参见 JM 9 - 28.700."合作的意义"。

[43] 参见 JM 9 - 28.900."自愿披露"。

[44] 参见 JM 9 - 28.700."合作的意义"。

[45] 参见 JM 9 - 28.800."公司合规计划"中的评论部分。

四、清醒认识:企业合规的潜在风险

同时应注意到,即便是在发源地的美国,学界关于企业合规刑事司法化的潜在风险之讨论也是不绝于耳。如果不能有效避免这些风险,合规计划的正当性与适用前景都会受到影响,这对我们有警醒意义。

(一)合规计划极易被模仿,这可能导致对企业不当行为的刑罚威慑力不足,而且会变相鼓励企业投机、逃避罪责

美国的现行法律制度对有合规计划的企业提供了极为有利的待遇,这可能导致对不当行为的遏制不足,同时挫败了法律规则的规范目的。因为有效的合规计划很容易被模仿,法院和监管机构事后又难以确定真正的有效性。因此,从事法律禁止但可能有利可图的行为的企业,通过模仿有效的合规计划,在不降低被禁行为发生率的前提下,可以减少或消除企业层面的法律责任。这会让企业利益相关者和整体市场具有了合法性,却减少了对未遵守预期行为的市场制裁。[46]

社会公众还可能担心合规计划成为监管渎职行为的隐身之所,进而对司法公正丧失信心。这种担心在司法腐败现象比较严重的区域尤为明显,比如在墨西哥,因为不起诉协议不需要在法庭上正式提交申请,它很可能被视为收买执法机构与官员的工具,导致墨西哥人民对其司法系统的合法性失去信心。此外,由于合规计划的冗长,在提出指控或裁判生效之前可能经历了很长时间,企业高管还很有可能借机继续其腐败行为。[47]

(二)合规计划的适用准则往往是司法指导意见或政策,并非制定法,其不稳定性会导致个案之间的差异;同时,合规计划也难以接受司法监督,司法公正性难以保障

针对暂缓起诉和不起诉的最重要的批评之一是,提供和签订这些协议的准则不受法规管制。相反,美国司法部还发布了一系列备忘录,旨在指导检察官制定更统一的企业行为方法,并向辩护律师和公众通报检察官在做出指控

㊻ See Kimberly D. Krawiec, *Cosmetic Compliance and the Failure of Negotiated Governance*, 81 WASH. U. L. Q., p. 491 – 492(2003).

㊼ See Gustavo A. Jimenez, *Corporate Criminal Liability: Toward a Compliance-Oriented Approach*, 26 Ind. J. Global Legal Stud., p. 372 (2019).

决定时可能考虑的因素。[48] 但因为这些指南并非制定法,它们可能随着司法部长的改变而改变,每位司法部长都可能提出自己的合规政策。如此一来,合规协议内容存在不一致与不确定,个案的差异就在所难免了。[49]

还有,暂缓起诉和不起诉协议不受法院的司法监督,检察官容易滥用权力。因为联邦检察官拥有单方面的权力,可以认定企业是否从事非法活动。如此一来,检察官可以决定最终协议的条款,以及企业或其雇员是否满足或违反了协议的条款,而无须任何司法审查。[50] 另外,由于没有法院的最终审查,可能存在多部门都要求实施合规计划的情况,导致执法中的重复处罚现象。[51]

(三)许多企业表面上配合调查,但在背后却故意妨碍调查,不如实报告不当行为,司法机关追诉企业高管刑事责任面临困难,无法发挥其遏制功能

在合规计划中,最有价值的合作是企业披露不当行为的相关事实。[52] 但从实践层面来看,这却面临很多困难,主要原因在于企业、企业高管与底层员工的不配合。首先是企业的不配合。在美国司法实践中,许多企业表面上配合,但在背后却故意妨碍调查。根据《司法手册》的要求,有资格获得合作信贷的企业,必须向司法部提供涉及企业不当行为的个人的所有相关事实。[53] 对这种信息披露模式,有人称为“要么全做要么不做”(all-or-nothing),由于其“全有”或“全无”的结构,一些企业可能会认为参与这一过程的成本太高,以至于决定

---

[48] See Robert J. Ridge & Mackenzie A. Baird, *The Pendulum Swings Back: Revisiting Corporate Criminality and the Rise of Deferred Prosecution Agreements*, 33 U. DAYTON L. REV., p. 191(2008).

[49] 详细内容参见,Peter Spivak & Suijit Raman, *Regulating the "New Regulators": Current Trends in Deferred Prosecution Agreements*, 45 AM. CRIM. L. REV., p. 171 – 172 (2008)。

[50] See Jessica Naima Djilani, *The British Importation of American Corporate Compliance*, 76 Brook. L. Rev., p. 326(2010).

[51] 在美国,执法机构之间在执行合规计划过程中缺乏协调,导致对同一不当行为的叠加的、重复的处罚。鉴于此,司法部2018年出台了一项修正案,适用DPA或NPA时阻止多个当局不成比例地执法,以确保对公司施加的处罚的确定性和最终性,并在解决案件时促成公平公正的结果。See F. Joseph Warin et al., 2018 Mid-Year Update on Corporate Non-Prosecution Agreements (NPAs) and Deferred Prosecution Agreements (DPAs), GIBSON DUNN (July 10, 2018),转引自 Gustavo A. Jimenez, *Corporate Criminal Liability: Toward a Compliance-Oriented Approach*, 26 Ind. J. Global Legal Stud., p. 367 (2019)。

[52] 参见JM 9 – 28.720,“合作:披露相关事实”。

[53] 参见JM 9 – 28.720,“合作:披露相关事实”。

保持沉默或不完全参与这一过程。[54] 其次是企业董事与高管的不配合。根据美国《司法手册》,如果没有特殊情况,如反托拉斯的公司宽恕政策,任何公司决议都不应为任何个人提供保护,免受刑事责任。[55] 实践中,检察官往往不清楚如何判断"特殊情况",而且,在特殊情况适用中需要满足严格的程序要求——必须获得检察长相关助理或检察官对案件的书面批准,才可以授予豁免权。这是一个很高的门槛,其意味着,如果没有充分的理由可以进一步推进司法部的总体目标,责任豁免将不再被授予。[56] 如果对企业董事与高管缺乏刑事责任豁免机制,他们往往拒绝提供信息。这在英国也获得了证明。[57] 最后是底层员工的不配合。员工往往也知道内部调查过程旨在识别和隔离有罪的个人,出于自我保护,他们也可能会抵制这一过程。实践中,员工在没有财力雇佣个人顾问的情况下,更不愿意与管理层合作。[58]

(四)以犯罪治理为目标的合规计划,可能会影响企业的正常运营与发展

在合规计划中,企业应当承担怎样的整顿义务才算合理且有助于企业的正常发展?根据责任主义的犯罪观,这些整顿义务恰恰就是企业的注意义务。判断这些注意义务在现代社会变得越来越难,[59]尤其是在上市公司以及其他涉新技术领域的公司,更是受到极大的挑战。还有,如何处理企业家与企业的关系?由于企业家与企业之间的紧密关系,[60]如果过度追诉个人,这样会削弱投资者信心,影响公司的正常运行。最后,合规计划一般要求企业披露全部事

---

[54] Michael R. Siebecker and Andrew M. ,*Corporate Compliance and Criminality: Does the Common Law Promote Culpable Blindness*,50 Conn. L. Rev. ,p. 420(2018).

[55] 参见 JM 9 – 28. 210,"聚焦个人不当行为"。

[56] See Siebecker and Andrew M. , *Corporate Compliance and Criminality: Does the Common Law Promote Culpable Blindness*,50 Conn. L. Rev. ,p. 423 (2018)

[57] See Jessica Naima Djilani, *The British Importation of American Corporate Compliance*,76 Brook. L. Rev. ,p. 330(2010).

[58] See Michael R. Siebecker and Andrew M. , *Corporate Compliance and Criminality: Does the Common Law Promote Culpable Blindness*,50 Conn. L. Rev. ,p. 421(2018)

[59] 参见[德]洛塔尔·库伦:《公司产品生产中的注意义务违反责任》,载梁根林[德]埃里克·希尔根多夫主编《刑法体系与客观归责:中德刑法学者的对话(二)》,北京大学出版社 2015 年版,第 162 ~ 166 页。

[60] 比如目前企业家、创始人的 IP 化现象。这是公司企业的一种市场营销策略,其终极目标是心智卡位,即 IP(I Park In Your Mind)。成为 IP 的企业家和创始人,可以拥有最多的内容分发场景,拥有最多的品牌曝光及产品宣传机会,这是众媒时代的产物。《所有企业家都值得关注的 IP 化,到底是什么?》,载搜狐网 2019 年 9 月 16 日,https://www. sohu. com/a/61702912_354398。

实，这需要惊人的经济成本与时间成本，[61]可能会损害正常的业务运营，最终不仅会损害企业，还会损害股东利益。[62]

除此之外，还有一些细节会影响合规计划的正当性，比如，当产品的危险性并未得到证明，但有迹象表明存在危险，那么，生产者有可能不信赖由主管的政府机构对产品所作出的相应评价。[63] 那么，基于危险性判断而得出合规计划，尤其是审判前的合规计划中，企业如何申辩与救济？

五、企业合规刑事司法化的中国构建

我国如何实现企业合规刑事司法化？理性的立场是，应充分发挥该治理模式的独特价值，同时对潜在的风险明察秋毫，在此前提下，重新评价乃至重构我国企业犯罪的法律和程序。这是一个系统工程，需要在实体法、程序法与证据规则三方面予以重构或完善。

（一）实体法：构建以合规为导向的企业刑事责任体系

通过合规计划来追究企业的刑事责任，刑事实体法需要作如下调整：

1. 围绕合规计划重塑企业刑事责任理论。首先需要解释，企业如果没有建立充分、有效的合规计划，追究其刑事责任的理论基础是什么？传统的归责原则是直接的责任主义，只有在行为人参与了犯罪行为的实施或者决策的情况下，才对其追究其刑事责任。但这种责任原理在追诉企业经济犯罪的实践中存在证明上的困难——追诉者往往很难证明企业主观上的明知，进而无法有效地制裁其违法犯罪行为。[64] 为了有效的预防、遏制企业的经济犯罪，本书主张引入以"合规导向"的刑事责任理论，[65]取代传统的责任主义，直接以企业疏于合规计划作为归咎原则。

---

[61] See Michael P. Kelly & Ruth E. Mandelbaum, *Are the Yates Memorandum and the Federal Judiciary's Concerns about Over-Criminalization Destined to Collide*?, 53 AM. CRIM. L. REV., p. 909 – 910 (2016).

[62] See G. Douglas Jones & Christopher J. Nicholson, *The Rules Have Just Changed: DOJ Issues New Guidance Targeting Individuals in Corporation Investigations*, 77 ALA. LAW, p. 267 (2016).

[63] 参见[德]洛塔尔·库伦：《公司产品生产中的注意义务违反责任》，载梁根林、[德]埃里克·希尔根多夫主编：《刑法体系与客观归责：中德刑法学者的对话（二）》，北京大学出版社2015年版，第166～167页。

[64] 参见孙国祥：《刑事合规的理念、机能和中国的构建》，载《中国刑事法杂志》2019年第2期。

[65] 以"合规导向"的刑事责任理论，作为原则与路径，正逐步被许多国家所接受。See Gustavo A. Jimenez, *Corporate Criminal Liability: Toward a Compliance-Oriented Approach*, 26 Ind. J. Global Legal Stud., p. 354 (2019).

其次,建立充分、有效的合规计划作为企业刑事责任积极抗辩事由,是出入罪的要件还是减免刑罚的量刑情节?很多学者笼统地解释,充分、有效的合规计划在定罪与量刑方面都发挥作用。[66] 本文认为,为了有效的给予企业自我整顿机会,避免定罪所带来严重后果,比如信贷信用的丧失,合规计划原则上适用《刑法》第 13 条关于犯罪概念的“但书”,[67]应被视为企业出入罪的定罪要件。但从目前主流犯罪构成理论来看,企业的过失或故意行为是否构成犯罪,还要看是否造成严重的社会危害性后果,以及企业的合规计划是否有效消除了该后果,比如食品和药品违规产品的召回或环境污染的治理状况。从这个角度来看,将合规计划作为企业减免刑事责任的量刑情节更具合理性。一个折中的解决方案是,作为特殊情况,立法者可以根据不同的犯罪类型(如危害生产安全、网络安全、商业贿赂、环境污染的刑事案件)、复杂的公司犯罪形态(比如过失犯、不作为犯)以及对侵犯社会秩序的多样性,通过司法解释将合规计划列为减免刑事责任的量刑情节。

2. 围绕合规计划完善刑事规则。首先,可通过立法明确企业合规的刑事功能。具体而言,建议在我国《刑法》第 31 条中增设企业构建并实施企业合规的刑事义务。单位制定并实施有效的、旨在发现、预防和制止单位犯罪的合规计划的,可以从轻、减轻或者免除处罚。[68] 其次,构建以严密法网、严厉刑罚结构为要义的刑事法网,为合规计划提供充足的威慑背景。实践表明,对企业及其相关责任人员来说,相对宽松的“法网”不足以成为遏制企业利益追求的动因,[69]也不利于司法机关推动合规计划的实施。而我国企业犯罪刑事立法中恰恰存在刑事法网不密、刑罚不厉的现象,比如存在部分罪名缺失、个别罪名刑罚设置偏低等问题,[70]据此,需要从两方面予以完善:(1)进一步严密刑事法

---

[66] 参见[德]弗兰克·萨力格尔:《刑事合规的基本问题》,马寅翔译,载李本灿等编译:《合规与刑法:全球视野的考察》,中国政法大学出版社 2018 年版,第 74 页。

[67] 即《刑法》第 13 条“情节显著轻微危害不大的,不认为是犯罪”的“但书”条款。

[68] 参见万方:《企业合规刑事化的发展及启示》,载《中国刑事法杂志》2019 年第 2 期。

[69] 21 世纪初,美国连续出现诸如安然公司等大公司申请破产而引发公众对公司财务造假和经济犯罪的愤慨,美国国会在 2002 年通过了《萨班斯—奥克斯利法》(Sarbanes-Oxley Act),该法案旨在强调公司的社会责任,加强了企业运行的管控,增加对公司犯罪惩治和预防的各种措施,加重公司及其高管人员经济犯罪的刑罚。参见孙国祥:《刑事合规的理念、机能和中国的构建》,载《中国刑事法杂志》2019 年第 2 期。

[70] 参见李本灿:《企业犯罪预防中合规计划制度的借鉴》,载《中国法学》2015 年第 5 期。

网。针对实践中多发的经济犯罪,通过司法解释解决企业犯罪过高的门槛问题,[71]以此推动企业合规计划的实施。(2)完善企业犯罪的刑罚体系,构建企业刑事责任的多元化刑罚机制。这目前有两方面亟待完善:其一,在刑事立法中引入企业缓刑制度。建议《刑法》第72条后增设1款:“法院可以对承诺进行内部治理与整改,建立并实施有效、充分的企业合规的企业判处缓刑。”其二,提升单位犯罪的罚金数额,并将是否存在有效的合规计划作为罚金刑法定量刑参考因素。根据我国1997年刑法确认的单位犯罪双罚制,企业构成犯罪的,应当在对企业处以罚金的同时对责任人员处以自由刑。但罚金额度与自由刑幅度的偏低常常会消解刑罚的威慑效果,司法实践中往往因刑罚的轻缓致使量刑结果对责任人员以缓刑告终,对企业的罚金仅具有象征意义。[72] 因此,建议增大对单位的罚金幅度,作为企业不建立、不履行有效合规计划的后果,以此发挥威慑与预防功能。

(二)程序法:合规计划融入认罪认罚从宽制度体系

与实体法相比,我国的程序法更容易接受合规计划。一个合适的平台是2018年刑诉法所确立的认罪认罚从宽制度。如果将合规计划视为减免刑事处罚的量刑事由,这就与认罪认罚从宽制度在价值取向上取得一致性,相对容易将合规计划纳入该制度体系;如果要将合规计划作为阻却犯罪成立事由,由于程序“出罪”功能较为匮乏,所以面临的阻力将比较大。除此之外,目前的认罪认罚从宽制度以自然人为标准,没有体现企业犯罪的特殊预防理念,[73]也缺乏对“公共利益”的必要关注,[74]而关注公共利益恰恰是合规计划这种协商治理模式存续的根本。所以,合规计划融入认罪认罚从宽制度体系,不仅需要重塑

---

[71] 有论者指出,我国自然人与单位(企业)分而治之的刑事立法模式,容易导致企业脱漏法网。建议“以责任一体化为目标,使公司刑事责任等构于自然人刑事责任”,以此扩大企业的犯罪圈。参见蒋熙辉:《公司犯罪刑事责任问题研究》,中国人民公安大学出版社2011年版,第177页。

[72] 参见蒋熙辉:《美国SARBANES-OXLEY2002法案刑事责任条款研究》,载《中国法学》2003年第5期。

[73] 例证是,地方司法机关颁行的关于适用认罪认罚从宽制度的指导意见中,只提到被追诉人作为自然人的“社会调查报告”作为量刑参考,根本没有提及企业犯罪如何考察其社会危险性。

[74] 形成鲜明对比的是,《美国联邦刑事诉讼规则》第11条(b)规定,法官需要考虑辩诉交易中的公共利益。2017年*United States v. Walker*案中,Goodwin法官率先提出了辩诉交易中的公共利益之判断步骤与方法,引起热烈的讨论。See Recent Case: criminal law-plea bargains-district court denies pleabargain due to the public interest in understanding the opioid epidemic. -united states v. walker, No. 2: 17 – cr – 00010, 2017 wl 2766452 (s. d. w. va. June 26, 2017). 131Harvard Law Review, May, 2018.

其价值理念——将犯罪治理作为价值取向之一，增强程序“出罪”功能，同时需要通过司法解释将企业犯罪纳入其中，充分关注公共利益。

借鉴域外经验，同时结合我国企业的特点，企业制定合规计划的方式应当以涉嫌犯罪为节点分为两种情况：在涉嫌犯罪之前，司法与行政监管机构鼓励企业自我制定合规计划，主要作为犯罪预防措施，即自愿合规模式。[75] 当然，也可以考虑大型国有企业、涉及国计民生的企业，强制制订合规计划。[76] 在企业涉嫌犯罪之后、被刑事追诉之前，司法机关应严格审查合规计划的有无及其有效性、充分性。如果企业已有的合规计划设计合理、执行有效，符合“出罪”或免除刑事责任的条件，司法机关可以直接作出不予追究其刑事责任的决定。如果已有的合规计划达不到充分、有效条件或者根本没有合规计划，司法机关可以秉承挽救企业的目的，与企业进行协商，促使其制订完善的合规计划。鉴于这种情况下以刑事追诉为“威胁”，合规计划的制定并非完全自愿，而是具备一定的强制性。

根据不同的诉讼阶段，企业合规的司法化机制可以有四种途径：其一，刑事立案之前的“附条件的刑事立案制度”。根据我国《刑事诉讼法》的规定，公安机关立案前的初查，只是为刑事案件作证据方面的准备，没有案件的处置功能。合规计划可以与立案的初查机制有效结合，公安机关可充分利用立案初查的时间来决定是否适用合规计划，[77]如果适用，可在公安机关主导之下由企业制定合规计划，并最终根据合规计划的充分性与有效性来决定是否刑事立案。需要说明的是，这种模式是目前认罪认罚从宽制度所缺乏的，需要未来的司法解释予以全新构建。

---

[75] 美国即采用这种模式，在涉嫌犯罪之前，司法部鼓励企业自愿制订合规计划，包括向政府自愿披露公司自身发现的任何问题。参见 JM 9 – 28.800“企业合规计划”与 JM 9 – 28.900“自愿披露”。当然，企业组织规模不同，合规计划的要求有所不同。虽然小型组织应表现出与大型组织一样对道德行为和合规计划的承诺。但是，小型组织可以投入更少的资源，采用更加非正式的形式。参见《美国量刑指南》§ 8B2.1.“有效的合规与道德计划”。

[76] 法国即采用这种强制合规模式，根据《萨宾第二法案》，那些符合法定条件的企业（结合用工人数与营业收入）必须建立合规制度，并将此作为预防腐败行为的重要举措。建立合规制度是上述公司及高级管理人员的法定义务。假如不建立合规制度，那么即便没有发生贿赂行为，公司及高级管理人员也可能受到行政处罚。参见陈瑞华：《法国〈萨宾第二法案〉与刑事合规问题》，载《中国律师》2019 年第 5 期。

[77] 根据《公安机关执法细则》3 – 02“立案审查”关于审查期限的规定，公安机关接受涉嫌经济犯罪线索的报案、控告、举报、自首后，应当在七日内进行审查，并决定是否立案；重大、复杂线索，经县级以上公安机关负责人批准，立案审查期限可延长至三十日；特别重大、复杂线索，经地（市）级以上公安机关负责人批准，立案审查期限可延长至六十日。

其二,侦查阶段的"附条件的刑事撤案制度"。这主要针对公安机关与企业在立案阶段没有达成合规计划,在侦查过程中才达成并获得有效执行的情况。目前,这需要依据《刑事诉讼法》第 16 条"法定情形不予追究刑事责任"、第163 条"侦查过程中发现不应对犯罪嫌疑人追究刑事责任的案件都应当撤销"的精神,作出如下解释,该制度才能开始适用:企业自愿认罪并制订了有效合规计划,如果该计划达到犯罪情节显著轻微,危害不大,不认为是犯罪的程度,公安机关可以撤销案件;如果该计划未能完全消除社会危害性,建议检察院从轻起诉。公安机关应当记录在案,随案移送并在起诉意见书中写明上述情况。

其三,审查起诉阶段的"附条件不起诉制度"。我国的附条件不起诉与美国的暂缓起诉、不起诉极为相似,只是该制度目前只适用于未成年刑事案件。未来可以考虑将其扩容改造适用于企业犯罪案件,根据企业的违法犯罪情况,适度延长考验期,比如 1 至 3 年,并将合规计划纳入其中。同时,赋予检察官在此期间的实体处分权或建议权,这是合规计划的重要组成部分。比如对涉案企业需要给予行政处罚、处分或者需要没收其违法所得的,人民检察院应当提出检察意见,移送有关主管机关处理。主管机关应当将处理结果及时通知人民检察院。

其四,审判阶段的合规计划。以诉讼进程为标准,审判阶段的合规计划可以分为两种情况:(1)在庭审过程中,控辩双方达成实施合规计划的意愿,检察官视合规计划是否有效,决定是否撤回起诉。合规计划实施期间,法院中止审理。期限届满,如果合规计划符合有效性的条件,则检察院撤回起诉,法院作为审查与监督者,作出准予撤回的裁定;否则,法院将恢复庭审,依法作出裁判。我们可以称为"合规计划的撤回起诉制度"。(2)法院经过庭审,判决企业缓刑,将合规计划作为缓刑的内容。可以称为"合规计划的企业缓刑制度",法院主要考察企业在缓刑期间的补救计划是否有效。这两类情况虽然都适用了认罪认罚从宽制度的外壳,但鉴于合规计划与一般案件的认罪认罚具结书相比更为复杂,所以,未来的司法解释需要明确,法官除了负有权利义务的告知义务以及对合规计划自愿性、真实性、合法性的审查义务之外,还应当监督合规计划的执行。

从域外经验来看,企业合规是代表公共利益、第三方利益的政府,与意欲自我整顿的被追诉人之间协商的结果。鉴于此,公安机关作为政府职能部门,应该作为合规计划的主要启动者。同时考虑到,越早建立合规计划,避免诉讼的不利效应,越有利于公司的发展。“附条件的刑事立案制度”应当作为合规计划的主要司法模式。

（三）构建合规导向的证明机制与规则

要将合规计划作为阻却犯罪或减免刑罚的事由,司法程序的正常运行还必须调整证明机制与规则。其中,最为主要的是,企业犯罪的主观因素与因果关系问题,应当适用以合规导向的证明机制。

根据传统的刑法理论,司法机关要成功地控诉企业犯罪,在证明上往往存在两方面困难:一是犯罪意图的证明,即控方需要证明企业的犯罪意图或者存在“过错”。二是因果关系的证明,即控诉方需要对危害结果与涉案企业过失或故意行为之间的因果关系予以证明,比如证明企业组织、企业文化、管理制度的缺陷与危害后果之间存在因果关系。由于企业的拟人化,证明其主观过错[78]以及犯罪因果关系都具有天然的困难,这已然成为企业犯罪治理中的重大障碍。

由于我国刑法不认可严格责任,故而司法实践中不能免除控诉方的证明责任。如果刑法中明确以企业疏于合规计划作为归咎原则,这就抛开了传统的责任主义理论,转而适用举证责任倒置理论与推定规则,即控诉方只需要证明存在严重的危害后果,企业缺乏有效的合规计划,即可推定企业具备犯罪意图以及因果关系成立。当然,涉案企业可以提出反驳,可以通过主张已经制订并严格执行了有效的合规计划,相当于“已合理履行犯罪预防义务”来主张自己无须承担刑事责任。其刑事责任原理是,只有鼓励非法行为或未积极阻止犯罪行为的企业,才应承担刑事责任。[79] 根据推定规则,反驳的证明标准达到优势证据即可。由此,犯罪意图与因果关系问题转化为合规计划的有无及其效能问题,这同时纾解了多年来企业犯罪治理中的司法证明困境。

以此为契机,系列证据法则将随之作出调整。比如,合规计划已经不仅是企业治理的手段、自我救赎的机会,更是其是否承担刑事责任的重要证据,要符合客观真实性、关联性与合法性的基本证据属性要求。其中,企业合规的调查报

---

[78] 甚至有论者认为,如果不能证明单位有犯罪意图,单位是不承担刑事责任的。虽然单位成员为单位利益实施犯罪行为,但由于犯罪行为对单位而言是无知的,没有反映单位的犯罪意图,所以仍不能以单位犯罪论处,而只能对个人追究刑事责任。否则,单位随时可能因为有关人员的个人意志支配行为而陷于犯罪之中。参见肖中华:《论单位受贿罪与单位行贿罪的认定》,载《法治研究》2013 年第 5 期。

[79] 参见[美]菲利普·韦勒:《有效的合规计划与企业刑事诉讼》,万方译,载《财经法学》2018 年第 3 期。

告,类似我国认罪认罚从宽制度中的“社会调查报告”,可以视为企业的品格证据。

六、如何保障企业合规的司法生命力?

如前文所述,企业合规本身潜伏着诸多风险,如果不从制度层面予以回应,它很难在司法实践中展现出长久的生命力。从域外经验来看,企业合规必须充分、有效,才能作为阻却犯罪或减免刑罚的事由,而作为刑事诉讼程序的重要组成部分,司法机关监督、审查与运用合规计划也必须体现程序的公正性。唯有如此,企业合规才能正当地发挥犯罪治理功能,也才能获得司法实务部门与企业的支持。结合我国刑事司法制度与企业犯罪治理现状,本文欲进一步探讨企业合规中国化之后如何保障其司法生命力,具体分为两方面。

(一)企业合规的有效性保障

企业经营业务的差异与犯罪行为的多样性,必然导致合规计划有效性的判断标准不能整齐划一。为了防止合规计划的无效与流于形式,目前主流的处理方式是采用“最低标准”模式。我国引入企业合规计划,应当从三方面把握有效性的最低标准:

1. 目的的正当性。虽然合规计划的首要目的是预防与查明犯罪行为,但不能作为唯一目的,同时还应兼顾三方面价值:司法价值,包括惩罚的公正性与威慑的充分性;企业发展价值,保障企业的可持续发展性;社会公共利益保障价值,主要是事后补救的有效性。换言之,合规计划必须具备包容性的目的,不限于遏制犯罪,更能体现更广泛的社会公平价值。[80]

2. 设计的充分性与合理性。对于判断设计的充分性与合理性,目前并没有通用的标准与公式。从域外经验来看,充分性属于外在标准,一般从两方面予以评价:(1)围绕预防和侦查犯罪行为的计划是否全面?比如通过培训的方式,向所有员工有效普及企业的合规政策和标准;建立违规举报制度,让员工举报可能的违规行为等。(2)事后的补救计划是否充分?这主要考虑企业的社会责任、公共利益与第三方利益为出发点。合理性属于内在标准,主要是判断计划本身是否符合专业与行业要求。比如,发现犯罪行为的监测和审计计

---

[80] 比如,现任美国政府的评论表明,除了普通的企业犯罪之外,DPA 和 NPA 的使用将扩大并用于其他情况,同时确保结果对所有相关方都是公平的。由于许多企业已在多个司法管辖区扩展和运营,因此确保其遵守法律并在我们今天日益全球化的商业世界中创造和谐感极为重要。See Gustavo A. Jimenez, Corporate Criminal Liability: Toward a Compliance-Oriented Approach, 26 Ind. J. Global Legal Stud. ,p. 378. (2019).

划是否符合专业与行业标准，制订计划是否充分考察了企业的社会危险性，是否充分结合了犯罪行为的严重程度和普遍程度等犯罪学意义上的因素。[81]

另外，掌控好犯罪治理与企业风险管理的关系以及降低合规的成本，[82]也是评价合理性、有效性的重要标准。比如，合规计划要相对透明，在不影响股市也不影响投资人信心的前提下，赋予小股东充分的知情权与救济权；要考虑到企业的主要负责人与企业发展的紧密关系，考虑对负责人多适用缓刑，以配合合规计划的实施；可运用人工智能与数字技术，运用下一代机器学习技术，实现合规的数字化与基于算法的大数据汇总，以处理好企业管理风险、新技术与合规计划的关系。[83]

3. 执行的有效性。执行的有效性一般根据结果来判断，比如补救计划是否充分挽回了犯罪行为所带来的损失。但是，由于预防与发现犯罪行为具有复杂性，如果企业未能及时防止或发现即时犯罪，也不能因此认定合规计划无效。在这一问题上，应当采用“过程主义”，只要企业遵循了尽职尽责原则，制定并严格履行了“正当勤勉标准”(due diligence standards)[84]，合规计划也应视为有效。目前，争议的问题是如何判断是否勤勉？这在美国合规计划实施以来就是不曾间断的话题。[85] 如今，主流的判断标准一般包括如下要素：企业合

---

[81] 可以参见 JM 9－28.1000“恢复与补救”；JM 9－28.1100“附带后果”；JM 9－28.1200“民事或监管替代方案”。

[82] 过高的合规成本已经影响到合规效果，这在美国引起了广泛关注，see William S. Laufer, *A Very Special Regulatory Milestone*, 20 U. Pa. J. Bus. L. ,p.392(2018)。

[83] 这是近来的一个发展倾向。围绕企业管理风险、新技术与合规关系的诸多讨论，影响了合规计划的发展走势，比如对金融监管领域的合规计划产生影响；人工智能对公司合规工作和金融监管繁重工作产生的影响；在认知风险的时代，企业合规与机器算法的关系，自动化、机器学习和情景感知对公司结构的影响等。据此，有论者认为，日益复杂的合规数据分析和企业广泛的“治理，风险和合规系统”，将很快取代笨重和陈旧的遗留系统和软件。William S. Laufer, *A Very Special Regulatory Milestone*, 20 U. Pa. J. Bus. L.396. ,p.397(2018).

[84] 《美国量刑指南》即持该主张，参见 U.S.S.G. §8B2.1.(a)(2)c(2004)。如果公司无法识别所有相关个人或提供完整的事实信息，尽管他们善意合作，但该组织仍有资格获得合作信贷。参见 U.S.S.G. §8C2.5(g),cmt.(n.13)。

[85] 从历史来看，美国的合规计划可以追溯到 20 世纪 90 年代中期良好的企业公民运动，政府提出了公私合作伙伴关系来打击企业犯罪。但有论者认为，企业在这种“伙伴关系”中却从未真正公平地分享执法责任，没有成功扮演好企业公民形象，甚至称为犯罪控制中的“狡猾伙伴”。有议员就公开表达，对私营组织遵守承诺的真实性的担忧，认为合规计划可能就是企业的“橱窗装饰”(window dressing)，以及随时候命的律师事务所的聪明杰作。See William S. Laufer, *A Very Special Regulatory Milestone*, 20 U. Pa. J. Bus. L.392.401. ,p.403(2018).

作的及时性,内部调查的彻底性和速度,以及合作的积极性。[86] 具体运行思路是,司法机关不能完全将合规事务交给企业与律师事务所进行"私人"自治,应该加强执法监督,比如选择合适的合规监督官。具体到我国,司法机关委派的合规监督官,以从公安机关、检察机关的"人民监督员"、法院中的人民陪审员名单中,选取享有盛誉的专业人士担任为宜。

(二)企业合规实施中的公正性保障

首先,司法解释需要明确"合规计划不能免除指控"的例外情形,比如涉及国家安全,需要特别考虑国家利益与公共利益的案件不能适用合规计划,而有的案件即便存在合规计划,最多作为从轻量刑情节,也不能免除指控。其次,为防止合规计划成为企业逃避责任的手段,司法解释也必须明确相关个人减免刑事责任的适用范围与程序。这在域外称为个人豁免权。在美国的合规计划中,如果没有特殊情况或经批准的部门政策如反托拉斯的企业宽恕政策,任何企业决议都不应为任何个人提供保护,使其免受刑事责任。[87] 最后,为防止合规计划实施过程中"变质",必须强化外在的司法监督机制。尤为重要的是确保公安机关立案审查、侦查阶段的合规计划的公正性,这需要有效的外在监督机制。司法解释需要明确,企业投资人、小股东、基层员工或者被害人、社会公众作为利害关系人有权向检察院或法院申请监督。还有,构建检察院或法院的主动监督机制,比如针对审前的合规计划,为随时接受法院中立性的审查,可以考虑建立法院备案制度。第四,司法机关在监督与审查合规计划过程中,需坚持"公正底线不能突破原则"。虽然合规计划旨在挽救企业,但不能借此侵犯其他正当权利,诸如"企业商业秘密保护""律师保密权"等。[88]

---

[86] 参见 JM 9-28.700"合作的意义";JM 9-28.720"合作:披露相关事实"。

[87] 参见 JM 9-28.210"聚焦个人不当行为"。

[88] 在美国,《司法手册》从来没有把公司放弃"律师—客户"特权和律师业务成果保护视为公司合作的前提条件。参见 JM 9-28.710"律师—客户"和律师业务成果的保护。尽管如此,许多论者以及美国法律界和刑事司法人员都声称,实践中,司法部可能有意也可能无意地会强迫企业放弃律师—客户特权和律师业务成果保护。所有人也都同意,企业可以自由放弃自己的特权。事实上,当企业成为其雇员或其他人的受害者时,为了起诉违法者,企业在进行内部调查时往往会放弃特权保护,向执法官员披露调查细节。参见 JM 9-28.710"律师—客户"和律师业务成果的保护的评论部分。

企业刑事合规的风险防控与建构路径*

韩　铁**

企业是当今社会的重要主体,其广泛地参与到各种经济活动、文化活动甚至政治活动之中,而企业主体在参与各类复杂社会活动的同时,面临着多样化的法律风险。长期以来,我国对企业法律风险的关注集中在民事领域和行政领域而非刑事领域,对企业的经营行为不惜投入大量资源和成本反复论证各种民事法律责任风险,但很少思考背后的刑事犯罪风险。实际上,同民事法律风险和行政法律风险相比,刑事风险的管控是更能决定企业"生死存亡"的要素。① 因此,无论大型国际化集团,还是初创的小微企业,首先就应当审视自身的刑事法律风险,而这种刑事法律风险的防控不能仅依赖刑法的外部制约,还应当通过企业自身的内部法律风险管理,这正是企业合规制度的核心内容。然而,其长期被我国理论界和实务界所忽视,故有必要对其理论基础、现实运行和未来发展进行深入细致的研究,以期推动企业刑事合规的不断完善。

一、企业刑事合规的基本内涵和基础功能

企业合规是法治社会背景下企业可持续发展的基础,而刑事领域的合规则是整个企业合规的基石。企业刑事合规一方面关注企业自身的犯罪内部控制和治理流程,另一方面关注如何保障企业的内部运行同法律、法规、政策、最佳范例或协定等外部刑事法律规范保持一致,从而在减少企业刑事犯罪风险的同时推动整个社会的法治水平,获得企业利益保护和社会利益保障的"双赢"。

(一)企业刑事合规的刑事法律风险防控内涵

企业合规本质上是一种企业的内部管理,从一定意义上来看,企业合规从

---

* 原文载《法学杂志》2019 年第 9 期。

** 韩铁,中央民族大学法学院院长、教授、博导。

① 参见李本灿:《刑事合规理念的国内法表达——以中兴通讯事件为切入点》,载《法律科学》2018 年第 6 期。

企业诞生之初就已然存在,但企业合规真正作为一种同外部法律规范结合起来的固定化制度,起源于19世纪末期的美国。1887年美国的《州际商业法》是最早同企业合规相关联的成文法,其首次以法律文本的形式规定了行业自律和企业内部监管内容。[②] 尽管此时"合规"一词尚未被提出其却是后续一系列的企业监管法律的先驱。[③] 自1887年《州际商业法》之后,美国又陆续颁布了一系列的企业监管法律,其中金融领域和垄断领域是早期企业监管的重点领域。为了回应外部的法律要求,美国金融企业最早提出了"合规"这一概念,希望通过加强金融企业内部的法律风险管理,避免金融企业由于违背监管法律而受到处罚,确保金融企业稳定运行的预期。[④]

对企业合规发展带来变革性影响的法律,是1977年美国《反海外腐败法》和1991年的《美国量刑指南》,前者明确了企业在预防犯罪中的内部管理法律义务,并通过法律自身的"长臂管辖"将这一义务从美国国内企业扩张到同美国开展业务的所有企业;后者则明确了企业合规的概念、基本内容和法律激励机制。[⑤] 因此,在美国企业自身示范效应和美国法律长臂管辖的影响下,源起于美国的企业合规,逐步成为世界范围内的企业法律风险防控机制。2014年国际标准化组织(IOS)发布了《合规管理体系指南》,从而使企业合规成为国际通行的企业规范化管理的重要内容。2018年,我国国家发改委等六部委联合出台了《企业海外经营合规管理指引》,国务院国资委也颁布了《中央企业合规管理指引(试行)》,企业合规在我国开始正式从理论走向法律实践。

而关于企业合规的界定,无论是从理论层面还是法律层面都尚未有定论。早期理论界对企业合规概念的界定多是围绕着《美国量刑指南》进行建构,根据《美国量刑指南》的规定,"企业合规是企业进行预防、发现和制止企业违法犯罪行为的内部管理机制"。[⑥] 此类概念,实际上是从企业合规的实质目的来

---

② Geoffrey Parsons Miller, The Law of Governance, Risk Management, and Compliance, Wolters Kluwer. 2015, p. 139.

③ 本文中的合规专指企业内部法律风险管理领域,而非一般语义上的合规,从词源来看"合规"(compliance)最早实际上是用于医疗领域,特指服从于医生的指示的行为模式。

④ 参见万方:《企业合规刑事化的发展与启示》,载《中国刑事法杂志》2019年第2期。

⑤ Charles J. Walsh, Corporate Compliance Programs as a Defense to Criminal Liability: Can a Corporate Save Its Soul?, Rutgers Law Review, vol. 47, 1995, p. 650-651.

⑥ U. S. SENTENCE GUIDELINES MANUAL § 8B2. 1 (a).

对其界定的。而我国《企业海外经营合规管理指引》中则规定,合规是指“企业及其员工的经营管理行为符合有关法律法规、国际条约、监管规定、行业准则、商业惯例、道德规范和企业依法制定的章程及规章制度等要求”。与此同时,《中央企业合规管理指引(试行)》中则将合规界定为“中央企业及其员工的经营管理行为符合法律法规、监管规定、行业准则和企业章程、规章制度以及国际条约、规则等要求”。上述两种概念,实际上是从企业合规的外部形式来对合规进行界定的。

尽管具体阐述各有不同,但企业合规概念界定实际上都存在一种共性,即企业合规实际上是企业内部经营管理行为同外部规范之间的一种“映射”,使企业经营管理不违背外部规范。当然,虽然这种外部规范的范围不仅限为刑事法律规范领域,但刑事规范领域无疑是企业合规的首要关注领域,而这种使企业经营管理符合刑事法律规范要求、防控刑事法律风险的企业内部机制,正是本文所探讨的核心——企业刑事合规。企业刑事合规尽管是企业合规的下位概念,其却是企业合规的核心内容。从企业合规的发展历程来看,企业刑事合规是推动整个企业合规发展的重要外部力量。企业刑事合规通过将刑事法律规范中预防犯罪的注意义务内化为企业合规的组成部分,增强了企业对犯罪风险的整体防控能力。

因此,企业刑事合规的基本内涵实际上是一种刑事犯罪风险企业内部防控机制,一方面,其以外部刑事法律为基础,以满足刑事法律义务,避免刑事法律责任为建构的核心目标;另一方面,其又是外部刑事法律的一种功能促进,企业通过刑事合规,增强其刑事犯罪风险防控能力,有利于刑事法律预防犯罪功能的实现。因此,企业刑事合规与刑事法律风险防控的价值追求是一致的。企业刑事合规制度是预防企业刑事法律风险相对最有效的措施,其能够最大限度地防控来源于企业内部或外部的刑事法律风险。因此,健全企业刑事合规制度,可以最大限度上防范企业刑事法律风险,从而促进企业经营目标的实现,实现企业利益的最大化。

(二)企业刑事合规的基础功能和扩展功能

明确企业刑事合规的功能是建构具体企业刑事合规制度的前提和指引,虽然由于企业刑事合规尚未形成通行的国际法规则,世界各国地区的刑事合规制度也各有差异,但其在整体上可以归结为基础功能和扩展功能两类。

1. 刑事合规的基础功能:降低企业刑事犯罪风险

推广实施企业的刑事合规制度,能起到预防公司犯罪、强化公司治理、构建和完善现代企业制度的重要作用。由于刑事合规的实施使企业内部管理更为细化、合理、严密,故而其有助于堵塞各类犯罪可能利用的漏洞。“100 - 1 = 0”一桩刑事案件足以摧毁一个公司,刑事法律风险防范缺失的危害性最大。目前,企业的法律风险防控的重点偏向于企业民商等法律风险和经济风险的审查和管理,对于刑事法律风险的关注度不够。即便是企业合规部门识别并注意刑事法律风险的存在,由于缺乏有效的刑事风险审查、管理措施,往往会放任刑事法律风险的发生。一旦真实发生了刑事法律风险,企业会承担相比遭受其他法律风险更大的损失。刑事领域疏忽的是 1% 的错误,但是会导致 100% 的企业失败。

2. 刑事合规的扩展功能:推动企业合理承担社会责任

从社会责任的角度考量,企业作为社会活动的参与主体主要承担两方面责任,一方面是生产服务经营职责,负责创造社会财富和经济效益,另一方面是进行企业人员和经营范围内的社会管理职责,确保社会整体秩序稳定,而刑事合规对企业合理承担上述两类社会责任都有明显的推动作用。其一,刑事合规旨在阻止产生刑事犯罪风险造成的损害。良好的刑事合规制度建构有利于保持企业的长期稳定以及体现企业自身的价值。“生产经营”与“风险防范”两条腿走路,可以实现利益最大化与风险最小化。生产经营与风险防范是并行的,现代社会对风控的需求很大,就像医疗行业从体检到诊疗的发展趋势,通过体检可以早期发现亚健康状态和潜在的疾病,早期进行调整和治疗。同样,企业建立健全刑事合规制度,就是针对不同企业订制个性化的“体检套餐”。通过审查,能够提早发现潜在的刑事法律风险,提前进行预防和控制,进而保障企业的生产经营,实现企业利益最大化与风险最小化的良性互动。其二,企业建立合规制度,能够强化企业预防犯罪的责任感,增强对自身人员和业务中可能出现的犯罪的预防,从而积极分担社会责任,弥补国家预防犯罪力量的不足。实际上我国《公司法》第 5 条对公司的义务中已有类似规定:“公司从事经营活动,必须遵守法律、行政法规,遵守社会公德、商业道德,诚实守信,接受政府和社会公众的监督,承担社会责任。”企业刑事合规正是企业承担社会责任的重要具体举措。

二、企业刑事合规风险的基本类型

刑事犯罪风险防控是企业刑事合规的基本内涵，然而，刑事犯罪风险的领域极为广泛，有必要进一步细化刑事合规所关注的刑事法律风险——刑事合规风险。《中央企业合规管理指引（试行）》中提出了“合规风险”一词，其“是指中央企业及其员工因不合规行为，引发法律责任、受到相关处罚、造成经济或声誉损失以及其他负面影响的可能性”。上述概念是从整体企业合规风险的视角来界定的，而具体到企业刑事合规风险，从正向来看，其是指企业刑事合规所防控的特定刑事犯罪风险，而从反向来看，其则是企业缺乏有效刑事合规所引发的刑事犯罪风险。

（一）企业内部人员和机构的刑事合规风险

企业刑事合规风险首先表现为企业内部人员或机构实施的同企业经营相关的犯罪风险，此类犯罪并未体现出企业的整体意志，而是企业内部个别个体所实施犯罪的风险，也是企业刑事合规风险最为常见的领域。此类企业刑事合规风险，不仅来源于某一条或某一领域的法律规定，也不是只存在于企业运行的某个环节，更不是只发生于企业成长的某一阶段，而是存在于从企业设立、发展直至破产清算的全流程，分布于企业经营管理的各个环节，并伴随着企业的一生。突出表现为商业贿赂犯罪风险，常见的罪名有贪污罪、职务侵占罪、受贿罪、非国家工作人员受贿罪、行贿罪等。企业内部人员和机构的犯罪一旦产生，一方面，必然给企业带来严重危害，另一方面，企业人员特别是企业高管或企业机构被追究刑事责任本身，也将严重影响企业后续的发展和布局，实践中也不乏企业高管一旦被追究刑事责任，整个企业最终也走向破产的现实案例。⑦

（二）企业整体的单位犯罪刑事合规风险

企业刑事合规风险还进一步表现为企业整体性的单位犯罪风险，即企业作为单位犯罪主体可能实施犯罪的风险。集中体现在不正当竞争、垄断、违法招投标、生产安全风险和生产污染、生产销售伪劣产品、逃税、虚开发票、购买发票、出售发票等犯罪领域。同企业内部人员和机构实施的犯罪不同，企业整体实施的犯罪体现了企业的整体意志，此时，作为企业内控机制的刑事合规能

---

⑦ 参见张纵华：《民营企业高管行贿犯罪风险防范对策研究》，载《人民法治》2018 年第 19 期。

否依然起到犯罪防控的功能？笔者认为，这正是企业刑事合规独立性的重要体现。企业在创设之初，必然是一种以合法经营为目标的市场主体，如果企业创设之初就是为了实施犯罪，则其本身也不具有单位犯罪的主体资格，因此，企业在创设之初就应当建立确保企业未来经营过程中一直坚持合法经营的企业合规机制，而这种企业合规必然要具有一定的独立性，特别是在刑事合规领域，不应当随着企业高级管理层意志的变动而随意调整，而是应当始终关注企业刑事犯罪防控。⑧ 值得指出的是，传统上我国刑法对单位犯罪持一种相对保守的态度，刑法中大量的罪名都未规定单位犯罪主体。然而，在当前刑法干预早期化、扩大化、能动化的整体趋势下，⑨《刑法修正案（八）》《刑法修正案（九）》针对公司企业，创设了许多新的罪名，或者是在原有罪名的基础上增加了单位犯罪主体。这实际上意味着，我们的刑法越来越重视创制针对公司企业等单位的刑事责任。在这种经济社会和法律背景下，通过刑事合规加强企业整体单位犯罪刑事风险的防控应当成为企业刑事合规的重点关注领域之一。

（三）企业被害主体的刑事合规风险

尽管企业刑事合规是一种企业内部机制，但是企业刑事合规风险并不限定在企业内部，企业外部主体所实施的针对企业利益的犯罪，即企业作为刑事犯罪被害人主体的风险，同样是企业刑事合规风险的重要组成部分。企业家是一个典型的舶来词，源于法语的“entrepreneur”一词，其原意是指“冒险事业的经营者或组织者”。从企业家的词源原意来审视，不难发现企业在经营同时，也将承担着各类风险。而在法治社会的背景下，企业最应该关注显然是法律层面的风险，而其中刑事法律风险又首当其冲。⑩ 由于企业经营过程具有多样性与复杂性的特征，企业经营在各个阶段、各个方面都可能存在现实的或者潜在作为被害主体的风险。具体来看，企业被害主体的刑事合规风险表现在两个领域：其一，业务接触中的刑事犯罪被害主体风险，是指企业在经营中同外部主体进行业务接触时，成为外部主体所实施的犯罪行为的对象，此类犯罪

---

⑧ 参见周振杰：《企业适法计划与企业犯罪预防》，载《法治研究》2012 年第 4 期。

⑨ 参见何荣功：《预防刑法的扩张及其限度》，载《法学研究》2017 年第 4 期。

⑩ 参见北京师范大学中国企业家犯罪预防研究中心课题组、张远煌：《2017 中国企业家刑事风险分析报告》，载《河南警察学院学报》2018 年第 4 期。

风险主要集中在经济领域,常见的罪名如诈骗罪、侵犯商业秘密罪等。其二,从外部主体犯罪向内部主体犯罪的转化风险,是指由于外部主体实施的犯罪行为,诱导企业内部主体实施犯罪的风险,一方面,表现为商业贿赂犯罪中,利用职务便利为外部主体提供谋取利益,典型的如外部主体行贿犯罪和内部主体受贿犯罪所形成的对向关系;另一方面,体现在未对商业伙伴进行充分调查,未能签订合规协议、要求作出合规承诺等方式促进商业伙伴行为合规,问题突出表现为合同诈骗、签订、履行合同失职被骗等犯罪风险。

三、企业刑事合规的基本内容和一般方案

企业刑事合规不能仅停留在理念层面,其必然要进行制度性建构,才能真正实现企业刑事合规的犯罪防控功能。《美国量刑指南》提出了"有效企业合规"的七个具体标准:"A. 企业应建立合规政策和标准;B. 企业应指定高层人员监督企业的合规政策与标准;C. 企业不得聘用在尽职调查期间了解到具有犯罪前科记录的高管;D. 向所有员工有效普及企业的合规政策和标准,如进行培训;E. 采取合理措施,以实现企业标准下的合规,例如利用监测、审计系统来监测员工的犯罪行为,建立违规举报制度,让员工举报可能的违规行为;F. 通过适当的惩戒机制,严格贯彻执行合规标准;G. 发现犯罪后,采取必要的合理措施来应对犯罪行为,并预防类似行为发生,如修改完善合规计划。"[11]具体到企业刑事合规领域,则要明确其基本内容和一般方案,实现企业刑事合规制度的任务,帮助企业建立起发现、审查、控制企业刑事风险点,完善预防犯罪的内控机制。

(一)企业刑事合规的基本内容

通过加强企业犯罪的事前预防,可以制定避免刑事风险的措施和计划。企业刑事合规与企业刑事法律风险防控的价值追求是一致的。企业刑事合规是预防企业发挥自主能动性,对抗刑事法律风险的最有效措施,其能够最大限度地防控来源于企业内部或外部的刑事法律风险,具体来看,刑事合规对企业刑事犯罪风险的防控主要表现在以下几方面内容。

1. 建立企业刑事法律风险的全面调查机制

企业刑事合规需要对企业的全部经营管理和业务开展定期风险调查,使

---

⑪ 万方:《企业合规刑事化的发展与启示》,载《中国刑事法杂志》2019年第2期。

企业内部充分认识到法律事务的重要性、法律风险防控的必要性,这样才能使企业内部对企业的法律风险有全面的认知,并且清楚企业自身的业务所具有的特殊法律风险点,从而"有的放矢",进一步建立完善的预防机制,避免企业陷入刑事合规风险。

2. 建立企业法律事务的刑事合规融合机制

企业的法律事务的关注具有整体性,然而,刑事合规应当成为企业法律事务中的关键环节和重要内容。因此,不能将刑事合规同企业的整体法律事务割裂开来,而是应当将刑事合规理念全面融合到企业法律事务的资源配备、工作流程之中,使企业的法律事务,成为一种突出重点亦兼顾全面的系统化、规模化机制。

3. 建立企业刑事犯罪风险事先预防机制

建立事先防范机制,是法律风险防控最有效、最低成本的防控方式。在企业经营和管理中,对于某项业务或企业内容关联行为是否具有刑事法律风险的考察,应当作为一个企业行为的一个必备的前置程序,同时先预防机制和可以有效避免企业陷入刑事犯罪的风险之中。通过事先预防机制的建立,也有助于整个企业树立较强的危机意识,防患于未然。

4. 建立企业刑事合规风险的固定培训机制

企业刑事合规的重要内容是实现一种企业内部规范化、制度化、动态化的刑事犯罪防控机制,这一目标的最终实现高度依赖企业内部成员的主观上心态认可和客观上的行为遵循。因此对企业人员的刑事合规风险培训,让企业内部全体人员明确违背刑事合规制度将给企业和自身所带来的法律风险,应当具有全面覆盖性,而不是仅停留在企业高管层面。同时,考虑到企业内部的人员自然流动和外部的法律更新,这种培训应当具有长期性和固定性。

5. 建立企业重大决策的刑事合规参与机制

企业家基于自身的创业和管理经验,对于企业市场机会的把握、企业的重大机构调整有着敏锐的洞察力,但是由于专业的限制,企业家往往无法对许多重大法律事务的法律风险进行准确评估。通过刑事法律合规业务,可以充分运用好专业优势,在企业家处理重大法律事务时提出法律工作者有建设性的意见,使企业在重大法律事件中保持"安全的航向"。

6. 建立特定企业刑事风险应对机制

企业刑事合规不能仅仅停留在刑事犯罪风险的事先预防层面，对已形成的特定企业刑事犯罪具体风险，不能被动的等待其从风险转化为现实损害，而是应当积极进行应对和化解。特定情形下，例如，针对特定问题或企业人员，特定事件被调查，特定高管被限制出境，企业账户被冻结等，这都是刑事风险来临的标志，预示着特定案件、特定罪名的刑事风险即将爆发。此时，企业合规部门应当及时介入，对刑事风险进行诊断和预测，提供风险防控方案，并提出进一步完善方案，避免风险进一步扩大化。

7. 建立企业刑事犯罪回应机制

企业或企业高管已经涉嫌犯罪，进入刑事诉讼程序，这是刑事合规尽可能避免的阶段，但是，这种情况一旦出现，刑事合规服务将充分发挥自身优势，结合企业自身处境，做到具体问题具体分析，拿出优质可行的解决方案。[12] 同时，帮助当事人了解涉嫌的罪名及可能引起的刑事处罚，为面对违法调查提供法律指引，积极收集无罪、罪轻的证据，为企业争取最优的刑事处理，将刑事犯罪对企业的损害降低至最低程度。

（二）企业刑事合规构建的一般方案

有效企业刑事合规制度的建立是一种精细化操作的模板化、流程化、专业化的过程，对不同的领域甚至同一领域的不同企业，具体的刑事合规制度的建构也会体现出同企业自身特点契合的特殊性。但与此同时，基于企业经营管理的共通性，我们也可以从差异化的企业刑事合规中提取出一般性步骤，作为建构具体方案的指引。

1. 前提性步骤：刑事风险点的定位

刑事风险点的定位是企业刑事合规制度建构的前提，所有的企业面临的刑事犯罪风险都可以分为一般风险和特殊风险两类，前者是企业作为市场经营主体必然会存在的刑事犯罪风险，例如商业贿赂犯罪风险，这是所有企业都必须关注的领域。而后者则是企业基于自身业务特殊性而产生的刑事犯罪风险，例如企业是否有海外业务直接影响其是否要关注海外刑事犯罪风险。换言之，刑事犯罪风险点的定位是一个共性和特性兼顾的刑事合规前提，而刑事

---

[12] 参见陈瑞华：《律师刑事控告业务的发展趋势》，载《中国律师》2018年第9期。

法律规定则是风险定位的“尺子”，在特定情况下，它可能还不仅是一把“尺子”，还要考虑企业的经营范围，将域外的法律规范作为风险定位工具。

2. 起始性步骤：刑事法律风险评估

在完成企业刑事风险定位后，开始进入刑事合规的正式阶段，需要将零散的刑事风险进行系统化整理，对识别出的刑事法律风险进行定性、定量分析，考虑导致刑事法律风险发生的原因、刑事法律风险发生的可能性及其后果、影响可能性及后果的因素。风险评估的结果将成为制定有效刑事合规计划的路线引导图。

3. 指导性步骤：制订刑事合规计划

现实社会中的企业不可能完美无缺，企业的内部管理会受到多方面挑战，特别由于当前社会处于经济转型期，企业经营管理的日趋复杂，近年来，同企业相关的刑事犯罪数量激增，这也无疑增加了企业和企业内部人员的刑事法律风险。[13] 具体来看，刑事合规计划应当兼顾以下三个层次目标：第一层次，宏观目标。主要包括：(1)如何预防企业内部和外部的刑事犯罪风险。(2)如何在企业刑事犯罪风险产生后，及时发现并将其化解，当刑事犯罪风险由风险转化为现实犯罪时，减少犯罪对企业利益的损害。第二层次，价值目标。主要包括：(1)如何提供一个正式的规范化文件，以建立企业内部制度机制，确保刑事合规被广泛的理解和执行；(2)如何使刑事合规成为企业经营管理的关键性环节，提升企业高管、企业法务人员和企业一般人员的刑事合规意识；(3)如何遵循外部刑事法律规范的发展趋势，使刑事合规体现最新的刑事立法，履行企业刑事法律义务，在拓展新的企业经营范围时，首先明确新领域的相关法律义务。第三层次，功能目标。主要包括：(1)如何为企业提供一个独立的、方便的途径，以随时对企业经营管理行为的刑事犯罪风险进行确定和反馈，寻求法律专业性的帮助和建议；(2)如何顺应企业发展，利用多样化的评估主体和外部服务主体，为企业提供实时更新的刑事犯罪风险预警，将刑事合规同企业业务扩展和外部法律更新联系起来；(3)如何收集企业内部和外部的对刑事合规工作的意见和期望等信息，修正错误、改进不足、提升企业刑事合规的刑事犯罪风险防控效果；(4)如何评估企业刑事合规的现实效果，对企业刑事合规效果

---

[13] Kai Li, *Judicial Committee and Director of the Research Section at Wuhan Appeal's Court in Hubei Province*, China Legal Science, Vol. 3, 2016, p. 31.

工作有清晰的认识,并使这种评估具有真实性、长期性和稳定性;(5)如何建立重大事件、紧急事件、突发性事件发生时,刑事合规的介入程序和介入方式。

4. 跟踪性步骤:刑事合规计划的执行

刑事合规的关键在于执行。可以说大部分企业在设立之初,都具有一定的风险防控机制,但是随着企业的运行这些防控机制被忽视,甚至是故意弃用,也可以说,刑事合规的执行是整个刑事合规的核心。刑事合规的执行不力会直接引发刑事合规风险,这种风险的存在会对企业造成巨大的损害,而如果风险爆发导致企业破产、股权强迫转让等严重后果,企业的损失无疑更为巨大,会对企业内部人员、企业整体乃至相关的行业造成严重影响。为了加强企业对企业刑事合规执行的重视,有必要进一步加强企业刑事合规的审查和问责机制。同时,企业应当对刑事合规领域加强资源投入,使其作为企业经营成本的基本内容之一。企业刑事合规计划的执行,有必要适当引入外部监督机制,我国目前正在建立企业监管的相关法律体系,对特定企业刑事合规执行的监督,已然成为部分政府机关的工作内容,后期有必要进一步扩张法律体系,加强外部监管。而域外起到重要作用的行业协会自治和监管,同样有必要合理地引入到我国,从而使刑事合规的执行形成企业自身、行业监督、政府监管的三层体系,确保刑事合规计划从纸面走向实践。

5. 后续性步骤:监测与评估

刑事合规制度是一个动态的制度,不能变得停滞不前。连续的、主动的监测和审查是刑事合规的标志性组成部分,使公司、企业能够适应不断变化的风险。因此,刑事合规的监测和评估,应当成为企业自身管理工作的一部分。为了使刑事合规取得最大的效果,可以考虑对企业刑事合规引入外部专业评估,有利于促进各级企业部门更加规范、高效的刑事合规。具体来看,对于刑事合规效果的评价应当从以下几个方面开展:(1)企业中刑事合规工作开展的数量和规模,以及刑事合规工作同企业自身经营管理的契合性;(2)企业刑事合规在企业经营管理中的地位和功能,企业经营管理行为是否经过刑事合规环节;(3)基于刑事合规所预防、发现、化解的刑事犯罪风险的数量和类型;(4)企业高管参与企业刑事合规工作的交流情况,包括主动的和被动的;(5)企业根据刑事合规建议的反馈所做的实际行动的情况。

四、余论:企业海外刑事犯罪风险的防控和刑事合规开展

近年来,全球化的发展进入了"瓶颈"期,同早期普遍鼓励和欢迎资金、技

术、人员的全球化流动不同,欧美国家的保守主义势力抬头,开始利用自身在全球化中先期所占据的技术优势和法律优势,强化自己的规则输出。其中,很重要的领域就是通过国内法对跨国型企业进行责任规定,这显然也加剧了企业在经营海外业务时所面临的刑事风险。从本土企业成长为跨国企业再到全球化企业,这是我国企业发展的必然趋势。然而,这种发展趋势在使企业业务扩展的同时,也将使企业面临更为复杂的公司治理、知识产权保护、税务申报、劳动聘用、合约管理问题,同时企业还必须考量到上述法律规定背后不同域外风俗习惯、民族文化、政策导向,技术行业标准等,这使企业面临着全新的刑事合规风险。⑭

无论是2018年中兴受美国制裁事件,还是华为高管孟晚舟被逮捕事件,尽管其背后有着复杂的经济、政治背景,但是它们普遍都是以法律外衣的形式出现,而其中也都暴露出了明显的海外经营业务合规意识淡薄的问题,这给了美国司法机关"借题发挥"的空间。因此,对企业而言,加强内部企业合规,使企业的经营管理符合国内规则的同时,还应当进一步扩展刑事合规的法律依据,使自身海外经营业务符合域外国家或国际规则的刑事法律规定。这为开始逐渐走出国门的中国企业,提出了专业化、复杂化、多样化的刑事合规要求。

具体来看,我国企业在开展海外经营业务时必须以以下几方面法律规范为"标尺",建构全面的刑事合规制度:其一,国家法律的法律规范。我国企业在海外经营时,毫无疑问依然会受到我国国内法的约束,与此同时,我国颁布的一系列关于国内企业海外经营业务的法规也必须予以遵循。例如,国资委颁布的《中央企业境外国有资产监督管理暂行办法》《中央企业境外国有产权管理暂行办法》,国家发改委公布的《企业境外投资管理办法》,商务部颁布的《民营企业的境外投资经营行为规范》,银监会颁布的《关于规范银行业服务企业走出去加强风险防控的指导意见》,国家外汇管理局颁布的《关于进一步推进外汇管理改革完善真实合规性审核的通知》等专门性法律规范。其二,海外业务经营国的法律规范。企业在域外开展业务时,必须要熟悉和了解所在国的业务法律法规,明确自身的法律义务。特别是当前,我国企业在开展"走出去"战略时,开拓了许多新兴国家市场,对此类国家的法律体系普遍缺乏足

---

⑭ Vgl. Lothar Kuhlen, Grundfragen von Compliance und Strafrecht, in: Kuhlen/Kudilich/Ordiz de Urbina (Hrsg.), Compliance und Strafrecht, C. F. Müller, 2013, S. 14.

够的熟悉，须借助外部专业帮助，尽快建构以刑事合规为基础的全部企业合规制度，这也应当成为我国企业开拓海外市场的前提。其三，业务关联国的法律规范。此处的业务关联国，并非是指企业具体业务的所在国，而是同企业开展经营业务时所需的金融结算、原件供应、技术支持等领域有关联性的国家。此类关联国，主要是在国际贸易领域具有早期优势的西方发达国家，此类国家通过长臂管辖，使其国内在国际贸易领域具有广泛的适用性。例如，我国企业大部分的国际贸易离不开美元金融体系的支持，因此也就会受到美国《反海外腐败法》《出口管理法案》《国际紧急经济权利法》《境外账户纳税合规法案》《武器出口管理法案》《对敌交易法令》《伊朗交易监管法》《伊朗制裁法案》等一系列美国国内法的约束。

合规计划实施与单位的刑事归责[*]

时延安[**]

一、引言

合规计划的运用在公司治理的实践中并非新鲜事物。很长一段时间以来,很多公司通过设立独立的合规部门、聘用专业的人员,来监督、审查本单位业务是否符合法律法规要求、行业标准以及自有规章制度。公司内部合规审查的范围因公司业务类型不同而有所差异,而且企业的核心合规业务通常会与防范内部腐败联系起来。这在《联合国反腐败公约》(United Nations Convention against Corruption)"预防措施"一章也有所体现。① 从公司治理以及公司社会责任来讲,合规计划设置目的可以归纳为三个方面:一是确保公司遵守法律法规,进而避免发生法律责任;二是控制公司内部风险,防止源自企业"内鬼"行为;三是履行公司社会责任,避免经营行为给社会造成危害。在我国,避免和预防公司承担刑事责任,只是合规业务的一个方面,而且在相当长一段时间里并没有被大多数公司合规机构或合规官员作为一项独立合规业务。

作为公司治理的一个重要组成部分,合规计划及其实施以往主要是公司法学者和商学院讲授和研究的问题。其全面进入我国刑事法学者的研究视野,只是最近几年的时间,动因主要有两个:一是美国运用美国《反海外腐败法》等法律武器对包括西门子在内的跨国企业施以严厉制裁,其中不乏运用刑事追诉的手段,这一做法也为欧盟和一些西方国家效仿,并在诸如反洗钱等领域"祭起大棒"。在这一大的背景下,我国企业在海外经营所遇到的刑事风险越来越大。二是受国外学界尤其是德国学者的影响,尽管合规理论和实践源

---

* 原文载《法学杂志》2019 年第 9 期。

** 时延安,中国人民大学刑事法律科学研究中心特聘研究员、法学院教授。

① 例如该公约第 12 条有关私营部门预防腐败的规定。

起于美国,而德国不承认法人犯罪。刑事合规(criminal compliance)的理论,从已有的资料看,更多是德国学者出于对西门子事件的痛定思痛发明出来的,[②]而在美国法律、司法和文献中很少会用这个提法。[③] 严格地讲,合规计划及其实施并不直接表现为刑事法律问题,从实践上,合规计划也不直接表现为对刑事法的遵从,因而"刑事合规"很难成为一个可能为刑法制定法所认可的概念。[④]

将合规与刑事法律问题相联系,主要表现在以下三个方面:预防公司及其员工犯罪(内部犯罪风险)、作为公司遭受外在犯罪危险的预防措施(外部犯罪风险),和作为减轻和免除刑事责任的事由[⑤]。前两者都与犯罪预防相关,防范公司及员工犯罪,如贿赂犯罪,以及防范公司受到其他主体的犯罪侵害,如合同诈骗。[⑥] 从学科划分角度讲,运用非刑罚手段实施的犯罪预防并非刑法问题,也不是刑法学研究的对象,而属于犯罪学和刑事政策学讨论的问题。[⑦] 事关公司的犯罪预防问题,无论来自内部还是外部,主要涉及两方面的法律问题,一是公司内部的法律责任问题,二是对市场经济活动的规制问题。这两者要么归入公司法的范畴,要么归入经济行政法的范畴。如果说刑事合规有什么积极的一般预防功能的话,这显然不是指刑罚的预防功能,而是有利于确立公司经营者和员工的法律意识,并非确立"人们对刑法的忠诚",刑法也不可能为公司经营者及员工确定"刑法积极义务",[⑧]因为刑法本身就没有确定法律

② 参见[德]弗兰克·萨力格尔:《刑事合规的基本问题》,马寅翔译,载李本灿等编译:《合规与刑法》,中国政法大学出版社2018年版,第50页。

③ 检索美国国会、司法部网站以及权威数据库中美国学者的文章,几乎看不到criminal compliance这个术语。

④ 如果将涉嫌犯罪企业完善其合规计划进而换取暂缓起诉或者附条件不起诉的话,那么,也应当在刑事诉讼法中加以规定,而不是在刑法中加以规定。

⑤ 孙国祥教授主张,将刑事合规设定为企业刑事责任的积极抗辩事由。参见孙国祥:《刑事合规的理念、机能和中国的构建》,载《中国刑事法杂志》2019年第2期。

⑥ 在一些公司,防范来自合同欺诈的任务是由法务部门处理,不过,现在一些公司已经将法务和合规部门合并。

⑦ 例如,Michael Clarke就提出,利用对职业管理的遵从(compliance)是明智的,因为能够轻易地在犯罪人执业的场所找到他或她,而且对他重复施加压力是可行的。参见[英]麦克·马圭尔、罗德·摩根、罗伯特·赖纳等:《牛津犯罪学指南》,刘仁文等译,中国人民公安大学出版社2012年版,第580~581页。

⑧ 孙国祥:《刑事合规的理念、机能和中国的构建》,载《中国刑事法杂志》2019年第2期。

义务的功能。[⑨] 毫无疑问,合规具有“避免违法受到刑罚防卫的规范”[⑩]的功能,但不能从犯罪预防的角度将其纳入刑法学当中。[⑪]

将合规纳入刑法学的分析框架,主要是看到公司制订并实施合规计划对其刑事责任可能产生的影响。这一观念同样源自美英等国家的司法实践。[⑫] 在美国刑事司法实践中,一个公司是否制订完善的合规计划并加以实施,是对该公司是否予以刑事起诉或者承担刑事责任的根据。例如,《美国联邦商业组织起诉原则》(*Principles of Federal Prosecution of Business Organizations*)起诉时应考虑因素(9 – 28. 300 – Factors to Be Considered)中即提示检察官,要考虑犯罪时和作出指控决定时,公司合规计划的充分性和有效性。《美国量刑指南》中有关组织体的量刑部分,也将合规作为减轻或加重对组织体惩罚的主要根据。[⑬] 对于承认法人犯罪的国家,美国这一做法确实具有相当的借鉴意义,当然在借鉴的过程中,既要考虑本国法律与美英等国家刑法立法上的差异,也要努力与本国刑法理论和实践相结合。

自 1987 年《海关法》确立单位可以成为走私罪的犯罪主体之后[⑭],单位犯罪研究即进入刑法学研究视野。但迄今为止,有关单位犯罪的教义学研究比较有关自然人犯罪的研究要薄弱得多,对司法实践能够提供的有效供给,也乏善可陈。究其原因有三:一是如果将单位作为犯罪主体看待,并统摄于一个犯罪论体系之下,无法妥善地解决单位犯罪的罪过问题,无法找到能够契合罪责主义的理论路径。二是处于主导地位的刑法教义学以德系理论为基本理论渊

---

⑨ 刑法中有个别犯罪,如巨额财产来源不明罪、拒不履行信息网络安全义务罪,其罪状有确定义务的表述,但相应的义务可能同时规定在其他法律当中,或者基于其他法律规范推演而来。

⑩ 参见[德]弗兰克·萨力格尔:《刑事合规的基本问题》,马寅翔译,载李本灿等编译:《合规与刑法》,中国政法大学出版社 2018 年版,第 54 页。

⑪ 此外,刑事合规还可以与刑事程序建立关联。例如,美国联邦检察官可以和涉案企业达成有关完善企业合规计划的协议,进而作出不起诉或暂缓起诉的决定。参见陈瑞华:《美国〈反海外腐败法〉与刑事合规问题》,载《中国律师》2019 年第 2 期。

⑫ 有关历史发展的介绍,参见万方:《企业合规刑事化的的发展及启示》,载《中国刑事法杂志》2019 年第 2 期;[日]川崎友巳:《合规管理的产生与发展》,李世阳译,载李本灿等编译:《合规与刑法》,中国政法大学出版社 2018 年版,第 3 ~ 31 页。

⑬ 相关内容,参见美国联邦量刑委员会(United States Sentencing Commission)网站,《美国量刑指南》(2018 年)第八章,https://www. ussc. gov/guidelines/2018-guidelines-manual/2018-chapter-8#NaN,2019 年 4 月 11 日访问。

⑭ 参见高铭暄主编:《刑法学原理》(第一卷),中国人民大学出版社 1993 年版,第 610 页。

源,而德系理论中并无法人犯罪的地位,因而无法从德系刑法理论得到“滋养”;英美刑法虽然承认法人犯罪,但其犯罪范围要宽泛得多,且多数单位犯罪的成立只要求严格责任,其理论和实践也很难直接转化我国刑法理论体系当中。三是目前对单位犯罪的刑事政策取向并不明确,就是在追究单位犯罪和单位中自然人犯罪的选择上,并没有清晰的阐述,详言之,是否为维护市场经济稳定、确保就业平稳,应当更多“保全”犯错的企业?还是基于一种集体主义观念,更主要地追究单位的刑事责任,而对单位内部的相关人员采取轻缓的态度?还是将单位犯罪与自然人犯罪等而视之?由是观之,在刑法承认单位犯罪的情况下,有必要在自然人犯罪论体系之外构造相对独立的单位犯罪论体系。

合规计划的理论与实践,为构造独立于自然人犯罪的单位犯罪论体系提供了一个相对较新的思路。单位犯罪教义学的核心就是,如何确定对单位刑事归责的基础和要件,而对单位刑事归责的基础应当是单位内部治理结构和运营方式。当自然人以单位名义实施的行为造成危害社会的后果能够归责于该单位的内部治理结构和运营方式时,对该单位应当进行刑事追究;反之,则仅应追究自然人的刑事责任。合规计划的制订和实施,是单位内部治理结构和运营方式的外在表现,如果该单位具有良好的合规计划且予以实施,那么,应当认为该单位内部治理结构和运营方式的健全的,因而也就可以阻却对该单位的刑事归责。将合规计划的制订与实施作为一个事实根据来解决对单位的刑事归责,还可以清晰地解决单位犯罪与自然人犯罪的界分。本文即围绕这一思路展开。

二、合规观念在目前刑事司法实践中的运用

合规的概念及学说在我国刑事司法中还相对陌生,但实践中企业内部规章制度建立及其落实,在对个人追究刑事责任方面会发挥一定的作用。在一些涉及企业的事故类犯罪中,如果该企业管理人员或者具体工作人员已经按照法律规定或者企业内部规定从事管理或者具体工作,那么,即便发生伤亡结果,也不能认为该管理人员或工作人员构成相关事故犯罪。例如,安全员已经告知施工人员施工应注意的具体事项,且施工人员确认了解并签字,而后施工人员违规操作发生重大事故,那么该安全员就不应当承担刑事责任,因为其已经履行了监督义务。在一个企业内部,安全生产规范就属于合规的内容。这

种情形基本落入刑法中有关“监督·管理过失”的分析框架当中。从合规理论的角度分析，由于企业具有健全的管理规范，而管理人员按照规定予以实施，那么，无论是企业还是管理人员都履行各自的合规义务，因而就不应承担刑事责任。在这种情形下，企业应承担的行政违法责任和民事责任也是极低的。类似的做法，在国家工作人员或国家机关工作人员的渎职犯罪中，同样可以作为出罪的一个主要思路。

在区分单位犯罪与自然人（共同）犯罪中，这一观念也作为辩护理由被提出，但实践中较少能够得到法院的支持。例如，在一起污染环境案中，被告人A、B商议决定，指使在该公司施工的被告人C、D在未采取防渗措施的情况下，将堆放在维修场地附近的油漆渣等危险废物直接埋入自行挖掘的渗坑中，造成地下土壤及水质严重污染。该非法填埋行为产生直接财产损失共计人民币近160万元，该公司因这一非法填埋行为节省费用近50万元。庭审过程中，该公司辩护人提出，该行为不是管理层决策，公司人员违法处理危险废品，已超出公司对其授权范围，不是公司本意，因而不构成单位犯罪。被告单位也提供了内部管理规定以及落实环境保护的工作纪要。不过，法院没有认可被告单位及其辩护人的意见，认为该单位构成污染环境罪。⑮ 不可否认，在该案中，被告单位确实因为非法填埋行为而获益，但该单位有关环境保护的内部规定是完整的且得到有效落实，单位对处理污染物也预留必要的经费。从这个角度看，该单位的合规计划及落实是一个有力的辩护理由，从而可以阻却该污染事故归责于该单位，进而否定其构成污染环境罪。

从以上看，即便刑事实践并未广泛运用合规的概念及相应的理论，但在观念上是与已有刑法理论和实务判断是相通的，其功能直接表现为阻却犯罪成立，即当某一单位具有完善内部规范且该规范被相关管理人员或工作人员予以妥当的实施，那么，该管理人员或工作人员就不应追究刑事责任，从实践看，主要是从否定过失的角度解决类似问题。从这个角度看，对于自然人犯罪也没有必要引入合规作为分析工具。对于单位犯罪而言，同样应当肯定合规计划及其实施是一个有力的辩护事由，但由于理论界和实务界对单位犯罪的认定采取过于机械的判断方式，且对单位的组织形式和经营形式缺乏准确认识，

⑮ 上海市宝山区人民法院刑事判决书，(2016)沪0113刑初字2305号。

因而一方面认识到单位犯罪与自然人犯罪认定方式不同,另一方面却没有结合单位内部治理的原理形成一套针对单位犯罪的分析判断模式,进而导致在司法实践中单位犯罪的认定一直处于模糊甚至任意的状态。由于司法实践中被认定为单位犯罪的公司性质多属于民营企业,因而在实践中也被质疑是否存在不平等对待的情形。所以,无论从哪个角度看,在刑法教义学中建立起一个区别于自然人犯罪的单位犯罪的分析判断体系,是十分必要且紧迫的,即便我国刑事法律规定单位犯罪的时间已逾三十年。单位作为一个人的集合,是人的行为和意志综合作用的一个载体,因而认识单位犯罪并将其确定予以正当化,就要从单位特有的存在状态来理解。以自然人犯罪的分析判断模式来分析单位犯罪,显然是不妥当的。

综上所述,司法实践已经运用合规的原理来解决自然人犯罪的刑事归责问题,但在单位犯罪方面,还没有将合规理念用诸单位犯罪的刑事归责,其原因主要在于,目前司法实践及主流理论对单位犯罪的认定没有给出清晰而合理的解决方案,因而有必要从单位犯罪的特点构造单位犯罪的刑法教义学。

三、对单位刑事归责的要件

以归责观念作为单位犯罪认定的核心,只是构建了一个区别于自然人犯罪分析判断体系的努力方向。而实现这一目标,关键是要对单位刑事归责的要件(或者步骤)给出明确的方案。从单位犯罪认定的一般要求看,对单位刑事归责应主要考虑两个方面,一是单位对特定义务的违反,二是将危害结果与单位建立起紧密关联。

(一)单位犯罪的归责前提是单位对特定义务的违反

从一定意义上讲,所有犯罪都是对特定义务的违反,[16]单位犯罪也不例外。对单位进行归责,其前提是单位违反了特定义务,否则,如果单位没有违反其特定义务,即便有人以单位名义或者利用单位从事犯罪活动,也不能将该危害结果归责于单位。例如,网络销售平台要求所有签约商户提供农副产品的原产地证明和与农副产品供应者的买卖合同,网络销售平台工作人员对签约商户提供的文件进行真实性审查;如果签约商户提供的文件材料均为真实,但在经营中违背与网络销售平台的约定大量销售假冒、伪劣农副产品,则该签约商

---

⑯ 参见时延安:《刑法规范的结构、属性及其在解释论上的意义》,载《中国法学》2011年第2期。

户应承担销售假冒、伪劣产品罪的刑事责任，而网络销售平台因已经履行其义务而不应承担刑事责任。[17]

单位的设立，就是依法给予一些人成立并经营一个组织体的过程，这一组织体的存在也因此具有自己的权利和义务，从法律上看，这既来自民法也来自相关的行政法，前者赋予单位民法法律资格及权利义务，后者赋予从事某类经营的权利和义务。某一单位涉嫌犯罪，首先是因为该单位违反了其法律义务，这可能源自行政法律，如纳税、保护环境，也可能来自民法，如物权和合同；其义务可能是命令性的，如纳税，也可能是禁止性的，如不得从事特定领域经营。单位的成立，并不意味着单位工作人员原有权利和义务的减少（如纳税），但却由于其具有不同的职务而具有一定的权力和职责（管理上的），并和单位之间形成一定的权利和义务上的（合同法和劳动法或公务员法上的）关系。从义务来源上看，单位义务和自然人义务来源是不同的，法律对单位和自然人义务履行程度要求也不相同。例如，公司可以通过破产而不再履行其债务，而我国法律对自然人却没有规定类似制度。所以，单位犯罪认定，尤其是如何与自然人犯罪相区分，就要充分考虑单位与自然人义务上的差异。单位犯罪违反义务的类型，与其所处行业、从事产业、单位类型等相关，且与自然人的义务有着较大的不同。例如，《刑法》第 201 条、第 211 条规定逃税罪的主体包括自然人和单位，而根据有关税收的法律法规，单位纳税的种类远比自然人要多且很少有重合，相应地，单位的纳税义务的类型也比自然人要多。因而对诸如逃税罪等犯罪而言，由于违反义务类型的不同，在多数情形下可以区分单位犯罪和自然人犯罪。

然而，在实践中确实存在单位与自然人的义务及内容不易区分的情形。这主要是法律在设定某项义务时并没有明确区分义务主体，或者说，任何主体都要遵守这类义务。例如，现有法律虽然没有明确规定任何人都不得行贿，但从《公务员法》《反不正当竞争法》等法律法规中可以推导出任何主体都具有“不得行贿”的义务，对于单位和自然人而言，这一义务都是存在的。所以，对于单位行贿还是自然人行贿，从违反义务类型的角度是难以区分的。再有，在以单位名义实施的犯罪中，如果对单位应履行的义务没有予以特定化，那么，

---

[17] 网络平台是否应对消费者承担连带赔偿责任，则是另外的问题。

也无法从义务违反的角度区分单位犯罪和自然人犯罪。例如,单位走私与自然人走私的区分问题,由于走私是违反海关监管义务和缴纳关税义务的行为,而单位和自然人都具有这两项义务,如果自然人盗用单位名义走私的,仅仅从义务类型上是没法区分的,因为表面上看,单位也违反了上述义务。对于这类情形,仅仅从违反义务类型以及义务内容来区分,显然是无法准确认定单位犯罪的。所以说,义务违反只是单位犯罪归责的一个前提。

(二)单位犯罪的归责基础是单位内部治理或经营结构导致危害行为发生

如前所述,单位的"行为"是自然人实施的,单位没有属于自己的独立行为,因而对于单位的归责,不是因为单位实施了某种行为(无论是作为还是不作为),而是单位内部治理或经营结构导致了自然人实施了危害行为。以污染环境罪为例,对单位归责,是将对污染环境的危害结果归责于单位的生产、经营方式以及对污染物排放的处理规范及落实。如果单位在生产经营过程中已经遵守法律的强制性要求,对污染物的排放也有明确的处理规范并有专人负责实施,那么,该单位工作人员明知违反本单位规定的、偶然的、个人决定行为造成结果,就不应归责于单位。例如,工作人员违反单位规定擅自打开污水排放龙头的情况。对这种情形,有人从雇主责任的角度提出,单位没有尽到对其员工必要的监督责任,因而也应归责于单位,但这种观点对单位而言过于苛刻了。只要员工是在明知违规的情况下,违规进行操作,那么,那么该结果就不应归责于单位。不过,如果单位的规定存在疏漏,即便员工按照规定操作也会造成污染结果,那么,该结果就应当归责于该单位,因为该规定的疏漏与单位的治理或经营机构、机制是有紧密关联的。如果该员工反复实施违规行为造成污染结果,即便该单位有明确的规定,也应归责于单位,因为员工反违规行为不能得到单位的及时纠正,同样显示该单位的内部治理或运营机制出现了问题。

单位不是简单的个人组合,而是多个自然人按照共同目标、为共同利益和事业而形成的组织体。与多个自然人简单聚合不同,单位有自己独立的财产、名称、场所、独立的权利义务,而且单位不仅靠共同目标和利益而存在,更是靠单位内部的治理结构和运营方式而存在,这种将不同诉求的自然人联结在一起的纽带,是维系单位存在的核心要素。以公司而言,无论规模大小、人数多少,都有其自己的公司章程,而公司章程对公司、股东、董事、监事、高级管理人员具有约束力(《公司法》第11条)。围绕公司章程以及由此形成的治理结构和运营方式,使得多个自然人成为股东、董事、监事、管理人员和普通员工。公司的生产经营活动固然依靠自然人来实施,但该活动并不是某个自然人的任意而为,而是受到该公司的治理结构和运营方式限制的。举一个未必恰当的例子:自然人之于单位而言是一个个零部件,而单位则是机器本身;当我们说机器出了问题时,是这个机器本身出现了故障,尽管故障源于某个螺丝脱落。同样,当我们说单位出了问题时,也是说单位的生产经营偏离了正常、可预期或者合法的轨道,而不是说某个人出了问题,即便单位的"故障"出在某个人的不当行为上。所以,能否将与单位有关联的危害结果归责于该单位,就要看,这一危害结果是否该单位内部治理结构和经营方式的"产物"。例如,某公司给销售经理一定额度的"活动经费",规定只要销售经理完成公司确定的业绩,该经理可不汇报该笔"活动经费"的实际用途。该销售经理为完成公司业务,而向某国家机关工作人员行贿。设若该公司负责人或者高级管理人员不知道该笔行贿的情况,该公司是否承担单位行贿罪的刑事责任?回答应当是肯定的,且不论行贿获得利益归属于单位的问题,就该公司有关"活动经费"的做法就是该公司经营方式的组成部分,而这一做法是明显违反会计准则的,因而该行贿行为的危害后果就应当归责于该公司,因为这种经营方式纵容甚至默许了其销售经理为完成本公司业务而实施行贿。⑱

单位内部治理结构和经营方式,是靠规则及其实施建立起来的;这里的规则,既包括对法律法规的遵守和在本单位的细化,也包括行业规范、本单位章程、管理文件、操作规程等。⑲ 而这些规则基本上都落入到了本文主题"合规"的范围。当然,纸面的规定不足以说明单位就积极履行法律法规规定的义务以及行业规范等规定的义务。这些规则的落实,并由此形成的、事实上的治理机构和运营方式,才是值得关注的对象。如果单位制定的形式上的规则只是敷衍股东或者监管机关,而实际运作的"潜规则"却是该单位实际的治理状态,那么,对某一单位的刑事归责,肯定要指向这个实际的治理状态,而不是该单

---

⑱ 在很多医疗企业通过医疗代表或者中介公司进行行贿的行为,都属于此种情形。

⑲ 对此,也可以从英国2007年《法人非预谋杀人和法人杀人法》得到启发。该法规定了法人非预谋杀人的新罪,其第1条规定:一个组织体……构成犯罪,如果其行动的管理或组织方式——(1)引起某人的死亡,以及(2)严重违反该组织对死者的有关照顾义务。

位的表面治理状态。例如,某公司由实际控制人控制,公司登记注册的股东、法定代表人等都是有名无实的,那么,对该公司的刑事归责,就应当将与公司有关联的危害结果与由实际控制人所主导的治理模式建立起关联。

综上所述,对单位刑事归责应单位对特定义务的违反为前提,而对单位刑事归责的核心要义是,能否与单位有关联的危害结果归责于单位内部治理结构和运营方式,如果这一危害结果与单位的治理结构和运营方式存在紧密关联,或者说,当单位的治理结构和运营方式不可避免地会导致危害行为及后果时,那么,就应当对单位进行刑事归责。当然,上述两个部分并非单位犯罪分析判断体系的全部,这里予以特别论述,目的在于通过归责判断,将单位犯罪与自然人犯罪明确地区分开来。值得一提的是,在英国有观点认为,"有时被称为'公司文化'(Corporate Culture)的证据在某些案件中可能是决定性的。"[20]也就是说,在一些案件中,可以将"公司文化"作为对公司刑事归责的基础,这种看法有其道理,但作为刑事归责的基础并不妥当:一是公司文化并不是恒定的,在一些历史较长、规模较大的公司中,这种文化可能是存在的,但对其他公司而言则未必如此。二是公司文化受公司治理结构影响,而不是相反,进言之,公司文化实际上的公司治理结构的衍生品。三是将公司文化作为归责基础,看起来有助于为公司构造一个法人"人格",但这种特征是一种外部认识,并不能为公司承担法律责任提供可操作性的判断素材。四是公司文化如何,与公司应承担法律义务以及如何履行义务,并无直接关联。五是公司文化过于模糊,在司法实践中难以把握。因而,与其在刑事归责上求助于模糊的"文化",不如从公司治理结构和运营机制的角度构造单位犯罪的归责根据。

四、从合规的角度确定单位刑事归责的步骤

合规计划及其实施,目前主要是公司运用这一观念和做法,但在任何组织体内同样需要这种观念和做法,也就是说,任何组织体都有合规的任务和责任,只是非公司的组织体(如事业单位、政府机关等)不用"合规"这个用语而已。不过,考虑到这一概念目前还主要是公司的"专用语",而涉及单位刑事案件中公司是绝对的"大户",因而本文这一部分,仍是从合规的视角讨论对公司的刑事归责问题。合规,无非就是公司、企业对法律法规和其他行业规范的遵

---

[20] Jeremy Horder, *Ashworth's Principles of Criminal Law*, 8th, Oxford University Press, 2016, p. 172.

从,因而公司内部治理结构和运营方式,其核心部分就包括对这些应遵守规范的内容,当然并不限于此。从这个角度看,从合规的角度理解对公司的刑事归责,就是看公司是否遵从或违反了这些规范所确定的义务,而且,还要看公司是否通过合规建设确保公司的工作人员遵从这些规范以及是否具有内部预警和惩罚机制。如果合规建设及运行机制是健全的,就说明其内部治理结构和运营方式是健全的,如此即可以有效地阻却对公司的刑事归责,而只由自然人承担刑事责任;反之,则可能直接导致对公司的刑事归责。当然,这只是一般性的论断,从合规的角度理解对公司刑事归责,还应设定完整的判断规则体系。

(一)合规及其实施是判断公司是否违反义务的事实基础

根据法律法规制订本公司的合规计划,本身就是公司一项义务,当然,合规计划内容有些是强制性的,有些则是公司对其自身及员工的自我约束。前者来自法律法规的明确要求,例如,公司有关税收、工商登记、会计等方面的内部规定,其实际上是落实法律法规所确定的强制性义务,而设若某一公司不遵从这些强制性义务,其本身就是违法的;后者虽然是由公司自己制定,而法律法规并没有强制要求公司制定,但公司仍是为了防范可能的法律风险才制定,例如,公司内部制定"反腐条例",这并非来自法律法规的强制性要求,而是为了防止腐败行为给公司可能造成的法律风险。对于前者而言,制订必要的合规计划(无论具体名称如何)是任何公司,无论规模大小,都应遵循的法律义务,如果没有履行这一义务,即应当制定的规章、规则不予制定,那么,就可以初步认为该公司的治理结构、运营方式存在巨大疏漏,这可能成为对其刑事归责的第一个隐患。例如,对食品加工企业,其没有按照行政法规、规章的规定确定本企业的食品检验标准和规程,那么,一旦其生产的食品导致食源性疾病并对消费者的人体健康造成严重危害的,就可以考虑对单位刑事归责,因为其没有遵守法律法规所确定的强制性规定,这就说明其治理结构和运营方式的混乱以及对其产品风险的漠不关心。公司制定内部规范以防范法律风险,即便不是法律法规强制的,但是可以说明其内部治理结构和运营方式是健全的,这在否定对其刑事归责方面是有利的。例如,某海洋运输公司要求其中层管理人员严格监督基层工作人员在日常工作中夹带走私,并对该项工作履职优异的中层管理人员给予奖励;若设几个基层工作人员在公司的船舶中利用工作之便夹带走私的话，该公司以其内部规定和有效措施进行辩解是十分有利的。

当然，如前所述，仅仅有纸面上的合规计划不能充分说明该公司内部治理结构和运营方式就是健全的，合规计划实施更为重要，而判断合规计划是否妥当、全面实施，还是要看是否由此形成有效、完善的程序和机制。这一完善的、基于公司合规计划而确定的机制，应涵盖管理、防范、预警和纠偏四个方面。对合规计划是否实施，相应的也应这四个方面进行观察。如果这四个方面都是健全的，那么，可以说明该公司的治理结构和运营方式是正常的，否则，即说明该公司的治理结构和运营方式存在疏漏，进而可能导致在刑事归责判断出现不利。例如，某公司制订了完善的合规计划，且配备了专职人员予以执行，但“合规官”发现某中层工作人员购买不合格原料后向公司主要负责人报告，但该公司并没有对该中层工作人员进行处罚，也没有及时阻止其继续购买不合格原料行为，那么，该公司因使用不合格原料生产、销售的产品属于伪劣产品，该公司应承担生产、销售伪劣产品罪的刑事责任。其理由在于：该公司虽然制定了合规计划，但合规计划的实施机制存在明显漏洞因而导致合规计划无效，进而说明该公司的内部治理结构和运营方式存在问题，这就为对其进行刑事归责创造了可能，而一旦证明这一治理结构和运营方式对造成危害后果是不可避免的，那么，对其进行刑事归责就是适当且合理的。

可能存在的质疑是，大型以及部分中型公司有能力制定并实施合规计划，而小型和部分中型公司在合规建设方面缺乏这样的能力，例如，在小型公司人手很有限的情况下，任命专门的“合规官”显然是不现实的。而从现实看，在一些以家庭成员为主要股东和实际控制人的公司中，合规建设不仅没有成为其公司管理的组成部分，甚至连基本的合规观念都没有，例如，一些公司对其印鉴管理都没有规定。我们不能否认这类质疑的现实性一面，然而，对于法律法规所确定强制性义务，任何公司都应当遵守并制定相应的规定。作为有别于自然人简单组合（如合伙）的组织体，任何公司都应有其合规建设，规模大小只是其实施合规计划的机制建设应该考量的因素，例如大型公司可以组建团队来推进合规建设，而小型公司则由某一工作人员兼职负责合规工作。

（二）公司违反义务与危害结果的相关性

公司所应履行的义务，来自很多法律法规。不同的公司由于所处行业、经营范围的不同,其应尽的义务类型更多。例如,医药公司与建筑公司的法律义务肯定是不一样的,互联网公司比制造电脑的公司在个人信息保障方面具有更多的义务。公司的合规建设,并非笼统地制订的一个计划或者方案,笼统地告知全体员工“尊重法律”,而是要根据公司情况,就源自不同法律的义务类型区分、整合,形成多个独立的内部规定并予以监督执行。对公司,不能因为其违反了法律义务且其治理结构和运营方式存在疏漏,就直接对其予以刑事归责。而是要特别注意,公司违反义务类型及内容,是否与危害结果有相关性。例如公司违反了环境保护方面的义务,而危害结果是对食品安全的危害,那么,两者之间没有相关性,也就不能对该公司以生产、销售不符合安全标准的食品罪(《刑法》第 143 条)和生产、销售有毒、有害食品罪(《刑法》第 144 条)定罪处罚。

这一观念的根据,还在于公司犯罪基本上都属于法定犯㉑,也就是说,公司的法律义务都来自法律(主要是经济行政类的法律,也包括商法的一些规定),因而判断其构成犯罪时,必须要考虑源自其他法律规定的义务,因为公司违反这类义务是判断其刑事违法性的前提。但由于不同行政法律的目的和调整对象存在差异,相应地,对相应的刑事犯罪判断也存在影响。因而在实务操作中,认定单位犯罪必须要清晰地揭示单位违反义务的法律渊源和具体的规范根据。

(三)自然人有权代表或依据委托以公司名义实施的行为就是公司的行为

“法人是通过自然人来从事活动的,并且只有在自然人有‘放弃’行为时,法人才能有‘不作为’”。㉒ 当然,似乎还没有必要否定单位具有自己的行为,如果那样,有关单位犯罪的“教义学”就走得太远了。不过,单位的作为或不作为都依赖于自然人。在公司活动中,并非自然人所有的、能够产生刑罚效果的行为,都能视为公司的行为;只有以公司名义实施的行为才被认为是“公司”的行为,也才能够在自然人行为与单位之间建立起关联。而至于自然人是否具有权力代表公司,或者是否受委托表代公司,是判断是否“以公司名义”的重点。“以公司名义”活动,必须有资格或者受委托才可以,否则其代表或者代理公司就是无效的。这里存在的问题就是,如果公司的工作人员有本单位的授

㉑ 笔者称之为“规制犯”,如此可以更好地说明这类犯罪违法的类型。

㉒ [法]卡斯东·斯特法尼等:《法国刑法总论精义》,中国政法大学出版社 1998 年版,第 295 页。

权,但并没有按照授权的内容或者超越授权进行活动,其行为应否认为是公司的行为。例如,某公司业务经理代表本公司在与其他公司签订合同时,擅自要求对方提供其掌握的个人用户信息,而后将个人信息进行贩卖。这种超越本单位授权的行为,不应视为公司的行为,而应视为自然人骗取个人信息的行为。当然,对于实践中,公司只是概括授权或者授权模糊的情况下,则应根据案情进行分析。

对于非法使用公司印章等“以公司名义”活动的,在民法上可以因为认为属于“表见代理”而认为属于公司行为,但在刑法上看,仍不能视为“以公司名义”进行活动,因为该自然人实质上是无权代表或代理公司活动的,在这种情形下,其表见代理行为是不能视为公司实施的危害行为的。对于滥用表见代理的情形,司法实务部门应当予以关注。目前民法法理对表见代理之于合同有效性的判断采取了较为宽松的态度,认为如此有利于维护市场经济、有利于维护无过错一方的合法权益,但在是否构成犯罪方面,却不能将表见代理等同于单位的意思,在认定犯罪上,也不能简单地受民法法理关于表见代理教义束缚,还是要从刑法法理来理解自然人与单位之间的关系。例如,A 公司销售代理甲未经单位主管人员批准,擅自用公司盖有公章的信纸打印委托书,并与 B 公司签订合同,从 C 公司购买伪劣的商品卖给 B 公司。如果按照民法法理,甲的行为应视为 A 公司的行为,如此,即可能认为 A 公司构成销售伪劣产品罪。但这种思路显然不符合刑法法理,在这种情形下,应当追究甲的刑事责任,而不应对 A 公司刑事归责。

总之,自然人获得公司的授权、委托必须是真实且明确的,自然人在没有实际授权、超越授权等情形以公司名义实施的行为,不能归责于该公司。自然人有权代表或依据委托以公司名义实施的行为,也才能被视为公司的行为,这也意味着,离开自然人的行为,公司也无行为可言。

(四)被视为公司的行为应符合具体单位犯罪的罪状要求

被视为公司的行为,只有符合具体单位犯罪罪状要求,才有进一步追责的必要。一般而言,既然单位的行为实际上就是自然人的行为,自然人行为符合罪状要求,如果其是以单位名义实施的,就可以认为单位的行为符合罪状要求。但这限于法律对单位和自然人规定相同罪状的情形,但也存在不同的情况,例如《刑法》第 387 条单位受贿罪和第 385 条受贿罪的客观构成要件就不尽相同,最明显的是,前者有“情节严重的”表述。对于罪状规定不尽相同的,还有根据相应的单位犯罪规定的罪状加以判断。

如此而论,就是基于罪刑法定原则的要求。有必要讨论的是,单位犯罪是否以自然人构成犯罪为前提?从刑法学的逻辑上看,在大多数情形下是肯定的,但也存在例外的情形。例如,某公司要求其员工加班工作,某工作人员过于疲劳导致心脏病突发,结果导致污水超标排放造成污染事故发生。在这种情形下,该公司构成污染环境罪,因为其不合理的管理制度导致工作人员超负荷工作,因而该事故可以归责于其内部治理机构和运营方式;而该工作人员的行为,却不应予以刑事追究。结合上述第三条规则,自然人的行为只要符合某一《刑法》分则法条罪状就可以了,不必达到构成犯罪的程度要求;而这一《刑法》分则法条罪状也就直接指明了对单位刑事追究应适用的法条。

(五)公司决策及其内容是公司治理结构和运营方式的具体体现

公司治理结构与运营方式,是通过公司管理人员的活动表现出来的,而从实践上看,公司中有权机构的决策及其内容,无疑是体现公司治理结构最有力的证据。所谓“单位意志”,实际上就是单位有权机关的决策,并进而将自然人的合意理解为单位的“意志”。然而,这一“意志”是被拟制出来的。由于这一“意志”会随着单位负责人的变化而变化,因而它无法与自然人的相比拟。对单位归责的基础是单位治理结构和运营方式,一般而言,公司决策及其内容可以说明公司治理结构和运营方式的现状,从这个角度看,前者是后者的一个证明要素,但前者不能等同于后者,因为存在公司决策违背后者的情况。例如,大股东违反公司章程和程序作出的决策,从形式上看,难以否认这也是公司的决策,如果公司内部治理具有纠偏作用,即及时地按照公司章程和程序改变了大股东的错误决定,那么,仍可以认为公司内部治理是健康的,也不应予以刑事归责。当然,由此而形成的民事责任不应免除。

公司决策及其内容的具体表现形式,尤其在证据上如何呈现,会因公司规模及其内部治理结构而不同。例如,有些公司的董事、经理、股东都是名义上的,公司的实际控制人并未出现在公司工商登记信息上,在这种情形下,实际控制人的决策才是公司的决策。在实践中,准确把握公司决策及其内容是十分重要的,特别是针对私营中小公司,更要仔细判断。对于利用虚假的董事会会议记录等文件来掩饰公司真实决策及其内容的,就可以认为该公司治理结构存在问题,在刑事归责上可以进行不利的判断。

(六)公司是否获利只是对其刑事归责的一个判断因素

公司都是营利单位,因而公司是否从某项活动中获利,无论是取得财产还是减少债务,都会认为这是符合公司经营目的的。但是,公司客观获利,并不意味着,可以将相关的行为视为公司的行为。实践中,可能存在公司员工为自己利益而实施了客观有利于公司的行为,如前文所述的污染环境案,虽然客观上为公司节省了处理污染物的费用,但却与公司的利益、内部治理相悖,因而就不能对公司刑事归责。此外,在实践中,也存在公司员工受贿,但却在客观上给公司带来利润的情形。因而不能简单地认为,公司客观上获得利益,就对该公司刑事归责。[23]

从这个角度讲,公司是否获利只是对其刑事归责的一个判断因素,但并非必要条件,在一些案件中,即便公司没有实际获利,也不影响对其刑事归责。例如,某公司销售伪劣产品后,该笔非法获利直接该公司销售人员账户被其个人占有,在这种情况下,并不影响该公司成立销售伪劣产品罪。

综上所述,对单位刑事归责应考虑六个方面。毫无疑问,以上六点归纳完全属于客观的,这与本文的基本观点有关,即不再全面坚持罪责主义。在笔者看来,完全从客观角度来确定对单位的刑事归责,也不会导致滥用刑罚权、侵犯单位合法权益的情况。

㉓ 由此带来的问题是,这种客观上的获利也属于非法,应当予以追缴,可在针对自然人犯罪的诉讼程序中予以解决。

中国企业合规的动力及实现路径*

尹云霞** 李晓霞***

一、引言

企业合规是公司治理体系的重要一环，也是公司治理的重要方式。通常来讲，企业主动合规的动力来自两方面：市场驱动下的合规和监管驱动下的合规。“市场驱动”是指企业迫于市场竞争压力，为了避免因自身不合规行为而丧失商业机会，从长远发展考虑而主动开展合规建设。“监管驱动”是指企业面临法律及监管机构层面的压力，担心受到法律和监管机构的处罚，而主动进行公司合规建设。

如果法律和监管机构对企业合规予以一定的激励措施，企业为了在日后的执法中，获得从宽处罚的机会，也会主动重视合规。当然，如果企业因违法行为被处罚，也会被迫完善合规计划。从当前国际实践来看，企业开展合规建设更多源自监管驱动。

美国《反海外腐败法》（the Foreign Corrupt Practices Act，FCPA）就是一部典型的驱动企业开展合规建设的法律，美国政府通过这部法律取得了非常显著的反腐败成果。众多知名跨国公司因违反 FCPA 而受到处罚后，不得不在集团内部搭建有效的合规机制，并在全球子公司进行落地。其他受 FCPA 管辖的公司也不得不重视这部法律，积极进行内部合规管控，防止受到 FCPA 执法。美国 FCPA 执法还实现了辐射型的执法效应，集团的合规要求会渗透到海外子公司、商业伙伴、供应商等第三方主体，使这些主体也不断改善自身的合规状况。

FCPA 近年活跃的执法态势，改善了不少跨国公司（尤其是美国公司、在

---

* 原文载《中国法律评论》2020 年第 3 期。

** 尹云霞，方达律师事务所合伙人。

*** 李晓霞，方达律师事务所律师。

美上市公司)的合规状况,使其在全球范围内有较好的合规表现。全球领导者道德村协会(Ethisphere Institute)公布的132家获“2020年全球最具商业道德企业奖”(World's Most Ethical Companies)的企业中,100家企业为美国公司,占比约76%。该奖项关注的重点是被评企业的道德和合规机制,以及这些机制是否自上而下地渗透在公司的文化中。

从开展合规的企业类型和数量来看,目前主动开展深度合规的中国企业有限,大量中国企业缺乏开展合规的原动力。中国企业在境内合规的动力不足,导致近年来不断有中国企业在“走出去”参与国际市场竞争时,因触碰欧美国家合规红线遭受严厉处罚,或因违规行为受到世界银行等国际组织制裁。

鉴于此,本文旨在阐述企业主动开展合规的意义,并通过分析国际先进的合规立法和司法实践经验,探讨我国企业主动开展合规的动力及其实现路径。

二、企业主动合规的意义

在当今时代,企业合规是大势所趋。“合规不是负担,合规是企业生产力。”企业主动合规不仅可以预防员工代表公司实施不合规行为和内部舞弊行为,还可以帮助企业预判风险、增强企业竞争力。企业的合规状况甚至逐渐成为市场衡量企业管理能力及挑选合作伙伴的重要指标,也逐渐成为员工选择雇主的重要考虑因素。

很多跨国公司已经将“是否有健全的合规体系”作为其挑选供应商等合作伙伴的重要标准,有些企业公开表示拒绝与因合规问题而被执法的公司合作。在当前国际上主流反腐败合规法律下,完善有效的合规体系不仅可以帮助企业识别和预防合规风险,还可以降低企业因员工个人不合规行为而承担法律责任的风险。

对于中国企业而言,企业主动建立一套有效的合规体系,对其自身发展而言有很多看得见的好处。例如,有效的合规体系可以帮助企业在“出海”时预防、减轻,甚至免予海外监管机构处罚,同时也是避免企业受到国际金融机构制裁的一种有效措施。以国际金融机构制裁为例,在“一带一路”倡议下,“走出去”的企业越来越多,这些企业在遵守项目所在国当地法律法规的同时,还需遵守世界银行集团等国际金融机构的相关合规和制裁制度。

世界银行集团等国际金融机构所施加的制裁措施效果显著且影响范围较大。例如,对被制裁方所施加的制裁措施可同时施加于被制裁方的关联公司以及被制裁方的承继者和受让者,除名制裁可以自动扩展至世界银行集团其他机构成员,并且针对腐败、欺诈、共谋、胁迫等行为,国际金融机构还会实施交叉制裁。企业的融资贷款和声誉会因这些制裁措施受到很大影响。而在世界银行制裁体系下,一项有效的合规计划是预防、减轻世界银行制裁的有效措施。

从另一个层面看,缺乏有效的合规机制不仅影响企业"出海",还可能影响其境内上市计划。不少企业首次公开募股(IPO)被否的重要原因之一是缺乏对不当行为的合规管控机制,放任不合规行为的发生。例如,在墨迹天气的IPO被否的理由中,上市发审委员会提出的一个重要问题就是要求发行人说明其"确保业务合规运行的相关内控制度是否与同行业一致,内控执行是否健全有效、是否构成发行障碍。请保荐代表人说明核查依据、过程并发表明确核查意见"。

此外,企业主动合规可以节省公共资源。最近两年,美国司法部(DOJ)专门负责FCPA调查的官员大约35名,美国证券交易委员会(SEC)负责FCPA执法的官员大约几十名,每年完成执法的公司案件平均不到30件,针对个人的刑事指控案件每年也就几十件,但是SEC和DOJ每年与FCPA相关的和解、罚没金额累计达数十亿美元(2019年FCPA公司案件和解金额约26.5亿美元),并且有不断刷新历史纪录的趋势。FCPA执法机关(DOJ和SEC)通过对少数企业的执法,从深层次改变了这些企业的商业行为,并且影响、改变了其他众多企业的经营方式,促使其以更加合规的方式经营,引导企业逐步建立和完善合规体系,有效地通过惩戒行贿方遏制商业贿赂的发生。

美国之所以能用如此少的司法资源撬动如此大的执法成果,其根本原因在于美国政府利用FCPA这部法律及其执法机制,促使企业主动合规、主动自我检举、主动内部调查、主动开展持续性的合规补救工作,企业甚至为应对执法机关调查,花数亿美元开展内部调查,并将证据提交执法机关以获得从宽处罚。通过这一机制,美国政府成功地将本该由执法机关承担的调查取证成本,转而由企业自己承担,大大减少了执法机关的资源投入,这使美国政府可以将有限的公共资源投入到其他更严重的犯罪,如恐怖主义、贩毒、贩卖人口等。

我国应考虑借鉴国际良好实践,并使之与我国立法和司法实践相结合,促使中国企业主动开展合规。一方面,更多企业主动开展合规,可以降低违法违规行为发生的概率,从而降低给国家和社会造成的损失;另一方面,企业主动开展合规可以改变目前我国合规监管"高投入、低产出"的现状,增进执法与监管效能,从而节省公共资源,使有限的行政司法力量得以投入其他重大案件或事项中。

三、企业主动合规的动力

(一)FCPA 下企业合规的动力

1. 令跨国企业"闻风丧胆"的 FCPA

FCPA 是令跨国企业"闻风丧胆"的一部法律,主要原因有三:第一,FCPA"管得宽";第二,FCPA"罚得狠";第三,FCPA 执法"简单粗暴"。

首先,"管得宽"体现在 FCPA 不仅管辖美国国内主体(包括注册在美国的商业组织、美国公民、美国国民、具有美国永居身份的人)、在美上市公司(包括在美国上市的外国公司),以及在美国领土范围内实施促进贿赂的任何其他主体。除此之外,美国执法机关认为,任何外国主体,都有可能因代理理论、帮助、教唆理论等受到 FCPA 指控。FCPA"管得宽"还体现在,受 FCPA 管辖的企业还可能因子公司的违法行为而违反 FCPA,这是为什么美国公司、在美上市公司坚持要求海外子公司开展合规的原因,并且在很多和解案件中,母公司与海外子公司(虽然不直接受 FCPA 管辖)一起与执法机关达成和解。近年来,FCPA 执法机关一直在扩大 FCPA 的管辖范围。

其次,"罚得狠"体现在 FCPA 对企业的罚款未规定上限。跨国公司动辄被罚数亿美元,且尚不包括企业为应对 FCPA 调查而花费的巨额律师费和审计费用。近年来,这种"罚得狠"还体现在美国政府联合他国政府对涉案企业共同执法,分享执法成果,涉案企业为应对多国政府执法,需要支付更多的和解金额。2020 年年初,法国空客公司(AirbusSE)支付 39 亿美元与英、美、法三国就其行贿及出口管制问题达成和解,其中 FCPA 和解金额为 20.9 亿美元。FCPA 近年的执法势头,使 FCPA 历史十大案件榜单不断被刷新,前五大 FCPA 案件基本是最近三年的执法案件(见表 1)。除了罚款,涉案企业在与执法机关达成和解后,还要花巨额成本进行持续整改、聘用合规监督员、向执法机关定期汇报整改结果等。

表1　2009~2020年FCPA历史十大案件

单位:亿美元

排序	案　件	所属国家	与美国和解金额	年份
1	Airbus SE	法国	20.9	2020
2	Petrobras	巴西	17.80	2018
3	Ericsson	瑞典	10.60	2019
4	Telia	瑞典	9.65	2017
5	MTS	俄罗斯	8.5	2019
6	Siemens	德国	8.5	2019
7	VimpelCom	荷兰	7.95	2016
8	Alstom	法国	7.72	2014
9	Société Générale S. A.	法国	5.85	2018
10	KBR/Halliburton	美国	5.79	2009

近几年,企业违反FCPA所付出的代价越来越大,成本也越来越高。2008年西门子案之前,企业为解决FCPA问题而支付的平均和解金额仅为800万美元,而西门子案之后,该平均和解金额已远超1亿美元,2019年,单个公司案件平均和解金额约为2.07亿美元。为避免违反FCPA,企业花大量人力和物力主动开展合规工作,并将该等合规要求辐射至集团范围内部及集团业务所在地下属公司。

最后,FCPA执法"简单粗暴"体现在,只要签署和解协议执法机关就不会继续追查。公司案件基本都选择支付罚金与执法机关和解。值得注意的是,近年来,在众多和解的公司案件中,约超过50%的被罚公司仅违反了FCPA下的会计条款,执法机关并未证明涉案公司触犯了FCPA下的反贿赂条款。也就是说,执法机关并未证明涉案公司实际贿赂了外国政府官员。这也是下文即将提到的FCPA成功的一大关键。

2. FCPA成功的关键之一:会计条款

很多人听说过FCPA禁止贿赂外国政府官员,这实际上指的是FCPA下的反贿赂条款(Anti-bribery provision),但FCPA成功的关键并不是靠这个条款,而是靠它的另外一大条款——会计条款(Accounting provision)。

对于执法机关而言,会计条款在执法中更好用,因为在会计条款下执法机关根本不需要证明贿赂实际发生。只要涉案公司账簿与记录不准确,未反映发行人(Issuer)及与其合并报表的子公司的真实资产处置情况,或者发行人和/或其子公司未能实施有效内控机制防止发行人违反 FCPA,执法机关都可能对发行人及其子公司进行处罚。近年来,“账簿与记录不准确”“未能实施有效内控机制”等关键问题被执法机关不断关注,并且执法机关在实践中有很大的裁量权。FCPA 近几年的执法案件中大约超过一半都仅使用会计条款进行处罚,并未援引反贿赂条款。

以 2018 年一家医疗设备集团公司为例,美国证监会(SEC)仅依据会计条款对该集团公司进行处罚,理由是其集团层面的合规政策未能在其海外子公司有效落实,导致多个海外子公司未能识别和预防已发生或潜在发生的违法行为。其中,针对该集团中国子公司的违法事实,SEC 认为,其中国子公司聘用的 21 家分销商未经公司政策批准、授权而销售子公司产品,中国子公司未实施有效机制去识别和预防这些未经授权的分销商,使销售中支付不当利益的风险提高。

该案中 SEC 并未提及中国子公司或分销商实际有贿赂行为发生,SEC 认为该集团中国子公司内控不完善,使子公司通过分销商实施不当行为的风险提高,因此将中国子公司也一并列为受处罚范围。

可见,虽然 FCPA 是一部禁止贿赂外国政府官员的法律,但是这部法律并未停留在“事后处罚”上,而是在立法中增加了“事前预防”机制——内控会计条款,促使上市公司保持账簿与记录的准确性,并要求上市公司及其子公司设立和维持一套内控机制,从源头上防止不当行为发生。

对于执法机关而言,一方面,内控会计条款对上市公司及与其合并报表的子公司施加了严格的合规要求,需要其去遵守;另一方面,执法机关在执法时无须证明贿赂实际发生,只要执法机关发现上市公司和/或其子公司存在不当行为导致上市公司未能如实、准确、合理地反映其资产处置情况,或上市公司和/或其子公司未能实施有效内控机制识别和预防不合规行为发生,执法机关都可以据此作出处罚。

3. FCPA 成功的关键之二:“胡萝卜加大棒”政策

FCPA 成功的另一关键是其奖罚分明的“胡萝卜加大棒”执法政策。事实上,因为 FCPA 这部法律的特殊性(禁止贿赂外国政府官员),违法人员和证据往往都在海外,FCPA 执法面临很大困难,所以,FCPA 在 1977 年通过之后的 20 年内,执法数量非常少。但是在进入 21 世纪之后,SEC 和 DOJ 逐渐开始转变执法方式,实施“胡萝卜加大棒”政策,FCPA 这部法律才开始真正发挥它的作用。(见图 1)

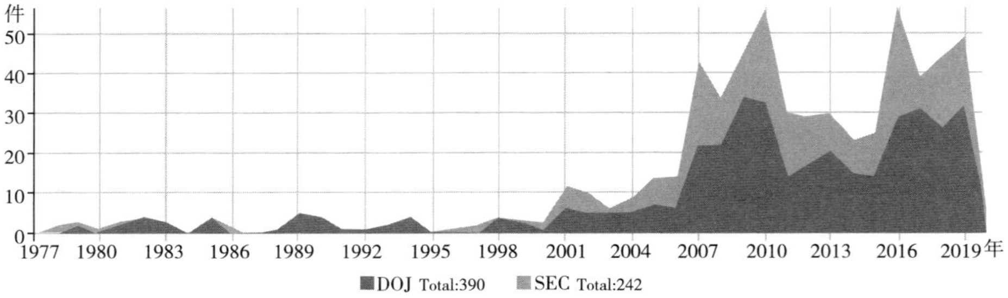

图 1　FCPA 历史执法趋势(美国斯坦福大学统计)

所谓的“胡萝卜”政策,就是奖励(Credit)机制。如果企业主动自我检举、积极配合调查并积极补救,FCPA 会给企业相应的奖励。这些奖励除达成和解,如延迟起诉协议(DPA)、不起诉协议(NPA)、认罪协议(PA)甚至不起诉(Declination)之外,在罚金减免、违法所得计算、追诉时效的认定、是否要求聘用合规监督员、和解协议的期限、追究哪些高管责任等问题上,执法机关也会给予一定“政策倾斜”。为了确保企业相信他们的合规努力会得到相应的奖励,执法机关尽可能将这些奖励做到透明公开,例如在官网公布执法政策与和解的案件等执法信息。

如果企业具备有效的合规机制,就可以大大降低被 FCPA 执法的可能性,所以执法机关以此来鼓励受 FCPA 管辖的企业在集团公司范围内实施有效的合规机制。FCPA 虽然未明确提出企业拥有有效的合规制度可以构成企业免责的抗辩,但 DOJ 和 SEC 在决定是否对违法企业提起诉讼、如何量刑、是否与违法企业达成和解及达成何种和解条件时,均会考虑企业是否有充分、有效的合规机制。即使企业未能阻止个别员工的贿赂行为,也不意味着企业不具备有效的合规制度,执法机关可能依然放弃对该公司的指控。

例如,在 2012 年摩根士丹利(Morgan Stanley)的一名高级管理人员被发现违反 FCPA 后,DOJ 决定不对摩根士丹利进行处罚,原因是摩根士丹利已经建立了有效的合规机制防止该等行为,而该名高管私自违背公司意愿实施该等行为，因此仅这名高管应承担个人责任，摩根士丹利不应承担公司责任。2016年，在SEC针对美国哈里斯通讯公司的调查中，最后也只对其中国子公司的总裁张俊平提起指控。SEC认为是张俊平规避公司制度从事不当行为，并未对哈里斯通讯公司进行执法。

所谓的“大棒”政策就是严苛的惩罚。如果企业不配合调查，反而掩盖不法行为、销毁证据、阻碍执法机关调查，执法机关就会以更加严厉的方式进行处罚。例如，在阿尔斯通前高管弗雷德里克·皮耶鲁齐（Frédéric Pierucci）著述的《美国陷阱》（Le Piège Américain）一书中就提到，阿尔斯通起初并未真正打算配合美国执法机关调查，而是采取拖延战术，当调查进入后期，美国政府发现阿尔斯通并未真正配合调查时，大为光火，很快追加起诉多名阿尔斯通高管。根据DOJ官网披露，截至2020年5月，DOJ已经对阿尔斯通8名高管提起刑事指控。

在2015年阿尔斯通近90页的认罪协议（Plea Agreement）中，DOJ也指出阿尔斯通在发现违法行为后并未主动报告，在DOJ调查开始一年以后仍然不全面配合，直到DOJ调查后期该公司才开始全面配合，阿尔斯通最终被DOJ重罚7.72亿美元，是目前FCPA历史上第八大案件。

（二）FCPA的成功正在被复制

FCPA及其执法机制在全球范围内取得的反腐败成功，离不开与其他国家的紧密合作，如美国与英国、法国、巴西、瑞典等国的合作。FCPA近年的一些大案、要案往往都是与这些国家的合作才能成功取得理想结果。例如法国空客公司案（目前为FCPA史上和解金额最高的案件）就是英、美、法三国联合执法的结果；2018年的巴西石油公司（Petrobras）案（目前为FCPA史上和解金额第二高的案件）就是美国和巴西联合执法的结果。美国与他国的执法合作，也推动了这些国家的反腐败进程。

不少国家不仅效仿美国制定具有域外管辖权的统一反腐败法律，还逐渐学习和应用美国的和解机制，鼓励企业主动建立有效的合规机制，识别和预防违法行为，并鼓励与执法机关达成和解。执法机关决定是否与企业和解时，企业是否具备有效的合规机制是执法机关考量的重要因素。

1. 英国《反贿赂法案》及其执法机制

英国于2010年制定《反贿赂法案》（The UK Bribery Act），并于2011年7

月 1 日正式生效。在该法案下，若企业的关联方(如员工、代理、子公司等)为了企业保留或获得业务或在经营中谋取竞争优势而进行贿赂的，该企业将因未能阻止其关联方贿赂而违反《反贿赂法案》。但如果企业能证明其制定了有效的程序来防止关联方行贿，则可以构成抗辩。这是一项绝对抗辩(Full Defense)，只要企业能证明其具备充分的程序来阻止关联方的贿赂行为，即使个别关联方发生贿赂行为，企业依然可以据此免责。

在执法层面，英国执法机构在 2014 年引入和解制度，企业可与执法机关签订暂缓起诉协议(DPA)，与执法机关达成和解。2015 年 11 月，英国法院批准了英国历史上第一个暂缓起诉协议。

2. 法国《萨宾第二法案》及其执法机制

2016 年年底，法国通过了《萨宾第二法案》。该法案要求符合一定条件的企业采取积极的措施和程序以防范腐败风险，并明确提出该等企业应建立八类合规机制，包括禁止腐败、内部举报程序、风险审查机制、第三方的风险评估程序、用以保证财务记账真实和准确的财务管控制度、合规培训、员工惩戒机制等。

如未能采取上述合规措施，公司及包括首席执行官在内的高级管理人员均可能受到处罚，执法机关可能要求公司在规定期限内实施所要求的合规制度，并对个人处以最高 20 万欧元、对公司处以最高 100 万欧元的罚款。2019 年 2 月 4 日，法国反腐败执法机构根据《萨宾第二法案》的要求公布新的《合规指引》(Anticorruption Compliance Guide)，旨在帮助公司建立合乎要求的合规制度。

值得注意的是，《萨宾第二法案》通过之后，法国也确立了法国版的暂缓起诉协议——“基于公共利益的司法协议”(Public interest judicial agreement)。如果企业与执法机关达成和解协议，企业需在特定时间内建立和完善有效的合规制度。

3. 巴西《反公司腐败法案》及其执法机制

近几年，美国和巴西在反腐败领域的合作越来越多，两国共同合作完成了很多大案、要案。

2014 年，巴西通过了《反公司腐败法案》(Clean Company Act)，该法案在域外效力、和解协议、自我检举、企业合规机制等方面，都在学习美国 FCPA 和英国《反贿赂法案》等国际实践。2015 年 3 月,巴西颁布了一项法令,明确了企业合规机制应具备的关键要素,其内容与 FCPA《企业合规机制评估指南》类似。

同样,巴西在 2014 年《反公司腐败法案》中明确规定,允许企业就贿赂行为与政府达成和解协议(Leniency Agreement)(包括潜在的刑事行为)。巴西在近年的立法和执法层面都鼓励企业主动控制和预防腐败贿赂,如果执法机关认为企业建立了有效的合规机制,企业可被减免处罚,可以与执法机关达成和解。

和解协议使用的条件一般包括:公司同意停止违法行为,主动披露(Self-report)违法信息,配合政府调查等。如果企业与执法机关达成和解,其可能获得的好处包括:最多可减免 2/3 的罚金,避免媒体披露所带来的重大损失,可继续获得政府补贴、税收优惠、贷款或商业项目。

(三)中国法下企业合规的动力

近几年,我国立法和司法实践在合规层面有一定进步,一定程度上激励了企业主动开展合规。例如,在我国当前的司法实践中,已经有法院将企业充分有效的合规机制作为认定单位责任和个人责任的考量因素(如 2016 年的雀巢中国公司非法获取公民个人信息案)。此外,现行《反不正当竞争法》规定:"经营者的工作人员进行贿赂的,应当认定为经营者的行为;但是,经营者有证据证明该工作人员的行为与为经营者谋取交易机会或者竞争优势无关的除外。"这对于推动企业合规也有非常重要的意义。

但是,我国当前法律规定和执法实践并未给企业主动开展合规提供充足的动力。立法层面,我国现行法律法规尚未对企业建立合规体系有明确要求,且对于拥有合规体系或主动开展合规的企业在涉及政府执法时也无明确的"看得见的"奖励。例如,我国现行刑法并未针对主动开展合规的企业给予奖励,未对公司主动调查内部存在的贿赂问题如何适用从宽处罚标准进行规范,不明确鼓励公司主动进行内部调查,给企业的奖励主要体现在对"自首""如实供述"情节的认定。我国《公司法》和《证券法》中,也无类似 FCPA 下会计条款的相关规定和处罚,导致上市公司和企业违法成本低,不重视合规,缺乏主动开展合规的动力。

立法层面关于企业合规的规则缺失,导致执法层面对于主动开展合规、主动开展内部调查、主动加强合规内控的企业,也无明确“看得见的奖励”,甚至在司法机关开展调查后,企业如果主动聘请外部律师和会计师进行内部调查是否具有合法性(是否会被认为干扰办案)也不确定,导致我国企业从根本上缺乏主动合规的动力。

四、中国企业合规的实现路径

考虑到我国在短时间内制定统一的反腐败法难度较大,可以考虑借鉴国际先进经验,修订现有相关法律法规,对主动开展合规的企业在执法中给予“看得见”的奖励,促使中国企业积极主动开展合规。

(一)建议在刑法和行政相关法律中认可企业合规机制

建议在刑法和行政相关法律法规中,在认定单位是否构成违法犯罪时,增加对企业合规机制的考量,将企业合规机制及其落实情况明确作为执法行动和处罚的考量因素,激励企业主动制定合规体系,管控企业合规风险。在执法中,对于客观上具备有效合规机制并真正落实的企业,应当综合其他情况,考虑对其从轻、减轻甚至免除处罚,并确定是否只追究相关个人的法律责任,将相关执法政策和执法结果予以公示,激励其他企业主动开展合规建设。

(二)建议在《公司法》和《证券法》中增加会计条款并建立相应罚则

我国现行《公司法》虽然要求公司建立财务和会计制度,但是这一条规定过于宽泛,且无明确罚则。《公司法》虽然禁止公司设立“账外账”,但最多处罚 50 万元,处罚力度小,且实践中对于公司设立“账外账”的执法力度也不大。此外,对于向有关部门提供的财务会计报告等材料作虚假记载或者隐瞒重要事实的,《公司法》仅规定对直接负责的主管人员和其他直接责任人员处以 3 万元以上 30 万元以下的罚款,对相关人员的处罚力度很小。

建议在《公司法》和《证券法》中考虑增加会计条款,约束上市公司,要求上市公司建立完整、准确的账簿与记录、维持合理细节,并且实施有效内控。针对前述会计条款,公司法和证券法应建立较为严厉的罚则,如果上市公司违反前述会计条款,则可以据此对其进行处罚,同时警示其他上市公司遵守该条款。针对非上市公司,《公司法》可以鼓励其建立完整、准确、翔实的账簿与记录,并且实施有效内控,对于设立“账外账”的企业应加大执法力度。

(三)建议在公司法中增加企业和高管的合规义务

建议在公司法现有规定基础之上,要求企业开展合规建设,建立有效合规内控,并考虑增加相应罚则,促使企业开展合规建设。

建议在公司法中增加董事、监事、高级管理人员的合规义务及相关罚则。公司出现合规问题,归根结底是公司治理问题,是高管的问题。而企业主动开展合规,首先需要管理层定调,只有管理层带头参与,企业才能自上而下推动合规建设。在 FCPA 下,如果企业董事、管理人员代表公司从事违反 FCPA 的行为或其行为导致公司违反 FCPA,则该等人员也可能受到 FCPA 处罚。这就使受 FCPA 管辖的企业的高管因担心自身承担 FCPA 责任而不得不重视企业合规建设。

当前《公司法》虽然规定了董监高的忠实和勤勉义务,并禁止董监高利用职权收受贿赂或者其他非法收入、侵占公司的财产,但董监高并无明确的企业合规建设义务,实践中董监高也无动力推动企业开展合规建设。因此,有必要在《公司法》中赋予董监高开展企业合规建设的义务,如果企业因不合规行为被处罚,高管应当为企业缺乏有效合规内控机制而承当相应法律责任;此外,如果由于董监高的行为导致企业违反前述公司法中的会计条款,其也应当承担相应法律责任。

建议有关部门,可以借鉴《中央企业合规管理指引》及其他标准发布普遍适用于企业的合规管理指引,明确企业的合规义务以及董监高的合规管理职责,引导企业开展合规建设,加强合规内控管理。

论中国治理企业违法的和解合规模式*

陶朗逍**

现代企业数量和企业活动明显增长，为维持市场秩序和经济氛围，国家在企业违法治理上投入了更多的资源。违法分为民事、行政、刑事三种，但是，民事违法是平等主体间关系的问题，不属于“官对民”的公法范畴。站在国家治理的角度，行政执法和刑事司法具有一定的相似性，包括证监会、市场监管局、生态环境局等在内的一系列国家行政机关，具有对企业进行执法的强制力，其执法程序也具有一定的准司法属性，处罚决定与刑事判决同样会给企业的生存和发展带来致命影响。在涉及企业问题时，域外学者经常将行政违法称为“准犯罪”(Quasi-criminal)，与刑事犯罪进行一体化研究。① 采取行政和刑事一体化的研究思路，对于反思我国企业治理十分必要，因此，本文所称“违法”限定为刑事犯罪和行政违法，“执法机关”就是司法机关和行政机关。

中国目前经济下行压力增大，又刚刚遭受新冠肺炎疫情冲击，国际贸易冲突频繁，企业本身就面临着来自大环境的压力，旧有的企业违法处理模式存在弊端，加剧了企业家入狱、企业倒闭、员工失业等社会风险，不利于经济发展。自 20 世纪 90 年代起，国际上出现了企业违法治理的和解合规模式，执法机关通过与违法企业协商，达成和解协议。和解协议的内容围绕罚款支付和企业的合规整改，以相对缓和的手段达到了处罚违法和规范企业后续经营的双重效果，有效保障企业的可持续经营。对比其他执法模式，探究和解合规模式的理论依据和现实价值，对完善中国的企业违法治理有极大的启示作用。

一、现代国家治理企业违法的执法模式

在行政和刑事一体化的视角下，现代国家治理企业违法的执法模式，可以

---

* 原文载《东北大学学报》2020 年第 1 期。

** 陶朗逍，对外经济贸易大学法学院博士研究生。

① Todd Haugh, *The Criminalization of Compliance*, Notre Dame Law Review, 2017, Vol. 92, p. 1215, 1220.

归纳为严格处罚模式、裁量不罚模式以及和解合规模式三种，其差异性主要体现在执法理念和执法方式上。

（一）严格处罚模式

严格处罚模式是最为基础、常见的模式，在企业的违法行为被发现后，由有管辖权的行政机关、司法机关严格依据法律条文的规定进行调查、判定、处罚。以中国的反商业贿赂规定为例，企业的商业贿赂行为在行政法领域主要涉嫌违反《反不正当竞争法》第 7 条构成不正当竞争，在刑事法律领域涉嫌违反《刑法》第 3 章破坏社会主义市场经济秩序罪和第 8 章贪污贿赂罪中与单位犯罪有关的规定。当企业涉嫌商业贿赂行为，有管辖权的市场监管局将对该企业开展违法调查，对确实构成违法的企业作出行政处罚决定。该行政处罚决定包括没收违法所得、罚款、吊销营业执照。如果调查过程中发现企业的商业贿赂金额或情节严重程度已经构成刑事犯罪，则会将案件交公安机关进行立案侦查，继而由检察机关提起诉讼，由法院进行审判。对判决有罪的企业施以刑罚，一般采取双罚制，对单位直接责任人处以自由刑，对单位处以罚金。对构成单位犯罪的企业，即便其认罪认罚，也仅能在量刑中获得从宽，不存在协商出罪的可能性。该种类型的行政、刑事处罚程序普遍存在于各国的企业治理当中，是公法规范个体行为的常规模式，公权力机关针对个人和企业的执法流程没有明显差异。

严格处罚模式的特点在于，经调查一旦确定违法事实确实存在，行政机关或司法机关必将对企业作出处罚，无论该企业事后是否悔过，是否积极补救，是否配合执法，都必然面临被标记违法、被处罚的结果。执法过程中，涉嫌违法的企业不存在任何与执法机关协商的权利。该模式严格履行“违法必究”的传统理念，受报应性正义理论支撑，注重让过错企业承担责任，以严格的处罚结果预防再犯并威慑其他相关企业。

（二）裁量不罚模式

裁量不罚模式以法律赋予的决定处罚与否的裁量权为限，执法机关有依据案件具体情节酌情不处罚的权力。以检察机关的酌定不起诉为例，中国的检察机关有酌定不起诉的裁量权，可以对一些犯罪情节轻微的犯罪嫌疑人作出不起诉决定。但是，中国检察机关的酌定裁量权仅在微罪案件中，以依照刑法规定不需要判处刑罚或者免除刑罚为前提，因此适用案件范围极小。有研究表明，某省所有案件的酌定不起诉案件率在2016年仅为3.69%，其中的企业犯罪案件更是少之又少。[②] 酌定不起诉在不同法系的适用情况有显著差异。与我国的酌定不起诉相似，以德国、意大利为代表的大陆法系国家，具有遵循强制起诉原则的传统，检察官依职权行使司法性权利，原则上要求检察官对于有足够证据证明有犯罪事实的案件必须提起诉讼，不起诉的例外情形被严格限制，因此，作出不起诉决定的案例极少。[③] 然而，以美国为代表的英美法系国家是起诉便宜主义的示范国，检察官被视为国家行政权的行使者，检察官仅需考虑公共利益，对该地区的选民负责，诉与不诉的决定权基本不受限制。[④] 即便是有足够的证据证明嫌疑人构成重罪，只要检察官综合考虑案件的证据、证人、损害、预期刑罚等因素，认为公共利益的价值取向是不诉，就可以不诉，美国联邦检察官们每年的刑事案件不起诉率高达50%。[⑤] 英美法系国家的检察官执法裁量权较大，不以微罪为适用前提，因此，在企业犯罪案件中，够罪而不诉的做法更为常见。各国的行政执法程序与刑事司法程序是在相同的理念指导下建成的，具有相似的特点，因此，裁量不罚模式的适用差异也同样存在于各国的行政法体系中。裁量不罚模式的特点是，构不构成违法不是决定是否追究法律责任的唯一依据，这种模式允许执法机关在裁量权范围内作出不予追究的决定。裁量不罚模式作为严格处罚模式的补充，给予执法机关一定的灵活处置权，共同构成了国家治理企业违法的传统二元路径。

（三）和解合规模式

和解合规模式是一种新兴的企业违法治理方式，严厉程度介于严格处罚模式和裁量不罚模式之间。和解指的是执法机关在发现企业存在违法行为后，与企业协商签署和解协议，以暂缓后续的处罚程序交换企业履行和解协议的对价，最终是否处罚取决于企业履行协议的情况。和解协议的重点、执法机

② 张树壮、周宏强、陈龙：《我国酌定不起诉制度的运行考量及改良路径——以刑事诉讼法修改后S省酌定不起诉案件为视角》，载《法治研究》2019年第1期。

③ William T. Pizzi, *Understanding Prosecutorial Discretion in the United States: The Limits of Comparative Criminal Procedure as an Instrument of Reform*, Ohio State Law Journal, 1993, Vol. 54, p. 1325, 1332.

④ Rebecca Krauss, *The Theory of Prosecutorial Discretion in Federal Law: Origins and Developments*, Seton Hall Circuit Review, 2009, Vol. 6, p. 1, 4.

⑤ 郭烁：《酌定不起诉制度的再思考》，载《中国法学》2018年第3期。

关考察的重点就是企业合规义务的履行,就是企业构建或完善合规计划的情况。

企业违法的和解合规模式产生于20世纪90年代的美国,最早应用于刑事领域,随后也逐渐被借鉴到企业的行政违法治理当中。美国司法部在诉讼的过程中发现对企业的直接诉讼和定罪易带来过大的社会负效应,造成员工失业、企业倒闭、相关行业效益受损等重大社会问题,因而出于公共利益的考量,将暂缓起诉协议和不起诉协议两种审前转处协议,应用到企业犯罪案件的处理当中。检察官可以根据企业犯罪的情节、诉讼带来的社会后果、企业在调查中的配合情况、企业事先合规计划的完整程度等多重因素,综合考虑是否与企业签订和解协议。检察官与企业一旦就协议的具体条款协商达成一致,检察官将不对企业提起诉讼或将已经诉讼到法院的案件申请暂缓处理。通常两种协议都会明确约定一个考验期,如果该期限内涉罪企业妥善履行了协议义务,通常包括支付罚款、完善企业合规计划、任命独立第三方为合规官、配合合规官的定期审查等条款,则后续刑事程序将不再继续,企业实现出罪。相反,如果企业严重违反协议,则诉讼程序将继续进行。自2005年起,美国经济危机时期逐步到来,企业犯罪丑闻事件频发,刑事领域的暂缓起诉协议和不起诉协议的应用数量逐渐增加,2017年、2018年、2019年分别共有24起、24起、31起案件,⑥和解合规模式的社会效应也得到认可。

随着美国行政机关与司法部对企业违法的联合执法行动的增多,行政领域的和解合规模式逐渐发展成熟。2013年起,美国证券交易委员会(U.S. Securities and Exchange Commission)开始模仿司法部的和解合规模式,正式引入暂缓起诉协议和不起诉协议作为其和解工具。但是,美国证交会的协议不涉及诉讼程序,只是通过协议承诺暂缓或停止后续的行政执法行为。美国证交会2017年出台的执法手册中明确两种协议适用的情况和具体条款内容,其中与企业的暂缓起诉协议条款包括要求企业完成证券法合规。⑦ PBSJ公司贿赂卡塔尔政府员工案就是典型案例。PBSJ公司在获取卡塔尔政府商业合同的过程中贿赂了负责项目的官员,违反FCPA,2015年美国证券交易委员会与

---

⑥ Gibson Dunn, 2019 Year-End Update on Corporate Non-Prosecution Agreements and Deferred Prosecution Agreements, published on 8 January 2020.

⑦ 陈瑞华:《企业合规视野下的暂缓起诉协议制度》,载《比较法研究》2020年第1期。

PBSJ 公司达成为期 2 年的暂缓起诉协议。该协议的“事实陈述”部分写明：PBSJ 事先就有企业合规计划，在发现违法行为后立即阻止内部员工继续违法行为，并对合规计划作出相应完善，构成了对违法行为的良好事后补救；在证券交易委员会调查的过程中，PBSJ 主动提供违法员工信息、安排证人接受询问、提交证据文件等，充分体现了其配合执法的意愿，证券交易委员会最终决定与其达成暂缓起诉协议。依据该协议的条款，PBSJ 公司除支付 300 余万美元的罚款、承诺配合后续调查行为之外，需要进一步完善其合规计划，具体包括：对员工和管理层进行《反海外腐败法》合规培训，每年更新员工行为手册并要求员工们签字确认，加强公司内部的管理程序以确保交易记录的准确性，加强企业防止违反《反海外腐败法》和其他证券法的相关合规程序等。[⑧] 不同和解协议中的企业合规计划内容存在差异，当涉及一些根本没有相关合规计划的企业时，和解协议的要求还包括：任命独立第三方为合规官，监督企业的合规行为；合规官和公司高层管理人员定期向执法机关汇报合规工作，否则将由个人承担民事责任等。[⑨] 美国其他的行政执法机构，如美国联邦贸易委员会、美国工业安全局、海外资产控制办公室，均有权与违法企业达成和解协议，虽然协议的名称不同，但内容大同小异。美国的和解合规模式逐渐被英国、加拿大、新加坡、法国等国家所效仿，具有了全球化的趋势。[⑩]

和解合规模式受恢复性正义理论的指导，在国家执法的过程中融入合作和协商的理念，激励企业主动配合执法、积极弥补内部制度漏洞，以缓和的民事手段恢复违法造成的社会损害。和解协议中关于罚款的约定足以保障惩罚的实现和经济损失的弥补，而协议中合规制度的内容又能帮助企业回归合法经营，从而更为长期有效地预防违法。

二、和解合规模式的中国证成

中国针对企业违法的执法困境以及域外经验，证明了报应性正义理论在处理企业违法案件中的不足。中国正在逐步接纳恢复性正义理论，具备引入

---

⑧ *Securities and Exchange Commission Division of Enforcement*, Enforcement Manual, November 28, 2017.

⑨ *Deferred Prosecution Agreement with PBSJ*, United States of America Securities and Exchange Commission (May 9, 2020), https://www.sec.gov/news/press/2015/2015-13-dpa.pdf.

⑩ David M. Stuart, *SEC Compliance and Enforcement Answer Book* 2017 *Edition*, Chapter 9 SEC-Imposed Monitors.

和解合规模式的法理基础。

（一）中国治理企业违法的执法困境

中国针对企业违法的执法方法由严格处罚模式和裁量不罚模式共同构成，没有引入和解合规模式，执法机关主要考量企业的违法情节，在绝对的罚与不罚中二择一，实践中以罚为主、不罚为辅。这种传统的二元执法路径导致了以下三个弊端。

第一，执法带来的社会负效应较大。由于承袭大陆法系的传统，中国的裁量不罚模式应用范围极小，绝大多数案件都是执法机关通过严格处罚模式对违法企业进行直接处罚，这带来了两个方面的问题。一方面，不利于激励企业配合执法。违法企业明确知道，一旦执法机关查证违法事实存在，则不可能逃脱处罚。因此，在违法行为被发现后，一些企业采取销毁违法证据、隐藏内部违法人员、贿赂执法人员等一系列隐匿违法的措施，或采取消极的不配合态度，对抗执法行为，以期执法机关因证据不足而不了了之。企业违法本就因涉及的人员和环节较多而难以调查，对立性的执法方式更是增加了调查的难度，严重消耗国家的执法资源。另一方面，执法经常给企业带来毁灭性的打击，并产生连锁性的社会负效应。通常刑事司法在调查的过程中会对企业的直接责任人和公司的财产采取强制措施，这会使得企业陷入无人管理、资金冻结的情况，后续的刑事定罪和处刑更是会使企业商业信誉受损，进而导致投资人撤资、无法承接项目、失去市场份额等，最终被定罪的企业往往走向衰落、破产。行政执法给企业带来的商业危机亦然，特别是一些违法情节较重的企业将面临吊销营业执照的处罚，从而被迫退出经营市场。中国目前处于经济下行期，执法行为更容易对企业造成致命打击，特别是对于那些本就在疫情中严重受损的弱小民营企业。企业破产会造成员工失业、上下游合作者经营受损等诸多问题，过多的企业衰亡将加重经济困难，进而影响民生。[11]

第二，执法的后期效果不佳。严格处罚模式和裁量不罚模式都只关注对企业过往违法行为的处理，忽视了后续经营中的违法预防需要。企业违法与自然人违法有所不同，自然人的违法行为是个人意志的结果，可以通过对其的处罚消灭主观恶性、实现预防再犯，但是，企业的违法行为是集体意志的体现，

---

⑪ 陶朗逍：《美国企业犯罪的审前转处协议研究》，载《财经法学》2020年第2期。

且现代的企业集体人员流动性较强，企业违法本质上是企业内部规则漏洞和企业商业文化的问题，难以简单地通过单次处罚根除再犯风险。如果企业内部的管理规则不改变，企业内部人员未重视违法行为的危害性，则违法行为仍然会在企业内部复发。现行中国刑法有关单位犯罪的规定，注重处罚企业的直接责任人，这更容易让企业在失去核心领导的情况下陷入内部管理混乱，更加难以恢复合法经营。严格处罚模式和裁量不罚模式仅关注处理企业过往的违法行为，忽视个人违法和企业违法的差异，未能从根源上纠正企业违法行为，在长期性地维护市场秩序方面存在显著不足。

第三，难以适应国际经贸发展的要求。中国和解合规模式的缺乏给中国企业"走出去"和外国企业"走进来"都造成了困难。和解合规模式具有全球化发展的趋势，已有少数中国企业与海外执法机关达成和解协议、建立相应的合规计划，例如中兴通讯股份有限公司与美国商务部、湖南建工集团与世界银行均达成和解。但是，由于和解合规模式对于中国企业而言较为陌生，两企业初期均重视程度不足，中兴甚至因违反协议而不得不支付巨额罚款以求再次达成和解。另外，中国目前的执法模式在应对外资企业违法方面存在不足，特别是新中美贸易协定签署，中国将进一步开放金融市场，将有大量的证券和金融企业涌入。一方面，针对境外企业的调查和执法行为本就会消耗较多的司法资源，在传统严格处罚模式对立的执法态势下，难以获得外资企业配合，可能造成执法难的问题。另一方面，由于各国法律的差异，企业行为是否构成违法、罚款数额、具体制裁措施是否合理等问题本就争议较多，行政决定或刑事判决的域外承认和执行更是极度困难。严格处罚模式和裁量不罚模式都具有单方面属性，基本由执法机关单方面决定处罚结果，忽视与违法企业的双向沟通，会使得外资企业有"水土不服"之感，甚至激化国家间的贸易摩擦。

（二）从报应性正义到恢复性正义

中国企业违法的执法困境，是报应性正义理念占统治地位的结果。严格处罚模式和裁量不罚模式就是报应性正义指导下的常规违法治理模式，对违法企业的处理以国家的单方意志为准。然而，单一的报应性正义在处理白领犯罪（White-collar crime）方面，特别是其中的企业违法方面逐渐呈现弊端。著名的麦道夫诈骗案就是典型的例证。麦道夫制造旁氏骗局，在近 50 年的公司经营期间骗取了投资者们约 500 亿美元，其最终被判处 150 年监禁，但是，当时他已经71岁，真正服刑的时间非常有限，这样的刑罚显然不能实现正义。[12]此类的案件在中国也十分常见，近年诸多小额贷款公司存在相似的经营模式，戴着金融交易的面具实行非法融资、商业诈骗等违法行为。当犯罪事实败露之后，企业负责人带着大笔财产逃跑，或者是个人进监狱却隐匿财产，无辜投资者们的巨大经济利益损失无人赔偿。此外，处罚企业带来的社会负效应往往十分显著。安然公司（Enron）、安达信公司（Arthur Anderson）和世通公司（WorldCom）等一系列著名美国企业因违法被刑事定罪或行政处罚之后，逐渐走向倒闭，无辜的股东们承担损失，大量员工失业，甚至整个行业受损。这说明报应性正义可能过度地将“报应”辐射到了无辜的个人、某个行业抑或全社会，一定程度上体现了与正义的脱离。

恢复性正义理论认为，违法者、受害者和社会整体都应该参与违法处理的沟通和协商，在惩罚的同时，也应当注重补偿违法造成的损害，有效预防违法，并帮助违法者回归社会。[13] 恢复性正义也辐射到了行政法领域，这种注重多元化的协商与合作、以解决问题为中心的国家治理理念被学者们称作“新管理”（New Governance）或“应答式管理”（Responsive Regulation）。[14] 恢复性正义理论不是全盘否定以报应性正义理论为核心构建的执法体系，而是主张应当对该体系作出补充，建立传统执法程序以外的纠纷解决方式，让国家有机会选择以平等的身份与违法者、利益相关方共同协商出令各方满意的解决方案。和解合规模式就是在这样的理论指导下建立起来的，是对严格处罚模式和裁量不罚模式二元制的补充。

中国的刑事司法日益强调案件处理要注重实现“法律效果与社会效果相统一”，但仅在少年司法领域和个人轻微犯罪方面存在附条件不起诉、刑事和解等相关制度，企业犯罪的处理方面仍然缺乏实现恢复性正义的独立程序。中国的行政法领域存在一些行政和解的初步尝试，但是，与和解合规模式仍有

---

[12] Christine Hurt, *Evil Has a New Name (and a New Narrative): Bernard Madoff*, Michigan State Law Review, 2009, Vol. 4, p. 947.

[13] Daniel Luedtke, *Progression in the Age of Recession: Restorative Justice and White-Collar Crime in Post-Recession America*, *Brooklyn Journal of Corporate*, Financial & Commercial Law, 2014, Vol. 9, p. 311, 318.

[14] Fenner Stewart, *The Corporation, New Governance, and the Power of the Publicization Narrative*, Indiana Journal of Global Legal Studies 2014, Vol. 21, p. 513, 517.

较大差距。中国证券监督管理委员会(证监会)2015年出台了《行政和解试点实施办法》,在证券期货领域试点行政和解制度,允许违法企业以申请支付和解金的方式与证监会达成和解协议。但是,直到2019年4月才达成了第一起和解协议,证监会与高盛(亚洲)有限责任公司、北京高华证券有限责任公司以及它们的相关工作人员达成和解。从证监会披露的信息来看,和解协议内容包括:支付1.5亿元人民币和解金;申请人采取必要措施加强公司的内控管理,并在完成后向中国证监会提交书面整改报告;证监会终止对申请人有关行为的调查、审理程序。2020年1月,证监会发布了第二起和解协议,系与司度(上海)贸易有限公司在内的五家机构及其相关工作人员达成和解,司度交纳的和解金高达6.7亿元人民币。除和解金额度外,证监会披露的其他协议内容与第一起和解协议完全相同,仅笼统地要求"加强公司的内控管理",不涉及企业合规计划构建,在帮助企业恢复合法经营方面仍有欠缺。

(三)和解合规模式的中国意义

和解合规模式也有中国法学理论的支撑,刑法谦抑性和行政法比例原则是就是主要的理论依据。刑法的谦抑性要求凡是可以用民事方法处理的都不能用刑事方法处理,刑法的处罚应该是最后一道防线。⑮ 行政法的比例原则也要求行政执法机关处理违法行为的手段和措施要适当适度,尽力避免或者减少对当事人权益的损害。⑯ 在企业违法中,存在通过民事化的就手段足以达到执法目的之情况。一些企业的管理者具有较高的知识水平或理解能力,能够较好地理解法律规范的合理性和国家执法行为的意义,特别是那些配合调查、认错态度良好、充分补偿损失、积极整改的企业,通过民事化的手段就能够达到纠正和预防违法的效果,恢复违法行为造成的社会危害。和解合规模式就开拓了这样的对违法进行民事化处理的路径,使国家能够在执行实体法规定时有更多选择,满足个案中谦抑性和比例原则的要求。

和解合规模式能够补足传统二元执法路径的恢复性正义理念的缺失,国家通过协商化、灵活化的执法模式,能够更好地平衡执法的社会效应,督促企业承担合规责任。在改革开放以后,中国的企业数量急速增多、快速拉动经济

---

⑮ 张明楷:《论刑法的谦抑性》,载《法商研究》1995年第4期。

⑯ 黄学贤、杨红:《我国行政法中比例原则的理论研究与实践发展》,载《财经法学》2017年第5期。

增长，但是，由于市场经济处于初级阶段，许多企业的管理和经营存在诸多不规范之处，特别是那些乡镇地区的中小型民营企业，仅依靠企业家个人的统筹、管理，合规意识薄弱，存在偷税漏税或请客送礼等不良习惯。考虑其违法行为的形成具有一定的历史原因，现阶段的执法应当更重视教育和纠正，而和解合规模式就能为这种过渡期的企业治理提供更为妥善的途径，将帮扶企业的政策具体化到每个问题企业。

三、和解合规模式的中国构建

和解合规模式属于舶来品，存在诸多不适应中国法律体系之处，[17]因此，引入时需要作出审慎调整。

（一）建立企业犯罪暂缓诉讼程序

中国《刑法》没有对企业犯罪作出单独的规定，相关规定均包括在单位犯罪的规定当中，但是，与事业单位、机关、团体这些单位犯罪主体相比，企业（包括公司）兼具商业属性和经营管理的独立性，应当被区别对待。事业单位、机关和团体均不参与市场经济，是政府政策决定设立或允许设立的，其生存不受违法制裁的影响，政府发现其内部架构存在问题时也可以直接通过更换领导、直接修改章程的方式作出调整。然而，企业命运与市场经济紧密相连，其生存具有脆弱性，管理具有独立性，宜将其作为单位犯罪中的特殊主体，在执法程序上区别对待。建议将企业犯罪视作单位犯罪的特别种类，针对其设立特别的暂缓诉讼程序。中国检察官的裁量权受立法的严格制约，想要在企业犯罪中增加检察官裁量适用协议进行特别出罪的权力，就需要立法的明确规定。因此，中国《刑事诉讼法》应在第五编特别程序中增加企业犯罪暂缓诉讼程序。

企业犯罪暂缓诉讼程序应当以检察机关对暂缓起诉协议的应用为核心，同时兼顾人民法院和公安机关的角色定位。首先，建议仅引入暂缓起诉协议。不起诉协议与暂缓起诉协议在功能上具有一定的相似性，但是，不起诉协议由于不涉及法院的审查程序，易造成检察机关裁量权过大的担忧，降低司法权威性。立法需明确检察机关决定适用暂缓起诉协议的考量因素和有效合规计划的评判标准。同时，也应当明确法院的监督者地位，赋予法院对暂缓诉讼申请进行实质性审查的权力。其次，赋予公安机关建议开启暂缓诉讼程序的权力。

---

[17] 陈瑞华：《论企业合规的中国化问题》，载《法律科学》2020年第3期。

中国的企业犯罪主要由公安机关完成调查,检察机关只在审查起诉阶段才开始介入,对案件前期的情况缺乏了解。因此,在案件移送检察机关审查起诉时,应当赋予公安机关建议适用审前转处程序的权力,这有利于检察机关作出全面的判断,也有利于激励涉罪企业配合公安机关的侦查行为。最后,暂缓诉讼程序履行应当透明化。给予涉罪企业特殊出罪的权利,一定会对传统的公平正义观造成一定的冲击,解决争议最好的办法就是使程序透明化,让公众充分监督程序的运行。

(二)全面推行企业违法的行政和解制度

和解合规模式的构建要以和解制度的建立为起点,中国没有行政和解制度,证监会的试点工作是中国行政和解的先驱。应当考虑以下两点,全面推进建立中国企业违法的行政和解制度。

第一,"限定条件和解"还是"宽松条件和解"？中国证监会的和解仿照德国的模式,是"限定条件和解",《行政和解试点实施办法》第6条第1款第1项将达成和解的条件限制在"案件事实或者法律关系尚难完全明确",这表明和解只适用于违法与否难以明确的案件,不适用于有足够证据证明企业构成违法的案件。然而,美国的和解是"宽松条件和解",即便有足够证据证明企业存在违法事实,仍然可以依据企业的良好表现、公共利益维护等因素达成和解。[18]"限定条件和解"是和解功能的异化。和解是执法机关处理企业违法案件的一种手段选择,不应当与违法的事实和证据情况存在必然联系。在哪个阶段提出和解申请,才能保证案件属于事实尚未查清的范畴？调查开始之后,企业是否会隐藏证据以免事实被查清？事实不清和法律关系不明的条件只会使得和解的适用情况极为模糊,中国5年间仅2起和解的事实也足以说明其不可行性。因此,建议采用美国的"宽松条件和解",全面开放中国行政机关的和解权力,将"是否构成违法"问题放在次要地位,以企业的配合调查表现、弥补行为造成的损失等事后态度和社会公共利益因素,作为是否达成和解协议的核心考量。

第二,是统一立法还是由各个行政执法机关自行建立和解制度？美国的行政和解制度是行政执法权自然发展的产物,立法基本上不干预,各个行政机

⑱ 方世荣、白云锋:《行政执法和解的模式及其运用》,载《法学研究》2019年第5期。

关的执法程序、和解制度也都是其依据自身需要而单独构建的,不存在统一的立法。但是,中国没有行政和解的传统,制度的发展需要立法的统一推动,建议在《行政处罚法》中增加行政和解制度的内容,赋予各个行政执法机关与行政相对人达成和解协议的权力。但是,统一的立法应当只是综合性的权力赋予,要确保执法机关在行政和解的具体实施程序与和解协议内容上有较大的裁量自由。建议先进行和解制度试点,将证监会、国家市场监督管理总局、国家税务总局等对企业执法数量较多的部门作为行政和解试点主体,总结出适合不同类型执法机关的和解程序模型,再在相同执法系统中做推广。另外,无救济则无权利,立法应当统一明确违反和解协议的救济渠道。对于企业违反和解协议的情况,行政机关可以继续原本的行政处罚程序。对于行政机关违反和解协议的情况,虽然和解协议具有一定的契约性,但本质仍是治理企业违法的行政行为,主体关系间的不平等性较为明显,其救济路径应与对一般行政行为的救济路径相一致。

(三)明确合规在和解中的核心地位

和解是处理违法的手段,合规才是最终目的,暂缓起诉协议与行政和解协议中关于企业合规计划的内容应当是关键。随着经营和法律规范的复杂化,传统的综合性管理程序已经不能确保企业满足在证券交易、信息安全、反不正当竞争、广告、食品安全、环境保护、进出口等多个领域的法律要求,只有建立与经营领域相关的各个专项合规计划,才能确保企业长期的合法自主经营。中国已经开始逐渐认识到了企业合规的重要意义,部分行政机关和监管机构已经颁发了一些相关的指导性文件,例如2018年国务院国有资产监督管理委员会(国资委)发布《中央企业合规管理指引(试行)》。但是,中国目前大多数企业尚不具有合规意识,特别是那些中、小型民营企业,对于合规计划的功能和如何构建合规计划没有概念。和解合规模式应当强调合规与和解相互促进,既要求执法机关在处理企业违法案件时,优先考虑给予那些事先有合规计划的企业以和解的机会,又要求其在和解协议中包含指导企业如何构建或完善企业合规计划的具体条款。

合规在中国的引入与理论调适

——企业合规研究述评*

毛逸潇**

企业合规源于近代美国,并在20世纪90年代之后迎来高速发展期,现已成为一项风靡世界的现代公私合作治理制度和重大法学前沿交叉课题。我国学者对企业合规的广泛关注肇始于中国企业受到国外监管机关或国际组织处罚的一系列标志性事件,以及蓬勃兴起的企业合规中国化制度实践。如今,不仅监管部门在证券金融、食药品安全、反垄断、数据保护、出口管制等领域大力推进合规,而且多地检察机关也积极开展合规引入公诉的试点,富有中国特色的合规制度渐成体系。

面对崛地而起的企业合规,我国学者从刑事法、行政法、公司法等多个部门法维度进行了以"合规在中国的引入和理论调适"为主题的研究。本文认为,我国的企业合规研究可以分为五大板块,一是企业合规的性质与功能,对此已形成学界通说的理论框架,并在合规的概念内涵、合规激励的理论根据、合规治理的有效性等方面展开争鸣。二是公司合规治理的理念与结构,学者从合规治理理念和合规治理结构两个角度研究了合规对公司治理的刺破式影响。三是企业合规与行政监管模式,学界着重分析了合规导向的新型行政监管模式的正当性,以及行政和解协议与企业合规的关系。四是企业合规与单位刑事责任,学者提出了企业独立意志理论、客观的中心归责理论、修正的组织责任理论等企业刑事归责原则的重塑性方案。五是企业合规引入公诉的方式,现有研究分别从检察建议、认罪认罚从宽制度、附条件不起诉等三条路径出发展开理论探索。本文将围绕五大合规研究的热点议题,对其中的重要理

* 原文载《浙江工商大学学报》2020年第2期。

** 毛逸潇,北京大学法学院博士研究生。

论成果和争议问题进行梳理和总结,在文章最后发表简要而有针对性的评论,并对我国企业合规研究的未来提出展望。

一、企业合规的性质与功能

企业合规具有典型的跨学科特征,不仅横跨公司法、行政法、经济法、刑事法等多个部门法,还与经济学、管理学等学科相通,相关研究呈现模块性和交叉性。但是,合规之所以能成为独立的研究课题,甚至在未来具有成为独立学科的潜质,仰赖于合规基本理论的不断发展,合规的性质与功能是其中的核心部分,历来为研究者所重视,如今已形成通说的基本框架和聚讼的焦点问题。

(一)企业合规的三个层面

根据我国学者的研究,唯有将微观、中观、宏观三个层面的观测相结合,才能完整认识企业合规的基本性质和功能。在微观层面,合规作为一种现代公司治理方式,刺破式地介入公司日常运转,改变了传统的公司权力结构,与业务管理和财务管理一起,被并称为企业管理的三大支柱。① 在中观层面,合规成为多个部门法的激励机制。一方面,企业建立合规可以获得正向激励,在刑事法领域,合规可以作为不起诉的根据、无罪抗辩的事由、减免刑罚的情节、适用暂缓起诉协议和撤销起诉的条件;在行政法领域,合规可以作为行政和解的适用条件和协议内容,以及减轻行政处罚的依据;在国际经济法领域,合规具有减轻或解除世界银行等国际组织制裁的激励效果。另一方面,合规也发挥了反向激励功能,尤其是在行政监管领域,强制合规制度的创立使疏于合规成为处罚理由。在宏观层面,合规作为犯罪治理和行政监管方式,促成一种新型公私合作治理理念和方式的诞生,国家通过中观层面的激励措施促使企业建立微观层面的合规治理体系,最终使刑法和行政监管法律的目的得以实现。② 以此通说为基本框架,学界就合规的概念内涵、合规激励的理论根据、合规治理的有效性三个方面展开争鸣。

(二)关于概念内涵的争论

受到合规即“合乎规定”的字面意思影响,学界一直以来都存在将合规治理等同于企业治理的观点,认为合规的类型包括财务合规、审计合规、资产管

---

① 陈瑞华:《企业合规基本理论》,法律出版社2020年版,第5~10页。

② 陈瑞华:《论企业合规的中国化问题》,载《法律科学》2020年第3期。

理、法律事务合规等，就法律事务合规而言，可以分为宪法性合规、民事法合规、经济法合规、行政法合规、刑事法合规等。[③] 而企业刑事合规所关注的刑事犯罪风险，不仅包括单位犯罪刑事合规风险，还包括企业内部人员和机构的刑事合规风险，以及企业作为被害主体的刑事合规风险。[④]

对此，有学者提出应当重新定义合规风险，将其作为与经营风险、财务风险并列的三大公司治理风险之一，仅指企业因为在经营中存在违法违规乃至犯罪行为，而遭受行政监管部门处罚、司法机关刑事追究、国际组织制裁的风险。企业为防控合规风险建立合规治理体系，监管部门据此对企业给予宽缓的处罚，企业免于遭受更大的损失。企业合规具有与特定激励机制相接洽的独立概念内涵和结构体系，既不会直接涉及民事法内容，也与企业家风险防范无关，而只是企业法律风险防控的一个侧面，即作为合规风险的专项防控机制而存在。[⑤]

（三）关于合规激励理论根据的争论

合规激励的理论根据问题深受我国刑法学者关注，争议焦点集中于两个方面，一是合规作为刑法正向激励机制的理论根据，以及相应的激励幅度问题；二是合规能否作为刑事义务，也就是疏于合规能否成为反向激励事由。

首先是合规作为刑法正向激励机制的理论根据。第一，在合规影响刑罚裁量方面，学界普遍认为建立并有效实施了合规计划的企业，由于预防必要性降低，可以对其减轻甚至免除刑罚处罚。[⑥] 刑事合规的基础是积极一般预防理念，即“通过刑事责任的减轻、免除，给予企业合规以压力和动力，从制度合规逐步形成合规文化，从而实现一般预防的良性循环”。[⑦] 但也有学者指出，合规减免刑罚的量刑模式不符合责任主义的要求，尤其是没有体现责任刑对预防刑的制约作用。[⑧] 第二，在合规作为正当化事由方面，部分学者主张将过失犯罪注意义务标准作为合规出罪的理论根据，尤其是在新过失论中，有效合规计

③ 卢勤忠：《民营企业的刑事合规及刑事法风险防范探析》，载《法学论坛》2020年第4期。

④ 韩轶：《企业刑事合规的风险防控与建构路径》，载《法学杂志》2019年第9期。

⑤ 陈瑞华：《企业合规的基本问题》，载《中国法律评论》2020年第1期。

⑥ 李勇：《检察视角下中国刑事合规之构建》，载《国家检察官学院学报》2020年第4期。

⑦ 孙国祥：《刑事合规的刑法教义学思考》，载《东方法学》2020年第5期。

⑧ 田宏杰：《刑事合规的反思》，载《北京大学学报（哲学社会科学版）》2020年第2期。

划的建立可以成为企业善尽结果回避义务的表征而阻却违法性。[9] 相反观点认为,合规计划的建立是对责任承担的分配,并不能否定行为本身的违法性,不能作为违法阻却事由。[10] 合规计划并不足以排除过失的成立,除非合规计划的执行相当于具体的结果回避义务的履行,而如果出现了企业员工利用职权实施犯罪的行为,说明合规计划并没有起到预防犯罪的作用。[11] 同时,越来越多的学者意识到,要使合规发挥正当化事由的功能,必须先考察企业刑事归责问题,即企业到底承担自我责任,还是因为其员工的违法犯罪行为而承担连带或者转嫁责任,"一旦说企业责任是其自身的责任,则合规计划不仅对企业的量刑具有影响,对其定罪也同样具有影响"。[12]

其次是合规能否成为反向激励事由的问题。肯定论者认为疏于刑事合规具有犯罪化机能,即通过扩大企业发现和防止企业成员犯罪的保证义务,扩大企业的刑事责任范围,监督企业成员实施犯罪的义务成为公司企业犯罪的可罚性基础,意大利《刑法》中"结构性疏忽"的责任形式、英国《反贿赂法案》中的"商业组织预防贿赂失职罪"等立法例体现了将违反刑事合规规则的行为加以犯罪化的趋势。[13] 有学者对此持否定意见,认为如"商业组织预防贿赂失职罪"等罪名的设立,恰恰使合规成为无罪抗辩事由,[14]对企业归责的基础仍然是"关联人员"所实施的贿赂行为,而非疏于合规本身。还有学者主张除非立法将其明确规定为一个单独的法定量刑情节,否则基于禁止重复评价原则,刑事合规只能作为从宽事由,而不能作为从严事由。[15]

(四)关于合规治理有效性的争论

企业合规被学者认为是企业治理、犯罪治理和行政监管领域的革命,确实可以促进企业加强内部管理,提高自我预防能力。[16]《美国量刑指南》等规范文本和西门子、中兴通讯等企业业已建立的合规体系,可为有效合规计划的搭

---

⑨ 周振杰:《企业适法计划与企业犯罪预防》,载《法治研究》2012 年第 4 期。

⑩ 陈冉:《企业公害犯罪治理的刑事合规引入》,载《法学杂志》2019 年第 11 期。

⑪ 田宏杰:《刑事合规的反思》,载《北京大学学报(哲学社会科学版)》2020 年第 2 期。

⑫ 黎宏:《合规计划与企业刑事责任》,载《法学杂志》2019 年第 9 期。

⑬ 孙国祥:《刑事合规的理念、机能和中国的构建》,载《中国刑事法杂志》2019 年第 2 期。

⑭ 陈瑞华:《英国〈反贿赂法〉与刑事合规问题》,载《中国律师》2019 年第 3 期。

⑮ 田宏杰:《刑事合规的反思》,载《北京大学学报(哲学社会科学版)》2020 年第 2 期。

⑯ 周振杰、赖祎婧:《合规计划有效性的具体判断:以英国 SG 案为例》,载《法律适用》2018 年第 14 期。

建提供借鉴。[17] 而即便是一项有效的合规计划，也从不意味着能够预防一切违法行为，在违法行为发生后，与司法机关的有效合作以及采取事后制定合规制度等补救措施，也成为获得合规奖励的重要考量因素。[18] 企业合规使违法判断标准从结果主义走向程序主义，监管机关注重企业建立有效合规计划的过程性努力，而不以单纯的结果或绩效判定其违反管理义务。[19]

另一种声音认为合规治理的有效性被过分夸大和片面强调。首先，激励并没有起到效果，反而导致对企业不当行为的刑罚威慑力不足，纸面上的合规体系甚至可能成为掩盖公司犯罪或违规的工具；[20]其次，合规计划难以接受司法监督，适用准则的不稳定性会导致个案差异，而且还产生了筛选效应，被判刑罚的小公司比例大量增加，司法公正性难以保障；[21]最后，实施有效合规计划需要巨大的时间成本和经济成本，可能会影响企业的正常运营与发展。[22]

二、公司合规治理的理念与结构

公司法视角下的合规意味着一种新型现代公司治理理念和治理方式，我国学者在对公司合规治理理念进行总结提炼的基础上，着重从公司权力结构、董事合规义务、合规治理体系、企业合规文化等角度入手，研究了合规对于公司治理结构的刺破式影响。

（一）对公司合规治理理念的总结

合规作为一种公司治理方式，在传统的由公司决策者、执行者和监督者所构成的三角结构之外，组建起一个独立的法律风险防控部门，以及包括风险评估机制、有效的政策和程序、良好的培训和交流机制、匿名报告体系和调查程序、第三方管理机制、并购合规监控等在内的有效合规计划。[23] 企业愿意耗费资源建立合规体系，受益于公司治理理念的革新。

---

⑰ 陈瑞华：《企业合规制度的三个维度——比较法视野下的分析》，载《比较法研究》2019 年第 3 期。

⑱ 尹云霞、庄燕君、李晓霞：《企业能动性与反腐败“辐射型执法效应”——美国 FCPA 合作机制的启示》，载《交大法学》2016 年第 2 期。

⑲ 谭冰霖：《论政府对企业的内部管理型规制》，载《法学家》2019 年第 6 期。

⑳ 邓峰：《公司合规的源流及中国的制度局限》，载《比较法研究》2020 年第 1 期。

㉑ 马明亮：《作为犯罪治理方式的企业合规》，载《政法论坛》2020 年第 3 期。

㉒ 赵恒：《认罪答辩视域下的刑事合规计划》，载《法学论坛》2020 年第 4 期。

㉓ 陈瑞华：《有效合规计划的基本标准——美国司法部〈公司合规计划评价〉简介》，载《中国律师》2019 年第 9 期。

首先是风险防控和企业经营并重的理念。有学者指出，对风险防控的重视源于现代企业合规风险的爆发式增长，企业基于风险而进行合规管理，采取内控作为自我保险。中国企业受到越来越严厉的行政处罚和刑事处罚，这成为企业合规中国化的重要动力机制，企业充分意识到合规经营的重要性，将合规风险防控提升到与企业经营并重的地位，在中兴公司，对于公司的全部经营活动和商业交易，合规部门拥有“一票否决”的权威，树立了“合规优于经营”的理念。㉔

其次是企业社会责任与良好公民的理念。现代公司治理理论认为，企业应在营利之外承担公司社会责任(CSR)，根据“利益相关方”理论，企业必须对员工、供应商、消费者、投资者等利益相关方承担一定的CSR。㉕ 合规事实上是第一代CSR的一部分，法律不过是复制、扩大了这一既有实践而已，最终，合规与CSR形成共同的制度目标：引导公司成为“良善公民”。㉖ 当然，有学者敏锐地指出，“弹性化的社会责任无力承担救治社会道德滑坡的重任，而合规将群体道德经验上升为法律要求，实现软法的硬法化之后，不但能够使道德的约束力得到强化，而且能够促使社会主体自觉自愿地将合规要求内化为自己的良知和习惯”。㉗

最后是公平竞争理念与商业机会的获取。公平竞争理念孕育了合规制度，美国制定美国《反海外腐败法》，是因为发现众多美国企业实施海外贿赂行为，影响公平竞争的市场基本规则。㉘ 一旦公平竞争成为公共价值理念，主动合规就能帮助增强企业竞争力，企业的合规状况逐渐成为市场衡量企业管理能力及挑选合作伙伴的指标，也成为员工选择雇主的考虑因素。㉙ 有效合规计划可以提升企业商业声誉、使企业获得更大的竞争优势和更多的盈利，这些利益又进一步推动企业持续完善合规计划，形成良性循环，逐步提升企业市值。㉚

㉔ 陈瑞华：《企业合规基本理论》，法律出版社2020年版，第38～79页。

㉕ 杨力：《企业社会责任的制度化》，载《法学研究》2014年第5期。

㉖ 邓峰：《公司合规的源流及中国的制度局限》，载《比较法研究》2020年第1期。

㉗ 赵万一：《合规制度的公司法设计及其实现路径》，载《中国法学》2020年第2期。

㉘ 尹云霞、庄燕君、李晓霞：《企业能动性与反腐败“辐射型执法效应”——美国FCPA合作机制的启示》，载《交大法学》2016年第2期。

㉙ 尹云霞、李晓霞：《中国企业合规的动力及实现路径》，载《中国法律评论》2020年第3期。

㉚ 陈瑞华：《企业合规基本理论》，法律出版社2020年版，第76页。

（二）对公司合规治理结构的研究

有学者提出企业在打造合规计划时需要完成制定合规章程、建立合规组织体系、确立专项合规政策、打造合规三大程序体系（合规风险的防范体系、违规行为的监控体系、违规事件的应对体系）等工作，其中合规组织体系一般包括设立于董事会之下的合规管理委员会、具有企业高级管理人员地位的首席合规官、专门设置的合规部、企业各部门和分支机构的合规部门和合规专员等四个部分。[31] 合规治理体系无疑对公司治理结构产生刺破式影响，根据学者的总结，这种权力结构的重大变化包括：第一，董事会作为公司的最高权力机关得到强化，利益相关者条款保证了董事会拥有自行判断公司长期利益而对抗股东的权力，股权和债权划分的淡漠弱化了股权的管理职能；第二，管理层趋向于集权，董事会趋向于督导职能，通过组建下属委员会日趋进行授权和放权；第三，公司内部权力制衡和分立的增强，这体现在风险管理、内控制度以及合规的建立；第四，董事的注意义务，逐渐从被要求积极作为变成了督导职责；第五，董事的善意、合规或者服从义务逐步成为了诚信义务的组成部分。[32]

针对董事合规义务在董事信义义务中的体系性地位，尤其是应当将合规义务归于传统注意义务和忠实义务之列，保留董事信义义务“二分法”，抑或两大传统义务之外还存在容纳合规义务的诚信义务，形成“三分法”，学界存在观点分歧。根据“三分法”论者的立场，在董事没有谋私，又不属于无能的情形下，公司因董事这样的行为受损后，忠实义务和注意义务便无力对董事进行约束，此时应引入诚信义务，[33]董事基于增加公司收益的目的故意违反合规义务的行为即属于违反诚信义务。“二分法”论者认为，公司因为违法行为遭受的制裁极有可能危及公司存亡，董事如果实施了违法行为，就可以认定为违反忠实义务；[34]董事注意义务也被学者赋予促使企业社会责任落地的重任，董事应有的注意不仅包括实现公司营利目标，也包括调整公司与股东及其他利益相关者的利益关系，维护利益结构的平衡。[35] 当然，无论在理论上如何分类，将遵

---

[31] 陈瑞华：《律师如何开展合规业务（一）——合规计划的打造》，载《中国律师》2020年第8期。

[32] 邓峰：《公司合规的源流及中国的制度局限》，载《比较法研究》2020年第1期。

[33] 朱羿锟：《论董事问责标准的三元化》，载《商事法论集》2012年第1期。

[34] 梁爽：《董事信义义务结构重组及对中国模式的反思——以美、日商业判断规则的运用为借镜》，载《中外法学》2016年第1期。

[35] 王保树：《公司社会责任对公司法理论的影响》，载《法学研究》2010年第3期。

守合规要求作为公司董事和高级管理人员基本义务已成共识。[36]

在公司法层面增设合规章程、合规组织体系、董事和高级管理人员合规义务固然能够为公司合规治理提供依托，但是，任何合规制度都不可能十全十美，拥有良好合规文化的企业，其员工不仅不钻企业制度的漏洞，而且还帮助企业堵漏洞，从而抵御严峻的合规风险。[37] 相反，如果没有合规文化这样一套体现公司社会责任和道德责任的价值观念和道德规范，合规治理体系的有效运转是难以实现的。有学者指出，我国特有的企业文化，决定了那种源自西方的企业员工向合规部门或最高管理层报告合规风险和违规事件的制度，在我国企业内部几乎没有存在的空间。[38] 究其根源，我国公司治理的两权分立不足、组织化水平低下、权力集中于股东会，忽略了组织应当具有的代议制制度特征，合规所需要的正式信息交流、透明公开等也就存在社会行为习惯和治理上的阻碍。[39]

三、企业合规与行政监管模式

作为行政监管激励机制的合规，意味着一种名为“受规制的自我规制模式”的新型监管模式正在兴起，该模式的提出引领了规制法基本理念和行政违法的判断方式等变革。此外，学界着重考察合规与行政和解协议制度的关系，特别是对我国证券监管领域行政和解制度实践展开了研究。

（一）新型行政监管模式的正当性

根据学者的总结，我国在引入企业合规管理机制的过程中，通过行政监管部门的强力推进，确立了一种较为独特的“行政压力机制”，通过行政立法和执法方式，强制企业建立合规管理机制。[40] 在监管法领域，这种规制方式隶属于社会自我规制的谱系，而且克服了纯粹自我规制的缺陷，将自我规制嵌入现代规制国家之中，形成公私合作式规制的新形态，学界冠之以“受规制的自我规制”“强制性自我规制”“受审查的自我规制”“附条件的自我规制”等诸多称谓。[41] 其核心要义在于“法律通过介入企业的微观管理，为企业的自律性规制

㊱ 赵万一：《合规制度的公司法设计及其实现路径》，载《中国法学》2020 年第 2 期。

㊲ 王志乐：《强化合规经营意识　促进企业持续发展》，载《新产经》2018 年第 9 期。

㊳ 陈瑞华：《论企业合规的中国化问题》，载《法律科学》2020 年第 3 期。

㊴ 邓峰：《公司合规的源流及中国的制度局限》，载《比较法研究》2020 年第 1 期。

㊵ 陈瑞华：《企业合规基本理论》，法律出版社 2020 年版，第 41 页。

㊶ 高秦伟：《社会自我规制与行政法的任务》，载《中国法学》2015 年第 5 期。

设定外在制度约束、最低要求和绩效目标,又为企业保留相当程度的灵活性,令其在遵守法律的前提下,有可能以最符合成本有效性要求的方式,通过创新企业战略,改革内部管理,设定高于法定要求的自律性规范,还能有效降低行政规制成本,减少行政资源的耗费"。㊷ 我国学者主要通过引入两大理论来论证该模式的正当性。

一是反身法理论,该理论意在通过影响组织机构、能力和程序来促使其他社会系统建立起一套更为民主化的自我管制机制,受规制的自我规制模式呈现鲜明的反身法路数:第一,强调组织规范的基础性作用,在对企业进行外部调整的过程中,法律的作用即在于为企业组织化的目标具体化和结构形式化准备基础性的组织法规范;第二,强烈的程序主义特征,特别关注企业的决策和管理流程,从企业内部着手形塑对社会负责任的决定程序而非堆砌实体性的法律规则;第三,促进社会子系统的自我学习,为企业提供内部管理的基本框架,且允许企业在立法框架下自主形成具体管理规则。㊸

二是回应型监管理论,区别于压制型监管,该理论强调法律渊源的多样性和分散性,国家的法律更多地起到补充、辅助性的功能,为其他社会组织参与政策制定提供制度保障。㊹ 回应型监管理论的中心目标是建立政府与非政府的合作型监管模式,监管权分配的原则是首先尽可能让非政府组织发挥作用。回应型监管中的基于管理体系监管的理论突出强调了企业通过建立内部管理制度实现自我监管的重要性,对此,既要从立法上强制企业建立内部管理制度,也可以考虑通过制度设计来激励企业建立内部管理体系。㊺ 同时,回应型监管中的"金字塔理论"强调将"软"措施作为首选,以惩罚手段作为威慑的最后选择,秉持同等回应和劝服优先的原则,激发社会个体的公民精神和主体意识,使他们能够积极主动地履行社会责任。㊻ 基于此,在各个执法领域都出现了以合规导向替代威慑导向的执法趋向。

(二)行政和解协议与企业合规的关系

有学者总结在行政监管领域,监管部门为鼓励企业建立有效的合规计划,

㊷ 宋华琳:《论政府规制中的合作治理》,载《政治与法律》2016 年第 8 期。

㊸ 谭冰霖:《论政府对企业的内部管理型规制》,载《法学家》2019 年第 6 期。

㊹ 高秦伟:《社会自我规制与行政法的任务》,载《中国法学》2015 年第 5 期。

㊺ 杨炳霖:《监管治理体系建设理论范式与实施路径研究》,载《中国行政管理》2014 年第 6 期。

㊻ 刘鹏、王力:《回应性监管理论及其本土适用性分析》,载《中国人民大学学报》2016 年第 1 期。

在保留传统严刑峻罚政策的基础上,确立了一种以合规换取宽大行政处罚的监管方式,我国政府监管部门已初步确立了包括强制合规制度、合规抗辩制度、合规减轻处罚制度以及行政和解制度在内的行政监管合规机制框架体系,其中行政和解制度的确立,对于推动企业建立合规管理体系具有最为强大的激励作用。[47]

根据学者的研究,在中国,是否建立行政执法和解制度主要是一个价值取向的问题,传统行政法上受"公权不可处分""行政意志优于私人意志"等观点的束缚,行政和解制度的构建阻力重重,但基于实用主义的考虑,结合行政执法资源的有限性、行政效率的追求、行政法律秩序的维护等各种现实因素的考虑,应当选择建立行政执法和解制度。[48] 有学者提出,在行政法理论上,行政执法和解的理论根据在于行政自由裁量权,行政权力的不可处分性并不妨碍行政机关在行政执法过程中享有日常处理权,行政机关完全可以在行政执法过程中在与相对人进行协商,达成合意后签署执法和解协议,并据此终止执法程序。[49] 也有学者主张将便宜主义引入行政处罚领域,并且认为若无便宜主义的基础性支撑,以法律条件的满足为前提的裁量权授予无法提供行政机关在行政过程中沟通协商行为的正当性。[50]

作为一种新型监管执法模式,行政和解制度率先在我国证券监管领域确立,针对其中的企业合规因素,学者指出,虽然企业在缴纳高额和解金的同时,都承诺采取必要措施加强对公司的内控管理,在和解协议中载明对涉嫌违法行为进行整改,并在完成后向中国证监会提交书面整改报告,如果涉案企业拒绝承担协议所确定的相关义务,中国证监会可以保留恢复行政执法程序的权力。[51] 但是,中国证监会没有发布专门性的合规管理指南,也没有将企业建立合规机制作为适用行政和解程序的前提条件,对于申请行政和解的企业没有

---

[47] 陈瑞华:《企业合规基本理论》,法律出版社2020年版,第153页。

[48] 张红:《破解行政执法和解的难题——基于证券行政执法和解的观察》,载《行政法学研究》2015年第2期。

[49] 李东方:《论证券行政执法和解制度——兼评中国证监会〈行政和解试点实施办法〉》,载《中国政法大学学报》2015年第3期。

[50] 陈悦:《行政处罚制度完善的便宜主义进路》,载《苏州大学学报(哲学社会科学版)》2020年第2期。

[51] 陈瑞华:《企业合规基本理论》,法律出版社2020年版,第167页。

在行政和解协议中引入完整的企业合规条款,并且既没有对企业完善合规机制确立一个考验期,也没有对企业改进合规机制建立派驻合规监督官、要求企业定期提交合规报告等持续的监督机制,更没有在考验期结束之前对企业建立合规机制的情况进行检查验收,以这种放任自流式的监管方式来推进企业合规机制,究竟能取得多大效果是令人存疑的。[52]

四、企业合规与单位刑事责任

合规进入企业刑事责任领域并影响企业刑事归责,是刑事合规制度产生的前提和基础。学界普遍认为,传统单位犯罪归责理论的核心缺陷是无法准确区分单位犯罪和自然人犯罪,因而会不当扩大或缩小企业犯罪的成立范围,并且阻碍了合规机制的引入和激励功能的发挥。面对传统单位犯罪归责理论的缺陷,在独立考察企业主观意志思潮的影响下,摆脱替代责任和转嫁责任而强调组织体自身罪责的组织责任理论开始蓬勃发展。

(一)企业文化责任论

组织责任论的核心在于,法人的行为固然要通过法人成员或者代理人完成,但法人的意志却不依赖于其成员或代理人的意志而独立存在。现有的组织责任论也并非尽善尽美,尽管合规机制开始成为企业归责的直接影响因素,但由于企业自身的复杂特性,合规计划往往只能作为企业责任的众多判断要素之一。企业文化责任论是备受学者推崇的一种组织责任论,运用该理论来判断企业内部是否存在促进企业成员违法犯罪的文化时,需要考虑企业的层级结构、企业目标、企业的教育体制、企业成员的违法行为、企业对其成员的违法行为的处理、企业的赔偿政策等多方面内容。[53] 对此,有学者认为以企业文化作为刑事归责基础并不妥当,因为公司文化并不是恒定的,其只是公司治理结构的衍生品,与公司应承担法律义务以及如何履行义务并无直接关联,而且公司文化过于模糊,在司法实践中难以把握,不如直接从公司治理结构和运营机制的角度构造单位犯罪的归责根据。[54]

(二)企业独立意志理论

区分单位刑事责任和个人刑事责任,构建独立考察单位独立意志并引入

---

[52] 陈瑞华:《行政执法和解与企业合规》,载《中国律师》2020 年第 6 期。

[53] 黎宏:《合规计划与企业刑事责任》,载《法学杂志》2019 年第 9 期。

[54] 时延安:《合规计划实施与单位的刑事归责》,载《法学杂志》2019 年第 9 期。

合规因素的归责理论成为理论发展的必然趋势，现有的组织责任论又有判断标准模糊、在司法实践中缺乏可操作性、合规计划的地位不明确等缺憾，以合规为中心重塑企业刑事归责理论的需求便越发强烈，对此，我国学者提出了独创性的企业独立意志理论。该理论将合规计划所包含的大量具体的企业合规管理行为和一系列抽象企业行为作为企业实施的独立于自然人的行为，并以此判断企业的独立意志。具体而言，通过建立有效的合规计划，企业对违法、违规乃至犯罪行为进行有效的防范、识别和处置，体现出企业拒绝实施、接受违法犯罪行为的主观意志，足以证明企业既不存在管理失职的问题，也不承担过失责任。即便是在适用严格责任的情况下，企业只要建立了有效的合规计划，就能够以此证明自身不存在过错，从而成功地进行无罪抗辩。当然，这也标志着企业形成了一种依法依规经营的文化，足以实现个别威慑效果，实现了本来要通过刑事处罚才能实现的矫正功能，对企业施加刑罚的理由也就不复存在。[55]

（三）修正的组织责任论

论者认识到在传统单位犯罪归责理论中，将自然人责任近乎无条件转嫁于企业的归责模式使企业合规最多只能成为责任平衡机制，只能减轻责任，无论如何都不能排除责任；只有在组织责任视角下，合规才可能成为认定公司罪责是否存在的核心要素，成为排除公司自身罪责的事由。[56] 其所提出的修正的组织责任论可以视为组织责任论与同一性原则的整合，在严格界分单位责任与个人责任、遵循由组织体到责任人的认定方法这一组织责任原则的基础上，强调单位即具有决策权的领导集体，作为单位“第二自我”的领导集体的责任也就是组织责任。论者认为，单位对其所属成员负有监督管理的刑事义务，企业自身必须扮演监督者保证人角色，防止运营风险发生，但是监督者保证人答责的本质是为他人的行为负责，而非为自己的行为负责，单位无非是人和物的集合，“单位的监督管理责任”的说法使监督主体与监督对象发生重合，因而必须对其进行重新解读，将“单位的监督管理责任”视为“单位领导集体的监督管理责任”。[57] 在领导集体监督管理责任的判断中，合规计划的建立和有效运

---

[55] 陈瑞华：《合规视野下的企业刑事责任问题》，载《环球法律评论》2020 年第 1 期。

[56] 李本灿：《刑事合规制度的法理根基》，载《东方法学》2020 年第 5 期。

[57] 李本灿：《单位刑事责任论的反思与重构》，载《环球法律评论》2020 年第 4 期。

行自然成为核心标准。

(四)客观的中心归责论

客观的中心归责借鉴凯尔森的中心归责理论,虽然同样基于单位犯罪和自然人犯罪相区分的基本自觉,但是论者认为套用自然人过失理论来判断单位主观意志既缺乏心理学上的支持,也无法在规范意义上进行论证,因而是牵强的,故主张放弃拟人化地考察单位主观责任,只考虑某一危害后果能否归责于单位,而不再考虑导致这个后果的行为是否基于自由意志,从而由主观归责转向客观的归责。在进行具体判断时,单位犯罪的归责前提是单位对特定义务的违反,单位犯罪的归责基础是单位内部治理或经营结构导致危害行为发生,合规计划及其实施则成为判断公司是否违反义务的事实基础,而且如果一个单位具有良好的合规计划且付诸实施,就可以说明其内部治理结构和运营方式是健全的,就可以较好地阻却对该单位的刑事归责。[58]

五、企业合规引入公诉的方式

在刑事司法领域,检察机关成为引入合规最为积极的倡导者和推动者,学界在研究合规引入公诉的方式时,及时总结了检察机关一系列政策文件和区域试点的经验,通过检察建议、认罪认罚从宽制度、附条件不起诉三条类型化路径的考察,为检察机关的相关改革提供理论指引。

(一)合规融入检察建议制度

合规在我国率先通过检察建议的形式引入公诉,有学者指出,根据最高人民检察院《关于充分履行检察职能加强产权司法保护的意见》,我国检察机关不仅已经有了帮助企业进行合规建设的意识,也有了“检察建议等”具体手段,这是通过刑事诉讼进行企业合规激励的可贵的司法实践基础。[59] 部分地区的司法实践已赋予合规检察建议刑事激励效果,将合规检察建议与酌定不起诉相互关联,对于涉罪企业在被追诉前已经建立合规计划的情形,检察机关在审查确认其有效性的前提下,可以依法作出酌定不起诉的决定,同时发出整改检察建议,督促企业健全相应的内控机制。[60]

但也有学者注意到,合规检察建议多不以刑事激励机制为必须,而只是检

---

[58] 时延安:《合规计划实施与单位的刑事归责》,载《法学杂志》2019 年第 9 期。

[59] 李玉华:《我国企业合规的刑事诉讼激励》,载《比较法研究》2020 年第 1 期。

[60] 赵恒:《认罪答辩视域下的刑事合规计划》,载《法学论坛》2020 年第 4 期。

察机关积极参与社会治理并介入企业管理和风险防范体系的方式，体现合规因素的检察建议主要是社会治理检察建议，即人民检察院在办理案件中发现涉案单位在预防违法犯罪方面制度不健全，存在违法犯罪隐患，需要及时消除的，可以向有关单位和部门提出改进工作、完善治理的检察建议，其重在犯罪预防，在效力上呈现软性特征，与附条件不起诉制度有着本质区别。[61] 对此，有学者提出批判，认为这些检察建议没有约束力和强制力，更不要说触及企业内部治理结构，属于典型的“蜻蜓点水”模式。[62]

（二）合规融入认罪认罚从宽制度

合规引入公诉的第二种方式是将合规机制引入认罪认罚从宽制度体系。论者认为，认罪认罚从宽制度包含的量刑协商机制取得了良好的实践效果，大大节省了司法资源的投入，鉴于此，可以对企业犯罪的案件建立量刑协商机制。[63] 刑事合规计划实际上是广义的认罪协商程序或者辩诉交易程序在企业犯罪治理领域的扩张适用，[64]弥补了目前的认罪认罚从宽制度以自然人为标准而没有体现企业犯罪的特殊预防理念，以及缺乏对公共利益的必要关注的缺陷。[65] 刑事合规与认罪认罚从宽都体现了合作性司法理念，具有相同的正当性根据和价值目标。[66]

根据学者的研究，引入合规机制之后，会给企业适用认罪认罚从宽制度的标准带来一定的变化，认罪标准增加了合规计划的建立、配合执法调查等内容；认罚标准要求企业除了作出愿意接受处罚的承诺以外，还涉及建立或者完善合规计划的承诺，这种认罪认罚具结协议是面向未来的，对涉案企业需要采取的各项措施予以规划，具有不确定性、可期待性的特征；除了强制措施从宽、实体量刑从宽以外，不起诉从宽方式需要得到进一步完善，尤其是附条件不起诉制度也应当适用于企业犯罪案件。[67]

（三）合规融入附条件不起诉制度

起源于美国的暂缓起诉协议制度经由学者介述而为学界熟知，迄今为止，

---

[61] 石磊、陈振炜：《刑事合规的中国检察面向》，载《山东社会科学》2020 年第 5 期。
[62] 李勇：《检察视角下中国刑事合规之构建》，载《国家检察官学院学报》2020 年第 4 期。
[63] 陈瑞华：《企业合规的基本问题》，载《中国法律评论》2020 年第 1 期。
[64] 赵恒：《认罪答辩视域下的刑事合规计划》，载《法学论坛》2020 年第 4 期。
[65] 李勇：《检察视角下中国刑事合规之构建》，载《国家检察官学院学报》2020 年第 4 期。
[66] 李勇：《检察视角下中国刑事合规之构建》，载《国家检察官学院学报》2020 年第 4 期。
[67] 赵恒：《涉罪企业认罪认罚从宽制度研究》，载《法学》2020 年第 4 期。

学界对暂缓起诉协议的引入已经达成共识,我国法律在接受暂缓起诉协议制度方面具有兼容性,并不存在根本的价值冲突和制度障碍,[68]而改造附条件不起诉制度,使其适用于企业犯罪,并将考验期内合规计划的建立作为所附条件之一,以畅通我国刑事不起诉到刑事合规之间的路径,已成为学者极力倡导的引入方法。[69]

在制度构建方面,最为核心的议题是附条件不起诉制度的模式选定。有学者提炼了暂缓起诉协议的两种模式,即以美国法为代表的检察官自由裁量模式和以英国法为代表的司法审查模式,前者对涉嫌犯罪的企业是否适用暂缓起诉协议完全由联邦或州检察官自行决定,法官只作形式的审查或者批准;后者的协议本身虽然由检察官与涉案企业自愿达成,但需要法官从证据和公共利益两个方面通过听证会进行审查并作出批准,方可产生法律效力。[70]

部分学者从检察官自由裁量模式的缺陷出发论证引入实质司法审查机制的必要性,其中最主要的忧虑在于检察官滥用权力,检察官融协议的签署者、执行者和监督者于一身,缺乏第三方的审查和制约,因而在适用过程中存在诸多制度漏洞,可能导致检察官滥用权力,如果不借助外部监督力量而仅寄希望于检察官的道德自律和内部自控,则必定难以解决该问题。[71] 即便是强调检察机关是认罪协商的主导者、附条件协议的主导者、协议履行监督的主导者、案件结果决定的主导者的学者,也认为应当审慎借鉴美国式暂缓起诉协议制度,强化对合规协议的司法审查力度。[72]

相反,也有学者提出我国企业犯罪附条件不起诉制度不能采用英国的司法审查模式,企业犯罪附条件不起诉制度应该与其他不起诉制度保持一致,由人民检察院独立决定,[73]近来我国多地检察机关正在开展的一系列企业合规不起诉制度试点也呈现这一特征。还有学者从否认合规不起诉具有协商性质出发,认为附条件不起诉的适用是一个单向的法律适用活动,检察机关行使的是

---

[68] 陈瑞华:《企业合规视野下的暂缓起诉协议制度》,载《比较法研究》2020 年第 1 期。

[69] 李玉华:《我国企业合规的刑事诉讼激励》,载《比较法研究》2020 年第 1 期。

[70] 陈瑞华:《企业合规视野下的暂缓起诉协议制度》,载《比较法研究》2020 年第 1 期。

[71] 叶良芳:《美国法人审前转处协议制度的发展》,载《中国刑事法杂志》2014 年第 3 期。

[72] 赵恒:《认罪答辩视域下的刑事合规计划》,载《法学论坛》2020 年第 4 期。

[73] 欧阳本祺:《我国建立企业犯罪附条件不起诉制度的探讨》,载《中国刑事法杂志》2020 年第 3 期。

裁量权和判断权，因而不仅排斥英国暂缓起诉司法审查模式的引入，美国的暂缓起诉模式也由于具有协议和妥协的性质而不能直接借鉴。[74]

在构建合规不起诉制度的理论和制度障碍方面，学界普遍认为，合规不起诉发挥了刑罚所固有的惩罚和威慑功能，甚至在惩罚和威慑功能的发挥方面还具有更为理想的效果，但是，对已经构成犯罪的企业，通过达成协议的方式，最终使其受到无罪处理，这可能不符合我国固有的罪刑法定和罪责刑相适应原则。[75] 对此，有学者提出附条件不起诉制度是在肯定企业构成犯罪时的不起诉，并不是消灭其罪责刑，所以不违反这两项原则，[76]此外，合规不起诉制度被认为是检察机关对单纯起诉职能的超越，发挥了检察机关的社会治理职能，[77]但是，我国检察机关毕竟不是行政机关的组成部分，有学者提出了对检察机关在现有体制下是否具有足够的动力与涉案企业达成这种暂缓起诉协议，以及能否胜任监督企业合规计划制定和完善的合规监察工作等担忧。[78]

六、评论

围绕五大合规研究的重点板块和热点议题，我国学者遵循两条脉络，完成了对企业合规的阶段性研究，一方面，通过比较法研究介述国外成熟的合规理念、制度和实践；另一方面，以对策法学研究为主线，致力于为企业合规中国化提供对策建议。沿着“合规在我国的引入与理论调适”这一基本思路，笔者将对本文提及的理论成果和争议问题发表简要评论。

企业合规的性质与功能在合规基础理论中占据重要地位，从流于字面的“合乎规定”到合规的三个层面，从法律风控到防范特定的合规风险，合规概念的逐步厘清标志着合规研究走向深入。可以说，只有赋予合规明确的概念内涵，将合规治理视作独立于业务治理、财务治理的“第三项权力”，并正视合规作为刑法和行政法激励机制的基本性质，才能真正走进企业合规研究的大门。关于合规激励理论根据和合规治理有效性的争论，在很大程度上源于对合规

---

[74] 时延安：《单位刑事案件的附条件不起诉与企业治理理论探讨》，载《中国刑事法杂志》2020 年第 3 期。

[75] 陈瑞华：《企业合规视野下的暂缓起诉协议制度》，载《比较法研究》2020 年第 1 期。

[76] 欧阳本祺：《我国建立企业犯罪附条件不起诉制度的探讨》，载《中国刑事法杂志》2020 年第 3 期。

[77] 杨帆：《企业合规中附条件不起诉立法研究》，载《中国刑事法杂志》2020 年第 3 期。

[78] 陈瑞华：《论企业合规的中国化问题》，载《法律科学》2020 年第 3 期。

性质和功能的误解，合规或被拖入刑法教义学的闭环中，在责任刑与预防刑、旧过失论与新过失论等理论模型中失去活力；或被苛以绝对预防任何违法违规行为的过载功能，模糊化了有效合规的判断标准，掩抑了合规治理的有效性。本文认为，企业合规是典型的实用主义法学产物，具有浓厚的实践理性色彩，已融入多个英美法和大陆法国家的法律体系，这一趋势无法阻挡，合规治理的有效性获得世界认可。企业合规并非天然反教义学，相反，其正是检验教义学化是否导致学科封闭僵化的试金石，怀抱开放的心态吸纳合规成为刑法激励的独立事由，既有教义才不致成为负累，刑法理论才能不断向前发展。

企业合规进入公司治理和行政监管的基本模式已经得到较为充分的研究，无论是公司合规治理体系，行政监管的"受规制的自我规制"模式，还是行政和解协议制度，都已进入我国学者和监管机关的视野。但是，企业合规毕竟属于舶来品，直接引入不免面临着观念和制度等多重阻碍，以行政和解协议为例，其与公权不可处分的价值冲突仍将持续，从证券业的试点情况来看，全面引入该项制度的条件也远未成熟。毫无疑问，如何在公司法层面确立公司及其高管建立有效合规计划的激励和惩戒机制，以及如何激发监管机关推进合规激励机制的积极性，并全面引入行政和解协议制度，将成为企业合规中国化的核心议题。学界在开展对策性研究、提出改革建议的同时，应当加强理论基础研究，探寻现有观念、制度、权力运行机制等障碍背后的制约因素，唯有如此，才能产生具有影响力的学术成果。

企业合规与单位刑事责任板块所列举的四大企业刑事归责重塑性理论中，企业文化责任论具有判断标准模糊的天然缺陷。修正的组织责任论是组织责任理论向转嫁责任的倒退，试图兼容组织体责任和同一视责任原则的努力将导致这一学说无法充分发挥任何一种责任原则的优势，还不免同时携带了两种责任原则的缺憾。客观的中心归责论将客观层面的刑事归责等同于定罪，在结果上可以实现合规机制的引入，但是排除主观归责的简化思维容易招致正当性质疑，既然论者认为单位不具有独立意志，那么又如何能够成为责任主体，以及如何能够独立实施自我治理行为呢？而合规计划不仅是可以阻却答责的正当化事由，还能作为减轻罪责的量刑情节，客观的中心归责论放弃对企业犯罪违法和有责阶层考察，会导致对企业施加刑罚的正当性不复存在，因而也就不能为合规减轻企业责任提供理论支持。可见，上述三种理论都不免难以自洽,本文认为,企业独立意志理论既解决了企业刑事责任与自然人责任的区隔问题,也为企业独立意志的判断确立了合规计划有效性这一清晰标准,又为合规计划在企业刑事归责领域的全面引入搭建了适宜的理论"温床",殊值采纳。

企业合规引入公诉的三条路径兼具实践改革性和理论前瞻性,现有研究涵盖了各条路径的优劣,合规融入检察建议的刚性不足、融入认罪认罚从宽制度的合规考察期限萎缩、融入附条件不起诉制度的规范和正当性依据缺乏,均成为阻挡合规进入刑事司法的巨大障碍。与此同时,应当注意到各条路径之间从来都不是非此即彼的关系,实践中检察建议往往与认罪认罚从宽制度和不起诉制度联动,认罪认罚从宽案件最终也将导向不起诉或轻缓量刑建议等实质激励,而认罪认罚从宽和附条件不起诉之间,既存在价值理念上的相容性,在制度实践中也完全可以并用。因而,合规引入公诉体系的理性方案,应当是全面融合三条路径,以附条件不起诉制度的改革探索为核心,以认罪认罚从宽为理念驱动和准入条件,以检察建议等手段实现持续监控并与行政机关建立联动机制,这将成为合规引入刑事诉讼的中国模式。

本文认为,企业合规研究还需经历一场法学方法论上的转型,从对介述性研究和对策法学研究的自主反思开始,转向基于中国经验的合规研究,这将引领合规研究迈入更加成熟的阶段。一方面,随着合规在中国的引入,我国出现了大量的政策性合规文本,以及合规无罪抗辩、合规不起诉、行政和解协议等制度实践,从经验到理论的法学研究成为可能;[79]另一方面,中国的社会环境、制度条件和文化观念与西方国家都有着显著区别,企业合规引入公司治理、单位刑事责任和公诉的研究,已经证明照搬西方合规理论和制度的方案是障碍重重、难以实现的,合规如何完成理论调适并在中华大地落地生根,迫切需要本土合规理论的指引。在未来,总结中国合规改革实践经验,据此提炼中国化的原创性合规理论,将成为企业合规研究的主要学术增长点。

---

[79] 陈瑞华:《从经验到理论的法学研究方法》,载《中国法律评论》2019年第1期。

第二编

改　革

企业合规不起诉制度初步研究*

陈瑞华**

一、引言

近期,加强对民营企业的司法保护,已经成为社会各界达成的一项共识,也是我国新时期的一项重要法律政策。① 与此同时,为确保国家治理现代化目标的实现,发挥检察机关在参与社会综合治理的作用,我国司法改革决策部门对检察制度做出了一些重大改革,检察机关也开始进行相关制度的改革探索。② 在此背景下,一些地方检察机关开始尝试在审查起诉程序中引入企业合规机制,推行了一种颇具特色的"企业合规不起诉制度"。③

所谓"企业合规不起诉制度",是指检察机关对于那些涉嫌犯罪的企业,发现其具有建立合规体系意愿的,可以责令其针对违法犯罪事实,提出专项合规计划,督促其推进企业合规管理体系的建设,然后作出相对不起诉决定的制度。根据企业建立合规体系所依据的程序路径,合规不起诉可分为"检察建议模式"和"附条件不起诉模式"。在前一个模式下,检察机关在对企业作出相对不起诉决定的同时,要向其送达检察建议,要求其在一定期限内建立专项合规体系。④ 而在后一种模式下,检察机关对于提交合规计划的企业,可以作出暂缓起诉、合规考察或者附条件不起诉的决定,设定一定的考验期,责令其聘请合规监管人,合规监管人将对企业合规进展情况进行全流程监管,并定期提

---

* 原文载《中国刑事法杂志》2021 年第 1 期。

** 陈瑞华,北京大学法学教授,博导,教育部"长江学者奖励计划"特聘教授。

① 《中共中央、国务院关于营造更好发展环境支持民营企业改革发展的意见》,载《中国市场监管报》2019 年 12 月 24 日,第 1 版。

② 童建明:《充分履行检察职责,努力为企业发展营造良好法治环境》,载《检察日报》2020 年 9 月 22 日,第 3 版。

③ 陈章:《不起诉决定助力企业焕发生机》,载《检察日报》2020 年 6 月 12 日,第 3 版。

④ 《合规检察建议 + 相对不起诉,长宁检察护航企业"轻装"再出发》,载微信公众号"长宁检察在线"2020 年 10 月 20 日,https://mp.weixin.qq.com/s/3eLcNuEUkb-NvnQarSNzbQ。

交合规进展报告,在考验期结束后,检察机关根据企业合规的推进情况,作出是否提起公诉的决定。目前,我国开展企业合规改革探索的检察机关,绝大多数推行的是附条件不起诉模式。

从理论上来看,较检察建议模式而言,附条件不起诉模式在推进企业建立有效合规计划方面,具有多方面的制度优势。例如,从时间顺序上看,检察机关通常都是在作出不起诉决定后提出"检察建议",这种检察建议对于企业的约束力是较为有限的,无论企业是否以及如何推进合规体系建设,检察机关都不会对企业做出相应的奖励或者惩罚。[⑤] 相反,检察机关对于具有合规意愿的企业确定考察期,责令企业接受合规监管,并根据企业建立合规体系的效果来决定是否提起公诉,这就使涉案企业承受强大的压力,从而具有较强的合规动力。[⑥] 又如,在检察建议模式下,检察机关通常都不会对企业推进合规体系建设的情况进行持续不断的监管。而在附条件不起诉模式下,检察机关一般会将企业纳入合规监管程序,在专业的合规监管人的协助下,对企业进行监督考察,并对合规体系建设情况进行专业性的评估,这有助于企业进行有效的制度整改,消除管理漏洞,减少违法犯罪的隐患。再如,提出检察建议的检察机关,通常不会设定较为严格的考察期,而适用附条件不起诉的检察机关,则会设置6个月以上的考察期,责令企业接受合规监管人的持续监管,定期提交合规进展报告,后者显然更有助于企业真正建立有效的专项合规计划。[⑦]

尽管附条件不起诉模式在理论上具有上述制度优势,但是,由于我国相关法律并没有发生实质性的调整,检察机关不得不在现有法律框架下引入企业合规机制,因此,企业合规机制与现行公诉制度就发生了一些不兼容、不衔接甚至相互冲突的问题。例如,我国检察机关不享有行政处罚权,无法像外国检察机关那样对涉案企业科处高额行政罚款;我国检察机关对大多数单位犯罪案件不享有立案侦查权,无法像外国检察机关那样尽早与涉案企业达成和解协议,而只能等待公安机关或者监察部门的侦查或调查程序结束之后,才能适

⑤ 孙佳:《当检察官听说企业准备不干了,检察建议助力跨境电商,保障新型小微企业复工复产》,载微信公众号"青岛市人民检察院"2020年6月15日,https://mp.weixin.qq.com/s/BIPc5jWtAmdjU335urXA0A。

⑥ 杨帆:《企业合规中附条件不起诉立法研究》,载《中国刑事法杂志》2020年第3期。

⑦ 于潇:《发挥检察职能作用,助力企业加强刑事合规建设》,载《检察日报》2020年9月23日,第3版。

用合规监管程序；对于那些接受行政调查的企业违法案件，我国检察机关只能在行政机关移送刑事诉讼程序之后才能介入案件，因此无法与行政机关一起，与涉案企业签署"一揽子"和解协议，在推进合规体系建设方面其也难以取得行政机关的支持……

通过考察一些地方检察机关的合规不起诉改革经验，我们还发现，部分检察机关会将合规不起诉纳入认罪认罚从宽制度框架之中；有的检察机关没有发布基于风险的合规指南，对企业提交的合规计划缺乏实质性的专业审查；有的检察机关将大量企业高管涉嫌犯罪的案件纳入合规不起诉程序之中；有的检察机关在合规监管人的制度设置上存在混乱，缺乏有效的监督和管理机制；个别检察机关在推进合规不起诉方面存在不公开、不透明的问题，甚至可能出现自由裁量权的过度适用问题……

考虑到合规不起诉制度改革刚刚开始推行，不少检察机关只是发布了相关的改革方案或规范性文件，而很少有典型性的合规不起诉案例，因此，对于这一制度的探索情况及其效果，还有待于通过长时间的跟踪观察，并按照社会科学的方法作出适当的评估。但无论如何，检察机关不应"为改革而改革"，而应将是否消除企业管理制度隐患，推动企业改变经营模式，对企业违法犯罪行为发挥积极防控作用，作为评估合规不起诉制度是否取得成功的重要指标。

鉴于此，本文拟对检察机关合规不起诉制度作出初步的研究。笔者将对合规不起诉的程序衔接、合规不起诉的适用对象、合规监管方式的选择、合规指引的构建、合规不起诉的公开化等问题，作出简要的分析和评论。本文所要论证的基本观点是，企业合规不能仅仅停留在书面文件上面，检察机关也不能仅仅实施形式化的合规不起诉流程，而应当将企业合规机制予以激活，使之在预防企业犯罪、识别合规风险、修补制度漏洞等方面发挥行之有效的作用。

二、合规不起诉制度与相关制度的衔接

在探索合规不起诉制度过程中，大多数检察机关都确立了"附条件不起诉模式"，并将企业合规体系纳入现有公诉制度之中。但是，考虑到我国现行法律并没有确立针对企业的附条件不起诉制度，因此，这种制度探索面临着与一系列相关制度的配套和衔接问题。[⑧] 其中，如何将合规不起诉制度纳入认罪认

---

⑧ 陈瑞华：《企业合规的基本问题》，载《中国法律评论》2020 年第 1 期。

罚从宽制度,如何与刑事和解程序进行衔接,如何尽早启动附条件不起诉程序,如何设定合规考察期,就成为改革者无法绕开的制度安排问题。

(一)认罪认罚从宽制度

检察机关会将涉案企业"认罪认罚"作为适用合规不起诉制度的前提条件,这一点确实具有一定的现实合理性。毕竟,涉案企业假如不认罪,就无法体现一种"积极配合"的态度,无法采取有效的补救措施,更难以展开实质性的制度整改。[⑨] 正因如此,几乎所有推行"暂缓起诉协议制度"的国家,都将涉案企业自愿认罪作为对其进行合规监管的前提条件。

但是,我国法律所确立的"认罪认罚从宽制度",并不仅仅要求涉案企业自愿认罪,而且还要求企业接受刑事处罚,签署认罪认罚具结书,并接受案件按照一种简便快捷的特殊程序进行处理。不少检察机关都将合规不起诉的适用对象设定为"可能判处三年有期徒刑以下刑罚"的轻微刑事案件,而这类案件一旦适用认罪认罚从宽制度,检察机关就会将案件纳入速裁程序的轨道,在不到一个月的时间里快速完成侦查、审查起诉和审判的工作。

但是,按照合规不起诉制度的本质要求,检察机关要对涉案企业设定必要的考察期,对其展开一段时间的合规监管,并根据企业建立和推行合规管理体系的进展情况,来决定是否提起公诉。通常情况下,检察机关对于被作出附条件不起诉决定的企业,要设置 6 个月以上甚至 1 年以上的合规考察期。否则,涉案企业根本无法完成建立合规体系、完善合规计划甚至实施有效合规管理机制的任务。

很显然,将合规不起诉纳入认罪认罚从宽制度的轨道,在现行制度框架下遇到了一定的难处。按照认罪认罚从宽的制度逻辑,检察机关应当在尽可能短的时间内对涉案企业作出快速刑事处理。而根据合规不起诉的制度原理,检察机关应当对涉案企业设置尽可能长的合规考察期,以便给涉案企业建立或者改善合规管理体系以较为宽松的时间周期,从而保障企业填堵制度漏洞、消除制度隐患、进行实质性的制度整改,真正发挥防范合规风险的效果。

要解决这一制度难题,我们需要将认罪认罚从宽制度与合规不起诉制度加以分离,不将涉案企业签署认罪认罚具结书作为适用附条件不起诉的前提

---

⑨ 李勇:《检察视角下中国刑事合规之构建》,载《国家检察官学院学报》2020 年第 4 期;赵恒:《认罪答辩视域下的刑事合规计划》,载《法学论坛》2020 年第 4 期。

条件。只要涉案企业自愿认罪,而又同时作出合规承诺、提交合规计划,那么,检察机关就可以对其作出附条件不起诉的决定,而不再适用认罪认罚从宽程序。对于那些被纳入合规考察程序的企业,检察机关所要做的不是快速作出刑事处理,而是进行合规监管考察,督促其建立一套行之有效的合规管理体系。

(二)刑事和解程序

对于涉案企业的犯罪行为造成被害人受到经济损失的,一些检察机关将赔偿被害人作为适用合规不起诉的又一前提条件。根据企业合规的基本原理,涉案企业要进行制度整改,就必须采取积极的补救措施,其中,及时赔偿被害人,积极补交偷逃的税款,缴纳行政罚款,退交违法犯罪所得,修补被破坏的资源环境等,就属于企业采取补救措施的重要表现。有些检察机关还将企业采取这类补救措施,视为"法益修复"的措施,并将其作为实施合规不起诉的必要条件。[10]

但是,按照我国现行的行政监管方式,行政机关享有对行政违法企业的行政处罚权。对于那些被认为涉嫌犯罪的企业,检察机关和法院都不享有行政处罚权,而只能通过发出检察建议或者司法建议的方式,建议行政机关作出行政处罚。结果,很多检察机关在对涉案企业适用附条件不起诉时,就无法对涉案企业科处罚款、没收违法所得,更无法责令涉案企业赔偿被害人的经济损失。这种在没有责令企业采取补救措施的情况下所推行的合规不起诉制度,会带来诸多方面的"后遗症":要么造成涉案企业没有受到应有的行政处罚,要么导致被害人得不到应有的民事赔偿,以至于对检察机关的合规不起诉决定产生较大的抵触情绪,影响这一改革的顺利推行。

从制度设计上看,检察机关要走出上述制度困境,其实也并不困难。在考虑是否对企业适用附条件不起诉之前,检察机关就应当将涉案企业是否采取补救措施作为将其纳入合规监管程序的前提条件。检察机关尽管无权采取行政处罚措施,但仍然可以责令涉案企业赔偿被害人,或者与被害人达成赔偿协议,并将此作为作出附条件不起诉决定的前提条件。对于确有困难、无法一次

---

⑩ 有关龙华区检察院施行"法益修复考验期"制度的具体情况,可参见《肖文齐主任到深圳市龙华区人民检察院调研合规不起诉制度》,载微信公众号"广东粤通律师事务所"2020年9月3日,https://mp.weixin.qq.com/s/CogFdXP0EV2KE0-N4yKwvQ。

性赔偿的涉案企业，检察机关可以在合规监管协议中设立一个赔偿条款，或者责令企业提交赔偿被害人的承诺书，在后续的合规监管中，监督企业履行赔偿义务，并在考察期结束之前，将企业是否赔偿被害人作为是否提起公诉的重要考量因素。由此，检察机关就可以对涉案企业有效地施加压力，建立赔偿被害人的激励机制。

（三）启动阶段

几乎所有检察机关都是在审查起诉阶段适用合规不起诉制度。但是，根据我国现行的立案管辖制度，对大多数企业涉嫌犯罪的案件负责立案侦查的国家专门机关都是公安机关。在长达数月乃至一年以上的侦查过程中，如果公安机关动辄对涉案企业采取查封、扣押、冻结、拍卖、变现等强制性侦查措施，甚至对企业的财产进行实质性处置，将使企业的生产、投资、经营甚至生存面临困难。在案件进入审查起诉程序以后，侦查机关对企业利益就已经造成了程度不同的损害。在此情况下，检察机关再对企业采取合规不起诉措施，设置合规考察期，对其实施为期六个月以上的合规监管，就难以起到保护民营企业、对民营企业进行除罪化处理的改革效果。

很显然，与西方国家的检察机关相比，我国检察机关介入刑事诉讼程序的时间过于滞后，无法在立案侦查之初尽快启动合规不起诉程序。要解决这一问题，就需要打破刑事诉讼法所设计的审判前程序框架，确保检察机关尽早启动合规不起诉程序。具体而言，应当规定公安机关在对涉嫌犯罪的企业作出立案决定之后，发现案件符合适用合规不起诉制度条件的，就可以将案件及时移交检察机关，检察机关经审查确认后，可以启动合规不起诉程序。要达到这一改革效果，我们需要为合规不起诉制度设置一种特殊程序通道，使符合条件的案件不再受到法定的立案、侦查、审查起诉等诉讼阶段的限制。与此同时，公安机关也应将企业合规机制纳入侦查工作的轨道，对于检察机关的合规不起诉制度改革进行必要的配合和支持。经验表明，在没有取得公安机关配合的情况下，单靠检察机关一家的努力，合规不起诉制度的改革探索将很难取得成功。

（四）合规考察期

目前，几乎所有进行改革探索的检察机关，在审查起诉阶段都设置了专门的合规考察期，以便使企业接受一段时间的合规考察，逐步建立行之有效的合规管理体系。有些检察机关设立了6个月至1年的考察期,有的检察机关则将考察期设置为1年至2年。但无论将考察期设置为多长时间,各地检察机关都力求“不突破刑事诉讼法的规定”,严守审查起诉的法定期限,尽量在刑事诉讼程序的缝隙中寻求尽可能长的考察期限,以便为有效的合规监管创造基本的时间保障。

应当说,我国刑事诉讼法对审查起诉期限的严格限制,主要适用于那些嫌疑人受到羁押的案件。这种严格限制有着避免超期羁押和不必要羁押等方面的政策考量。而在那些对嫌疑人采取非羁押性强制措施的案件中,检察机关的审查起诉期限具有较大的灵活性,故而可以被适度采取延长措施。正是基于对我国刑事诉讼程序的上述认知,检察机关才在审查起诉环节设置了少则6个月长则1年以上的合规考察期。

但是,在审查起诉环节设置如此长的合规考察期,检察机关对作为嫌疑人的企业采取多方面的合规监管措施,并根据企业推进合规管理体系的情况来决定是否提起公诉,这确实没有明确的法律依据。毕竟,我国刑事诉讼法只是对涉嫌犯有轻微犯罪行为的未成年人,确立了6个月至1年的监督考察期,适用附条件不起诉制度。而对于涉嫌犯罪的企业而言,检察机关对其采取监督考察措施,并没有明确的法律依据。

要解决这一涉及“改革合法性”的难题,检察机关需要集思广益,审时度势,推动这项改革被纳入合法的授权框架之中。近年来,我国全国人大常委会已经对多项司法改革措施采取了“立法授权”的改革试验方式。这些改革措施包括认罪认罚从宽制度改革、监察体制改革、民事诉讼程序繁简分流改革等。最高人民检察院就曾直接向全国人大常委会提请在全国部分地区进行公益诉讼制度改革试点。⑪ 这种通过最高立法机关授权所进行的改革探索,既可以保证其改革探索的合法性,又可以在划定的若干地区展开制度试验,还可以定期对改革成效进行总结评估,及时解决改革试点中的问题,将那些行之有效的成熟改革经验通过立法程序上升为国家法律。这种改革试验方式也可以被使用到合规不起诉制度探索上面。未来,在部分地方检察机关就合规不起诉改革进行初步探索的基础上,最高人民检察院可以总结经验,提请全国人大常委会

---

⑪ 王治国等:《最高检提请全国人大常委会授权在部分地区开展公益诉讼改革试点工作》,载《检察日报》2015年6月25日,第1版。

在全国部分地区的检察机关进行合规不起诉的改革试点。假如这种授权改革试验方式可以推行的话，那么，合规不起诉改革的合法性问题就能得到顺利解决，检察机关还可以通过有组织的改革试点和总结评估，有力地推动这一制度改革的全面推行，并确保这一改革取得较为理想的社会效果和法律效果。

三、企业合规不起诉的适用对象

检察机关对涉案企业所适用的合规不起诉，基本上属于相对不起诉的一种类型。根据我国现行刑事诉讼制度，相对不起诉所适用的对象通常都是嫌疑人犯罪情节轻微，依照刑法不需要判处刑罚或者免除刑罚的案件。据此，检察机关在改革探索中将合规不起诉的适用对象确定为直接负责的主管人员和其他责任人员依法应被判处三年有期徒刑以下刑罚的案件。这带来了三个问题：一是合规不起诉只能被适用于情节轻微的企业犯罪案件，而对于涉案金额较大的企业犯罪案件，则没有适用这一制度的空间；二是检察机关对于侦查机关立案侦查的企业高管涉嫌犯罪案件，也适用合规不起诉制度，使这一制度的适用范围超出了“企业犯罪案件”的范围；三是检察机关适用合规不起诉的对象，一般都是“中小微民营企业”，这在很大程度上限制了检察机关推进企业合规建设的力度。下面依次对这些问题作出分析和评论。

（一）企业家犯罪案件还是企业犯罪案件

合规不起诉是一种将企业合规机制引入公诉制度的改革尝试。而企业合规则是一种基于企业风险防控而确立的公司管理体系。企业合规的适用对象当然应当是作为商业组织的企业本身。但是，一些地方检察机关在合规不起诉制度的改革探索中，对于涉案企业和涉案责任人员同时适用附条件不起诉制度，并根据企业实施合规体系的实际效果，来决定对企业和责任人员是否提起公诉。甚至在改革探索中，有些检察机关在没有合适的单位犯罪案件的情况下，对于企业高管涉嫌犯罪的案件，也直接推行合规不起诉制度。

之所以造成检察机关对企业犯罪案件和企业家犯罪案件不加以区分地适用合规不起诉制度的情况，主要原因有三个：一是我国刑法上的单位犯罪制度，基本上是以自然人犯罪为基础而建立起来的；二是在诸多企业犯罪案件中，企业家犯罪与企业犯罪存在密不可分的关系；三是我国公安机关在对单位犯罪案件的立案侦查方面，存在重自然人、轻单位的问题。

首先，我国《刑法》确立了一个犯罪主体、两个刑罚主体的制度框架，在认定单位构成犯罪的前提下,同时追究单位和单位内部责任人员的刑事责任。但在刑事处罚的设定上,《刑法》一般对犯罪单位处以罚金,对单位责任人员则可以处以包括自由刑、财产刑在内的刑事处罚。结果,司法机关通常将单位责任人员可能被判处的刑事处罚(基本上是自由刑)作为衡量单位犯罪严重程度的主要标准。⑫

其次,由于产权结构不明晰,一些民营企业在经营过程中没有建立现代企业治理结构,一些民营企业家完全掌控了企业的命运。特别是企业涉嫌实施的经济犯罪,如生产、销售伪劣商品、走私、破坏金融管理秩序、危害税收征管、侵犯知识产权、扰乱市场秩序、破坏环境资源保护等,往往都是民营企业家直接组织、策划或者实施的。假如仅仅将合规不起诉适用于单位犯罪案件之中,那么,检察机关对于众多由企业家实施的犯罪案件,就只能提起公诉了。而这种提起公诉显然会造成公司负责人被定罪判刑的结局。这一方面无法达到保护民营企业的效果,另一方面也会使众多上市公司或拟上市公司受到严重的影响,要么无法上市,要么被迫退市,失去了经营资格、交易机会和良好社会声誉。

再次,一些地方公安机关对单位犯罪的立案侦查存在制度性障碍。笔者在调研中发现,越是经济发达的地方,公安机关越是倾向于对涉嫌犯罪的民营企业家进行立案侦查,而对涉案企业进行直接立案侦查的情况就越是少见。这一方面与侦查人员在认定单位犯罪方面存在困难有一定的关系,另一方面也与公安机关内部存在重自然人、轻单位的办案考核机制密不可分。在一些经济欠发达地区,公安机关程度不同地存在“趋利性执法”的现象,对于民营企业家进行立案侦查,进而对涉案财物采取查封、扣押、冻结等强制性侦查措施,所存在的制度障碍也更少一些。但相比之下,对于单位犯罪的立案,尤其是对于上市公司或者拟上市公司的刑事立案,各地政府普遍避免因为启动对单位的立案侦查而可能给当地经济带来的负面影响,这就造成公安机关对这类案件的立案数和立案率受到明显的制约。

尽管存在上述几个方面的难题,但是,企业合规毕竟是针对企业的合规风险所建立的一套自我监管和自我防控机制,企业合规主要是“企业自身的合

---

⑫ 陈瑞华:《合规视野下的企业刑事责任问题》,载《环球法律评论》2020年第1期。

规”,而不等于“企业家的合规”。因此,检察机关在未来的改革探索和制度设计中,还是应当将合规不起诉适用到企业涉嫌犯罪的案件之中。当然,考虑到我国企业治理的实际情况,对于企业没有被列为犯罪嫌疑人,而企业内部法定代表人或者高级管理人员涉嫌犯罪的案件,检察机关就不能直接对企业本身适用附条件不起诉、合规考察、合规监管等制度。但是,假如企业在对员工、子公司、客户、商业伙伴的合规管理方面确实存在制度漏洞,检察机关也可以通过发出检察建议的方式,督促行政监管部门加强对该企业的合规监管,或者直接督促企业建立某一专项合规计划。与此同时,在将涉案企业纳入合规监管的同时,对于涉案责任人员也可以适用附条件不起诉制度,对其进行必要的监督考察。对于符合法定条件的责任人,检察机关可以对企业和责任人同时作出相对不起诉的决定。当然,对于那些不符合相对不起诉适用条件的责任人,检察机关在对企业作出不起诉决定之后,可以提出较为宽大的量刑建议,申请法院作出较为宽大的刑事处罚。

(二)轻微刑事案件还是重大刑事案件

在美国和欧洲国家,检察机关经常对涉嫌犯有严重罪行的企业适用暂缓起诉协议或不起诉协议制度。例如,有些涉嫌实施动辄数亿美元商业贿赂行为的企业,泄露数以千万计的客户信息的企业,甚至实施过数亿美元洗钱行为的银行,都与检察机关签订了和解协议,并最终以完善合规体系换取了宽大的刑事处理,避免了被定罪判刑的结局。⑬

但在我国检察机关的改革探索中,合规不起诉制度主要适用于那些嫌疑人可能被判处三年有期徒刑以下刑罚的轻微刑事案件,而那些较为严重的企业犯罪案件,则难以适用这一制度。当然,在少数检察机关的改革方案中,合规不起诉也被扩大适用到法定刑在 3 年以上 10 年以下的单位犯罪案件,但也被施加了诸多限制性条件。可以说,如何在较为严重的单位犯罪案件中,引入合规不起诉制度,这已经成为各地检察机关面临的一个“瓶颈”问题。

要走出这一困境,我们需要在现行法律框架内寻找制度突破的空间,一方面将企业与责任人员的刑事处理区分开来,另一方面也可以在合规不起诉之外,建立新的合规激励机制。

---

⑬ 陈瑞华:《企业合规视野下的暂缓起诉协议制度》,载《比较法研究》2020 年第 1 期;李玉华:《我国企业合规的刑事诉讼激励》,载《比较法研究》2020 年第 1 期。

我们先来讨论第一个问题。原则上，在适用合规不起诉制度方面，我们应当将企业与企业家区别对待。尤其是大中型企业，它们已经建立了现代公司治理机构，有条件实施各类专项合规管理制度，企业也有能力对员工、客户、子公司、商业伙伴实施行之有效的内部合规监管。因此，对于这类具有合规建设意愿的企业，即便涉嫌较重的犯罪，检察机关仍然可以将其纳入附条件不起诉的适用对象，开展合规考察和合规监管，并作出相对不起诉的决定。在未来的刑事诉讼制度中，一个涉案企业实施有效合规计划的行为，应与犯罪情节轻微一起，同时成为适用相对不起诉的法定条件。但是，对于涉嫌犯罪的单位内部责任人员，假如所涉嫌的犯罪较为严重，检察机关在对企业作出不起诉决定的同时，仍然可以对其作出提起公诉的决定。

不过，假如企业确实涉嫌实施了特别严重的犯罪，而自身又具有强烈的建立合规体系意愿和条件，检察机关究竟该如何处理呢？这涉及第二个问题。在笔者看来，对于企业犯罪造成的后果特别严重，性质特别恶劣的，检察机关确实不宜适用相对不起诉制度。但即便如此，检察机关仍然可以探索其他方面的合规激励机制。对于依法不适用相对不起诉的涉案企业，确实具有建立合规体系意愿，或者已经初步建立合规计划并愿意改善合规管理体系的，检察机关可以提出宽大的量刑建议，建议法院降低罚金额度。由此，对企业降低刑事处罚幅度，将成为一种新的合规激励机制。

（三）对“中小微民营企业”适用合规不起诉的难题

从各地检察机关的改革探索情况来看，适用合规不起诉的企业大都是一些存在经营困难的“中小微”企业。尤其是在 2020 年上半年出现新冠肺炎疫情的特殊背景下，这些企业为了继续生存下去，可能从事了违法违规经营活动，如虚开增值税发票，制造、销售伪劣产品，生产、销售假冒注册商标商品，单位行贿，污染环境，骗取贷款，非法吸收公众存款，网络诈骗，等等。应当说，这些企业本身并不是为实施犯罪而成立的商业机构，其主要是因为管理制度存在漏洞和隐患而无法预防犯罪行为的发生，或者是因为存在经营、融资等方面的困难而不得不铤而走险。对这些企业及其负责人动辄提起公诉，并进而加以定罪判刑，不仅会导致企业遭受灭顶之灾，走向破产、倒闭，而且会严重影响企业员工、客户、商业伙伴、投资人、退休金领取者等众多人群的利益，酿成严重的社会问题。[14] 正因如此,对于这类“中小微”企业适用合规不起诉制度,可以对这类企业的制度模式、管理方式和治理结构进行实质性改造,消除其违法犯罪的制度“基因”,对企业进行“去罪化处理”,使其在接受一定时间的合规监管和合规考察之后,激活内部的自我监管机制,成为一种依法依规经营、传播合规文化的商业机构。

但是,对于这类“中小微”企业适用合规不起诉,也面临着三个难以克服的难题:一是这些企业无力缴纳高额的行政罚款,西方国家通行的合规激励方式无法得到适用;二是对这些企业连同其负责人同时给予宽大刑事处理,那种“放过企业,但要严惩责任人”的合规原理难以得到全面适用;三是对这些企业难以建立典型的“有效合规计划”,无法促使其像大型企业集团那样,建立较为完善的合规治理体系。

比较法的研究表明,对涉嫌犯罪的企业处以高额罚款,是西方国家检察机关推进暂缓起诉协议和不起诉协议的制度前提。通过对企业科处动辄数以千万美元甚至上亿美元的罚款,西方检察机关可以促使企业承担法益修补义务,体现悔过自新和建立合规机制的诚意,从而为合规机制的推行奠定基础。但是在我国,很多“中小微”企业没有承受这种高额罚款的能力,检察机关作为司法机关,也没有行使行政处罚权的法律资格。假如我国检察机关像西方同行那样,对涉案企业处以高额罚款,就有可能带来两个负面后果:一是涉案企业“雪上加霜”,走向破产倒闭;二是检察机关违法行使行政处罚权,出现越权现象。

根据企业合规的基本原理,对企业适用合规激励机制,要以严厉惩罚实施犯罪行为的内部责任人为前提。据此,西方国家检察机关与涉案企业达成暂缓起诉协议的前提,是企业对实施犯罪行为的内部责任人给予严厉惩戒,将其送交司法机关加以定罪判刑,甚至,作为一种激励措施,企业主动披露司法机关未曾掌握的责任人犯罪情况的,还有可能获得程度不同的“合作奖励”(cooperation credit)。[15] 但是在我国,很多“中小微”企业的负责人在企业实施犯罪过程中,起到了组织者、领导者和策划者的作用,具有“直接负责的责任人

---

[14] 陈瑞华:《美国暂缓起诉协议制度与刑事合规》,载《中国律师》2019 年第 4 期。

[15] 尹云霞等:《企业能动性与反腐败“辐射型执法效应”——美国 FCPA 合作机制的启示》,载《交大法学》2016 年第 2 期。

员”的地位。检察机关在推行合规不起诉制度过程中，一般都要对涉案企业和这些责任人同时采取附条件不起诉措施，并在企业成功地推行合规监管措施之后，对企业和责任人同时作出相对不起诉的决定。检察机关假如在对企业推行合规监管机制的同时，动辄对企业负责人采取定罪量刑的处理方式，那么，这些作为企业“灵魂人物”的负责人或者责任人，一旦被定罪判刑，这些企业也就会出现审查经营困难、资金链断裂、业务和客户流失等连锁反应，企业仍然会面临灭顶之灾，甚至走向破产倒闭。

不仅如此，西方国家经过多年的公司合规监管经验，已经建立了较为完善的合规管理体系。[16] 但是，这种“有效合规计划”的标准往往适用于大型企业集团或者跨国公司，对于我国为数众多的“中小微”企业，尤其是带有家族经营色彩的民营企业，可能存在“水土不服”的问题。例如，要求在董事会之下设立合规管理委员会，设立为数众多并有较高预算支撑的合规部门，建立合规部门对企业业务活动的“一票否决制”，将合规管理嵌入企业生产经营的所有环节等合规管理要求就很难在“中小微”企业中得到推行。

要解决上述难题，我们需要对企业合规机制进行必要的“本土化改造”，使其在发挥预防违法犯罪之功能的前提下，实现企业合规管理的“中国化”。[17] 例如，在对企业的处罚方面，尽管我国检察机关不享有行政处罚权，企业没有缴纳高额罚款的能力，检察机关仍然可以将企业赔偿被害人、补交税款、缴纳法定罚款、缴纳违法所得等作为对企业适用附条件不起诉的前提条件，也就是将企业纳入合规考察的根据。由此，企业承担法益修复义务的积极性就可以被调动起来。又如，尽管对于“中小微”企业要连同其内部负责人一并给予宽大刑事处理，但是，检察机关也可以动员企业负责人在积极配合监管调查、主动采取补救措施的前提下，积极推动企业合规管理体系的建设，并根据企业推进合规管理体系的实际效果，以及企业负责人在进行制度整改和弥补管理漏洞等方面所发挥的作用，来作出是否对企业和负责人提起公诉的决定。由此，可以激发企业负责人重建合规管理体系的积极性。再如，对于涉案的“中小微”民营企业，虽然不能像对待跨国企业那样，建立“西方式的企业治理体

---

⑯ 陈瑞华：《有效合规计划的基本标准——美国司法部〈公司合规计划评价〉简介》，载《中国律师》2019 年第 9 期。

⑰ 陈瑞华：《企业合规的中国化问题》，载《法律科学》2020 年第 3 期。

系”,但是,一些最低限度的“有效合规因素”,仍然是不可或缺的。检察机关需要将这些有效合规因素总结出来,使之成为督促企业建立合规管理体系的基本标准。

四、合规监管模式

在合规不起诉的制度安排方面,如何选择有效的合规监管模式,已经成为检察机关亟待解决的重要问题。在这方面,各地检察机关设立了多种制度模式,有的采取检察机关主导下的合规监管人模式,有的采取由外部专业机构担任独立监控人的监管模式,有的则采取由行政监管部门担任考察机关的监管模式。这些合规监管模式各有其利弊得失,可以进行各自的改革探索。不过,在未来将改革经验上升为法律制度的时候,有必要通过认真评估,做出适当的模式选择。

(一)检察机关主导监管模式

根据检察机关主导监管模式,检察机关与符合适用条件的企业签订刑事合规监管协议,后者制订有效的合规计划,并同意接受检察机关的监督和考察。检察机关设立刑事合规专员,该合规专员全流程参与对企业的合规监管,协助承办检察官完成对案件的审查、协议签订和监督考察等工作,并对检察官办理企业合规监管案件的过程实施内部监督。合规监管协议由检察官、刑事合规专员以检察机关的名义,与涉案企业进行签署。这种协议主要包括企业承担配合调查义务、企业承担赔偿被害人、缴纳罚款等补救性义务、企业制订刑事合规计划建立有效的可用来预防犯罪的合规管理制度、企业定期向检察机关报告合规计划的执行进度、协议考察期限以及履约或违约的法律后果等。⑱

在这一模式中,检察官和刑事合规专员主导着整个合规监管工作。根据合规监管协议的要求,企业应当指派高管人员或者聘请律师等专业人员,组建合规监管小组,以便监督合规计划的制定和改进。检察机关也可以根据情况,聘请有合规经验的审计、会计、税务等专业人员作为外部监管人,协助企业制定合规计划,并监督合规计划的执行。可见,企业无论是组建合规监管小组,还是聘请外部监管人,都要在检察机关监控下实施合规监管措施,且都需要取

---

⑱ 深圳市南山区人民检察院采取了这一模式。参见《南山区人民检察院关于涉企业犯罪案件适用附条件不起诉试点工作方案(试行)》,内部发布稿。

得检察机关的同意。甚至在这些外部专业人员的薪酬支付上,检察机关都自行安排经费预算,不给涉案企业与这些外部专业人员发生利益勾连的机会,以便保证外部专业人员的独立性。

(二)独立监控人监管模式

所谓独立监控人监管模式,是指检察机关决定对涉案企业启动刑事合规程序后,责令涉案企业在合理期限内聘请独立监控人开展企业刑事合规的制度。根据这一模式,检察机关与司法行政机关须经过协商,共同确定外部监控人的名录,以备涉案企业从中聘请独立监控人。独立监控人一般由律师事务所、会计师事务所、税务师事务所等外部专业机构担任,要具有良好的诚信和市场形象,具备承担独立监督职责的专业知识和技能,具有相关的业务经验,与案件没有利益牵连。在启动合规监管程序之后,涉案企业应提供三名独立监管人候选者名单;企业不能提供名单的,检察机关可以从独立监控人名录中选择三位候选者。检察机关经过与涉案企业进行充分协商,最终确定适合参与企业合规工作的独立监控人。独立监控人一旦被遴选出来,就要与涉案企业签署独立监控协议,载明独立监控人的权限、职责范围、履职方式、聘期、费用、权利义务以及违约责任等内容。独立监控人的工作报酬,一律由涉案企业支付。当然,上述协议要征得检察机关的批准。⑲

在企业与独立监控人签署监控协议后,独立监控人应就企业合规机制进行调查,协助企业制订合规计划,协助检察机关监督合规计划的执行,并针对其履职情况和企业执行合规计划的情况出具书面监控报告,以供检察机关在作出是否公诉决定时参考。具体而言,独立监控人的职责主要有以下几项:一是对涉案企业所在行业的情况、企业生产经营状况、违法历史、可能造成的社会影响、可替代处罚措施等进行调查,出具刑事合规调查报告,该项调查报告可以成为检察机关是否作出附条件不起诉决定的依据。二是协助涉案企业提出有效的书面合规计划,合规计划主要包括拟采取的补救挽损措施和拟构建的刑事合规制度,如合规管理规章、合规审查监督体系、合规风险预警机制、合规审查评估机制、违规行为上报机制、合规奖惩机制、合规文化培养体系等。三是在附条件不起诉的考验期内,独立监控人要协助检察机关对涉案企业进

---

⑲ 深圳市宝安区人民检察官采取了这一模式。参见《深圳市宝安区人民检察院涉企刑事案件附条件不起诉使用办法(试行)》,内部发布稿。

行监督考察,督促企业执行合规计划,发现有不合规行为的,及时向检察机关报告,并督促企业加以整改。四是定期向检察机关提交企业监督考察的阶段性报告,在考验期届满之前,提交综合性监督考察报告,并根据报告情况提交附条件不起诉考察意见书,提出起诉或者不起诉的意见,检察机关以此意见为参考,作出是否提起公诉的决定。

(三)行政部门监管模式

所谓行政部门监管模式,是指检察机关在审查起诉过程中,对于符合适用合规考察条件的企业,委托政府行政部门担任考察机关,对企业实施合规计划的情况进行监督考察的制度。根据这一模式,检察机关可以委托政府行政主管部门或者企业所在街道、乡镇政府部门担任考察机关;检察机关决定对涉案企业进行合规考察的,应要求涉案企业出具合规建设接受考察承诺书,并通知考察机关进行监督考察。检察机关在考察期间,应加强与考察机关的沟通联系,确实掌握涉案企业合规计划的实施情况,针对合规建设中存在的问题,及时向涉案企业提出整改意见。[20]

在合规考察期内,考察机关应对涉案企业执行合规计划的情况进行全流程监督考察。考察机关的考察职责主要包括:督促企业切实有效地实施合规计划,要求企业聘请律师参与合规建设,对企业定期向考察机关书面报告的合规整改和实施情况,分析其中存在的问题及其原因,并对进一步的合规实施作出安排。考察期届满后涉案企业应向考察机关提交书面的合规自查报告。在此报告的基础上,考察机关根据考察情况,向检察机关出具涉案企业合规考察评估报告,并提出是否提起公诉的意见。检察机关以此为参考,作出是否提起公诉的决定。

(四)合规监管模式的选择

合规监管模式的选择,归根结底要确保涉案企业有效地执行合规计划,进行必要的制度整改,实现预防犯罪发生的目标。从这个角度讲,检察官主导监管模式具有一定的制度优势,检察官可以直接对企业进行监督考察,直接与企业签署合规监管协议,直接监控企业实施合规计划的全部流程。独立监管人监管模式则可以借助于外部专业机构的力量,在检察机关的宏观监督下,使企

[20] 浙江省宁波市人民检察院采取了这一模式。参见《宁波市检察机关关于建立涉罪企业合规考察制度的意见(试行)》,内部发布稿。

业获得全流程的合规指导，实现合规监管的独立性、专业化和权威性，这有助于企业针对特有的合规风险实施行之有效的专项合规计划。相比之下，行政机关监管模式的实施，可以使检察机关获得行政监管部门的协助，对企业进行有针对性的合规监管。毕竟，企业所实施的犯罪一般都是“行政犯”，都是违反行政法规在先，后因情节严重才被采取刑事立案侦查措施。而行政监管部门既对企业负有监管责任，也熟悉特定领域的监管法规，所从事的合规监管活动更具有权威性。针对企业涉嫌实施的相关犯罪行为，从事诸如税务、市场监管、证券监督管理、海关、环境保护等领域监管职责的行政机关，更可以对企业展开有效的合规监管，制定专业化的合规指引，展开基于风险的合规评估活动。

但是，合规监管模式的确定，还要考虑合规监管的实际有效性，以及相关成本投入和法律风险等。从这一角度来看，上述三种监管模式也具有各自的局限性。例如，检察机关主导监管模式的实施，可能需要检察机关设立专门的合规监管机构，投入大量的人力、物力和其他司法资源。但在目前检察机关办案压力越来越大的情况下，如何以有限的人才资源应对未来的合规监管工作，将是一个非常紧迫的现实难题。与此同时，无论是建立合规机制，还是实施合规计划，都是专业性极强的公司治理工作。而仅仅依靠检察机关内部的专业人才，究竟能否胜任繁重的合规监管工作，这又令人不无疑问。又如，检察机关假如采取独立监控人监管模式，引入外部的律师事务所、会计师事务所、税务师事务所等专业机构，就像法院引入“破产管理人”参与破产管理那样，参与企业的合规监管工作，也会面临如何有效对外部监控人实施监管的问题。毕竟，在外部监管人从企业领取报酬的情况下，两者容易产生一定的利益勾连，在企业给予或者承诺给予较大经济利益的情况下，独立监管人能否保持合规监管的独立性，遵守基本的执业行为准则，这也是不能不令人担忧的问题。再如，检察机关委托行政机关实施合规监管，将会面临行政监管部门积极性不高、合规监管流于形式的问题。毕竟，在企业涉嫌经济犯罪的情况下，行政监管部门不再对案件行使行政调查权和行政处罚权，而检察机关与行政机关又没有行政隶属关系，检察机关如何能确保行政机关有效地开展合规监管工作呢？万一那些行政主管部门或者基层行政部门对于检察机关委托的监管考察工作敷衍塞责，应付差事，检察机关将如何处理呢？

如此看来,上述三种监管模式既有一定的现实合理性,也有各自的制度局限性,似乎都不是一种理想的合规监管模式。有些检察机关基于这种认识,确立了行政监管和专业监管并行的监管模式,[21]这或许是一种无奈的制度选择。在笔者看来,无论如何,检察机关亲自对涉案企业实施合规监管,这可能是一种不具有可持续性的制度安排。从西方国家从事企业合规监管的经验来看,检察机关委托或者责令企业聘请外部专业机构担任"合规监督员"或"合规协调人",这都是行之有效的合规监管经验。[22] 但是,西方国家的监管部门经常将那些在本部门工作过的前雇员,任命为合规监管人,例如,将在检察机关工作过的前检察官,在从事律师业务后,任命为合规监管人;将在行政监管部门工作过的前雇员,后来从事会计、审计、税务等专业服务的,任命为合规协调人;等等。这虽然有助于合规监管的专业化和权威化,便于监管部门与合规监管人的工作协调,但也带来了诸如利益冲突等方面的难题。而在我国的法律制度下,检察机关确定一个合规监管人名录,引入外部专业机构担任合规监管人,固然是一个大势所趋的事情,但是,如何加强对合规监管人的监管,在保证其合规监管工作权威性和专业性的前提下,确保其监管工作的独立性,避免合规监管人与被监管企业发生过多的利益牵连,防止出现合规监管中的舞弊和不诚信问题,也将是一个亟待解决的制度难题。对于这一问题,检察机关在探索合规不起诉制度过程中,可以进行多方面的改革试验,通过大胆试错,评估改革效果,寻找一种适合我国情况的行之有效的监管方式。这将是一个需要持续探索的改革过程。

五、专项合规指引

在适用合规不起诉制度过程中,检察机关对涉案企业通常有五个环节的合规考察:一是确定企业是否具有合规意愿;二是确定企业是否提交了合格的合规计划,或者做出了令人满意的合规承诺;三是与企业签署合规监管协议,就企业建立合规计划提出具体要求,并确定合规监管考察期;四是委托外部合规监管人对企业进行持续不断的合规监管,跟踪企业的合规实施过程,对其合规进展情况提供报告;五是在合规考察期结束之前,接受独立监管人的合规评

---

[21] 浙江省岱山县人民检察院采取了这一模式,参见《浙江省岱山县人民检察院涉企案件刑事合规办理规程(试行)》,内部发布稿。

[22] 尹云霞、李晓霞:《中国企业合规的动力及实现路径》,载《中国法律评论》2020年第3期。

估报告,审查企业的合规自查报告,确定企业是否实施了有效的合规计划,并作出是否提起公诉的决定。

但是,通过认真研读一些检察机关的相关规范性文件,就会发现这些检察机关只是笼统地提出了“有效合规计划”的要求,也提出了诸如“堵塞制度漏洞”“消除制度隐患”“防范合规风险”等方面的要求,而没有提出有针对性的合规指引。在专项合规指引和合规标准的制定上,各地检察机关普遍没有做好相关的改革试验配套准备。这不禁令人产生疑虑:在没有可行的专项合规指引的引导下,检察机关如何确定企业“具有合规意愿”并提交了合格的合规计划呢?检察机关如何与其签订可操作性的合规监管协议呢?对于外部监管人的持续合规监管工作,检察机关如何加以引导和评估呢?不仅如此,对于在考察期结束前的最终合规评估工作,尤其是对于涉案企业是否实施了有效的合规计划,检察机关如何确定一个相对客观的评判标准呢……一言以蔽之,检察机关如何防止自由裁量权的过度适用,对不同企业采取大体公平一致的合规评估标准呢?

很显然,要进行合规不起诉制度的有效探索,就需要各地检察机关制定可行的企业合规指引,为企业制订合规计划、实施合规管理、防范合规风险、完善合规治理体系,设定基本的评价标准。唯有建立这一套行之有效的合规指引,检察机关才能监督企业进行实质性整改,使其对原有管理模式和经营方式进行“除罪化”处理,及时处理那些实施过违法犯罪行为的内部责任人,有效消除相关管理制度的隐患和企业监管机制的漏洞,督促其依照有效合规的理念,重新建立合规管理体系,完善公司治理结构,实现企业在防范合规风险、识别违规行为和应对违规事件等方面的良性循环。[23] 那么,检察机关究竟应督促企业建立怎样的合规管理指引呢?

首先,一套有效的合规管理指引一定是一套基于风险防控的专项合规计划。

每个企业所从事的经营业务都不尽相同,企业规模、治理结构、管理模式、合规风险、违规事件的发生情况都具有程度不同的差异。企业合规是一种基于合规风险防控所建立起来的治理方式。所谓合规风险,是指企业因为违法、

[23] 时延安:《单位刑事案件的附条件不起诉与企业治理理论探讨》,载《中国刑事法杂志》2020年第3期。

违规所可能遭受的行政处罚、刑事责任追究以及由此带来的间接损失，包括可能受到的资格剥夺、交易机会丧失和社会声誉降低等损失。企业合规并不是一种“大而全”的管理体系，更不是“一揽子依法依规经营的制度保证”，而是针对特定合规风险所建立的一套合规风险防控体系。简言之，一个企业在哪个领域经常出现违法违规事件，这个企业就要针对这种风险建立旨在避免这类违规事件再次发生的内部监控体系，这就是企业合规的本质之所在。㉔

目前，我国企业涉嫌实施的违法犯罪行为，主要是那些涉及破坏市场管理秩序和社会管理秩序的经济类犯罪行为，主要包括生产、销售伪劣商品，从事商业贿赂，走私，破坏金融管理秩序，危害税收征管，侵犯知识产权，扰乱市场秩序，破坏环境资源保护，危害网络安全和侵犯个人信息，等等。针对我国企业经常出现的上述违法犯罪类型，检察机关有必要制定专门性的企业合规管理指引。例如，检察机关可以根据本地区的情况，制定产品质量合规指引、税收征管合规指引、金融管理合规指引、知识产权保护合规指引、反洗钱合规指引、反商业贿赂合规指引、环境保护合规指引、数据保护合规指引，等等。在针对某一特定企业适用合规不起诉制度时，检察机关应当根据该企业涉嫌实施的犯罪类型，将所发布的某一合规指引确定为对其进行合规监管的基本标准。

作为有效合规指引的主要标志，检察机关需要督促企业针对每一种专门的违法犯罪事件制定专项合规政策和行为指南。原则上，合规政策是一个企业建立合规管理体系的重要标志，其要将法律、法规、部门规章和行业规范中有关的实体性规则全部包容进来，形成一部具有“使用说明书”效力的员工行为手册。检察机关所发布的专项合规指引，应当为企业发布专项合规政策提供基本的要求，指导企业避免再次发生相关犯罪的危险。

其次，企业需要建立一套权威、独立和高效的合规组织体系。

很多企业之所以走上违法犯罪的道路，往往是因为没有建立一套合规组织体系，既没有设立专门的合规管理机构，也没有设立必要的合规管理人员，导致在合规风险防控方面无人负责的局面。要避免企业再次出现违法犯罪行为，检察机关需要督促企业建立最基本的合规组织体系。目前，欧美国家在建立合规组织体系方面都有一套较为成熟的经验。但这种合规组织体系往往对

㉔ 陈瑞华：《企业合规基本理论》，法律出版社2020年版，第91页以下。

于大型或者超大型企业集团更为适用。而我国检察机关所处理的单位犯罪案件,大都是一些“中小微”企业涉嫌实施的经济犯罪案件。对于这些企业的合规组织体系重建,我国检察机关不可能照搬照抄西方国家的经验,而需要建立有针对性的合规组织体系。

简要来说,我国检察机关在发布合规指引时,需要根据三个原则督促企业建立合规组织体系:一是权威性原则,也就是赋予合规部门和合规官员较高的行政级别,使其在公司管理体系中具有较高的行政权威,必要时可对于具有合规风险的业务提出质疑,建议最高管理层予以否决;二是独立性原则,也即是将经营治理体系、财务管理体系和合规治理体系进行基本的分离,对合规管理部门进行独立的设置,而不与经营部门、财务管理部门发生管理职能的集中或者混淆;三是高效性原则,也就是将合规管理嵌入企业经营管理的所有环节,使合规管理成为其他所有公司管理的前置性程序。㉕

再次,一套有效的合规管理指引应当发挥有效的防范、识别和应对作用。

检察机关在发布专项合规指引时,应当督促企业建立行之有效的合规实施程序。这主要包括三个方面的内容:一是防范机制,也就是有效防范合规风险,防止员工、客户、第三方和被并购企业出现违规行为的预防性管理机制,通常包括定期的合规风险评估、有针对性的合规尽职调查、合规培训和合规内部沟通和宣传,等等。二是识别机制,也就是对企业违规行为的雷达预警机制,包括自下而上的合规风险报告、自上而下的合规巡视、独立的合规审计和违规行为举报机制。三是应对机制,也就是在违法犯罪行为发生后,企业所采取的积极配合、有效补救和实质性整改措施,包括违规事件的内部调查、对企业员工的反舞弊调查、对违法犯罪员工的惩戒、合规漏洞的评估以及改进合规管理体系的方案。㉖

最后,一套有效的合规管理指引应当实现行政监管合规与刑事合规的有效衔接。

检察机关所发布的专项合规计划,并不仅仅着眼于企业刑事法律风险的防控,而应将合规监管的视角延伸到行政监管环节。从我国企业经常涉及的

㉕ 陈瑞华:《律师如何开展合规业务(一)——合规计划的打造》,载《中国律师》2020年第8期。

㉖ 陈瑞华:《企业合规制度的三个维度——比较法视野下的分析》,载《比较法研究》2019年第3期。

罪名来看,这些行为几乎都是“行政犯”,也就是由行政违规行为转化过来的犯罪行为。按照我国现行的法律体系,行政机关对行政不法行为的监管调查通常是公安机关采取立案侦查措施的前置性程序,这种监管调查往往是必经程序,行政机关经过监管调查,只有认为案件属于“情节严重”并达到构成犯罪的程度,才会移交公安机关启动刑事立案程序。而检察机关则是在公安机关侦查终结后移送审查起诉后,才会启动审查起诉程序。正因如此,检察机关在适用合规不起诉制度时,假如仅仅依靠自身力量单独推出专项合规计划,那么,这种合规计划就无法发挥治本效果,对于预防企业实施特定违法、违规乃至犯罪行为,难以发挥有效的作用。

其实,真正有效的专项合规管理体系,应当是一种行政监管和刑事执法一体化的管理机制,也就是将企业的行政违法和犯罪行为统一纳入合规体系的预防对象。根据法秩序统一性的原则,企业实施行政不法行为是构成“行政犯”的前提条件,而一个连行政不法行为都不构成的行为,通常也不构成任何犯罪行为。[27] 要督促企业建立预防犯罪的机制,就需要建立防范企业实施行政违法行为的合规机制。相反,一个无法有效阻止企业实施行政不法行为的企业治理方式,会对企业的违法乃至犯罪行为产生纵容甚至激励作用。因此,基于“防微杜渐”的考量,检察机关在发布专项合规指引方面,应当与相关行政监管部门一起,将行政不法行为和犯罪行为都作为预防的对象。

例如,要防止企业再次实施虚开增值税发票、走私等涉及危害税收征管秩序的犯罪行为,检察机关就需要与税务管理部门一起,发布统一的“税收征管合规计划”,将税收领域的违法行为和犯罪行为都纳入合规监控对象。又如,要避免企业再次实施单位行贿、向单位行贿、单位受贿等商业贿赂行为,检察机关需要与市场监管部门一起,督促企业建立反商业贿赂合规计划和反不正当竞争合规计划,将那些行政领域的商业贿赂行为和刑事领域的贿赂犯罪行为,都纳入合规监控的对象。再如,要解决企业再次实施反洗钱犯罪、网络犯罪、损害环境保护的犯罪,检察机关就需要与银行监管部门、证券监管机关、网络安全管理机关、环境保护部门等合作,发布专门的反洗钱合规计划、数据保护合规计划、环境保护合规计划,将那些发生在上述三个领域的行政不法行为

---

[27] 陈瑞华:《行政不法事实与犯罪事实的层次性理论——兼论行政不法行为向犯罪转化的事实认定问题》,载《中外法学》2019 年第 1 期。

和犯罪行为都纳入合规监控的对象。

六、合规不起诉的公开性和透明度问题

根据西方国家的改革经验,检察机关对于企业适用合规激励机制,与企业达成暂缓起诉协议或者不起诉协议,要保持基本的公开性和透明度,使得对企业进行合规监管的全部流程接受社会公众的监督。为此,检察机关需要将暂缓起诉协议或不起诉协议文本予以全面公布,案件处理的流程也要公之于众。[28] 甚至为防止个别检察官过度使用自由裁量权,英国、法国、加拿大、澳大利亚、新加坡等国家在引入刑事合规机制时,只是借鉴了美国的暂缓起诉协议制度,而没有引入不起诉协议制度。因为前一种制度可以使检察机关与企业达成和解协议、对企业进行合规监管的全部过程接受法院的司法审查,这能保证其公开性和透明度。[29]

我国一些地方检察机关在探索适用合规不起诉制度时,也注意到了保持这一制度公开性和透明度的问题。例如,检察机关在决定对某一企业适用合规考察或者作出附条件不起诉决定之前,要听取侦查机关、被害人及其诉讼代理人的意见。检察机关甚至可以根据实际情况,决定是否启动听证程序。又如,在合规考察期结束之前,检察机关可以举行公开听证会,召集涉案企业、侦查机关、考察机关或者合规监管人、被害人等各方参与,听取涉案企业的合规自查报告,听取考察机关或合规监管人的合规考察评估报告,听取各方意见,最终作出是否提起公诉的决定。

这些改革措施对于适度限制检察机关的自由裁量权,增强合规不起诉制度的公信力,无疑是具有积极意义的。但是,考虑到合规不起诉改革必然会使一部分涉案企业获得较为宽大的刑事处理,适用的公平性和平等性很容易令人产生担忧。同时,对于合规考察期的确定、合规考察机关或合规监管人的遴选、合规管理体系的实施等,社会公众也有可能提出诸多方面的质疑。为消除这些疑虑和担忧,尽量减少这类改革探索可能带来的政治和社会风险,检察机关有必要从战略的高度,加强这一制度探索的公开性和透明度,减少检察官过度使用自由裁量权的空间,并将这些原则贯彻在一系列相关制度设计之中。

首先,在审查起诉阶段,对于涉案企业具有合规建设意愿并出具初步合规

---

[28] 马明亮:《作为犯罪治理方式的企业合规》,载《政法论坛》2020 年第 3 期。

[29] 陈瑞华:《暂缓起诉协议制度的司法审查模式》,载《中国律师》2019 年第 10 期。

计划的,检察机关可以将其纳入合规考察或者合规监管的对象。对于被纳入合规考察或合规监管对象的企业,检察机关在听取各方意见或者召开听证会的前提下,应将其具体情况连同合规考察申请书、合规计划或者合规承诺书一并公布,接受社会各界的监督。为此,有必要建立合规考察或者合规监管"公示制度",设置异议期,在出版物或者专门网站上公布相关信息,接受各界可能提出的异议。

其次,检察机关作出合规考察或者附条件不起诉决定的,应当将合规考察或合规监管决定书、合规考察机关或者合规监管人、合规监管协议书等,公布到专门出版物或者检察机关网站上。社会各界都可以对企业是否符合合规监管条件、考察机关的资质、合规监管人的资格、合规监管协议的合法性等,提出异议,进行投诉,进行全方位的监督。

再次,在合规监管考察期结束之前,检察机关准备召开听证会的,应当将企业合规自查报告、合规考察评估报告以及检察机关拟作出不起诉的决定等,再次公布在专门出版物或者检察机关的网站上,接受社会各界的监督,如有异议和投诉,检察机关应当在作出是否起诉的决定时一并加以考虑。

最后,在作出相对不起诉决定后,检察机关应将对涉案企业作出合规考察或合规监管的全部材料和协议文书,根据办理案件的年份和编号加以公布,持续不断地接受社会各界的监督。任何人只要登录检察机关的网站,就可以查阅每一起合规不起诉案件的全部合规监管协议或决定文本。

七、结论

为加强对民营企业的司法保护,发挥社会综合治理效果,一些地方检察机关启动了企业合规不起诉制度的改革探索,将企业合规激励机制引入公诉制度之中,使之成为对涉嫌犯罪的企业加以宽大刑事处理的主要依据。要推动经过这一改革产生积极的效果,确保企业实施有效的合规管理体系,需要解决这一制度与相关诉讼制度的配套和衔接问题,调整这一制度的适用对象,选择适当的合规监管方式,发布有效的专项合规管理指引,强化合规不起诉在适用中的公开性和透明度。唯有如此,才能对检察机关的自由裁量权做出适当的规范,切实发挥这一制度在预防企业犯罪、加强企业自我监管、实现企业依法依规经营等方面的作用。

目前,企业合规不起诉制度的改革探索刚刚开始,各地检察机关纳入改革试验的案例还不是很多,这一改革究竟能否发挥改革者所预期的积极效果,还需要改革者进行持续不断的跟踪考察、实证研究和效果评估。鉴于以往刑事司法领域诸多改革的经验和教训,笔者建议各地检察机关发挥想象力,根据本地情况探索出各具特色的合规不起诉制度模式。同时,有关部门也要给予各地检察机关更为宽松的探索时间,不必急于确立一种"大一统"的合规不起诉制度模式。尤其是要将提交全国人大常委会授权部分地区进行合规不起诉正式改革试点的时间尽可能延后一些。经验表明,唯有给予各地检察机关更多、更长和更为从容的改革空间,合规不起诉制度的改革探索才能真正发挥试错功能,使不合理的制度设计受到自然淘汰,使那些真正富有生命力的制度脱颖而出,并逐渐被上升为正式的法律制度。这其实是一种重要的"法律发现"过程,有助于改革者发现一种适合中国情况的企业合规不起诉制度。

有效刑事合规的基本标准*

李玉华**

一、引言

企业合规已经成为世界趋势，我国部分企业在“走出去”的过程中遭遇了被动合规。如2018年6月，美国商务部与中兴公司达成解除制裁、恢复运营的协议，中兴公司支付10亿美元罚款，另外准备4亿美元交由第三方保管。并且，中兴公司需更换管理团队，同时聘请美方认可的合规官。① 这促使我国参与国际竞争的大型企业开始重视合规，国家有关部门也颁布指引积极引导。如2018年11月国资委发布《中央企业合规管理指引》；2018年12月国家发改委、外交部、商务部等7部门联合发布《企业境外经营合规管理指引》。我国合规元年进行的合规“具有明显的功利主义倾向，其主要目的在于应对欧美国家越来越严格的企业监管，尤其是规避那些针对中国企业的反腐败、反垄断、反洗钱、反金融欺诈、数据隐私保护等领域的调查和惩罚，而采取一种被动迎合西方国家监管机制的姿态。”②但是，国内经营企业的合规问题尚未提上日程。

随着国家治理现代化的深入、③健全和支持民营经济发展的深

* 原文载《中国刑事法杂志》2020年第1期。

** 李玉华，中国人民公安大学法学院院长、教授、博导。

① 李玉华：《我国企业合规的刑事诉讼激励》，载《比较法研究》2020年第1期。

② 陈瑞华：《企业合规基本理论》，法律出版社2020年版，第47页。

③ 党的十九大报告明确提出从2020年到2035年，国家治理体系和治理能力现代化基本实现；从2035年到21世纪中叶，“实现国家治理体系和治理能力现代化，成为综合国力和国际影响力领先的国家”。企业合规不仅是实现国家治理体系和治理能力现代化的一种手段，也是国家治理体系和治理能力现代化的一种体现。

入、[4]疫情防控与复工复产的深入发展,[5]以及检察机关参与社会治理的角色转化,[6]企业合规的内需开始迅猛增长。2020 年,最高人民检察院积极推动,深圳、浙江、江苏、上海等地基层检察机关积极探索,刑事合规不起诉在全国迅速铺开。9 月 10 日,由最高人民检察院检察理论研究所主办,深圳宝安区委区政府、宝安区人民检察院承办的"企业刑事合规与司法环境优化研讨会"在深圳宝安召开,会议围绕"企业司法环境的优化""企业刑事合规管理的推进""企业犯罪相对不起诉适用机制改革"三个专题进行了为期一天的专题研讨。[7] 此次研讨会推动了不起诉制度改革和企业合规管理,有助于为市场主体发展壮大营造良好的法治环境。

近期通过对检察机关通过合规参与社会治理的考察,发现目前我国检察机关主要通过检察建议和附条件不起诉两种模式推动企业合规。检察机关在实践中多采取附条件不起诉与现有认罪认罚制度相融合的方式,即选取有可能建立合规的企业,通过企业认罪认罚,承诺建立合规计划,进而对企业不起诉。目前,我国的企业大多没有开展合规建设,检察机关在刑事诉讼中追诉的企业多是因为检察机关推动才开始制订合规计划。因此,目前刑事合规计划有效性的问题还不是已经建立的合规计划是否有效发挥作用的问题,而是拟建立的纸面合规计划的有效性问题,即合规计划包括哪些要素、符合什么标准

---

④ 鉴于民企在我国发展中的重要地位以及遭遇的不公平待遇和发展中面临的困难,中共中央、国务院采取了一系列措施,制定和发布了一系列保护民企的政策。如2016 年11 月,最高人民法院发布了《关于充分发挥审判职能作用切实加强产权司法保护的意见》和《关于依法妥善处理历史形成的产权案件工作实施意见》。2017 年 8 月,最高人民法院出台《关于为改善营商环境提供司法保障的若干意见》。2017 年 12 月,最高人民法院印发《关于充分发挥审判职能作用为企业家创新创业营造良好法治环境的通知》。2017 年 1 月,最高人民检察院印发《关于充分履行检察职能加强产权司法保护的意见》。2017 年 12 月,最高人民检察院印发《关于充分发挥职能作用营造保护企业家合法权益的法治环境支持企业家创新创业的通知》。2017 年最高人民检察院、公安部发布《关于公安机关办理经济犯罪案件的若干规定》。

⑤ 2020 年 5 月 22 日,李克强总理在政府工作报告提出:我们统筹推进疫情防控和经济社会发展,不失时机推进复工复产,推出 8 个方面 90 项政策措施,实施援企稳岗……今年的主要目标"六稳""六保"……保障就业和民生,必须稳住上亿市场主体,尽力帮助企业特别是"中小微"企业、个体工商户渡过难关。

⑥ 如副检察长童建明在企业刑事合规与司法环境优化研讨会上强调"要把民法典中蕴含的产权保护理念贯彻到刑事司法中,尽量把对企业正常生产经营活动的负面影响降到最低";要求"检察机关在做好指控证明犯罪的同时,要积极参与社会治理,助力依法开展刑事合规管理"。

⑦ 《最高人民检察院在宝安主办企业刑事合规与司法环境优化研讨会》,载搜狐网 2020 年 9 月 30 日,https://www.sohu.com/a/417788541_487460。

才算有效的问题。此外,在刑事合规本土化考察中发现,我国目前进行刑事合规的多是“中小微”企业,这与欧美跨国大型企业合规呈现很多不同。那么,跨国大型企业合规与“中小微”企业合规的标准是否相同,如何掌握?本文探讨了确立有效刑事合规基本标准的考量因素,在此基础上借鉴域外的经验,结合我国的实际需求探讨了有效刑事合规的基本标准,希望对我国刑事合规的本土化发展有所帮助。

二、确立有效刑事合规基本标准的考量因素

“有效合规计划的基本标准”,是指“执法部门在对涉案企业作出是否宽大处理的决定时,对其合规管理体系能否发挥防范、监控和应对违规行为的作用,所采取的评估标准”。[⑧] 有效刑事合规基本标准,是指公安司法机关在对企业以及员工进行立案、侦查、起诉、审判等刑事诉讼行为时,评估企业的合规管理体系能否发挥防范、监控和应对违规行为作用所依据的标准。在确立有效刑事合规基本标准时应当考量多种因素。

(一)不同规模企业的有效合规标准

讨论有效合规的标准首先应当考虑企业的规模。合规是有成本的,不同规模的企业经济承受能力不同,并非所有的企业都要进行合规。不同规模的企业合规的标准也应当有所不同。例如,《美国量刑指南》第 8A1.2 条的评注指出,有效的合规计划将在一定程度上针对每家公司量身定制,需要考虑的四个因素之一是组织规模。[⑨] 美国并不要求小公司进行合规,但符合一定条件的公司必须合规,如“在纽约证券交易所和纳斯达克上市的公司必须进行合规。”[⑩]法国也要求符合一定条件的企业必须建立合规制度。根据《萨宾第二法案》同时符合以下两项条件的企业应建立合规制度:一是用工人数 500 人以上,或者隶属于总部设在法国且用工人数达到 500 人的公司集团;二是相关营业收入超过 1 亿欧元。[⑪]

此外,不同规模的公司运行结构和机制不同,有效合规的标准也不同。例

---

⑧ 陈瑞华:《企业合规基本理论》,法律出版社 2020 年版,第 93 页。

⑨ See Kerry Beringhaus, *Practical Considerations in Developing Effective Compliance Programs*, 12 Winter Preventive Law Reporter 9, p. 10 (1993).

⑩ See Maurice E. Stucke, *In Search of Effective Ethics and Compliance Programs*, 39 The Journal of Corporation Law 769, p. 771 (2014).

⑪ 陈瑞华:《法国萨宾第二法案与刑事合规问题》,载《中国律师》2019 年第 5 期。

如,企业合规部的设立通常有三种组织模式:独立模式、复合模式、简单模式。企业合规部具体采取哪一种组织模式,取决于企业的公司结构、经营规模、业务和产品线的运营管理模式,以及政府监管和所在行业所面临的合规风险。[12]西门子公司被处罚时,40多万名员工仅有6名合规监管人员,这与其规模是不匹配的,因此,其合规计划被认为是无效的。再如,"即使采用了《美国量刑指南》和保罗提到的要素,即有效计划的七个要素、准则、培训、帮助热线、资源和高级监督,一家拥有100名或更少员工的公司,拥有匿名热线可能是一项挑战,因为每个人都知道每个人是谁,如果有人向帮助热线举报或向直接主管举报,因举报而遭到报复的风险更高,因此拥有匿名热线对公司来说是一项挑战。此外,资源可能是稀缺的,因此对于较小的公司来说,一个有效的道德和合规计划通常在某些方面或形式上具有这些元素,但它看起来与大公司非常不同。"[13]有学者研究了497家标准普尔500[14]指数公司和100家小型公司公开发布的道德守则,发现标准普尔500指数公司的道德规范通常更长一些,平均为226.7句,而小公司的标准为117.2句。[15]

尽管不强制要求所有企业实施合规,但是,加强自身规范建设、积极预防犯罪风险的合规精神是值得所有企业吸纳的。不同企业在合规方面努力程度不同、效果不同,应当鼓励企业量力而行,进行不同程度的合规。大型企业的合规应最为规范,标准也最高,可为中小企业起到引领、示范作用。

(二)不同涉案阶段有效合规的标准不同

企业未涉案时"有效合规"通常表现为静态的、存在于纸面上的合规计划,即满足形式要求的合规计划。而企业涉案处理过程中往往考虑的是动态的、有效合规计划,即该计划是否发挥了发现犯罪和调查犯罪的作用。企业涉案被处理后,处在暂缓起诉、不起诉或缓刑考验期时,有效合规计划的审查判断

---

⑫ 曹小寅等:《中国企业境外投资合规风险防控研究》,载中华全国律师协会编:《中国企业"走出去"合规理论与实践论文选》,北京大学出版社2020年版,第306页。

⑬ See J. Paul McNulty, Jeff Knox, Patricia Harned, *What an Effctive Corporate Compliance Program Should Look Like*, 9 Journal of Law, Economics & Policy 375, p.390 (2013).

⑭ 标准普尔500指数覆盖的所有公司,都是在美国主要交易所,如纽约证券交易所、Nasdaq交易的上市公司。与道琼斯指数相比,标准普尔500指数包含的公司更多。

⑮ See Maurice E. Stucke, *In Search of Effective Ethics and Compliance Programs*, 39 The Journal of Corporation Law 769, p.821 (2014).

将是全面的:这既包括静态的纸面的合规计划,也包括动态的合规计划;前者是基础,后者是重点。

“纸面上的计划和次优计划一样需要费用的投入,但是,其不能真正发挥应有的作用,而是公司规避法律的一种手段。”⑯《汤普森备忘录》明确指出,未被公司人员有效内化并成为公司文化一部分的公司合规计划将被视为无效,“纸老虎是不够的”。根据美国司法部(DOJ)的指南,合规计划必须“充分设计,以最大限度地防止和发现员工的不当行为”。⑰ 纸面的合规计划不能作为处罚从宽的依据。例如,“西门子在贿赂案之前也有一个企业合规计划,但完全不称职,未能惩罚行贿的员工,未能对可信的腐败指控进行调查,而是将其掩盖起来。”⑱“当时西门子40万名员工中合规人员只有6名,高级管理层没有承诺实施道德行为文化,事实上,情况恰恰相反。在许多情况下,包括董事会在内的西门子高层成员特别纵容这种行为,有些情况下甚至参与贿赂……该组织高层没有明确表示腐败是不可接受的。相反,信息是保持你的销售数字,达到你的销售目标,做你需要做的任何事情,只是不要让我们知道。”⑲

每个公司的合规计划都应该是个性化的、动态的。美国司法部和法院不鼓励公司采用一劳永逸的方法来合规,如果他们使用合规措施的检查表来评估道德项目的有效性,就会产生反效果。⑳ 法院和司法部还认识到合规性措施本质上是“动态的,并且随着业务和市场的变化而发展”。考虑到其业务、行业或文化的变化,公司必须定期评估犯罪行为的风险。因此,法院和监管机构期望的不仅是企业合规手册或培训计划,而且要求企业提供如何最好地促进公司道德文化。例如,美国司法部(DOJ)避开了“公式要求”,以评估道德计划的有效性;检察官改为使用“常识性,务实的方法来评估合规计划,进行与以下三个基本问题有关的询问:公司的合规计划设计得当吗? 是否真诚地应用? 行

---

⑯ 李玉华:《我国企业合规的刑事诉讼激励》,载《比较法研究》2020年第1期。

⑰ See Andrew Weissmann With David Newman, *Rethinking Criminal Corporate Liability*, 82 Indiana Law Journal, 411, p. 443 (2007).

⑱ See J. Paul McNulty, Jeff Knox, Patricia Harned, *What an Effctive Corporate Compliance Program Should Look Like*, 9 Journal of Law, Economics & Policy 375, p. 384 (2013).

⑲ See J. Paul McNulty, Jeff Knox, Patricia Harned, *What an Effctive Corporate Compliance Program Should Look Like*, 9 Journal of Law, Economics & Policy 375, p. 384 (2013).

⑳ See Serena Hamann, *Effective Corporate Compliance: A Holistic Approach for the SEC and the DOJ*, 94 Washington Law Review, p. 881 (2019).

得通吗?”[21]

(三)不同领域企业的有效合规标准

企业合规根据其涉及的领域和内容可以分为全面合规、诚信合规和专项合规。全面合规是指,合规覆盖企业各业务领域、各部门、各级子企业和全体员工,贯穿决策、执行、监督各个环节。[22] 全面合规也可称作“大合规”。[23] 巴塞尔银行监管委员会《合规与银行内部合规部门》、国际标准化组织 ISO19600《合规管理体系指南》《中央企业合规管理指引(试行)》《企业境外经营合规管理指引》等都要求企业进行全面合规。诚信合规是指,以反腐败、反欺诈、反串谋等诚信合规为主要内容的合规。[24] 诚信合规也可称作“小合规”。[25] 专项合规是指,企业针对重点业务领域(如市场交易、财税管理、人力资源、安全环保、知识产权、网络安全与信息保护等)、重点管理环节(如制度制定环节、经营决策环节等)、重点人员(如管理人员、重要风险岗位人员、海外人员等)、海外投资经营行为等开展专门的合规风险管理、合规管理评估、合规审计。[26] 也有学者认为,专项合规是指企业针对特定领域的合规风险,为避免企业因为违反相关法律法规而遭受行政处罚、刑事追究以及其他方面的损失,进行的专门性合规。[27] 常见的企业专项合规有:反商业贿赂合规、反洗钱合规、反垄断合规、数据保护合规。

不同领域的有效合规标准应当符合该领域的行政监管和相关要求。通常情况下,每个领域企业的性质、业务和合规风险都不相同,执法部门的监管任务也不同。为了企业的健康发展和对其进行有效监管,监管部门应当根据该领域的特点,按照企业的业务、规模以及特有的合规风险,制定有效合规的标准指引。例如,数据隐私和安全合规项目的要点清单可以包括以下方面:[28]

---

[21] See Maurice E. Stucke, *In Search of Effective Ethics and Compliance Programs*, 39 The Journal of Corporation Law 769, p. 795 (2014).

[22] 郭青红:《企业合规管理体系实务指南》,人民法院出版社 2019 年版,第 18 页。

[23] 郭青红:《企业合规管理体系实务指南》,人民法院出版社 2019 年版,第 45 页。

[24] 郭青红:《企业合规管理体系实务指南》,人民法院出版社 2019 年版,第 18 页。

[25] 郭青红:《企业合规管理体系实务指南》,人民法院出版社 2019 年版,第 42 页。

[26] 郭青红:《企业合规管理体系实务指南》,人民法院出版社 2019 年版,第 18 页。

[27] 陈瑞华:《企业合规基本理论》,法律出版社 2020 年版,第 116 页。

[28] [美]狄乐达:《数据隐私法实务指南:以跨国公司为视角》,何广越译,法律出版社 2018 年版,第 158 ~160 页。

(1)谁负责数据隐私安全合规;(2)企业采取哪些措施确保数据安全;(3)所有数据主体是否都收到合适的通知并给出必要同意?所有通知和同意文本是否都准确并已更新;(4)是否已向所有的数据保护机关或其他政府机构提交必要申报且获得了相应的必要批准,自上一次提交申报或获得批准相比,目前的相关情况是否发生了变化;(5)企业是否跨国接收或发送位于其他法域之自然人的数据;(6)企业是否开通举报热线或已部署监控技术;(7)企业的营销是否遵守了相关法律;(8)企业是否设计了产品、流程和标准合同来支持和实现员工、客户和产品用户遵守关于数据隐私和安全规定。

(四)不同历史发展阶段企业合规的有效标准

在世界范围内,企业合规经历了一个从无到有、从不成熟到成熟的发展过程。我们今天所谓的“合规管理制度”的含义,来自美国20世纪60年代早期的探索[29],其后来在美国得到发展,并在英、法、德、意、澳、日等国家得到普及。目前在合规领域美国处于引领地位,但是,其发展也经历了一个从无到有、从不成熟到成熟的过程。根据量刑委员会的公开数据,1996年至2012年,联邦地方法院对3435个公司进行了判决。其中只有3次由于在犯罪发生时公司具有有效的道德计划,法院因此降低了公司的罪责评分。[30] 相对于每年被判刑的成千上万的个人而言,公司很少被判刑。“即使公司被判刑,也只有一部分具有道德计划,其中一定比例的道德计划是有效的。这个百分比(0.0873%)令人惊讶得很小。”[31]2000年以来刑事合规进入快速发展时期。自2000年以来,美国司法部公开披露了283个暂缓起诉协议;美国证券交易委员会(SEC)也在对公司执法中使用了暂缓起诉,自2010年以来已经签订了7个此类协议;在司法部和证券交易委员会自2000年以来签订的290个协议中,超过一半(152个)是在2010年1月1日之后签订的。[32]

㉙ [日]川崎有巳:《合规管理制度的产生与发展》,李世阳译,载李本灿编译:《合规与刑法》,中国政法大学出版社2018年版,第5页。

㉚ See Maurice E. Stucke, *In Search of Effective Ethics and Compliance Programs*, 39 The Journal of Corporation Law 769, p. 783 (2014).

㉛ See Maurice E. Stucke, *In Search of Effective Ethics and Compliance Programs*, 39 The Journal of Corporation Law 769, p. 783 (2014).

㉜ See Peter R. Reilly, *Justice Deferred is Justice Denied: We Must End Our Failed Experiment in Deferring Corporate Criminal Prosecutions*, 2015 Brigham Young University Law Review 307, p. 307 (2015).

不同发展阶段企业合规的有效标准也不同。从美国企业刑事合规的发展来看,有效刑事合规的标准也经历了一个从低到高的发展过程。“《美国量刑指南》制定时,所要求的合规管理程度以制定之前的企业为基准。美国企业也很少能够达到要求,因此受到一定程度的非难。其实施以后,从1993年10月1日至2001年9月30日,在符合《美国量刑指南》第8章规定,有实施合规管理的情节,属于可能降低罚金数额并由量刑委员会查询了详细资料的687个案例中,仅2例获通过。这一现象成为合规管理程序标准过高的证据之一。”[33]暂缓起诉协议(DPA)和不起诉协议(NPA)通常要求企业实施或改善其合规性工作,这表明企业先前存在的合规性工作存在不足。[34]“但客观看来,从20世纪80年代开始得到强调的‘企业的社会责任’以及‘商业伦理’逐渐在各个企业中深入人心,今天的美国企业实施合规管理的水平已经达到一个很高的层次。”[35]近年来,接受了美国合规改造的企业,其合规不断走向成熟,达到了很高的标准。例如,西门子被认为是合规计划的黄金标准。[36]

不同发展阶段企业合规发挥的作用不同。在那些没有建立合规激励机制的国家,所谓有效的合规计划,充其量起到引导企业建立或者完善合规管理体系的作用。而在那些建立了合规激励机制的国家,这些有效合规计划就可以用来评判企业合规计划是否发挥有效预防违法行为的作用,并进而决定是否对企业作出宽大的处理。[37]对于那些刚刚开始合规探索的国家和企业,其合规的意识、能力都比较弱,如果按照成熟国家和成熟企业的标准来看,是不能达标的。但是,如果“一刀切”就达不到应有的目的,不仅不能激励这些国家和企业开展合规,反而会打击他们的积极性。

---

[33] [日]川崎有巳:《合规管理制度的产生与发展》,李世阳译,载李本灿编译:《合规与刑法》,中国政法大学出版社2018年版,第20页。

[34] See Maurice E. Stucke, *In Search of Effective Ethics and Compliance Programs*, 39 The Journal of Corporation Law 769, p. 787 (2014).

[35] [日]川崎有巳:《合规管理制度的产生与发展》,李世阳译,载李本灿编译:《合规与刑法》,中国政法大学出版社2018年版,第20页。

[36] See J. Paul McNulty, Jeff Knox, Patricia Harned, *What an Effctive Corporate Compliance Program Should Look Like*, 9 Journal of Law, Economics & Policy 375, p. 384 (2013).

[37] 陈瑞华:《企业合规基本理论》,法律出版社2020年版,第94页。

三、域外有效刑事合规基本标准

(一)有效刑事合规基本标准的确立

随着合规制度的建立,有关国家和国际组织都在不断建立和完善合规的标准。1991 年美国联邦量刑委员会发布的《美国量刑指南》列出了有效合规计划的七个标准:明确的合规标准和程序,旨在根据可能带来的风险来预防和检测不同业务部门的犯罪行为;高级管理层对合规的知识、承诺、监督和支持;在招聘和晋升中筛选不道德的员工;持续的培训和教育;监视、审核和报告要求以及对计划有效性的定期自我评估;遵守合规的纪律处分和激励措施;发现犯罪行为后采取纠正措施。㊳《美国量刑指南》在美国合规中发挥着重大的作用。其所列的七个标准已成为美国公司、律师以及执法机构进行合规工作的重要参考,暂缓起诉协议应当包括所有要素。㊴ 任何不包含所有这七个要素的合规项目都可能被认为是不充分的,无论任何单独设计的项目是否有效。这些步骤对于在设法发现和防止犯罪行为方面表现出最低限度的适当努力是必不可少的。㊵

此外,美国司法部每年定期发布有效合规计划,为检察机关是否对涉案企业提起刑事指控提供参考标准。2020 年 6 月发布的最新版的《美国司法部刑事处企业合规计划评估》(U. S. Department of Justice, Criminal Division, Evaluation of Corporate Compliance Programs)㊶ 认可《司法手册》(Justice Manual)注释所指出的检察官通过三个基本问题来判断合规的有效性,其中每个问题之下又包括若干个不同的具体要素。问题一:企业制订的合规计划是否合理?具体从风险评估、政策和程序、培训和交流、保密报告机构和调查过

㊳ See Maurice E. Stucke, *In Search of Effective Ethics and Compliance Programs*, 39 The Journal of Corporation Law 769, p. 796 – 797 (2014).

㊴ See Maurice E. Stucke, *In Search of Effective Ethics and Compliance Programs*, 39 The Journal of Corporation Law 769, p. 797 (2014). See Kerry Beringhaus , *Practical Considerations in Developing Effective Compliance Programs*, 12 Winter Preventive Law Reporter 9, p. 10 (1993). See Serena Hamann, *Effective Corporate Compliance: A Holistic Approach for the SEC and the DOJ*, 94 Washington Law Review 851, p. 879 (2019).

㊵ See Jay G. Martin, *Implementing Effective Corporate Legal Compliance Programs*, 11 Natural Resources & Environment 14, p. 17 (1997).

㊶ 2020 年 6 月最新版的《美国司法部刑事处企业合规计划评估》从美国司法部网获取,https://www.justice.gov/criminal-fraud/page/file/937501/download,2020 年 10 月 1 日访问。

程、第三方管理、并购等要素判断。问题二:企业是否认真实施了合规计划?换言之,企业是否投入足够的资源并授权有效实施合规计划?具体从中高级管理层的承诺、自主和资源、奖励和惩戒措施等要素判断。问题三:在实践中,企业的合规计划是否起到了作用?具体从持续改进、定期测试和审查、对不当行为的调查、对任何潜在的不当行为的分析和补救等要素判断。

2011 年 3 月,英国国务大臣颁布的英国《反贿赂法》(The Bribery Act Guidance)确立了"充分程序"的六项原则,也就是相称程序原则、高层承诺原则、风险评估原则、尽职调查原则、有效沟通原则、监控和评估原则。[42] 这六项程序已经成为英国执法机关判断企业是否建立有效合规计划的基本标准。2016 年 12 月,法国通过了《萨宾第二法案》,该法案规定了合规的七项基本内容,即"行为准则;内部预警系统;风险评估;会计控制程序;培训体系;惩处机制;内部控制和评价制度"。[43]《萨宾第二法案》确立的七项合规制度,成为评判企业是否建立有效的反腐败合规计划的标准。此外,在日本、意大利、澳大利亚等国的立法中也规定了有效合规的条件,不同国家的规定大同小异。

2014 年 11 月 11 日第 22 届亚太经合组织领导人非正式会议发布的《亚太经合组织有效和自愿的企业合规计划基本要素》(APEC General Elements of Effective Voluntary Corporate Compliance Program)提出了企业合规项目的十一个基本要素,即开展风险评估、管理层的全力支持和参与、制定和遵守书面的公司行为准则、建立合规管理组织架构、提供反腐败培训、教育讲座和持续指导、开展基于风险和详尽记录的尽职调查、审计和内部会计控制、合规机制和报告要求、激励、惩处、定期审查和测试。[44]《世界银行集团诚信合规指南摘要》(Summary of World Bank Group Integrity Compliance Guidelines)规定了十一个方面的合规内容:禁止不当行为、诚信合规责任、合规计划与合规风险评估股、内部政策、商业伙伴政策、内部控制、培训与沟通、激励、报告、不当行为

---

[42] 陈瑞华:《英国反贿赂法与刑事合规问题》,载《中国律师》2019 年第 3 期。

[43] 陈瑞华:《法国萨宾第二法案与刑事合规问题》,载《中国律师》2019 年第 5 期。

[44] 《亚太经合组织有效和自愿的企业合规计划基本要素》(APEC General Elements of Effective Voluntary Corporate Compliance Program)载 http://mddb. apec. org/Documents/2014/SOM/CSOM/14_csom_041. pdf,2020 年 10 月 1 日访问。

的补救、集体行动。[45]

面对不同国家和国际组织不同的合规标准,如何协调?曾在道德资源中心(the Ethics Resource Center)[46]董事会任职的保罗·麦克诺提(Paul McNulty)提出从领导力、风险评估、控制标准、培训和监督五个方面进行协调。[47] 有学者按照犯罪行为发生的时间将刑事合规计划的有效性标准分为两个部分:"在犯罪行为发生之前,商业组织要根据所面临的风险、经营业务的性质和范围等因素确定适合其自身的预防贿赂行为的相称程序。在犯罪行为发生后,商业组织首先要对犯罪事项进行处理、惩罚相关人员,并及时、主动向司法机关报告犯罪行为;其次,针对犯罪行为的性质,商业组织要及时调整内部的合规计划,以预防相同罪行再次发生;最后,在司法机关调查过程中,商业组织要积极配合司法机关的调查,并且按照司法机关的要求调整其合规计划的内容。"[48]还有学者提出有效的合规计划应当包括三个方面:一是合规防范机制,包括合规风险评估、对合规风险的定期更新、合规尽职调查以及合规培训制度;二是违规行为识别机制,主要指违规报告制度;三是合规危机的应对机制,包括内部合规调查、违规行为披露、惩戒。[49]

综合不同国家和国际组织的做法,笔者认为有效合规的基本标准应当包括三个方面,即预防机制、识别机制和应对机制。每个标准的判断可以从若干要素进行(见表1)。预防机制是否有效可以从是否建立和实施有效的合规制度、合规管理机构、合规培训、合规文化等具体要素上进行判断。识别机制是否有效可以从是否建立和实施合规风险识别、合规风险评估、合规风险处置、合规审计、合规举报等具体要素上进行判断。应对机制是否有效可以从是否建立和实施有效的内部调查、合规问责与惩戒、持续改进等具体要素上进行

---

[45] 《世界银行集团诚信合规指南摘要》(Summary of World Bank Group Integrity Compliance Guidelines)载 http://pubdocs. worldbank. org/en/489491449169632718/Integrity-Compliance-Guidelines-2-1-11. pdf,2020 年 10 月 1 日访问。

[46] 这是一个非常具有历史意义的组织,在调查和基准测试领域、最佳实践和合规性方面处于领先地位。

[47] See J. Paul McNulty, Jeff Knox, Patricia Harned, *What an Effctive Corporate Compliance Program Should Look Like*, 9 Journal of Law, Economics & Policy 375, p. 381 (2013).

[48] 周振杰、赖祎婧:《合规计划有效性的具体判断:以英国 SG 案为例》,载《法律适用》2018 年第 14 期。

[49] 陈瑞华:《企业合规基本理论》,法律出版社 2020 年版,第 50 ~ 52 页。

判断。

表1 有效合规的基本标准与具体要素

有效合规的基本标准	具体要素
预防机制	合规制度、合规组织机构、合规文化、合规培训
识别机制	合规风险识别、合规风险评估、合规风险处置、合规审计、合规举报
应对机制	内部调查、合规问责与惩戒、持续改进

(二)有效刑事合规基本标准的核心要素

1. 合规制度。“企业合规管理制度是企业与员工在生产经营活动中需要共同遵守的行为指引、规范和规定的总称,是企业合规管理的核心内容。合规管理制度相当于企业的‘内部立法’。”[50]“企业合规管理制度的表现形式或内容组成一般包括合规行为准则、制度规范、各项合规专项管理办法、合规管理的工作流程、管理表单等管理制度类文件。”[51]如西门子股份有限公司合规制度包括:《商业行为准则》《内部合规调查行为准则》《商业伙伴合规手册》《供应商和第三方中间人行为准则》《保持商业诚信》《西门子内部合规标准》《全球合规通告》等。中国石油天然气集团公司合规管理制度包括《诚信合规手册》《合规管理办法》等。

2. 合规组织机构。“企业合规组织是企业实施合规管理以及建设企业合规管理体系的组织载体。建立独立、高效、协调合作的企业合规组织,是企业合规管理体系的重要组成部分,是企业有效进行合规管理、依法治企的组织保障。”[52]巴塞尔银行监管委员会2005年4月29日发布的《合规与银行内部合规部门》采用的是大合规组织机构,最早提出了建立合规管理部门以及较为完善的企业合规组织架构,并对其合规管理职责作出了具体规定,包括董事会、高级管理层、合规管理人与合规部门。目前企业合规组织主要有三种模式:“第一,独立模式,即企业设立独立的合规部门,统一负责企业的合规管理,常见于

[50] 刘相文等:《中国企业全面合规体系建设实务指南》,中国人民大学出版社2019年版,第81页。

[51] 王志乐主编:《企业合规管理操作指南》,中国法制出版社2017年版,第107页。

[52] 郭青红:《企业合规管理体系实务指南》,人民法院出版社2019年版,第68页。

重监管行业(如医药、金融等)的企业、大型公司、上市企业等。第二,合并模式,即企业不设立独立的合规部门,由法律部门下设合规分部或者合规专员履行合规管理职责,常见于合规风险较低或者规模较小的企业。”[53]第三,“混合模式,把法律、合规、内控部门的职责划归统一的合规部进行管理,由合规部兼具组织各业务条线的常规检查与专项检查、提供合规性法律审查与咨询服务、牵头建立内控体系、评估合规政策执行情况、向管理层提出合规建议等。”[54]企业合规部门的设置采取何种模式,取决于企业的组织架构、规模、运营管理模式以及行业监管环境。

3. 合规文化。合规文化是企业在合规管理中形成的合规理念、合规目的、合规方针、合规价值观、合规管理体系、合规管理运行等的总和。[55] 如果对组织的文化缺乏敏感性,那么无论这个计划多么符合指南中规定的标准,在有效性方面都将达不到标准。[56] “企业合规文化的基本内容包括:(1)合规理念:合规从领导做起;全员主动合规;合规创造价值;全员安全、质量、诚信和连接。(2)合规价值观:诚信与正直;诚实守信;依法合规。(3)合规行为:与外部监管部门有效互动;培训;制定和发放合规手册、签订合规承诺书。(4)合规管理人员荣誉感。”[57]

4. 合规培训。合规培训是有效刑事合规的基本要素。合规培训的目的是使公司全员树立合规意识、掌握合规知识、降低企业经营风险。合规培训应当遵循持续性原则、适当性原则、有效性原则、可追溯性原则和重要性原则。[58] 针对不同岗位的员工培训内容有所不同。对公司的高级管理层合规培训的重点是合规意识、合规文化、合规制度建设以及有关的政策和法律法规。对于普通员工而言,合规培训主要是与其工作岗位和职责相关的规定、风险以及具体操作规程。合规培训内容和形式应当有利于员工理解和接受。企业应当为各级

---

[53] 曹小寅等:《中国企业境外投资合规风险防控研究》,载中华全国律师协会编:《中国企业“走出去”合规理论与实践论文选》,北京大学出版社2020年版,第305~306页。

[54] 巴曙松主编:《监管与合规通识》,机械工业出版社2020年版,第90~91页。

[55] 郭青红:《企业合规管理体系实务指南》,人民法院出版社2019年版,第209页。

[56] See Herbert I. Zinn, *Putting It All in Motion: Designing and Implementing an Effective Compliance Program*, 12 Preventive Law Reporter, p. 12 (1993).

[57] 郭青红:《企业合规管理体系实务指南》,人民法院出版社2019年版,第210~211页。

[58] 王志乐主编:《企业合规管理操作指南》,中国法制出版社2017年版,第159~161页。

员工(尤其是从事高风险活动的员工)提供有效培训并做好记录,也可适时为业务伙伴提供培训。

5. 合规风险识别。合规风险识别是发现、收集、确认、描述、分类、整理合规风险,对其产生原因、影响范围、潜在后果等进行分析归纳,最终生成企业合规风险清单,为下一步合规风险的分析和评价明确对象和范围的活动。合规风险识别是合规风险管理的首要步骤、前提和基础。进行合规风险识别应遵循全面识别原则、及时识别原则、客观识别原则、统一识别原则。[59] 开展合规风险识别,宜遵循以下步骤:构建合规风险识别框架;查找合规风险事件,收集违规案例;编制初步合规风险清单。[60]

6. 合规风险评估。合规风险评估,是指企业在有效识别合规风险的基础上,运用特定的风险评估方法及工具对合规风险可能产生的危害、损失及造成的影响程度等进行测算,并基于此采取相应的控制措施。"一个公司的合规计划必须依据其风险评估,并且合规计划应围绕着公司的个体风险和特定风险而建立。因此,为了制定一个有效的合规计划,就必须识别并理解行业的系统性风险因素和公司的独特风险因素。这些风险因素可能会与公司发展业务的地理位置、公司和潜在客户类型是政府机构还是国有企业,以及公司用于拓展海外业务的人员类型相关。"[61]合规风险评估应当重点考虑造成损失的概率、造成损失的大小、合规风险的影响程度等。合规风险评估应遵循全面性原则、公正性原则、准确性原则。[62]

7. 合规风险处置。"合规风险处置是在完成风险评估之后,选择并执行一种或多种改变风险的措施,包括改变风险事件发生的可能性和/或后果,以及针对合规风险采取相应措施,消除合规风险或者将合规风险控制在企业可承受的范围。包括选择合规风险应对策略、评估合规风险应对现状、制定合规风险应对措施、制定合规风险应对计划、实施合规风险应对措施与计划等环节。"[63]合规风险处置措施包括规避风险、降低风险、转移风险、接受风险等。

---

[59] 巴曙松主编:《监管与合规通识》,机械工业出版社 2020 年版,第 97 页。

[60] 郭青红:《企业合规管理体系实务指南》,人民法院出版社 2019 年版,第 98 ~ 100 页。

[61] [美]H. 大卫 · 科茨:《金融监管与合规》,邹亚生等译,中国金融出版社 2018 年版,第 157 页。

[62] 巴曙松主编:《监管与合规通识》,机械工业出版社 2020 年版,第 98 页。

[63] 郭青红:《企业合规管理体系实务指南》,人民法院出版社 2019 年版,第 102 页。

8. 合规审计。合规审计是对合规管理工作进行全面评价和监督的重要手段,应重点审查合规体系的运行情况、合规程序的执行情况以及对财务控制和其他内控手段的实施情况。[64] 合规审计可以保障公司合规制度得以遵守,预防违法违规行为发生。合规审计可分为:全面合规审计与专项合规审计;定期合规审计、临时合规审计和后续合规审计。[65] 合规审计应当遵循独立原则、客观原则和公正原则。

9. 合规调查。内部调查是有效合规计划的重要组成部分。"一次彻底、有效和可信的内部调查对于公司是很重要的,不仅能够使公司充分了解自己所面对的责任和义务,而且监管权力机构展示了公司对于所接到的投诉严肃对待,以及公司希望了解公司内存在的潜在问题。"[66]"在开展调查前首要确定适合的调查人员。很多情况下,调查的质量取决于调查人员的素质。"[67]轻微问题的调查由公司内部的合规机构或总法律顾问办公室组织调查较为合理;严重违法问题或对企业有重大威胁的问题最好雇用外部调查者主导调查,因外部调查的结果可信度更高。[68] 内部调查主要通过收集查阅文件和谈话进行。调查结束通常要有一个调查报告。

10. 合规举报。合规举报是指企业员工以匿名的方式,对企业经营活动中存在的合规风险隐患或已发生的违规问题,根据一定的途径和步骤向合规部门报告的活动。合规举报机制的执行并不是为员工施加进行举报的义务,而是赋予全体员工对所有并不合规行为进行举报的权利,员工享有举报的权利这一点本身就可以对全体员工产生震慑效应,进而形成对全体员工行为的无形约束。[69] 有效的合规举报制度通常需要包括以下方面:第一,便捷的举报渠道。例如提供电子邮件、网页、电话热线等多种投诉方式,一周 7 天、一天 24

---

[64] 王晓旭:《"一带一路"背景下中国律师对企业境外投资合规管理的重要作用》,载中华全国律师协会编:《中国企业"走出去"合规理论与实践论文选》,北京大学出版社 2020 年版,第 622 页。

[65] 郭青红:《企业合规管理体系实务指南》,人民法院出版社 2019 年版,第 154 ~ 155 页。

[66] [美]H. 大卫 · 科茨:《金融监管与合规》,邹亚生等译,中国金融出版社 2018 年版,第 163 页。

[67] 王志乐主编:《企业合规管理操作指南》,中国法制出版社 2017 年版,第 173 页。

[68] [美]H. 大卫 · 科茨:《金融监管与合规》,邹亚生等译,中国金融出版社 2018 年版,第 165 ~ 166 页。

[69] 刘相文等:《中国企业全面合规体系建设实务指南》,中国人民大学出版社 2019 年版,第 141 页。

小时。第二,举报奖励制度。“《多德—弗兰克法案》在美国商品期货委员会(CFTC)新创设了一项举报者计划。该计划允许向那些举报者(指那些向CFTC共享信息和提供协助的人)支付货币性奖励,同时为这些举报者提供‘反报复’保护。”⑩第三,举报保密制度。例如设立匿名热线。此外“对于负责企业举报信息收集及调查处理工作的部门或岗位人员,应确保其工作的保密性和独立性,对上级主管部门或领导垂直负责,业绩考核、职级升迁和工资待遇等由上级部门决定,尽量脱离本级企业的权力制约。”⑪第四,反报复措施。如“公司应该维持一个记录机密的机制,以便其对那些已经提供过举报投诉信息员工的后续就业经历进行回顾,这样就可以明文记录这些员工已经受到保护,并没有招致任何报复”。⑫

11. 合规问责与惩戒。有责必究是一个在组织内部建立和保持道德文化的关键要素。⑬ 合规的问责与惩戒是指企业对违反企业合规计划的行为人(包括各级管理人员和普通员工)进行的纪律处分,如训诫、警告、降级、降职、调离、解雇、向执法部门报告违法情况、对违规者提起民事诉讼等。

12. 持续改进。企业的合规风险是时时存在、动态变化的,因此,面对内部和外部的变化,企业必须在合规风险方面建立持续改进机制并付诸实施。我国《合规管理体系指南》第3.6条规定,发生以下情形时,宜对合规风险进行周期性再评估:(1)新的活动、产品或服务,或者现有活动、产品或服务发生改变;(2)企业结构或战略发生改变;(3)重大的外部变化,如金融经济环境、市场条件、债务和客户关系;(4)合规义务改变;(5)发生不合规。⑭

四、我国企业有效刑事合规的基本标准

在我国企业刑事合规本土化的过程中,应当以三个方面的标准十二项要素为参照,对于不同规模的企业、对于境外经营型企业和境内经营型企业在建立合规标准和评估其合规有效性时要区别对待。这绝不是故意降低标准,而

---

⑩ [美]H. 大卫·科茨:《金融监管与合规》,邹亚生等译,中国金融出版社2018年版,第40页。

⑪ 王志乐主编:《企业合规管理操作指南》,中国法制出版社2017年版,第170~171页。

⑫ [美]H. 大卫·科茨:《金融监管与合规》,邹亚生等译,中国金融出版社2018年版,第45页。

⑬ [美]H. 大卫·科茨:《金融监管与合规》,邹亚生等译,中国金融出版社2018年版,第28页。

⑭ 《合规管理体系指南》,载https://max.book118.com/html/2019/0517/8141134142002023.shtm,2020年10月1日访问。

是考虑实际情况，贯彻比例原则，鼓励更多的企业接受合规的理念，积极进行合规建设。故在刑事合规的初期，对于“中小微”企业和境内经营型企业，要适当降低合规标准。否则，按照国际标准来要求，双方都达不到标准，合规在刑事诉讼中也就失去了意义。将来可以随着合规的普及与不断成熟，再提高其有效刑事合规的标准。

（一）境外经营企业有效刑事合规的标准

我国境外经营企业进行合规的主要目的在于“走出去”参与国际竞争，合规要求“企业及其员工的经营管理行为符合有关法律法规、国际条约、监督规定、行业准则、商业惯例、道德规范和企业依法制定的章程及规章制度等要求”。[75] 2018 年 12 月 26 日国家发改委、外交部、商务部等七部门印发的《企业境外经营合规管理指引》第 4 条规定：“企业应以倡导合规经营价值观为导向，明确合规管理工作内容，健全合规管理架构，制定合规管理制度，完善合规运行机制，加强合规风险识别、评估与处置，开展合规评审与改进，培育合规文化，形成重视合规经营的企业氛围。”境外经营企业的合规不仅应当遵从国内的标准，还应当遵从国际标准和经营国的标准；不仅要遵守全面合规的标准，也要遵循诚信合规和专项合规的标准。概括说来，境外经营企业的有效刑事合规包括预防机制、识别机制和反应机制三个方面以及所有要素（见表 2）。总之，对于境外经营企业来说，其有效刑事合规的标准是最高的。

（二）境内经营企业有效刑事合规的标准

从境内经营企业合规建设的视角来看，可以将我国企业大体分为中央企业、大型企业、“中小微”企业。[76] 目前我国的企业合规建设也在朝着这个方向

---

[75] 《企业境外经营合规管理指引》第 3 条。

[76] 2017 年 12 月 28 日，国家统计局印发的《统计上大中小微型企业划分办法（2017）》中明确农、林、牧、渔业企业营业收入大于等于 20,000 万元的为大型企业，大于等于 500 万元、小于 20,000 万元的为中型企业，大于等于 50 万元、小于 500 万元的为小型企业，小于 50 万元的为微型企业；工业企业从业人员大于等于 1000 人且营业收入 40,000 万元以上的为大型企业，从业人员大于等于 300 人、小于 1000 人且营业收入大于等于 2000 万元小于 40,000 万元的为中型企业，从业人员大于等于 20 人、小于 300 人且营业收入大于等于 300 万元小于 2000 万元的企业为小型企业，从业人员小于 20 人或营业收入小于 300 万元的企业为微型企业。此外，建筑业、批发和零售业、交通运输、仓储和邮政业等其他行业的企业划分均有明确规定。载国家统计局网，http://www.stats.gov.cn/tjsj/tjbz/201801/t20180103_1569357.html，2020 年 10 月 7 日访问。

发展。中央企业担负着经济发展的重任,既要“走出去”,又要境内经营。其合规建设的任务最重、合规标准最高、合规试点工作开展最早。其他大型企业,不管国企还是民企,应当看齐中央企业,坚持合规高标准。对于“中小微”企业,特别是民营企业,对“六稳”“六保”发挥着重要的作用,应鼓励其积极开展合规,通过合规实现企业健康发展,鼓励其以中央企业合规标准为参照,吸收其精神要义,坚持适宜的合规标准,进行比例性合规。

表 2　我国企业类型与有效合规标准

<table>
<tr><th colspan="2">我国企业类型</th><th>有效合规标准</th></tr>
<tr><td colspan="2">境外经营企业</td><td>国内标准 + 境外经营国标准</td></tr>
<tr><td rowspan="3">境内经营企业</td><td>中央企业</td><td>国内最高标准</td></tr>
<tr><td>其他大型企业</td><td>接近国内最高标准</td></tr>
<tr><td>“中小微”企业</td><td>基本标准、适当标准</td></tr>
</table>

1. 中央企业有效刑事合规的标准

我国的企业合规首先从中央企业开始试点。2016 年国务院国资委将中国石油、中国移动、东方电气集团、招商局集团、中国中铁物价企业列为合规试点单位。这五家央企均进行跨行业经营,而且均进行境内外经营,将全面合规与诚信合规有机结合,与国际合规实践无缝接轨。中央企业应当坚持最高的标准,即表 1 中的三个标准预防机制、识别机制和反应机制及十二项要素。2018 年 11 月 2 日国资委印发的《中央企业合规管理指引(试行)》,对中国中央企业强制适用,其第 2 条也有所体现。具体包括“制度规定、风险识别、合规审查、风险应对、责任追究、考核评价、合规培训等有组织、有计划的管理活动”。

2. 其他大型企业有效刑事合规的标准

对于中央企业之外的大型企业在刑事合规有效标准认定上应当坚持接近中央企业的最高标准。由于目前《中央企业合规管理指引(试行)》对于中央企业强制适用,地方国有企业参照适用。这是基于我国企业合规初级阶段的现状。大型企业一是经济实力强,二是对社会影响大,合规的必要性和可能性都非常大。因此,对目前没有进行强制合规的大型企业,在进行刑事诉讼激励时(如非羁押、不起诉等)[77],应当要求企业建立有效的书面合规计划,应当包括表1中的三个标准和十二项要素。将来大型企业普遍建立合规计划以后,在采取刑事诉讼激励措施时考虑的合规是否有效,也应当坚持用表1的标准进行审查判断。

3."中小微"企业有效刑事合规的标准

如前文所述,在国际上一般不强制"中小微"企业进行合规。目前,我国的企业大多没有建立合规制度,"中小微"企业更是如此。但是,2020年经济发展的新情况让中国的"中小微"企业(特别是民营企业)迎来了合规的热潮。因为疫情的影响,中国经济面临困难,"中小微"企业的压力尤其大。许多正常经营的企业为了缓解压力采取了一些违法违规的应急措施,如虚开增值税发票、生产销售伪劣商品等。[78] 如果对这些违法的"中小微"企业严格执法,就可能"办了案子,垮了厂子",这与当前"六稳""六保"的形势不相符合。在这种情况下,检察机关积极延伸职能,通过合规不起诉引导企业进行合规建设。在合规不起诉的探索过程中,涉案企业没有进行过合规建设,有效的合规更无从谈起。检察机关选取有合规可能性的企业,通过合规不起诉,引导其建立合规制度。[79] 在建立合规制度时,书面的合规计划必不可少,应当坚持基本标准、适当标准。[80] 具体来说,应当具备表1中的三个标准预防机制、识别机制和反应

[77] 李玉华:《我国企业合规的刑事诉讼激励》,载《比较法研究》2020年第1期。

[78] 2020年3月5日,无锡市新吴区检察院对某科技公司虚开增值税专用发票案依法作出相对不起诉处理决定。作出不起诉决定后,检察机关继续跟进监督,积极帮助该公司寻找并梳理日常经营管理中存在的问题,并发出《检察建议书》,督促该公司建立并完善刑事合规制度,引入现代化管理制度。该公司采纳检察机关建议,并聘请专家及执业律师组成的法律专业团队帮助制定了一整套合规方案,最大限度防控源于企业内部或外部的刑事法律风险。参见《不起诉决定助力企业焕发生机》,载《检察日报》2020年6月12日,第3版。

[79] 《深圳市宝安区人民检察院涉企刑事案件附条件不起诉适用办法(试行)》第4条适用范围:"对犯罪企业适用附条件不起诉制度,应符合以下条件:(一)犯罪事实清楚,证据确实充分;(二)犯罪嫌疑企业认罪认罚的;(三)有合规建设可能的;(四)有退款、退赃、补缴税款、修复环境等补救挽损可能的;(五)具有正向效应的。"

[80] 例如,《深圳市宝安区人民检察院涉企刑事案件附条件不起诉适用办法(试行)》第16条刑事合规计划:"人民检察院决定继续适用附条件不起诉制度的,犯罪嫌疑企业应当根据刑事合规调查情况,提出有效的书面刑事合规计划并征得人民检察院的同意。刑事合规计划应包括以下方面:(一)拟采取的补救挽损措施;(二)构建有效的企业刑事合规制度,包括但不限于完备的合规管理规章、合规审查监督体系、合规风险预警及应对机制、合规审查评估机制、违规行为上报机制、合理的奖惩机制、纪律处分程序、合规文化培养体系等;(三)其他有益于行使企业合规的内容。"

机制及其中的部分核心要素,处于初级阶段对核心要素的具体要求可以视情况降低。如合规的管理机构只能要求其建立与其规模和经营相适应的机构,比如有 1 名专门负责合规的人员;不要求建立严格的、复杂的投诉举报机制。再如"中小微"企业的合规制度也不一定像大公司一样全面;合规培训也不一定像大公司那样密集;培训的对象也不一定像大公司那样细分等。"中小微"企业的合规不起诉是我国开展企业合规的一个独特探索,其合规标准和核心要素与跨国公司不同,还有待检察机关和企业通过一段时间的实际运行予以总结。这是中国合规的新现象,也是中国对世界合规的贡献。笔者相信我国"中小微"企业的合规将给国际企业合规带来新的经验。

五、结语

合规是企业可持续发展的基石,是企业走向世界的通行证。改革开放以来,中国企业迅速成长。一些企业在参与本土市场竞争的过程中,逐渐形成了具有中国特色的思维方式与经营模式。然而,这些在特定制度和市场环境下形成的思维定式和市场行为方式,在走向国际市场尤其是进入发达国家市场的过程中,却可能成为企业踏入海外门槛的"绊脚石"。[81] 在"走出去"的过程中遭遇被动合规后,中国企业正在经历从"要我合规"到"我要合规"的转变。如果说 2018 年是中国企业合规的元年,那么 2020 年则是中国刑事合规不起诉兴起之年。在检察机关的积极推动下,中国企业,特别是中小企业的合规以超乎想象的速度在中华大地兴起。

在企业合规不起诉的探索过程中,有效刑事合规的基本标准成为一个需要解决的问题。合规是有成本的,不同规模企业的有效合规标准应当有所不同。应当根据比例性原则鼓励企业量力而行,进行不同程度的合规。大型企业的合规最为规范,标准也最高,应当为中小企业起到引领、示范作用。

不同涉案阶段审查判断有效合规的标准不同。企业未涉案时"有效合规"通常表现为静态的、存在于纸面上的合规计划,即满足形式要求的合规计划。而企业涉案处理过程中往往考虑的是动态的有效合规计划,即该计划是否发挥了发现犯罪和调查犯罪的作用。企业涉案被处理后,处在考验期时,有效合规计划的审查判断既包括静态的纸面的合规计划,也包括动态的合规计划。

---

[81] 方拯:《合规使企业国家化发展的必然要求》,载湖南建工集团网 2020 年 10 月 1 日,http://www.chceg.com/Info.aspx?ModelId=1&Id=2962。

不同领域企业的有效合规标准不同，应当符合各行业的监管要求。

在世界范围内企业合规经历了一个从无到有、从不成熟到成熟的逐步发展过程。不同发展阶段企业合规的标准和发挥的作用不同。处于合规成熟阶段的国家和企业，有效合规的标准比较高，可以用来评判企业合规计划是否发挥有效预防违法行为的作用，并进而决定是否对企业作出宽大的处理。

有效刑事合规的基本标准由于中国不同企业的参与，特别是“中小微”企业的参与，将呈现出多元化和比例性特征。境外经营企业的合规不仅应当遵从国内的标准，还应当遵从国际标准和经营国的标准；不仅要遵守全面合规的标准，也要遵循诚信合规和专项合规的标准。总之，对于境外经营企业来说，其有效刑事合规的标准是最高的。对于境内经营企业来说，中央企业应当坚持最高的标准，即三个方面预防机制、识别机制和反应机制及十二项要素；对于中央企业之外的大型企业在刑事合规有效标准认定上应当坚持接近中央企业的最高标准；对于“中小微”企业合规来说，应当具备预防机制、识别机制和反应机制及其中的部分核心要素，对核心要素的具体要求可以视情况降低。我国的企业合规实践将为世界企业合规的实践和标准的建立贡献中国智慧。

检察视角下中国刑事合规之构建*

李　勇**

一、问题的提出

随着经济全球化和世界经济一体化进程的不断加快，合规计划（Compliance-Programs）已经成为企业特别是大型跨国企业的核心竞争力。时至今日，对于企业经营来说，合规是“必需品而非选项”。① 合规计划在美国产生的直接动因是日益严重的企业犯罪。随着美国企业犯罪的增多，人们越来越认识到，仅抓住犯罪行为和事后监管，还不足以保护企业的利益，有必要在问题变得灾难性之前识别并解决之。合规计划被誉为在企业犯罪预防中有效而切实可行的对策。② 对当下中国而言，企业犯罪也日益严重，到了需要寻求更有效治理方法的时候了。笔者通过裁判文书网进行统计发现，2014 年 1 月 1 日至 2019 年 1 月 1 日，5 年中单位犯罪共计 16,861 件，并且呈逐年上升态势。我国企业犯罪传统治理策略侧重于事后惩罚，消极预防，刑事制裁呈“一枝独秀”之势，但这绝非良策，因为“侦查程序一旦开启，孩子就已经掉进井里了”。③ 企业一旦被定罪，几乎被宣告“死刑”，不仅将承受巨大的直接经济损失，而且可能导致股票下跌、招投标被禁止、企业声誉受影响、订单量下降，甚至引发破产、失业等一系列社会问题。因此，引入合规计划，势在必行。

---

* 原文载《国家检察官学院学报》2020 年第 4 期，系 2019 年最高人民检察院课题“金融领域风险防控与检察职能发挥”（GJ2019C09）阶段性成果。

** 李勇，东南大学博士研究生、南京市建邺区人民检察院副检察长。

① See John J. Fons, *The case for compliance: Now it's a necessity, not an option*, Business Law Today, Vol. 13, No. 1 (September/October 2003), p. 26 - 29.

② 参见［日］川崎友巳：《合规管理制度的产生与发展》，李世阳译，载李本灿等编译：《合规与刑法——全球视野的考察》，中国政法大学出版社 2018 年版，第 4 页。

③ ［德］丹尼斯·伯克：《合规讨论的刑法视角——〈秩序违反法〉第 130 条作为刑事合规的中心规范》，黄礼登译，载李本灿等编译：《合规与刑法——全球视野的考察》，中国政法大学出版社 2018 年版，第 308 页。

合规计划有广义与狭义之分。广义的合规计划涵盖了从商业伦理到民事责任、行政责任,再到刑事责任的规范,层层递进,最终以刑事责任为依归和核心。从企业的角度来说,合规计划的前置领域在"结构上是开放的",多维度地构建以刑事法律与其他法律、经济学、管理学等多学科交融的风险防范和公司治理体系,所以"合规/刑事合规显然是如此地具有多面性",但是,合规计划以预防刑事法律风险为终极目的,以刑法激励措施作为终极推动力。④ 换言之,合规计划以刑事激励和预防刑事法风险为核心。从国家的角度来说,合规计划的核心在于给予建立、实施了有效合规计划的企业以刑事法的激励并预防犯罪,因此,狭义的合规计划是指刑事合规(Criminal Compliance)。⑤ 美国学者将合规计划定义为一种旨在全面发现和预防企业犯罪的组织体系(organizational systems),其目标,一是在于阻止公司内部不端行为,二是提供一种内部监督和报告不当行为的方法。⑥ 笔者曾提出:真正的合规计划,必须体现刑法担当,没有刑法担当的合规计划不是真正的合规计划。真正意义上的"合规计划"包括两个方面的基本要素:(1)企业为预防、发现违法犯罪行为建立完善的内部机制;(2)建立了"合规计划"的企业,刑法上给予鼓励回应,作为减轻其刑事责任的依据。⑦ 由于企业以追求经济利益为目的,如果企业不能从合规计划中获得好处,就会导致合规计划流于形式,这也是美国通过量刑指南给予刑法上激励的原因所在。《美国量刑指南》的重要内容就是给予制订并实施了有效合规计划以预防和发现违法犯罪行为的企业以刑罚上的从宽激

---

④ 参见[德]弗兰克·萨力格尔:《刑事合规的基本问题》,李世阳译,载李本灿等编译:《合规与刑法——全球视野的考察》,中国政法大学出版社2018年版,第51、71~72页。

⑤ 由于广义的合规计划也是以刑事激励和预防刑事法律风险为核心的,所以刻意区别合规计划与刑事合规的意义不大。美国学者一般统一使用"合规计划"(Compliance-Programs)的表述,只是我国及德国学者从刑事法的角度研究合规时,习惯于在狭义上使用"刑事合规"(Criminal Compliance)的表述。笔者认为,如果一定要区别二者,那么从企业的角度谈合规时,合规的措施不仅包括刑事法律,可从广义的角度使用"合规计划";从刑事法的角度或国家的角度谈合规时侧重于刑事激励措施和犯罪预防,可从狭义的角度使用"刑事合规",本文在表述时一般采取这样的区分方式。

⑥ See Michael Goldsmith and Chad W. King, *Policing Corporate Crime: The dilemma of Internal Compliance Programs*, Vanderbilt Law Review, Nashville, Vol. 50, (Jan 1997), p. 3-45.

⑦ 参见李勇:《"合规计划"中须有刑法担当》,载《检察日报》2018年5月24日,第3版;笔者的这一观点也得到孙国祥教授的认同,参见孙国祥:《刑事合规的理念、机能和中国的构建》,载《中国刑事法杂志》2019年第2期。

励。虽然量刑指南是建议性的,[8]但它代表了法律上的一种倾向。[9] 根据该量刑指南,在犯罪发生之时,如果企业内部存在有效的合规计划,可以减轻刑事责任,即如果特定企业的行为表明其并没有漠视法律,而是制订并积极实施了预防性合规计划,司法机关可以减轻其刑事责任,甚至不起诉。合规计划成为预防、发现违法犯罪行为而由企业主动实施的内部自我管理、约束措施的机制,通过贯穿于企业犯罪的事前预防、事中刑事诉讼与量刑,以及事后惩处和损害后果恢复,合规计划被广泛应用于企业犯罪的预防、追诉和惩处活动,可以作为减轻从轻处罚,特别是对单位的罚金进行大幅度减轻,甚至成为对企业暂缓起诉、不起诉的依据。简言之,合规计划包含相辅相成的两个方面的内涵:一是鼓励企业为预防犯罪建立一整套防范机制,即涉罪前的合规体系;二是涉罪后承诺建立、实施有效的合规计划,通过履行合规承诺换取刑事处罚的从宽处遇,即涉罪后以合规承诺为条件的刑事激励机制。二者之间相辅相成,如果没有涉罪后以合规承诺为条件的刑事激励机制,那些没有涉罪的企业就不会付出高成本建立合规计划;同样,如果没有涉罪前企业的合规体系,就无法实现刑事激励措施所追求的一般预防特别是积极一般预防之效果。

近年来,引入合规计划的呼声越来越高,一些大型企业逐步成立了合规部门,甚至行业主管部门、行业协会也出台了一些合规指南。[10] 但是,一方面,仅停留在企业管理层面,并没有得到法律上的认可,特别是缺乏刑事法的激励措施,这对于以营利为目的的企业而言,需要付出高额成本的合规计划必然会成为"装点门面"的摆设;另一方面,这些合规指引大多侧重海外业务,即为了防止海外业务受到国外法律的制裁而被动做出的选择,国内法律对于合规计划

---

⑧ 在2005年以前,《美国量刑指南》对于法官具有强制约束力,但是2005年美国诉布克案的裁决否定了《量刑指南》的强制约束力,而变成了建议性、参考性的量刑规范。

⑨ See Jay G. Martin, *Implementing Effective Corporate Legal Compliance Programs*, Natural Resources & Environment, Vol. 11, No. 4 (Spring 1997), p. 14 - 19.

⑩ 2017年中国证券业协会发布了《证券公司和证券投资基金管理公司合规管理办法》《证券公司合规管理实施指引》,2018年经国家质量监督检验检疫总局和国家标准化管理委员会批准,在ISO19600—2014《合规管理体系指南》的基础上制定发布了GB/T35770—2017《合规管理体系指南》,同年,国家发展改革委、外交部、商务部、人民银行、国资委、外汇局、全国工商联发布了《企业境外经营合规管理指引》,国资委同年发布了《中央企业合规管理指引(试行)》;2019年国家外汇管理局发布《银行外汇业务合规与审慎经营评估办法》。

的回应尚属空白。[11] 合规计划的落后已经严重制约我国企业走向国际，甚至影响经济发展大局。目前，构建中国刑事合规的最大“瓶颈”在于缺乏刑事法激励机制。亟须在比较研究的基础上，寻找刑事激励机制，本土化构建中国特色的刑事合规，为中国企业发展出谋划策，为中国经济发展保驾护航。笔者认为，挖掘认罪认罚从宽制度这一现有的刑事法资源，发挥检察机关在处置涉企业犯罪中的诉前主导作用，是构建中国式刑事合规的极佳契机和突破口。

二、刑事合规与认罪认罚从宽制度关系之梳理

2018 年，我国《刑事诉讼法》修改时增加了认罪认罚从宽制度，这是一种在犯罪嫌疑人、被告人自愿认罪认罚的情况下，给予从轻、减轻、甚至免除处罚处遇的制度设计，其基本特征是“程序从简”和“实体从宽”。我国的认罪认罚从宽本质上属于认罪协商，是检察官主导的一种量刑协商机制。尽管《刑事诉讼法》没有对认罪认罚案件从宽幅度进行具体规定，但是从此前全国 18 个城市试点的情况来看，从宽幅度有的可以达到 30%，个别地方甚至可以高达 50%。最高人民法院、最高人民检察院、公安部、国家安全部、司法部《关于适用认罪认罚从宽制度的指导意见》对从宽幅度也进行了原则性规定。认罪认罚从宽是《刑事诉讼法》总则中的规定，作为“贯穿整个刑事诉讼程序的重要制度”，[12]也是被告的一种权利，应当平等地适用于所有犯罪主体，既适用于自然人犯罪也适用于单位犯罪。2018 年 11 月 6 日最高人民检察院检察长张军在谈论保护民营企业产权时指出，对于涉企业犯罪，“要落实好修改后刑事诉讼法有关认罪认罚从宽的规定，对符合改变羁押强制措施的及时改变，对符合从宽处理的案件依法坚决从宽”。[13] 2018 年 11 月 16 日，最高人民检察院相关负责人再次就办理涉民营企业刑事案件中如何贯彻落实认罪认罚从宽制度时指出，办理涉民营企业案件，应当根据修改后刑事诉讼法的相关规定，落实认罪认罚从宽的相关要求，坚持平等保护，不能因不同经济主体而在认罪认罚从宽适用范围上有所不同。对于涉案民营企业经营者能够主动配合检察机关调查取证，认罪态度好，没有社会危险性的，不采取拘留、逮捕措施。对于符合速

---

⑪ 参见何为：《从国际制裁看合规管理》，载《中国外汇》2018 年第 17 期。

⑫ 孙谦：《检察机关贯彻修改后刑事诉讼法的若干问题》，载《国家检察官学院学报》2018 年第 6 期。

⑬ 姜洪：《“三个没有变”关键在落实 着力为民营经济发展贡献检察力量》，载《检察日报》2018 年 11 月 7 日，第 1 版。

裁程序和简易程序条件的涉民营企业案件,应当依法从速办理。[14] 2020 年 2 月 26 日中央政法委会同最高人民法院、最高人民检察院、公安部、司法部制定了《关于政法机关依法保障疫情防控期间复工复产的意见》再次重申,在涉企业案件办理中,积极推进认罪认罚从宽制度适用,落实少捕慎诉司法理念。总之,根据我国《刑事诉讼法》及相关规范性文件的规定,单位犯罪认罪认罚的,可以从宽。这为刑事合规的本土化建构创造了极佳的切入口。这里所蕴含的刑事合规与认罪认罚从宽制度的关系需要从理论上进一步揭示。

(一)刑事合规与认罪认罚从宽都是刑事司法模式由对抗走向合作趋势中的一环

传统刑事司法模式是国家垄断的刑罚处罚与犯罪行为的二元对立模式。但是这种传统二元对立模式进入现代以来正在悄然发生改变。西方国家 20 世纪 70 年代兴起的"恢复性司法"运动,着眼于修复因犯罪行为而遭受破坏的社会关系,国家给予被害人与被告人之间的谅解、合作予以认可和鼓励,这种认可和鼓励直接体现为刑罚上的从宽。在这一观念的影响下,我国从 2001 开始试点刑事和解,到 2012 年《刑事诉讼法》修改时正式立法,刑事和解的案件可以从宽处理甚至可以不起诉。这是一种全新的合作刑事司法模式。与刑事和解相似的是刑事协商程序。辩诉交易在英美法系具有悠久的历史,受英美法系辩诉交易的影响,大陆法系国家相继推出认罪协商程序,其基本特征就是被告人认罪与代表国家的检察官合作,以获得从宽处罚的处遇。我国的认罪认罚从宽制度也是一种认罪协商模式。这种合作型刑事司法模式已成为一种世界性潮流。

从恢复性司法到刑事和解,从辩诉交易、认罪协商到认罪认罚从宽,代表着刑事司法模式从对抗走向合作的趋势。合规计划是这种变化中的一环,通过企业的自我管理来代为履行国家的犯罪预防职责,配合国家的司法调查,获得从宽处罚的处遇,与认罪认罚一样也是一种合作模式。合规计划的重要特点是自制与共制的结合,属于"规制了的自制",公、私规章制度之间的合作、协作。"合规计划与私人规范融入国家法律制度中,这是当前预防经济犯罪的最

[14] 参见王治国、徐日丹:《最高检明确规范办理涉民营企业案件执法司法标准》,载《检察日报》2018 年 11 月 16 日,第 1 版。

引人注目的方式。”[15]可以说，这种“规制了的自制”理念是一种全新的刑事政策模式。德国学者托马斯·罗什指出，企业“合规计划”是一种犯罪控制和治理的“家庭模型”，其“特别的魅力在于原本属于国家主权的管理责任转移给了私人”，刑法模式由“对抗模式”走向“合作模式”，因此，将其视为新刑法的风向标不是没有理由的。刑事合规表明刑法的演进受到了民法协商一致原则以及在公法领域已被讨论已久的由国家化到私人化一般发展的影响。[16]

（二）合规从轻与认罪认罚从宽的正当性根据相同

认罪认罚案件可以实体从宽的正当性依据何在？换言之，认罪认罚的被告人为什么可以从宽？我国的认罪认罚从宽制度与德国的认罪协商制度有相通之处，德国法学界对认罪协商制度的争议焦点之一在于认罪协商与实体刑法的责任主义原则是否存在冲突。实体刑法上的个人罪责原则和程序法上的职权调查原则，被视为阻止类似辩诉交易制度在德国兴起的两个因素。[17] 尽管如此，“德国刑事诉讼程序正以难以想象的速度和不可阻挡的动力，发展出一种新的程序性结案方式”，“这种新的程序性结案方式，在德国被称作协商、协议、谅解，甚至被称作交易”。[18] 我国《刑法》第5条规定：“刑罚的轻重，应当与犯罪分子所犯罪行和承担的刑事责任相适应。”刑法理论将其概括为罪刑均衡原则，属于责任主义原则的内容之一。罪刑均衡，也称罪刑相当、罪刑相适应，其基本含义是对被告人判处刑罚的轻重应当与其所犯罪行的轻重相当。简言之，犯多大的罪应当承担多重的刑。罪刑均衡原则源于因果报应，是一种朴素的正义观，贝卡利亚指出：“犯罪对公共利益的危害越大，促使人们犯罪的力量越强，制止人们犯罪的手段就应该越强有力。这就需要刑罚与犯罪相对称。”[19] 既然罪刑均衡原则要求犯多大的罪就应当承担多重的刑，那么，认罪认罚案件为什么可以从宽？现代意义上的罪刑均衡早已走出了“以牙还牙，以眼还眼”

---

⑮ ［德］乌尔里希·齐白：《全球风险社会与信息社会中的刑法——二十一世纪刑法模式的转换》，周遵友、江溯等译，中国法制出版社2012年版，第271页。

⑯ 参见［德］托马斯·罗什：《合规与刑法：问题、内涵与展望——对所谓的“刑事合规”理论的介绍》，李本灿译，载《刑法论丛》2016年第4期。

⑰ 参见卞建林、谢澍：《职权主义诉讼模式中的认罪认罚从宽——以中德刑事司法理论与实践为线索》，载《比较法研究》2018年第3期。

⑱ ［德］约阿希姆·赫尔曼：《德国刑事诉讼程序中的协商》，王世洲译，载《环球法律评论》2001年冬季号。

⑲ ［意］切萨雷·贝卡里亚：《论犯罪与刑罚》，黄风译，中国方正出版2004年版，第17～18页。

的报应刑观念，而走向了报应与预防折中的并合主义。根据并合主义原理，刑罚正当化根据是报应的正当性与预防目的的合理性的结合。对被告人施加刑罚以其具有罪责能力为前提，不得对没有罪责能力的人施加刑罚，罪责为刑罚的合法性奠定基础，也为刑罚划定了上限（责任刑）；但是刑罚的裁量还必须考虑预防犯罪的必要性（预防刑）。“预防目的使刑罚具有必要性，罪责原则限制其合法性。”[20]因此，量刑就是裁量责任刑和预防刑。具体裁量刑罚时，先根据影响责任刑的情节裁量责任刑，然后，在责任刑之下根据影响预防刑的情节确定宣告刑。[21] 这里的预防包括一般预防和特殊预防，而一般预防又分为消极的一般预防和积极的一般预防。消极的一般预防是为了威慑一般人不实施犯罪，而积极的一般预防是为了积极地强化人们对刑法规范的忠诚和对法秩序的信任。[22] 裁量预防刑时可以因预防必要性降低而从宽处罚。认罪认罚的被告人，由于其认罪并愿意接受惩罚，其预防必要性明显降低。事实上，与赔偿、刑事和解、诉讼时效等一样，“许多程序性条件中，特殊预防的需要被明显地减少了”。[23] 因特殊预防的必要性降低，所以可以减轻甚至免除刑罚处罚。同时，通过对认罪认罚的被告人刑事责任的减轻、免除，激励一般人对刑法规范的忠诚和信任，进一步实现积极的一般预防。

合规计划为什么能够成为企业犯罪减轻刑罚甚至不起诉的依据？这与认罪认罚可以从宽的正当根据高度契合。因为建立并有效实施了合规计划的企业，其预防的必要性降低，从而影响预防刑，进而减轻甚至免除刑罚处罚；同时，通过刑事责任的减轻、免除，给予企业合规以压力和动力，从制度合规逐步形成合规文化，进一步实现积极的一般预防。对于企业、单位来说，企业文化、企业文脉类似于自然人的灵魂。一个合规的企业文化，其再犯可能性降低，预防必要性降低，进而导致量刑中的预防刑降低。“如果个人刑法要求个人只在他或她的行为应受谴责的情况下才受到惩罚，那么公司刑法也应该对公司提

---

[20] ［德］许迺曼：《罪责原则在预防刑罚中的功能》，载许玉秀、陈志辉主编：《不移不惑献身法与正义——许迺曼教授刑事法论文选辑》，台北，新学林出版股份有限公司2006年版，第621页。

[21] 参见张明楷：《论预防刑的裁量》，载《现代法学》2015年第1期。

[22] 参见［德］乌尔斯·金德霍伊泽尔：《刑法总论教科书》，北京大学出版社2015年版，第26页。

[23] ［德］克劳斯·罗克辛：《德国刑法学总论》（第1卷），法律出版社2005年版，第704页。

出同样的要求。"[24]美国在制定《组织体量刑指南》时,之所以将合规计划作为减轻处罚的因素,就在于其有利于企业犯罪预防。时任美国量刑委员会主席的威尔金斯(Wilkins)指出,大幅度减轻的潜力将成为促进公司行动的一种激励,从而导致预防和发现组织体的犯罪,即奖励该企业为防止和发现其代理人的犯罪行为而采取的行动,但对不守秩序的企业给予重大惩罚,这是胡萝卜加大棒的方法,即奖励好人,惩罚坏人。或许怀疑论会质疑该目标是否有效实现,但常识认为,这种方法不仅有控制的潜力,而且有减少组织犯罪的潜力。[25]可以看出,认罪认罚从宽与合规计划从宽的正当性根据都是因预防必要性降低而减少预防刑。

(三)刑事合规所体现的合规意识与认罪认罚制度中的认罪态度互为表里

一个企业的合规计划可以反映该企业的认罪认罚态度。根据《刑法》第31条的规定,单位犯罪实行双罚制,对单位判处罚金,对直接负责的主管人员和其他直接责任人员判处刑罚。直接负责的主管人员和其他直接责任人员的认罪认罚可以体现在其本人认罪态度上,但是企业作为一个法人,其认罪认罚如何体现出来呢?直接负责的主管人员和其他直接责任人员的认罪认罚态度并不能完全反映单位的认罪认罚态度。受单位主观意思鼓励、刺激、容忍或者默许的自然人的行为,才能够被看作单位的犯罪行为。因此,在判断单位自身意志时,不能仅以单位组成人员的主观意思为基础,而应当从包括企业的结构、文化、合规计划等方面的因素来加以判断。[26] 一个企业建立了有效、完备的合规计划,对调查的配合,表明其对法规范的忠诚。这种合规意识,恰恰是企业认罪认罚的最好体现。

根据建构主义系统理论,企业组织、人以及法律体系都被认为是自生系统,即能够自我复制的系统,区别只在于它们实现自我复制的方式不同。企业主体通过企业决策进行自我再生产,人类通过思维过程进行自我再生产,法律

---

[24] Carlos Gómez-Jara Díez, *Corporate Culpability as a Limit to the Over criminalization of Corporate Criminal Liability: The Interplay Between Self-Regulation, Corporate Compliance, and Corporate Citizenship*, New Criminal Law Review: An International and Interdisciplinary Journal, Vol. 14, No. 1 (Winter 2011), p. 78 – 96.

[25] See William W. Wilkins, Jr., *Sentencing Guidelines for Organizational Defendants*, Federal Sentencing Reporter, Vol. 3, No. 3, Sentencing Corporations (Nov.-Dec., 1990), p. 118 – 120.

[26] 参见黎宏:《合规计划与企业刑事责任》,载《法学杂志》2019年第9期。

制度通过法律沟通进行自我再生产。公司特别是一些成熟的大型公司,能够发展出一种内部复杂性,最终使他们能够自我组织和自我治理。公司的不端行为应该是某种组织行为,而不单是个人行为,公司的行为是由公司(自我)随着时间的推移而组织起来的,而不是由员工在某一特定时刻的行为来揭示的。因此,要承担刑事责任,公司应该具有(自我)组织的能力。因此,我们不应该看一个公司是否能够采取行动,而是应该问问自己,这个公司实体是否已经达到了一定程度的内部复杂性,使它能够以一种有意义的方式组织自己。[27] 因此,有什么样的企业文化,就会有什么样的企业行为。企业行为意图的评估应该从整体上而不是从单个员工的角度看企业。就像个人知识是决定个人动机的关键因素一样,企业文化(组织知识)应该是建立企业动机的最重要因素。组织知识的核心不在于个人的"头脑",而在于组织内不同知识要素之间的关系和联系。这些链接构成了一个独立的组织知识。只有那些有行为能力的个人才能犯罪,也只有那些有自我组织能力的公司才能被认为负有刑事责任。[28] 因此,合规的企业文化是企业作为一种组织体所体现出的守法意识,有效的合规计划体现的是企业作为一种组织体对法律的敬畏、遵从,体现的是一种认罪悔罪的态度。就此而言,对建立和实施了有效合规计划的涉罪企业予以从宽处罚,就可以直接从认罪认罚从宽的法律规定中找到依据。

(四)刑事合规与认罪认罚从宽在优化司法资源配置的目标上相互通联

认罪认罚从宽制度在程序上的基本特征是"从简",以诉讼经济为原则,立法的直接目的是解决案多人少的矛盾,推进繁简分流,合理配置司法资源。[29] 认罪认罚从宽制度在实体上的基本特征是"从宽",以宽严相济为原则,对于认

---

[27] See Carlos Gómez-Jara Díez, *Corporate Culpability as a Limit to the Over criminalization of Corporate Criminal Liability: The Interplay Between Self-Regulation, Corporate Compliance, and Corporate Citizenship*, New Criminal Law Review: An International and Interdisciplinary Journal, Vol. 14, No. 1 (Winter 2011), p. 78 – 96.

[28] See Carlos Gómez-Jara Díez, *Corporate Culpability as a Limit to the Over criminalization of Corporate Criminal Liability: The Interplay Between Self-Regulation, Corporate Compliance, and Corporate Citizenship*, New Criminal Law Review: An International and Interdisciplinary Journal, Vol. 14, No. 1 (Winter 2011), p. 78 – 96.

[29] 《关于授权两高在部分地区开展刑事案件速裁程序试点工作的决定》,载正义网,http://www.jcrb.com/xztpd/ZT2019/201905/RZRF/zcfg/201905/t20190509_1999657.html;周强:《关于在部分地区开展刑事案件认罪认罚从宽制度试点工作情况的中期报告》,载《人民法院报》2017年12月24日,第1版。

罪悔罪的被告人给予从宽处罚,更好地实现刑罚预防犯罪的目的。与自首一样,一方面体现了认罪悔罪的态度,另一方面节省了司法资源,因此给予刑罚从宽的奖励。正是从这个意义上讲,认罪认罚从宽制度改革,“是推动宽严相济刑事政策具体化、制度化的重要探索,对完善刑事诉讼制度、优化司法资源配置、依法及时有效惩治犯罪、加强人权司法保障具有重要意义”。[30]

合规计划与认罪认罚从宽制度的上述立法目的趋向一致。建立了有效合规计划的企业,一方面,其犯罪发生时配合司法机关调查并改进其合规管理,体现了认罪认罚的态度,可以从宽;另一方面,节约了司法资源和犯罪预防的成本,理应给予刑罚上的激励。众所周知,企业犯罪、经济犯罪侦查难度要高于一般犯罪,其侦查成本也远高于一般犯罪。例如,美国《反海外腐败法》(Foreign Corrupt Practices Act,FCPA)起诉德国西门子公司案,案件事实涉及向 65 个国家的政府官员行贿 14 亿美元。西门子公司进行内部调查花了 5 亿美元的费用。[31] 我国企业犯罪的侦查成本也极其高昂,一些环境污染案件,仅污染物的鉴定费用有时都会超过刑事判决所判处的罚金,而损失的评估费用则更高,有时甚至超过治理费用。一些经济犯罪的司法会计鉴定、审计费用极其高昂。一些非法集资类案件,审计费用动辄数百万元。通过承诺合规计划,让企业配合调查,甚至内部调查,能够有效降低司法成本,提高经济犯罪的办案效率,合理配置司法资源,与认罪认罚一样,理应得到从宽处罚。

综上所述,刑事合规与认罪认罚从宽制度在理论基础上具有同源性,我国《刑事诉讼法》关于认罪认罚从宽制度的规定,可以作为构建我国刑事合规的法律依据。换言之,我国现行《刑事诉讼法》规定的单位犯罪认罪认罚从宽,与单位建立并实施合规计划从宽具有同等意义,在这个意义上也可以说“认罪认罚从宽 = 合规从宽”。这就为我国刑事合规建构找到刑事激励措施的法律基础。换言之,对于承诺建立并有效实施合规计划的涉罪企业,可以以《刑事诉讼法》第 15 条关于认罪认罚从宽的规定作为依据给予从宽处罚;同时也可以以该条规定作为激励其他未涉罪的企业建立合规计划的依据。或许有人会提

---

[30] 周强:《关于在部分地区开展刑事案件认罪认罚从宽制度试点工作情况的中期报告》,载《人民法院报》2017 年 12 月 24 日,第 2 版。

[31] See Brandon L. Garrett, *Globalized Corporate Prosecutions*, Virginia Law Review, Vol. 97, No. 8 (December 2011), p. 1775 – 1875.

出,既然刑事合规与认罪认罚从宽制度具有相通之处,直接对涉罪企业适用认罪认罚从宽制度不就可以了吗?何必大费周章地引入刑事合规呢?这里有必要进一步澄清二者的关系。首先,刑事合规与认罪认罚从宽具有相通之处,对于单位犯罪而言,“认罪认罚从宽 = 合规从宽”,但这只是为合规从宽找到刑事法律依据,即找到刑事激励措施的依据,并不能解决如何发挥该激励措施的效用以实现预防企业犯罪和持续合规经营之目的。只能解决企业涉罪之后的从宽处罚问题,却无法解决处罚之后如何让涉罪企业改变治理结构建立长效的内控机制,防止再次犯罪的问题;更无法解决鼓励那些没有涉罪的企业花费高昂成本建立内控机制预防犯罪的问题。认罪认罚从宽侧重于事后惩罚、消极预防,而刑事合规侧重于事前合规、积极预防。其次,找到刑事合规的法律依据只是建构刑事合规的逻辑起点,还需要建立一系列配套制度。毕竟认罪认罚从宽制度的立法初衷不是专门直接针对企业犯罪的,更不是为了专门预防企业犯罪的,虽与刑事合规有相通之处,但是并无刑事合规必备的配套制度,如单位犯罪量刑指南、单位犯罪附条件不起诉等。例如,上海市浦东新区人民检察院对上海某电气有限公司虚开增值税专用发票案,以单位认罪认罚为由对该公司作出不起诉决定。[32] 但是,不起诉之后,如何防范该公司再次偷税、逃税,尽管不起诉理由中指出“在案发后采取有效措施加强内控”,但是如何强制其建立有效的内控措施,如何评估这些措施的有效性,如何确保这些措施在后续经营过程中得到切实执行?这些问题在未引入合规计划的情况下,单纯靠认罪认罚从宽制度都是难以实现的。

三、以认罪认罚为基点中国式刑事合规之建构

我们找到刑事合规与认罪认罚从宽制度的契合之处,就找到了刑事合规的基本法律依据,从而就找到了建构中国式刑事合规的逻辑起点。认罪认罚从宽制度经过多年的试点,积累了大量经验,已经有了较为可行的操作模式,实践资源相对成熟。认罪认罚从宽制度规定在《刑事诉讼法》总则之中,在无须对《刑事诉讼法》总则进行大的修改的前提下,通过制定单位犯罪量刑指导意见、实行涉罪企业合规计划承诺、增设单位犯罪附条件不起诉、建议检察主导下以合规为中心的企业犯罪预防体系等配套激励措施,就可

[32] 《浦东新区检察院依法对一起单位犯罪案件适用认罪认罚从宽处理》,载微信公众号“浦东检察”2018 年 7 月 17 日,https://mp. weixin. qq. com/s/35glgX59saf_mOUhTlCQ1A。

以以最经济、最便捷的方式构建起中国式刑事合规。具体来说,包括以下四方面内容。

(一)制定单位犯罪的量刑指导意见

最高人民法院从2014年1月至2017年5月,先后出台了《关于常见犯罪的量刑指导意见》和《关于常见犯罪的量刑指导意见(二)》(以下一并简称《量刑指导意见》),对量刑起点、量刑基准和量刑步骤与方法进行了规范,其中第9条虽然将认罪、悔罪作为量刑调节的因素,即"对于积极赔偿被害人经济损失并取得谅解,综合考虑犯罪性质、赔偿数额、赔偿能力以及认罪、悔罪程度等情况,可以减少基准刑的40%以下",但并没有完整体现认罪认罚从宽在量刑中的价值。在认罪认罚从宽制度已经写入《刑事诉讼法》的背景下,《量刑指导意见》也面临修改,亟须将认罪认罚从宽在《量刑指导意见》中予以明确。目前的《量刑指导意见》主要是针对自然人犯罪而设计的,认罪认罚从宽作为《刑事诉讼法》总则规定的基本制度,当然平等适用于单位犯罪,《量刑指导意见》忽视这一点是不科学的。因此,在修改《量刑指导意见》过程中,应当充分考虑单位犯罪及合规计划,最好制定单独的单位犯罪量刑指导意见,将合规计划作为重要量刑因子。这既是构建中国式合规计划的必然要求,也是《量刑指导意见》本身科学性、完整性的必然要求。这种从自然人扩展到企业单位的量刑指导意见与美国的量刑指南具有相似之处,可以借鉴美国的相关做法。美国1987年的《美国量刑指南》主要适用于自然人犯罪,并没有专门针对企业等组织体犯罪。为了解决自然人犯罪与企业犯罪量刑之间的差异,联邦量刑委员会于1991年颁布了《组织体量刑指南》,编入《美国量刑指南》第八章,将合规计划正式纳入联邦诉讼和量刑的参考,并列举了有效合规计划的"七个通用标准":(1)建立合理的合规标准和计划,能够减少犯罪行为的可能性;(2)指定专人负责监督合规标准及计划;(3)谨慎行事,不要将重大的自由裁量权授予那些组织知道或应当知道的将会从事非法活动倾向的人;(4)向员工有效普及公司合规的标准和流程,如通过员工培训项目;(5)采取合理的步骤来实现合规计划,如利用监控和审计系统旨在发现员工的犯罪行为,通过员工的举报系统报告可疑的不当行为;(6)通过适当的纪律机制一贯执行合规标准;(7)发现违法行为后,采取一切合理的必要措施,对违法行为作出反应,防止类似的违法行为,如修改或修订合规计划。[33] 1999 年时任美国司法部副检察长的霍尔德(Holder)发布了《企业诉讼指南》(1999 年霍尔德备忘录),列举了检察官对公司提起刑事诉讼时应当考虑的八项因素:(1)犯罪的性质和严重程度;(2)公司内部违法行为的普遍性;(3)公司有类似行为的历史;(4)公司披露不当行为的时间和自愿,以及与调查机构合作的意愿;(5)公司合规计划的存在及其充分性;(6)公司的补救措施;(7)任何附带后果,包括对没有个人责任的股东和雇员造成不成比例的损害;(8)可采取的非刑事补救措施的充分性。[34] 这八项因素中第 2、4、5、6 项属于合规的内容。我国的单位犯罪量刑指导意见,可以借鉴美国的做法,引入合规计划的内容,将合规计划作为单位犯罪独立的从宽量刑情节,制定单独的单位犯罪量刑指导意见。

(二)实行涉罪企业合规计划承诺制度

我国目前认罪认罚从宽制度中量刑协商是这样操作的:犯罪嫌疑人承诺认罪认罚,检察官根据《量刑指导意见》计算出量刑建议,告知犯罪嫌疑人认罪认罚的法律意义和后果,听取犯罪嫌疑人及律师的意见,在律师在场的情况下,签署认罪认罚具结书。具结书主要内容包括三部分:(1)犯罪嫌疑人涉嫌罪名及量刑情节;(2)犯罪嫌疑人承诺认罪认罚;(3)检察机关从宽处罚的量刑建议及理由。单位犯罪的认罪认罚具结书如何制作?一些地方把单位犯罪"双罚制"中的直接负责的主管人员或直接责任人员当作一般的自然人犯罪一样对待,签署同样的具结书,忽视单位犯罪"双罚制"中的另一端,即单位本身的认罪认罚。

事实上,单位犯罪中的单位自身承担刑事责任的方式——罚金——也应当因认罪认罚适用《刑事诉讼法》第 15 条认罪认罚从宽的规定,只不过这里单位的认罪认罚体现在合规计划中,认罪认罚具结书也应该升级为合规计划承诺书。具体来说,合规计划承诺书可以包括以下内容:(1)企业的负责人、管理层承认单位犯罪事实;(2)企业建立完备的合规计划,包括相对具体的流程图,从风险识别到风险堵塞,从举报监督体系到培训沟通,从专业人员配置到评估

---

[33] See Jay Martin, Ryan D. Mcconnell & Charlotte A. Simon, *Plan Now or Pay Later: The Role of Compliance in Criminal Cases*, Houston Journal of International Law, Vol. 33, 2011, p. 21.

[34] See Jay Martin, Ryan D. Mcconnell & Charlotte A. Simon, *Plan Now or Pay Later: The Role of Compliance in Criminal Cases*, Houston Journal of International Law, Vol. 33, 2011, p. 24.

监管等大大小小的步骤。一个好的合规计划,没有什么比构建"流程图"更重要。需要精心设计结构和流程,而不仅是阐明实质性的法律规则。[35] (3)企业负责人及管理层对合规计划作出绝对承诺。成功的合规计划最重要的因素是管理层和顾问对该计划的绝对承诺。如果高层管理人员都缺乏信心,那么合规计划必然难以奏效。如果一家公司的负责人及其法律顾问不认真对待这个项目,其他人也不会认真对待。这种承诺必须是可见的、持续的和真诚的。管理层的行为必须与合规计划的教导保持一致。[36] (4)接受检察机关合规计划有效性的评估。(5)检察机关根据犯罪事实、情节及其合规计划,结合《量刑指导意见》提出从宽的量刑建议,企业接受该量刑建议。这样的量刑建议是以合规承诺为条件的,带有"附条件量刑建议"的属性。

(三)增设单位犯罪附条件不起诉制度

如前所述,我国最高司法机关明确要求在涉企业犯罪中贯彻认罪认罚从宽制度,2017年1月6日最高人民检察院《关于充分履行检察职能加强产权司法保护的意见》中明确指出,严格依法把握起诉条件,从经济安全、公共利益、市场秩序等方面准确认定社会危害性,综合考虑政策调整、经营不善、市场风险等市场主体意志以外的因素,对符合不起诉条件的,依法适用不起诉。我国目前没有类似于美国的暂缓起诉和不起诉制度,但我国的相对不起诉在企业犯罪中已经广泛适用,特别是在2018年11月1日"民营企业座谈会"之后,检察机关加大了对企业犯罪的不起诉力度。但现有的相对不起诉在企业犯罪中适用存在一系列弊端:(1)不起诉的标准较为混乱,什么样的单位犯罪可以不起诉?实践中尺度把握较为混乱。(2)对企业的威慑力不足。对于涉嫌犯罪的企业不起诉之后,检察机关无权进行罚款。(3)犯罪预防功能彰显不足。不起诉之后缺乏后续监督措施,"不诉了之"。(4)无助于改变企业内部治理结构和企业文化。

美国的不起诉及暂缓起诉制度与我国的未成年人附条件不起诉制度能够提供重要灵感。美国检察官对企业犯罪可以进行不起诉和暂缓起诉,通过联

---

[35] See Michael E. Fine, *Putting the pieces together: A game plan for an effective compliance structure*, Business Law Today, Vol. 13, No. 1 (September/October 2003), p. 10 – 15.

[36] See Robert E. Bloch, *Compliance Programs and Criminal Antitrust Litigation: A Prosecutor's Perspective*, Antitrust Law Journal, Vol. 57, No. 1, 36th Annual Spring Meeting (March 22 – 24, 1988), p. 223 – 230.

邦执法机关与涉案企业之间达成协议（不起诉协议 NPA 和暂缓起诉协议 DPA），涉案企业通常要配合调查并承认犯罪事实，检察官会要求公司建立有效的合规计划，改变其内部结构，向董事会增加特定的个人，修改某些商业惯例或者聘请一名检察官批准的公司监察员。设定一定的考验期，如果公司在规定的时间内遵守约定的条款，就可以避免刑事起诉。[37] 在美国，检察官开始越来越多地通过不起诉和暂缓起诉来处理公司犯罪，通过不起诉协议（NPA）和暂缓起诉协议（DPA），以换取通过公司结构性改革以证明其合规。[38] 美国不起诉和暂缓起诉案件增多的原因在于：其一，检察官和公司都有强烈的动机通过 N/DPA 并避免审判。一旦检察官调查并确认了公司的不法行为，他们就可以利用 N/DPA 来避免对一个经验丰富、资金充足的公司被告进行昂贵的审判。N/DPA 帮助检察官实施和执行罚款，创建合规改革，迫使公司为自己的内部调查提供资金。其二，通过不起诉和暂缓起诉，不会给公司带来潜在灾难性附带后果。美国学者实证研究结果表明：NPA 或 DPA 可以在改善公司治理方面发挥重要作用。[39] 美国的暂缓起诉是在案件已经移交给预审法官后，通过暂缓起诉协议而作出的延迟起诉决定，所以这种暂缓起诉协议又被称为"预审转移协议"。因为已经提交给预审法官，所以才会出现暂缓起诉协议需要法官批准的问题。对于没有提起公诉的案件由检察官决定是否适用不起诉协议（NPA），不需要经过法官批准，由检察官和企业通过协商达成协议。

我国现有法律框架中，与美国暂缓起诉制度最相类似的制度，就是未成年人犯罪的附条件不起诉制度。我国《刑事诉讼法》2012 年修改时，针对未成年人犯罪设立了附条件不起诉制度，即对于未成年人涉嫌《刑法》分则第四章、第五章、第六章规定的犯罪，可能判处 1 年有期徒刑以下刑罚，符合起诉条件，但有悔罪表现的，人民检察院可以作出附条件不起诉的决定。附条件不起诉的

---

[37] See Jennifer Arlen and Marcel Kahan, *Corporate Governance Regulation through Nonprosecution*, The University of Chicago Law Review, Vol. 84, No. 1 (Winter 2017), p. 323 – 387 (339); Wulf A. Kaal and Timothy A. Lacine, *The Effect of Deferred and Non-Prosecution Agreements on Corporate Governance: Evidence from 1993 – 2013*, The Business Lawyer, Vol. 70, No. 1 (Winter 2014 – 2015), p. 61 – 119.

[38] See Brandon L. Garrett, *Globalized Corporate Prosecutions*, Virginia Law Review, Vol. 97, No. 8 (December 2011), p. 1775 – 1875.

[39] See Wulf A. Kaal and Timothy A. Lacine, *The Effect of Deferred and Non-Prosecution Agreements on Corporate Governance: Evidence from 1993 – 2013*, The Business Lawyer, Vol. 70, No. 1 (Winter 2014 – 2015), p. 61 – 119.

考验期为 6 个月以上 1 年以下。在附条件不起诉的考验期内,由人民检察院对被附条件不起诉的未成年犯罪嫌疑人进行监督考察。人民检察院一般会同司法社工、社会观护基地、公益组织、未成年犯罪嫌疑人所在的学校、单位、居民委员会、村民委员会、未成年人保护组织等相关机构成立考察帮教小组,实施跟踪帮教。被附条件不起诉的未成年犯罪嫌疑人应当遵守的条件包括以下四个方面:(1)遵守法律法规,服从监督;(2)按照考察机关的规定报告自己的活动情况;(3)离开所居住的市、县或者迁居,应当报经考察机关批准;(4)按照考察机关的要求接受矫治和教育。其中第 4 个方面,法律没有细化规定,但是实践中根据“最佳实践”原则探索出一系列的措施,由检察机关根据个案具体情况制订详细帮教计划或帮教协议,一般包括完成戒瘾治疗、心理辅导等处遇措施、公益劳动、不得进入特定场所、接受相关教育、遵守保护被害人安全以及预防再犯的禁止性规定等。未成年犯罪嫌疑人要签署附条件不起诉帮教考察承诺书。被附条件不起诉的未成年犯罪嫌疑人,在考验期内有实施新的犯罪或者发现决定附条件不起诉以前还有其他犯罪需要追诉的,或者是违反治安管理规定或者考察机关有关附条件不起诉的监督管理规定,情节严重的,人民检察院撤销附条件不起诉的决定,提起公诉;在考验期内没有上述情形则考验期满后作出不起诉决定。实践证明,附条件不起诉制度对于惩治和预防未成年人犯罪发挥了重要作用,它与一般的相对不起诉相比,优点在于设定一定考验期并要求被不起诉人在考验期内遵守相应的条件,违反相应条件随时面临可能起诉的威慑,促使其遵守规则,实现特殊预防,并对其他未成年人形成遵守规则的导向作用,有利于积极一般预防的实现。

未成年人附条件不起诉制度的两个核心特点:一是犯罪嫌疑人悔罪,这与认罪认罚从宽是一致的;二是承诺遵守相应规定,这与合规计划是一致的。以认罪认罚从宽为基本法律依据的中国式刑事合规完全可以将附条件不起诉制度纳入其中,打造附条件不起诉的“扩展板”。将未成年人的附条件不起诉帮教协议转化为企业犯罪附条件不起诉协议,使之成为中国版的 DPA。所附条件的核心内容就是合规计划,由人民检察院与企业以及第三方机构共同研究制定,设立一定的考验期,在考验期内由人民检察院及其委托的第三方机构跟踪考察。考验期满后,人民检察院与其委托的第三方机构进行评估,符合条件的作出不起诉决定,违反规定或合规计划不成功的则提起公诉。至于附条件不起诉协议中合规体系的具体内容，可以借鉴美国的做法。在美国一般包括以下要素：(1)改进合规措施；(2)配合美国司法部；(3)向政府披露信息；(4)解雇员工；(5)内部审查和调查；(6)加强监测；(7)更换管理人员；(8)设立新的人事职位；(9)增加对政府官员的汇报；(10)增加培训；(11)任命新的董事会。[40] 但是，对具体案件和具体的企业，需要根据“最佳实践”原则进行调整和修改，“实际上，现在每个DPA和NPA都需要对公司的合规计划进行一些修改。虽然早期的协议只是顺便提到了法规遵循程序的开发，但是最近的协议提供了详细的合规计划框架。这些详细的合规修订强调了合规作为指控和量刑考虑的重要性，以及作为接受刑事调查的公司获得DPA或NPA的关键因素。”[41]对企业犯罪适用附条件不起诉，也有利于审前分流，这与认罪认罚的繁简分流一脉相承。关于美国的企业诉讼指南，2003年联邦副检察长汤姆森发布了一份备忘录(汤姆森备忘录)，明确指出，审前分流是给积极发展合作与合规企业的适当奖励，为之后的暂缓起诉和不起诉协议做铺垫。合规逐渐成为暂缓起诉协议和不起诉协议的核心特征。[42] 我国的认罪认罚从宽制度立法初衷之一就是实现审前分流，也就是构建以认罪认罚为基础的审前程序分流机制，实现案件诉讼模式的多元化，这是起诉便宜主义原则、诉讼经济原则的应有之义。因此，未来应该在《刑事诉讼法》分则中增设单位犯罪的附条件不起诉制度。与前两项配套制度只需要调整实践操作方式不同，附条件不起诉可能是建立中国式刑事合规中唯一需要通过修改法律才能实现的。

(四)建立检察主导下以合规为中心的企业犯罪预防体系

我国传统的企业犯罪预防模式的弊端在于：对单位判处罚金，一罚了之，缺乏后续的跟踪和监督；因单位犯罪而导致企业失去从事一定商业行为的资格，导致企业生存困难甚至破产，如有行贿罪犯罪记录的企业将失去竞标资格。我国检察机关曾经成立了专门的职务犯罪预防机构，其职责也涵盖了企

---

[40] See Wulf A. Kaal and Timothy A. Lacine, *The Effect of Deferred and Non-Prosecution Agreements on Corporate Governance: Evidence from 1993 - 2013*, The Business Lawyer, Vol. 70, No. 1 (Winter 2014 - 2015), p. 61 - 119.

[41] Jay Martin, Ryan D. Mcconnell & Charlotte A. Simon, *Plan Now or Pay Later: The Role of Compliance in Criminal Cases*, Houston Journal of International Law, Vol. 33, 2011, p. 48.

[42] See Jay Martin, Ryan D. Mcconnell & Charlotte A. Simon, *Plan Now or Pay Later: The Role of Compliance in Criminal Cases*, Houston Journal of International Law, Vol. 33, 2011, p. 26 - 27.

业犯罪预防。在国家监察体制改革过程中,职务犯罪预防机构与反贪污贿赂、反渎职侵权机构一并转隶到国家监察机关。但是转隶之后,检察机关的普通犯罪以及企业犯罪的预防和综合治理职能依然存在。无论是转隶前还是转隶后,检察机关企业犯罪预防职能的履行方式,基本上体现为法治讲座、以案说法、警示教育、检察建议等,没有约束力和强制力,更不要说触及企业内部治理结构,属于典型的"蜻蜓点水"模式。

合规计划的引入将会使检察机关预防企业犯罪职能和功效实现"升级换代",不仅是对涉罪企业的特殊预防,更重要的意义在于对非涉罪企业的积极的一般预防,推动企业治理结构和企业文化的转型升级,进而从整体上改善营商环境。刑事合规是一种全新的预防企业犯罪模式,也是最优企业犯罪预防方法。[43] 刑事合规的实施,依赖于企业和检察机关两端,企业的内控措施与检察机关的主导作用,二者缺一不可,也反过来促进企业治理结构的变革和检察机关预防犯罪角色重大变革。

首先,合规计划将使检察机关成为改变企业治理结构的推手。合规计划的直接目标在于培育企业的合规文化,终极目的在于培养企业及其人员对法律、对规则的忠诚和信赖。通过合规计划,检察官深入企业治理结构改变的"深水区",从而赋予检察职能新的使命,即检察官成为促使公司治理结构改变的推动者。正如美国学者所指出的,因合规计划而对企业犯罪作出的不起诉和暂缓起诉,拓展了联邦检察官的传统职能,通过增加 NPA 或 DPA 的使用改变对上市公司和整个行业的治理,从而改革美国公司,重塑美国公司。这意味着检察文化从注重事后惩罚到事前预防的转变,从注重事后惩罚转向注重事前合规。[44] 合规计划不仅帮助涉案企业改变治理结构,也能推动其子公司、关联公司建立完善的合规计划,并连锁引发其客户企业、合作伙伴、投资对象等不得不建立与之相适应的合规计划,同时还会对其他未涉罪企业具有警示和激励作用。这种预防犯罪的"连锁效应"是传统企业犯罪预防模式所无法比拟的,其社会效果也是不可估量的。将合规计划导入企业犯罪中作为量刑以及

---

[43] 参见石磊:《刑事合规:最优企业犯罪预防方法》,载《检察日报》2019 年 1 月 28 日,第 3 版。

[44] See Wulf A. Kaal and Timothy A. Lacine, *The Effect of Deferred and Non-Prosecution Agreements on Corporate Governance: Evidence from 1993 – 2013*, The Business Lawyer, Vol. 70, No. 1 (Winter 2014 – 2015), p. 61 – 119.

附条件不起诉的考量因素，一方面能够避免目前单一的相对不起诉之弊端，另一方面更能避免企业面临的巨大经济损失甚至破产，避免影响股东利益和影响就业，有利于维护经济社会秩序的稳定与和谐。其“积极后果不仅将加强企业的竞争力，而且毫无疑问将使这个国家的企业和公众受益”。㊺ 对于我国而言，合规计划的引入将使检察机关预防企业犯罪工作从“蜻蜓点水”模式转变为“追根溯源”模式，真正地实现政治效果、法律效果和社会效果的统一。

其次，合规计划使预防犯罪成为企业的自主行为。现代社会分工越来越精细化，社会结构越来越复杂化，所面临的风险越来越多元化，国家管理资源越来越捉襟见肘。大型公司、跨国企业内部结构复杂，国家无法监管这些大型复杂企业中专业领域的风险，由于其规模庞大和内部复杂性，国家制定的法律并不能完全符合具体企业的复杂情况，国家进行外部直接干预或管制并不能奏效。“刑法之外的预防措施可能比刑法上的规定还要有效得多……应当将新刑法从其不能完成的任务以及无端施加的任务中解脱出来。”㊻对于企业犯罪而言，合规计划就是刑法之外的卓有成效的解决方法。合规计划将风险管理和风险控制转移到这些自我调节的公司，因为只有这些公司拥有资源和风险。允许公司自我调节对政府来说在经济上更有效率。㊼ 通过合规计划这种“胡萝卜加大棒”的政策导向，逐步使企业从被动预防转为主动预防，从被动守法转为主动合规。

四、余论

合规是当今刑法全球化中最显著的例子，这样一个英语化的词汇作为一个全球的现象在全世界被广泛使用也不是没有道理。㊽ 无论是保护中国企业

㊺ Robert E. Bloch, *Compliance Programs and Criminal Antitrust Litigation: A Prosecutor's Perspective*, Antitrust Law Journal, Vol. 57, No. 1, 36th Annual Spring Meeting (March 22 – 24, 1988), p. 223 – 230.

㊻ ［德］乌尔里希・齐白：《全球风险社会与信息社会中的刑法——二十一世纪刑法模式的转换》，周遵友、江溯等译，中国法制出版社2012年版，“作者自序”第5页。

㊼ See Carlos Gómez-Jara Díez, *Corporate Culpability as a Limit to the Over Criminalization of Corporate Criminal Liability: The Interplay between Self-Regulation, Corporate Compliance, and Corporate Citizenship*, New Criminal Law Review: An International and Interdisciplinary Journal, Vol. 14, No. 1 (Winter 2011), p. 78 – 96.

㊽ 参见［德］托马斯・罗什：《合规与刑法：问题、内涵与展望——对所谓的“刑事合规”理论的介绍》，李本灿译，载《刑法论丛》2016年第4期。

产权，还是增强中国企业的国际竞争力，在这个全球化的时代，都必须建立中国式刑事合规。与其临渊羡鱼，不如退而结网，认罪认罚从宽制度已经提供了极佳的制度资源和实践资源，我们只需在这些本土资源上深耕细作，即可培育出具有中国特色的刑事合规。当然，本文只是从法律定位、刑事激励的角度提出中国式刑事合规的架构，具体到个案中，每家公司的风险状况和降低风险的解决方案都各不相同，其合规计划如何设计、附条件不起诉协议条款如何规定、合规计划有效性如何评估等，属于典型的“最佳实践”，需要在实践中不断探索，如同任何新事物一样，合规计划也需要一个不断培育和完善的过程。只要在国际经验和国内现有合规指南的基础上逐步探索，并非不可实现。美国司法部 2019 年 4 月 30 日颁布了最新版的《公司合规程序评估》，详细介绍和建议检察官对公司合规程序的评估要点、操作指引，围绕“公司的合规程序是否设计合理”“该程序是否得到诚实和充分的应用”“公司的合规程序是否在实践中发挥作用”三个基本问题规定了详细的评估要点和操作方法，[49]值得借鉴。在美国，合规计划作为检察官对企业犯罪是否起诉以及量刑建议的重要考量因素，检察官自然是合规计划的主导角色，特别是检察官通过不起诉协议（NPA）和暂缓起诉协议（DPA），直接促使公司治理结构的改变，从根本上改变了检察官的角色。[50] 对于我国而言，刑事合规也是以检察机关为主导的，这对于深化和丰富检察权，推进检察职能参与社会治理，促进国家治理体系现代化具有重大意义。

㊾ See U. S. Department of Justice, Evlauation of Corporate Compaliance.

㊿ See Jennifer Arlen and Marcel Kahan, *Corporate Governance Regulation through Nonprosecution*, The University of Chicago Law Review, Vol. 84, No. 1 (Winter 2017), p. 323 - 387.

企业刑事合规的宝检模式

——以企业犯罪相对不起诉适用机制改革试点工作为视角*

吴澍农**　黄美华***　王德明****

一、试点背景

习近平总书记在2020年7月21日企业家座谈会上强调市场主体是经济的力量载体，保护市场主体就是保护社会生产力。企业作为重要的市场主体，在推动发展、促进创新、增加就业、改善民生和扩大开放等方面发挥着不可替代的作用。当前，国际形势正在发生深刻变化，新冠肺炎疫情仍在多国持续蔓延，世界经济下行风险加剧，贸易摩擦不断，给我国的经济社会发展带来重大影响，企业既要在国内生存，又要走出国门谋发展，面临着一系列新的困难和挑战。

对于企业的违法违规行为，西方国家较早建立了暂缓起诉制度，将企业的合规管理纳入不起诉的考察范围，以此激励企业加强合规管理，成效较好，为构建我国企业犯罪不起诉制度提供了实践范本及有效经验。法治是最好的营商环境，检察机关作为法治建设的重要主体，以不起诉为激励措施，可以督促企业强化合规管理，实现“办理一起案件、扶助一批企业、规范一个行业”的良好示范效应。

宝安区位于粤港澳大湾区核心地带，是深圳的经济大区、工业大区和出口大区，产业基础较为雄厚，外向型特征明显，在先行示范区建设中承担着打造国际化城市新中心、建设高质量发展智创高地的重要使命。宝安区人民检察

---

* 原文载《人民检察》2020年第23期，系2020年度最高人民检察院检察理论研究课题的阶段性研究成果。

** 吴澍农，深圳市宝安区人民检察院检察长、检委会委员、二级高级检察官。

*** 黄美华，深圳市宝安区人民检察院刑检二部部长、检委会委员、四级高级检察官。

**** 王德明，深圳市宝安区人民检察院刑检三部二级检察官。

院（以下简称宝安区院）作为全国检察机关办案量排名前列的基层检察院，承担过全国速裁程序和认罪认罚从宽制度试点工作的重要任务，为推动全国立法提供了实践范本。鉴于宝安区院优秀的试点成果，最高人民检察院检察理论研究所于2020年3月选取宝安区院作为“企业犯罪相对不起诉适用机制改革”的全国试点单位，对改革企业犯罪不起诉机制进行先试先行。

二、企业刑事合规的宝检模式

宝安区院在充分调研的基础上，对比国外经验做法，结合工作实际，结合认罪认罚从宽制度以及常见类型犯罪相对不起诉的相关规定，制定了《探索检察机关参与企业刑事合规示范机制》，明确试点工作的方向、具体步骤及时限，以企业刑事合规为试点工作突破口，取得了一系列独创性成果。

（一）灵活用好多种开展方式，积极拓宽刑事合规覆盖面

在企业合规越来越成为我国司法实务和理论界关注焦点的当下，如何促进企业强化刑事合规管理，避免因涉嫌犯罪而导致企业生产停顿、职工下岗等“水波效应”，是检察机关参与社会治理、服务保障经济高质量发展的重要任务。监督企业实施有效合规计划，最终目的在于推动改善企业组织体结构，预防企业犯罪，从而更好地服务保障企业的长远发展。

在试点工作中，宝安区院积极探索多种企业刑事合规的开展方式。一是签订刑事合规协议。针对一起企业虚开增值税专用发票案件，宝安区院与涉案企业签订《企业刑事合规协议》，监督企业开展刑事合规工作，由企业聘请律师作为独立监控人，协助检察机关开展工作。目前，该企业已制订并开始执行刑事合规计划，独立监控人针对执行情况出具了第一期与第二期的监督考察报告，企业及独立监控人均反馈刑事合规计划执行情况良好。二是制发检察建议、要求企业出具保证书。针对重大责任事故罪、假冒注册商标罪等单罚制犯罪，对因企业规模较小或有其他不适宜作不起诉的案件，通过制发检察建议、要求企业出具保证书的方式，督促企业开展刑事合规建设，拓宽了检察机关参与企业刑事合规的途径。

（二）契合实际创新工作方式，全方位构建刑事合规制度

随着试点工作的推进，宝安区院经过探索，形成了多项制度，全方位构建企业刑事合规制度体系。

一是设立独立监控人制度。在统计分析宝安区院单位犯罪历年数据及筛

查合适案件的同时，为保证试点工作的顺利开展，宝安区院制定了《深圳市宝安区人民检察院企业犯罪相对不起诉适用机制改革试行办法》（以下简称《试行办法》）。《试行办法》借鉴国外经验做法以及我国企业合规实践，设立独立监控人制度，明确独立监控人的资质及职责，独立监控人作为企业的监督保证人，协助检察机关开展企业刑事合规工作，有效解决检察机关“以外行指导内行”的监督乏力问题。

二是明确刑事合规考察机制。《试行办法》规定了检察机关考察企业刑事合规的方式、途径，除独立监控人协助监督考察之外，检察机关可根据实际情况，指派检察官进驻企业进行监督考察，同时强调企业定时汇报义务，加强独立监控人、企业的信息沟通及反馈机制。

三是强化检察机关主导机制。《试行办法》强化检察机关的主导作用，先由检察机关与企业签订企业刑事合规协议，明确合规方向，再由企业聘请独立监控人并签订监管协议，独立监控人向检察机关出具保证书，减少合规阻力，提高合规成效。企业在独立监控人的协助下进行刑事合规调查、制定及执行刑事合规计划等一系列流程，均需征得检察机关的同意，避免刑事合规流于形式。

四是搭建多方主体联动机制。为有效解决证据标准、流程衔接等问题，宝安区院已与深圳市公安局宝安分局经侦大队、深圳市税务稽查局等单位举行联席会议，明确相关标准及适用流程。同时，宝安区院与宝安区司法局联合制定了《关于企业刑事合规协作暂行办法》，内容涵盖诉讼权利保护、信息共享、建立独立监控人名录库等方面，其中独立监控人名录库为全市乃至全国首创。另外，针对企业涉及职务犯罪的情况，宝安区院正与宝安区监察委员会协商制定相关协作办法。

（三）规范完善案件办理程序，切实增强刑事合规实效

围绕常见单位犯罪类型，宝安区院选取了一批具备进行企业刑事合规条件的案件进行试点，形成了较为完备的、具有较强可操作性的办案程序，具体表现在：

一是程序设计全覆盖。从适用范围、权利保障、侦查活动监督等一般性规定，到独立监控人选聘、刑事合规调查、刑事合规计划、监督考察制度等方面，在刑事诉讼法规定的程序框架内予以全面覆盖，衔接顺畅。

二是配套文书较完备。宝安区院结合认罪认罚从宽制度,针对试点案件制定了一系列办案配套文书,除了认罪认罚具结书、告知书之外,还包括企业刑事合规相关事项及权利义务告知书、参与企业刑事合规听取意见书、独立监控人保证书、企业刑事合规协议(通用版)等,有效推进试点案件的进行。

三是合规审核重亲历。有效的合规计划是作出不起诉决定的重要考量因素,为了确保合规计划的实质有效性,避免"纸面上的计划",由驻企检察官对涉案企业合规计划执行的有效性进行亲历性的审核,行使如查阅公司合规文件、询问有关企业人员等必要的调查权。

2020 年 8 月 19 日,北京大学法学院陈瑞华教授、中国人民公安大学法学院李玉华教授专家团队一行到宝安区院进行调研时,肯定了宝安区院试点工作取得的初步成效及各项独创举措,为进一步的试点工作提供了宝贵的理论指引。2020 年 9 月 10 日,最高人民检察院检察理论研究所在深圳市宝安区举办企业刑事合规与司法环境优化研讨会,该研讨会由中国人民大学刑事法律科学研究中心、中国人民大学司法改革与诉讼制度研究中心、北京师范大学企业家犯罪预防研究中心协办,深圳市宝安区委区政府、宝安区院承办。最高人民检察院党组副书记、常务副检察长童建明在会上发表重要讲话,强调要充分履行检察职责、努力为企业发展营造良好法治环境。研讨会的成功召开,为宝安区院的试点工作进一步指明了前进方向。

三、试点工作的实践困境

检察机关对企业犯罪案件适用不起诉尚处于初步探索阶段,如何在遵循检察工作规律的基础上,构建具有中国特色的企业犯罪不起诉制度,在实践中存在一些目前难以解决的问题。

(一)受限于现行法律框架

试点工作应当严格遵守现行法律规定,然而现行法律制度框架也对试点工作的深入推进起到一定程度的限制和制约。具体表现为以下几个方面:

第一,适用附条件不起诉的法律依据不足。对涉嫌犯罪的企业适用附条件不起诉更有利于实现合规效果,但刑事诉讼法仅在未成年人刑事案件诉讼程序中设置了附条件不起诉。为了不突破现有法律规定,往往对企业作相对不起诉处理,而相对不起诉仅适用犯罪情节较轻的情形,又导致不起诉适用率低。

第二,合规期限受限于刑事诉讼办案期限。由于附条件不起诉的适用限制,无法获得办案期限的宽限,导致企业刑事合规期限过短,难以保障合规有效性。另外,在法定办案期限内,为延长合规监督考察时限而“二退三延”,又会造成“案件比”的上升,难以兼顾提高办案质效与确保合规实效两方面。

第三,检察机关判处罚金的法律依据阙如。在英美法系国家暂缓起诉制度中,对企业判处高额罚金有助于抑制企业再犯冲动,而检察机关可通过与企业协商罚金数额的方式,推动企业刑事合规。在我国,检察机关对于企业犯罪案件,缺乏直接判处罚金的法律依据,难以体现刑事合规的强制性及有效性。

(二)可供选择的案件范围有限

实践中,追诉单位犯罪的情形较少,导致企业刑事合规无法取得规模效应。原因有以下几点:一是单位犯罪案件认定较少。限于传统办案理念,往往重惩罚责任人,轻追诉涉案企业,而涉及单位犯罪的相关取证工作较为烦琐,公安机关主动认定单位犯罪的情况较少,检察人员主动追加单位犯罪的情况也不多。二是企业规模较小,经营风险抗性不足。涉及单位犯罪的企业规模大多较小,中小型企业占据绝大多数。有些企业或在案发前已经倒闭,或经营状况不佳,难以承受企业刑事合规所带来的经济压力及时间成本。

(三)企业与人员的处理难以剥离

企业与人员的处理难以剥离,主要由两方面原因造成:一是企业生存多倚重直接责任人员。特别在中小企业单位犯罪案件中,大多数责任人员为企业实际控制人,一旦被羁押或者判刑,企业将面临无人经营的困境。二是企业托管制度缺失。我国现行法律没有对企业托管制度作出规定,缺乏外部救济机制,导致企业与责任人员处理上更加难以剥离。

(四)有效合规效果难以体现

要实现合规效果,避免“纸面合规计划”出现,仍存在不少困难:一是检察机关的参与方式有限。检察机关与企业并非管理与被管理的关系,不仅两者业务范围不对口,检察机关难以对专业性事情进行监督考察,而且检察机关权力的行使及范围受到现行立法的限制,导致参与方式不多,监督考察乏力。二是两法衔接和协作常态化不足。行政执法与刑事司法的衔接与协作是刑事合规工作取得实效的重要因素,实践中两法衔接与协作的常态化机制不足,企业合规计划的标准化有待构建。

四、构建企业犯罪不起诉制度的优化路径

为在司法实践中破解难题、走出困境，构建中国特色的企业犯罪不起诉制度，针对上文所涉及的问题，应从以下几方面着力，力争试点工作取得实效。

（一）利用现有资源，积累实践经验

1. 用足用好不起诉权

充分利用现有的法律资源，做好刑事合规与相对不起诉相结合的探索工作，为立法提供有效的实践范本及参考经验。同时，对于需要加强企业合规管理的情形，检察机关应尽可能依据企业自身经营状况，灵活决定刑事合规的方式方法，如企业经营规模较小、经济实力弱，检察机关在对企业作出相对不起诉处理后，既可以通过制发检察建议的方式督促企业刑事合规，也可以通过行业规范及独立监控人制度，协助企业开展刑事合规。

2. 刑事合规工作前移

鉴于公安机关、检察机关的办案时限与强制措施时限几乎等同，在公安机关刑事立案后，检察机关即可通过提前介入的方式，要求企业进行刑事合规。将刑事合规工作前移至侦查阶段，既可依据企业合规情况决定采取强制措施的种类，增强企业进行刑事合规的驱动力，又可延长刑事合规进程，检察机关可在较长时间内考虑企业刑事合规的可行性与必要性。

3. 用经济手段推动企业刑事合规

实践中，由于企业经营状况不佳以及公安机关对于查封、冻结财物的谨慎处理，较少出现没收违法所得的情形。在企业进行刑事合规的过程中，关于没收违法所得的相关条款应该被激活，才能让企业在经营过程中打上“预防犯罪”的印记。同时，可允许企业采取分批上交违法所得的方式，缓解企业的经济压力。

（二）拓宽适用范围，提供实践范本

1. 准确把握追诉单位犯罪与保护各类企业的关系

严格贯彻落实最高人民检察院关于促进企业健康发展的检察政策，对于符合单位犯罪构成要件的，应当认定为单位犯罪，其中对于符合相关不起诉条件的，可以考虑以不起诉方式结案，既起到犯罪预防效果，又做到罪责刑相适应。另外，追诉单位犯罪与保护各类企业并不冲突，保护不等于无视企业的违法犯罪行为，而是强调依法保护企业的合法权益，为企业健康发展营造公平竞

争的司法环境。

2. 加强单位犯罪追诉力度

改变以往重追诉个体、轻追诉企业的传统观念，通过制发检察建议、纠正违法通知书、召开联席会议等方式，明确追诉单位犯罪的证据标准，并对公安机关的追诉行为及权利保障工作开展监督。另外，加大追诉单位犯罪的力度，仍要重视听取企业意见。在实践中已出现将企业合规经营作为否定单位犯罪的判例，检察机关应当根据企业的合规经营状况，准确判断是否构成单位犯罪。

3. 依法保障企业合法权益

保护企业合法权益，检察机关应做好以下三方面工作：一是平等保护。检察机关平等保护各类企业，不以企业类型、规模为依据进行歧视性的区别对待。二是限缩检察权的行使。通过降低审前羁押率、慎重使用强制措施等方式来减少司法活动对企业正常经营活动的干扰。三是提供救助。检察机关在办案过程中要积极采取有效措施，充分做好以案释法工作，帮助企业化解矛盾。另外，检察机关以监督为手段，协调政府各职能部门、行业组织积极参与企业的正常经营或再生。

（三）适度分离责任，增强企业活力

1. 将企业合规情况作为责任人员从轻、减轻处罚情节

责任人员作为刑事合规的辅助性参与主体，其在企业刑事合规过程中所作出的努力，表明该责任人员愿意接受处罚并为其错误行为付出代价，刑法的惩处及预防犯罪目的已得以实现，可以获得从宽处罚。将企业合规情况作为责任人员从轻、减轻处罚的情节，经过综合评估后，决定是否将责任人员列入不起诉的适用对象，也有助于发挥企业刑事合规的制度优势。

2. 增加对责任人员适用不起诉的条件

"尽可能放过企业，但要严惩责任人"与将企业合规情况作为责任人员从轻、减轻处罚情节并不冲突，这与我国宽严相济的刑事政策及司法理念是相契合的。如何对责任人员从宽处理，较为合理的制度设计是对责任人员适用不起诉设置更多前提条件，如将"对企业的生产经营有重要作用"作为适用条件，延长对其监督考察的期限，责令其向社会提供公益服务，等等。

3. 探索检察机关参与企业托管的途径

对于构建检察机关参与企业托管制度，有学者建议在不违背企业章程、经

董事会或股东会同意后，检察机关可委托行业组织进行托管，并着重考虑企业托管的适用范围及条件等因素，但相关建议仍较为模糊，可操作性不足，如何将企业刑事合规与企业托管相结合，仍需要不停地探索，且有赖于检察机关与行政机关、行业组织等主体的通力协作。

（四）增强协作力量，提高合规成效

1. 联合多方主体制定企业合规评估考核标准

政府机构参与标准制定已有先例可循，检察机关作为专门的法律监督机关，在预防刑事犯罪领域具有天然的话语权，可由检察机关牵头，联合行政主管机关、公安机关、监察委、行业组织等多方主体，制定科学合理的企业刑事合规标准。相关标准应包含企业应遵守的刑事合规标准以及可供评估考核的具体程序、评分细则等内容，推进企业刑事合规工作落向实处。

2. 合理制订企业刑事合规专项计划

企业刑事合规离不开风险防控，与其求大而全的笼统合规，不如要求企业制订专项的刑事合规计划。具体来说，企业刑事合规专项计划应根据企业量身定制，既包含一般性规定，如认罪认罚、退赃退赔等内容；也应当包含专项计划，如针对虚开增值税专用发票等情形，对合作第三方开展合规调查，等等。另外，应当在企业刑事合规专项计划中明确具体时限，以方便检察机关监督以及企业落实专项计划。

3. 引入多方主体督促企业刑事合规

由于专业特性以及监督力量的不足，检察机关在对企业适用不起诉的过程中，可将企业聘请合规监督员作为程序启动的条件之一。在合规监督员人员的选择方面，可从具备企业合规服务经验的律师、会计师，甚至是专业技术人员中择优选择。同时，检察机关仍可根据实际情况派员驻企，对企业合规情况进行实地考察。另外，在涉及专业事项上，检察机关可邀请企业的主管单位、行业组织等主体参与监督，为企业刑事合规（如合规是否有成效）提供专业性帮助。

论企业合规监管制度

——以独立监管人为视角*

马明亮**

一、引言

近来，浙江、江苏、广东等地检察机关积极探索在现行刑事诉讼制度框架内将企业合规引入司法实践的路径。在办理涉企业刑事案件过程中，检察官充分发挥检察机关参与社会治理的积极作用，试图摒弃以往偏重"制裁"的思维，采用"刑事制裁"与"合规营救"并重的理念，督促企业依法合规经营，由此形成了诸多"合规不起诉"的范式。从域外经验来看，监管制度在确保合规计划有效性方面至关重要。不无例外，检察院在探索的合规不起诉的同时也积极探索监管制度建设。其中的一个亮点是引入了独立监管人①制度。在美国，除司法部之外，证券交易委员会、财政部、商务部、联邦贸易委员会等机构都可以指定监管人。目前，我国的司法行政机关、熟谙合规业务的律师等诸多主体对此都甚为期待，大有独立监管人的适用情况决定合规监管制度走向的态势。

但独立监管人并非超级英雄，仅在制度层面就涉及监管人的资质、选择、职责范围、工作机制、利益冲突规则等内容，即便是在制度与经验都比较成熟的美国仍然难逃诸多实践难题与学术批评。我国对此的理论研究与司法实践经验都处于起步阶段。美国由于企业合规的实践较早，积累了相对丰富的合规监管经验并形成了相对稳固的模式：针对大型企业的企业合规，基于事先惩

* 原文载《中国刑事法杂志》2021 年第 1 期，系国家社会科学基金一般项目"认罪认罚从宽制度中的协议破裂与程序反转研究"（项目号 18BFX074）的阶段研究成果。

** 马明亮，中国人民公安大学法学院教授，博士生导师。

① 英文为 independent compliance monitor，其中的 monitor 乃监督、管理之义，结合其角色与职能，译为独立监管人为宜。

罚理论,由被监管企业承担监管费用,执法机关聘请独立监管人,通过暂缓起诉协议、不起诉协议与辩诉交易协议(以下简称处置协议)具体约定监管人的权利,如此形成了以“独立监管人”为基石与中轴的监管体系。虽然随着美国海外反腐执法实践的发展,独立监管人制度也漂洋过海对英国、法国、德国等国家产生影响,他们在移植过程中也结合本国的特点做些创新与修正,但至少目前来看,独立监管人在美国实践中暴露的问题更多,理论探讨与规则应对也最为成熟。基于制度原理的相似性,这些问题在我国现在或将来同样难以避免。鉴于此,本文首先深度分析美国独立监管人面临的实践困境与争点,主要包括:独立监管人在监管体系中是否不可或缺?如何控制监管的高成本以及如何合理分担?独立监管人的独立性何以可能?监管的公开性与有效性问题。在此基础上,结合我国具体的情况寻求困境的破解之道,这是构建正当合规监管制度的重要组成部分,也是推动企业合规良性发展的重要制度支撑。

二、独立监管人在监管体系中是否不可或缺?

在合规监管体系中,独立监管人是否不可或缺?这需要从其产生及其发展轨迹谈起。

(一)独立监管人的产生与嬗变

在美国企业合规领域,监管人有许多不同的名称并且无处不在,包括独立顾问(independent consultant)、独立合规顾问(independent compliance consultant)和公司合规监督人(corporate compliance monitor)等。[②] 独立监管人是近期的一项法律创新,但是作为确保合规的、带有司法命令的第三方概念,则源于古老的英国法律。将其与“特殊专家”相关联,可以追溯到 16 世纪初。[③] 现代法律体系下的独立监管人则起始于法院裁决中的特殊监控人,即代表法院监控裁决的执行情况,后来拓展到监督法院禁令的遵守情况。该模式的适用领域比较广泛,如在 1981 年,美国得克萨斯州惩教署对囚犯进行了残酷和不寻常的惩罚之后,该州南部地区法院任命了一名特别专家,并配置了几名助手来协助。特别专家负责观察地区法院法令的执行情况,并有权举行听证会,揭示真相,

② See F. Joseph Warin, Michael S. Diamant & Veronica S. Root, *Somebody's Watching Me: FCPA Monitorships and How They Can Work Better*, 13 U. Pa. J. Bus. L. 321, 322 n. 2 (2011).

③ See Vikramaditya Khanna & Timothy L. Dickinson, *The Corporate Monitor: The New Corporate Czar?*, 105 Mich. L. Rev. 1715 (2007).

针对执法机构遵守法庭裁决的情况向地方法院提出建议。另外,还涉及学校种族隔离计划、儿童福利制度,等等。[④] 此时的独立监管人更像是"法庭之手臂",并非任何一方当事人的代理人。[⑤]

而独立监管人正式引入企业合规则源于 2008 年 3 月,时任副总检察长(Deputy Attorney General)签署通过的部门负责人备忘录(以下简称《Morford 备忘录》)。它为联邦检察官提供了九项工作基本原则,包括监管人的遴选、职责范围与任期等内容,其主旨是在暂缓起诉协议与不起诉协议中如何遴选与适用监管人。之后,监管人的作用一直是个争执焦点。2010 年 5 月 25 日,时任司法部代理副部长发表了一份新的备忘录,在《Morford 备忘录》所提出的九项原则之外新增了第十项原则,意在解决公司与监管人之间在协议签署之后会有哪些纠纷以及如何解决,以及在纠纷解决过程中检察官的角色。[⑥]

但这仍然没有杜绝业界对独立监管人制度的种种批判,于是,时任的助理总检察长在 2018 年又发布了题为《刑事部门事项中的监督者的选择》的备忘录(以下简称《Benczkowski 备忘录》)。它在很多方面取代了《Morford 备忘录》,不仅增补了许多内容,重申独立监管人的任免必须对涉案企业和社会同时具有积极效应,而且对独立监管人的选择与适用程序,特别是检察机关的内部审批程序进行了详细规定。独立监管人除了适用于暂缓起诉协议、不起诉协议之外,该备忘录还扩大适用到辩诉协议之中。

而随着美国海外反腐执法实践的发展,独立监管人制度也被英国等国家所效仿。但与美国相比,他们的立法机关的相关规范更加原则,有的还删减了一部分监管职能,比如,英国严重欺诈办公室(Serious Fraud Office, SFO),是与美国司法部相对应的机构,2009 年便公开主张改变英国的公司刑法和程序法,以更好地打击公司犯罪。尽管议会尚未通过,但 SFO 在处理涉嫌违规的公司时,通过制定和使用合规协议对其法律程序进行了变更。但因为注意到美

---

④ See Root, Veronica, *The Monitor-Client Relationship*, Virginia Law Review, Vol. 100, No. 3, May 2014, p. 529 – 531.

⑤ See Diaz v. San Jose Unified Sch. Dist., 633 F. Supp. 808, 824 (N. D. Cal. 1985).

⑥ See Memorandum from Gary G. Grindler, Acting Deputy Att'y Gen., U. S. Dep't of Justice, Additional Guidance on the Use of Monitors in Deferred Prosecution Agreements and Non-Prosecution Agreements (May25, 2010) [hereinafter Grindler Memo], http://www. justice. gov/usao/eousa/foia-reading-room/usam/title9/crm00166. htm.

国对独立监管人的强烈批评,因此制定了“轻触式”(light touch)的监督政策。根据该政策,涉案公司虽然可提名一名监管专员,但SFO享有否决权。英国合规协议的适用过程中,选择监管人的方法和界定监管人的责任,都不受刑事起诉的威胁。因此,公司可以有更强的能力来协商监管人的资格、工作时间以及审查的广度和范围。⑦

(二)为什么需要独立监管人:监管外包问题何以产生?

在合规监管过程中,为什么需要独立监管人,即监管外包问题何以产生?这需要从独立监管人的职责与作用说起,而这又离不开更根本的问题,为什么需要合规监管制度?从世界范围来看,科学、合理的监督考察制度是有效合规计划的前提与保障。由于企业经营业务的差异与犯罪行为的多样性,必然导致合规计划有效性的标准是多元的。⑧ 为了防止合规计划的无效与流于形式,目前主流的处理方式是采用最低标准模式。

而如何实现企业合规的有效性则取决于两方面因素:首先,合规计划设计的有效性,可以分解为目的的正当性、计划的充分性与合理性。其次,合规计划执行的有效性。⑨ “三分战略,七分执行”似乎成为管理学、企业经营理念中的惯常判断,由此可见执行力的重要性,甚至有人认为,现代组织并不缺乏伟大的战略,真正需要的是战略的执行力。美国著名管理学家托马斯·彼德斯(Thomas Peters)曾言,“一个合格的战略,如果没有有效的执行,会导致整个战略的失败;有效的执行不仅可以保证一个适合的战略成功,而且还可以挽救一个不适合的战略或者减少损失”。⑩ 当然,如何实现高效的执行力,如何赢在执行力并非易事,因为执行本身也是一个系统,需要体系化的监督制度来保障。

本质地看,合规计划是执法机关与涉案企业围绕企业整改所达成的合作处置协议,旨在通过“公私双治”来实现公私双赢,并且执法合作是一个长期的过程。其理想前提是视涉案企业为“好公民”,但美国的企业合规发展历史则

---

⑦ See Jessica Naima Djilani, *The British Importation of American Corporate Compliance*, 76 Brook. L. Rev. 303 - 304. 337 - 338 (2010).

⑧ 参见陈瑞华:《企业合规基本理论》,法律出版社2020年版,第96~101页。

⑨ 参见马明亮:《作为犯罪治理方式的企业合规》,载《政法论坛》2020年第3期。

⑩ 海波重科:《没有执行力,哪有竞争力》,载搜狐网2017年7月15日,https://www.sohu.com/a/157494686_99946846。

证明,“好公民”具有虚假性,逃避制裁、机会主义则是常态。[11] 由此带来刑罚效果的减损。这是为什么各国特别看重监督考察制度的原因,若无此保障,企业合规可能演变为纵容企业犯罪的一种隐秘通道。

在需要加强监管的语境下,引入独立监管人主要源于合规计划自身的复杂性。因为合规计划强调预防、整改,而不是简单的制裁与报复。因此,评估与监督企业按照合规计划营救、补救便成为重要的内容。比如,美国司法部颁行的《司法手册》(Justice Manual)指出,检察官被指示要具体探究一个合规计划是“纸面工程”还是以有效的方式实施、审查和修订的。[12] 这有两个判断标准:一是涉案企业的合规人员能否自我完成整改计划,二是检察官能否独立完成监管职责。遗憾的是,这两个条件在很多情况下都不具备,如检察官在监管方面存在天然局限——监管时间、精力的不足与企业管理专业知识的欠缺。如此以来,监管职能的外包问题必然产生,这就也就很好理解作为承包方的独立监管人的作用与职责了。《Morford 备忘录》在“引言”中即开宗明义的指出监管人的主要职责——评估和监督企业是否遵守合规协议条款,即专门预防企业再次发生不当行为、避免进一步惩罚的合规协议;《Benczkowski 备忘录》则进一步指出,监管人的设置绝不是为了惩罚之目的。其职责虽然不是调查过去的违规行为,但是对过去违规行为的理解有助于监管人评估公司对于监管协议履行的效率,这实际上赋予了监管人广泛的调查权。

(三)独立监管人的适用:必要并非必需原则

独立监管人是否为合规监管体系的必要组成部分?答案是否定的。在何种情况下需要将监管职能外包给独立监管人而不是企业独自享有,美国确定的原则是“必要但非必需”原则。这种精神最早体现于《司法手册》之中。根据手册要求,检察官不仅应评估、确定公司是否提供了足够的工作人员来审计、记录、分析和利用公司合规工作的结果,而且还应确定公司的雇员是否充

---

[11] 历史地看,美国的合规计划可以追溯到20世纪90年代中期良好的企业公民运动,政府提出了公私合作伙伴关系来打击企业犯罪。但有论者认为,企业在这种“伙伴关系”中却从未真正公平地分享执法责任,没有成功扮演好企业公民形象,甚至称为犯罪控制中的“狡猾伙伴”。有议员就公开表达,对私营组织遵守承诺的真实性的担忧,认为合规计划可能就是企业的“橱窗装饰”(window dressing),以及随时候命的律师事务所的聪明杰作。See William S. Laufer, *A Very Special Regulatory Milestone*, 20 U. Pa. J. Bus. L. 392, 401, 403 (2018).

[12] JM 9 – 28. 800.

分了解合规方案,并相信公司对该方案的承诺。[13] 据此,如果企业在完成整改计划时捉襟见肘,则有必要聘用独立监管人。

2008 年的《Morford 备忘录》对何种情况下聘用独立监管人更为明确,需要结合个案的不同情况,仅在特殊事件与适宜事实的情况下适用。例如,在公司无有效的合规计划或需要建立必要内控的领域可以使用监管人。相反,公司在曾经产生刑事不当行为的区域已停止商业活动的情况下则无须监管人。检察官在与公司谈判处置协议时应考量两个因素:聘请监管人可能为公司和公众带来的潜在利益,以及监管人成本及其对公司运营的影响。不得不说,《Morford 备忘录》当时也只能提出一些原则性指导,鉴于案件事实和公司的情况差异很大,如不同的行业、不同的公司规模和结构,关于聘用监管人的指导意见应当切实可行并具有灵活性。显然,当时的细化程度还远远不能满足实践的需求。

时隔 10 年,2018 年的《Benczkowski 备忘录》对此作出了回应。它虽然再次重申独立监管人的独特价值——在风险评估、降低企业风险方面可以成为有用的资源、有益手段与有效的方法,而且也将独立监管人从暂缓起诉协议、不起诉协议的基础上扩展至辩诉交易。但在独立监管人的具体适用方面,在必要性与适当性方面进行了限缩解释,在"通过个案判断监管人是否需要原则"的基础上,明确指出,绝对不应将惩罚目的强加给独立监管人。虽然该备忘录继续沿用《Morford 备忘录》中检察官所权衡的两个因素,但它对其中的关键词"潜在利益""监管成本"进行了详细的解释。检察官在评估"潜在利益"时应考虑:(1)潜在的不合规行为是否涉及操纵、篡改公司账簿或利用不充分的合规计划或内控制度的漏洞;(2)有争议的不合规行为是否在整个企业中普遍存在,或者由高层管理人员批准或者给予便利;(3)企业有否向合规计划和内控制度进行了重大投资或改进;及(4)对合规计划和内控系统的补救措施是否进行了检验,以证明它们将来能够预防或发现类似的不当行为。在监管成本方面,检察官在权衡预期监管收益与潜在成本投入之间的冲突时,不仅应考虑企业预计的货币成本,而且考虑监管人职责范围是否适当,是否避免了对企业业务运营造成不必要的负担。

---

[13] JM 9 - 28. 800. 另见 JM 9 - 47. 120(2)(c),有效合规方案的标准包括公司的合规文化,包括员工对任何犯罪的行为、调查的行为都不会被容忍。

据此,独立监管人的适用遵循“明证有必要”原则,即相对于预计成本与负担,适用独立监管人仍然能够获得清晰的收益,否则不予适用。背后的这种商业化实用主义逻辑,也恰恰印证了企业合规的本质,作为公司治理的一种方式,合规管理是企业管理的有机组成部分。⑭

三、监管的高成本与企业自筹经费问题

从独立监管人的适用原则来看,它是收益与成本衡量的产物。因此,如果聘用独立监管人的成本高昂,给企业带来沉重的负担,这将成为该制度适用与发展的“瓶颈”。这种担心在美国已经成为现实。由于合规监管的硬性和软性成本越来越多,由此带来的高成本可能超出避免惩罚的收益预期,再聘用独立监管人无异于雪上加霜。目前,学界对此的争议聚焦于两点:一是多少合规性支出是合理的?引申开来说,合规支出合理性的判断标准是什么?如何降低监管成本?二是针对监管费用不成比例地由企业独自承担的现象提出质疑,企业自筹资金的方式是否正当?在现代企业治理视野下,如何合理分配监管成本?

(一)监管的高成本与企业负担

在美国,对监管的高成本现象、过度监管费用问题的关注由来已久,旷日持久的合规计划必然价格不菲,如进行内部调查就会产生各种各样的费用。⑮而由外部专业人员提供合规服务(外包给独立监管人)的费用可能更高,企业通常聘请律师、审计师和其他专业人员(如“道德官员”)。费用也不限于专业方面的投入,与合规计划相关的内部调查会带来不正当的时间耗损、生产力降低,以及员工注意力从正常业务过度转移而降低士气所增加的成本。⑯ 如今,公司在当下与未来都很害怕监督的高成本,因为它可以很快攀升到数百万美元。⑰ 而且公司为避免刑事罚金而用于合规的费用支出,有时会远远超过其受

---

⑭ 参见陈瑞华:《企业合规制度的三个维度——比较法视野下的分析》,载《比较法研究》2019 年第 3 期。

⑮ See Arthur F. Mathews, Symposium, *Current Issues in Corporate Governance: Internal Corporate Investigations*, 45 Ohio St. L. J. 672 (1984).

⑯ See Michael Goldsmith and Chad W. King, *Policing corporate crime: the dilemma of internal compliance programs*, 50 Vanderbilt Law Review. 1, January, 1997, p. 16.

⑰ See Transparency and Integrity in Corporate Monitoring: Hearing Before the Subcomm. on Commercial and Admin., Law of the H. Comm. on the Judiciary, 111th Cong. 46 – 48 (2009).

到刑事制裁的风险成本。[18]

监管成本之所以出现这种极端现象,原因至少有两种:一是企业在选择监管人方面的谈判力量薄弱。如《Morford 备忘录》对监管人的资格设定了系列标准,并且必须经过多层审批方可出任,这种复杂的审批流程使企业难以对监管人的遴选发挥有效的作用与影响。[19] 二是监管人与企业的监督关系一旦确定下来,一般不再更改。潜在的监管人都知道,企业必须接受政府批准的监管人来运行监督程序,因此,监管人几乎没有动力降低费用。[20] 有论者指出,合规成本已接近市政警务成本,如大型银行的监管支出占其运营成本基数的 20%,使一些大城市警察部门的预算看起来占比较少。总体而言,企业监管预算似乎使所有地方的州和联邦政府相形见绌,公司的合规支出问题正在接近一个非常特殊的监管里程碑。[21]

(二)如何确保监管费用的合理性?

作为"瓶颈"的合规费用问题,学界与实务部门不仅思考如何在整体上控制与降低成本,甚至在根本上反思企业合规到底该如何监管。如何将监管费用控制在合理的范围,综合来看,学界提出了三种解决方案:一是监管裁员或系统性放松管制。如在白宫的要求下,花旗集团、巴克莱银行、摩根大通、瑞银集团和德意志银行被授予了对大型银行全球利率丑闻制裁的长期豁免权。[22] 二是将数字技术引入合规计划来降低成本。合规数字化、基于算法的大数据、日益复杂的合规数据分析和企业的广泛治理、风险和合规综合系统不断走向

---

⑱ 因为在美国,公司承担刑事责任本身即为小概率事件,尤其是大型上市公司被起诉往往视为一种例外,在很多司法管辖区很少见。See William S. Laufer, *A Very Special Regulatory Milestone*, 20 U. Pa. J. Bus. L. 397. 2018.

⑲ See Joseph Warin, Michael S. Diamant & Veronica S. Root, *Somebody's Watching Me: FCPA Monitorships and How They Can Work Better*, 13 U. Pa. J. Bus. L. 346 (2011).

⑳ See Root, Veronica, *The Monitor-Client Relationship*, Virginia Law Review, Vol. 100, No. 3, May 2014, p. 581.

㉑ See William S. Laufer, *A Very Special Regulatory Milestone*, 20 U. Pa. J. Bus. L. 393 – 394. 2018.

㉒ See Exemptions from Certain Prohibited Transaction Restrictions, 89 Fed. Reg. 61, 816 (Dec. 29, 2017).

融合,这种融合将很快取代笨重和陈旧的系统和软件。[23] 于是,那长期存在的关于如何监督、监控和衡量合规性、有效性的问题,通过融合下一代机器学习技术、全球合规标准,甚至包括基础评估科学,将以高透明并有效地降低成本的方式予以解决。[24] 三是修正合规监管的费用结构(fee structure)以保障支出的合理性。具体有三种方法:第一种是督促控诉方协助受监管公司找到一个彼此都同意的监管人,并以具有竞争力的价格提供服务。第二种是加强对监管人的司法监督,由独立的司法官评估和审查监管人的费用。第三种更有限的方式是,要求律师监管人遵守美国律师协会的《职业行为示范规则》所规定的费用义务。[25] 当然,如果独立监管人制订的工作计划注定要失败或者太繁重,即使"费用结构"是合理的,监管费用仍然可能会飙升。避免这种可能性的唯一真正保护措施可能是固定监管费用(flat fee),但这也暗含一系列不利因素,比如,监管人根据公司的独特需求必须进行强有力的调查,固定费用将会影响调查的充分性。[26] 从根本上看,固定费用的核心问题是,它将每个专家的时间都视为具有可替代性,这在普遍意义上来看是不正确的。[27]

控制监管费用之所以如此困难,是因为存在一个难以解决的理论问题,即如何判断合规支出是合理的?合理性标准如何设定?这显然不能简单地通过经济计算来回答。在企业合规领域曾流行"法律即成本"的理论,是指在既定法律后果的前提下,公司既可以选择遵守这一法律,也可以选择违反这一法律(如支付罚款),这是公司在进行成本—收益分析后的合理行为,任何一种选择皆可接受。这种单一标准早就被人批评,认为这是一种明确反对道德义务的法经济学立场,该理论低估了法律的重要性,将法律视为一种简单的定价方

㉓ 比如,有学者描述了金融市场以及人工智能将如何影响金融监管。Gregory Scopino, *Preparing Financial Regulation for the Second Machine Age: The Need for Oversight of Digital Intermediaries in the Futures Markets*, Colum. Bus. L. Rev. 439 (2015).

㉔ See William S. Laufer, *A Very Special Regulatory Milestone*, 20 U. Pa. J. Bus. L. 397. 2018.

㉕ 当然,这种方案有其局限性,因为不是所有的监督员都是律师。See Root, Veronica, *The Monitor-Client Relationship*, Virginia Law Review, Vol. 100, No. 3, May 2014, p. 582 – 83.

㉖ See Root, Veronica, *The Monitor-Client Relationship*, Virginia Law Review, Vol. 100, No. 3, May 2014, p. 583.

㉗ See Vikramaditya Khanna, *Reforming the Corporate Monitor?*, *in* Prosecutors in the Boardroom: Using Criminal Law to Regulate Corporate Conduct, 240 (Anthony S. Barkow & Rachel E. Barkow eds., 2011).

案,未能充分考量公司在当今经济社会中应当履行的社会义务和责任。[28] 这种立场为合规监督费用问题注入了价值判断因素,也趋于合理。目前,比较有代表性观点是,判断合规支出的合理性标准不能仅考虑刑事制裁的风险,相反,应取决于公司业务覆灭或中断、生产力降低、费用和其他非法律成本投入后的前景。[29]

这些讨论并无定论。美国国会也曾试图解决过度监督费用的问题,但该法案于 2009 年在委员会中便胎死腹中,至今没有被重新提出。[30] 截至目前,美国政府也未能祭出有效降低监督费用的方案,而监督费用持续走高已经使公司在聘请监管人时心存疑虑甚至极为抵触。[31]

(三)监管费用由企业自筹是否正当?

除了监管费用的居高不下,监管费用不成比例地由企业承担,也可以称为企业自筹资金问题也是屡遭批判。企业承担监管费用的理论依据是,合规计划是对企业施加先发制人的惩罚(preemptive penalty),引申开来说,合规计划所引发的无限支出被视为是对企业先发制人的惩罚。这是监管机构让公司为其责任“黑数”的错误行为支付公平份额的一种方式。[32] 基于此,企业聘用监管人视为一种制裁,被纳入案件的处置协议之中。一般而言,公司的暂缓起诉协议,不起诉协议和辩诉协议包含以下四个要素:事实的承认、合作协议、协议的指定期限、货币和非货币制裁。其中,常见的制裁包括赔偿、罚款、缓刑、任

---

[28] See Williams, Cynthia A., *Corporate Compliance with the Law in the Era of Efficiency*, North Carolina Law Review, Vol. 76, No. 4, 1998.

[29] See Ponemon Inst., The True Cost Of Compliance, 2 (2011). 转引自 William S. Laufer, *A Very Special Regulatory Milestone*, 20 U. Pa. J. Bus. L. 398. 2018. 合规的成本问题在美国是个热点,还可参见 Christian B. Lahti & Roderick Peterson, *Sarbanes-Oxley IT Compliance Using Open Source Tools*, Second Edition, 2007 Elsevier Inc. 其中的第五章专门介绍合规的成本问题,以及 Stacey English and Susanna Hammond, Costs of Compliance 2016, Thomson Reuters (2016)。

[30] See Vikramaditya Khanna, *Reforming the Corporate Monitor?*, *in* Prosecutors in the Boardroom: Using Criminal Law to Regulate Corporate Conduct, 236 [(Anthony S. Barkow & Rachel E. Barkow eds., 2011). 这些法案包括 Accountability in Deferred Prosecution Act of 2009, H. R. 1947, 111th Cong. (2009); Accountability in Deferred Prosecution Act of 2008, H. R. 6492, 110th Cong. (2008)]。

[31] See Root, Veronica, *The Monitor-Client Relationship*, Virginia Law Review, Vol. 100, No. 3, May 2014, p. 583.

[32] See William S. Laufer, *A Very Special Regulatory Milestone*, 20 U. Pa. J. Bus. L. 393. 2018.

命监督员和终止责任。[33]

对于这种先予惩罚理论,质疑声音不曾间断,比如其一,该理论隐含不公平性,有监督成本从政府、社会转移到公司的执行成本之嫌疑。如果一个人真正关心高昂的监督成本,他会要求政府承担总负担或至少分担监督费用。[34] 比如其二,合规计划难以避免检察官以刑事追责相威胁,进而导致企业投入过多的成本。虽然让企业独自承担监管费用的理论基础并不牢靠,但是,因企业责任让检察官承担费用也存在理论上的不自恰。由此,监管费用的分担问题陷入两难境地。寻求在策略技术上的突破似乎是一个务实的解决路径,但这并非易事。有人指出,对于监管机构而言,确保公司为其不法行为支付公平份额,从而捕捉企业罪责的"黑数",这需要灵巧的方式与完美策略。[35]

四、独立监管人的角色反思:"独立第三人"何以可能?

为了保证监管的中立性,《Morford 备忘录》将独立监管人的角色定义为独立第三人(independent third party)——既独立于企业又独立于代表政府的检察官。在合规计划执行期间,企业、政府和监管人之间应进行"公开对话"。《Morford 备忘录》试图通过角色设定与三方公开对话的工作模式来实现监管人的独立性与中立性。但遗憾的是,这样的设计与理想蓝图似乎是司法部的一厢情愿,现实的冲击与学界抨击不绝于耳,概括起来可以归为两大争点:一是监管人如何独立于检察官?二是监管人如何独立于企业?背后的实质问题是,如何界定独立监管人的角色与职责范围,他与企业、检察官的三方权利义务关系如何布局?目前,司法部并没有提供明确的规则,监管人的权限由处置协议具体约定。这可能会因协议而异,不同的处置协议条款促成不同的监管结构。[36] 所以,美国合规监管结构便具备了不稳定性与临时性的特质,这就导致独立监管人的独立地位因个案不同,并且摇摆不定。

(一)监管人如何独立于检察官?

虽然《Morford 备忘录》明确指出,独立监管人并非公司或检察官的代理

---

[33] See Rachel Delaney, *Congressional Legislation: The Next Step for Corporate Deferred Prosecution Agreements*, 93 MARQ. L. REv. 875, 878 (2009).

[34] Root, Veronica, *The Monitor-Client Relationship*, Virginia Law Review, Vol. 100, No. 3, May 2014, p. 582 – 83.

[35] See William S. Laufer, *A Very Special Regulatory Milestone*, 20 U. Pa. J. Bus. L. 398. 2018.

[36] See Root, Veronica, *The Monitor-Client Relationship*, Virginia Law Review, Vol. 100, No. 3, May 2014, p. 542.

人,但他却经常被公众和公司视为检察官的代理人,并根据监管协议来塑造其职能角色。[37] 这可以从三方的监督结构中获得进一步印证。监管人是政府授权,代表政府监督企业,他享有调查权并将监督报告呈送检察官,检察官以此为主要依据决定是否恢复控诉。从权力来源来看,很难让独立监管人摆脱检察官的"指手画脚"。据此,监管人的独立性似乎是个不能完成的神话。

围绕独立监管人的独立性问题,必然还会延伸一个争点:他需要向政府提供报告的数量与信息广度如何把控?[38] 监管人是公司与政府之间的纽带,信息通过它流向政府机构。那么,除了监督报告之外,他还应提供多少信息给政府?换言之,政府享有多少企业信息访问权为宜?因为监管人与公司之间不受"律师—客户关系"所约束,这就相当于消除了政府获取公司信息方面的障碍。毋庸置疑,无限制访问公司信息可能给公司造成不合理的负担并有损公司业务。[39] 但是,严格限制信息流向政府可能会妨碍监管目的,难以确保公司合规并遵守和解协议。

(二)监管人如何独立于企业?

虽然《Morford 备忘录》将独立监管人视为独立第三人,但从合规计划的实践来看,独立监管人的职能更接近于双重角色:合规计划的外部监督人与合规质量的服务人。"独立第三人"更多地视为一种背景与理想。从外部监督职责来看,独立监管人与公司的董事、高级管理人员、员工和其他代表截然不同,他不是公司的律师,因此,公司无权向他寻求获得合法合理的建议。但是,合规监管人的具体权限又源于处置协议,其职能远远超越检察官代理人那么简单,因为他并非限于监督,他也有为被监督公司提供服务的职责,与公司一道确保合规计划的有效性,发现与减少未来可能的不法行为。在此意义上,独立监管

---

[37] See Root, Veronica, *The Monitor-Client Relationship*, Virginia Law Review, Vol. 100, No. 3, May 2014, p. 528. 540.

[38] See Christie Ford & David Hess, *Can Corporate Monitorships Improve Corporate Compliance*?, 34 J. Corp. L. 682 – 683 (2009).

[39] 有人指出,公司所遭遇的不公平的、沉重的监管成本之威胁,主要来自政府所释放的诱饵——支出、支出更多,才可能换来免于刑事制裁。See U. S. Government Accountability Office, Regulatory Burden: Measurement Challenges And Concerns Raised By Selected Companies (2013) Stacey English And Susanna Hammond, Costs Of Compliance 2016, Thomson Reuters (2016) [Available At: https://risk.thomsonreuters.com/content/dam/openweb/documents/pdf/risk/report/cost-compliance-2016.pdf (https://perma.cc/CZA9-QX53)].

人又很像公司律师、合规人员以及财务审计师，提供法律、规范和商业方面的建议。而且公司的处置协议中规定了监督条款，通常要求选定的监管人具有相关法律和法规的专业知识。此外，还必须能够理解被监控公司的业务，在防止公司未来的不当行为方面提供最佳的建议。[40] 甚至有人称，独立监管人是涉案公司有罪答辩的组成部分。[41] 从这个角度讲，监管人是公司的发展合作伙伴。如此一来，监管人与企业之间既含有对抗因素，又有合作伙伴关系的潜质，何者为重就看政府更重视企业的追责性还是整改性。

结果，独立监管人与企业的关系会出现两个走势：一是强调监管人的独立性与监督的权威性，这会促成企业与监管人的对抗紧张关系。企业为了生存，必须在取悦监管人、评估检察官恢复起诉的风险以及获得公司最大利益之间寻找平衡。当公司感觉被监管人所摆布时，两者便开启了对抗之路，不仅公司内部会对监管人不满，而且公司将从骨子里将监管视为一种惩罚和制裁形式。[42] 从美国的实践情况来看，对抗关系是主流状态。在对抗的背景下，为了防止监管人影响企业的正常运转，其职责边界将变得至关重要，如监管人有无揭示企业新的罪责之责任？他在很大程度上不受限制地访问公司的记录和人员，可能偶然发现或去寻找其他不当行为，这可能增加公司的责任。根据当前的机制，监管人会在其他情况下提醒公司和政府在监视过程中发现的不当行为类型。但是，这种潜在责任超出了政府制裁的范畴，不仅可能会损害公司名誉，而且可能带来有进取心的原告律师所提出的其他私人诉讼。[43] 对此，有学者提出，可以通过改变监管人的监督责任和道德责任来减轻对抗，实现友好工作关系，[44]但这可能侵犯其独立性。

---

[40] See Root, Veronica, *The Monitor-Client Relationship*, Virginia Law Review, Vol. 100, No. 3, May 2014, p. 535.

[41] See F. Joseph Warin, Michael S. Diamant & Veronica S. Root, *Somebody's Watching Me: FCPA Monitorships and How They Can Work Better*, 13 U. Pa. J. Bus. L. 329 – 333 (2011).

[42] 虽然惩罚是刑罚的四个目标之一，但这与旨在恢复与补救的合规目的相违背。Caelah E. Nelsonal, *Corporate Compliance Monitors are Not Superheroes With Unrestrained Power: A Call For Increased Oversight and Ethical Reform*, Georgetown Journal Of Legal Ethics, Summer, 2014, p. 736.

[43] See Root, Veronica, *The Monitor-Client Relationship*, Virginia Law Review, Vol. 100, No. 3, May 2014, p. 584.

[44] See Caelah E. Nelsonal, *Corporate Compliance Monitors Are Not Superheroes With Unrestrained Power: A Call For Increased Oversight And Ethical Reform*, Georgetown Journal Of Legal Ethics, Summer, 2014. p. 745.

二是强调监管人改进、完善企业合规计划的职责,这会促进两者的合作关系。为了体现关系的融洽性以及合作的有效性,有人提出,两者是否如同“律师—客户特权”(attorney-client privilege)一样,适用“监管人—客户的特权关系”?该立论遭遇批评的声音居多。首先,这种特权关系会牺牲监管人的独立性,不仅会导致其掩饰公司的不当行为,形成监管人与企业合谋,[45]而且过度的亲密关系会堵塞公开披露的渠道,进而阻止公众访问相关信息的可能性;其次,这会降低监督的威慑价值并导致监管人被“捕获”(monitor capture)。捕获是指监管机构与行业之间的极端紧密关系。尽管并非所有学者都认为捕获是有问题的,如捕获可能会带来监管人对行业的同情以及对行业利益的认同,这并非坏事。当然,也可能导致对行业的过度同情以及过度宽松执法。[46] 关键是,过度亲密关系肯定不会增加监督的有效性。[47] 目前,如何保证监管人与企业的合作伙伴关系同时又不至于亲密无间,仍然是一个悬而未决的问题。

(三)如何避免独立监管人的角色混乱?

有人指出,独立监管人在实践中出现角色混乱的原因在于政府对此只是提供框架,监管人具体职责根据处置协议临时约定,并没有通用的强制性规则。相应的解决方案是,政府应当制定明确的规则,虽然《Morford 备忘录》为监督和聘请监管人提供了指南,但这些准则以不同的方式实施,导致临时标准因处置协议不同而异。这些处置协议缺乏明确的行为准则,不能为参与监督的各方提供一套可预测的规范。[48] 当监管人与公司之间发生纠纷时,这一局限则被进一步放大。当然,制定怎样的确定规则才能真正让监管人独立与中立,这一关键问题甚为棘手,目前并无定论。其中,有些偏颇的作法不可取,如美国司法部在解决监管人与公司之间的纠纷时,仅增加监管人的权力便充满偏

---

[45] See Lawton P. Cummings, *Globalization and the Evisceration of the Corporate Attorney-Client Privilege: A Re-Examination of the Privilege and a Proposal for Harmonization*, 76 Tenn. L. Rev. 1, 29 - 30 (2008).

[46] See Dorit Rubinstein Reiss, *The Benefits of Capture*, 47 Wake Forest L. Rev. 569 - 572, 578 - 579 (2012).

[47] 详细的分析, See Root, Veronica, *The Monitor-Client Relationship*, Virginia Law Review, Vol. 100, No. 3, May 2014, p. 573 - 580.

[48] See Root, Veronica, *The Monitor-Client Relationship*, Virginia Law Review, Vol. 100, No. 3, May 2014, p. 546.

见,不利于公司的发展。[49]

五、监管的公开性与无效监管问题

根据《Morford 备忘录》,独立监管人享有调查权并有义务提供监督报告。但是,为了保护企业基层员工、第三人、利害关系人利益与社会公共利益,独立监管人的监督工作需要必要的公开与透明,以保障相关主体的知悉权与社会监督权,同时也是发挥合规计划警示与教育功能之需。由是,独立监管人监督的公开、透明与企业信息保密之间难以避免冲突与矛盾。而该紧张关系也引发另一层忧虑,即如何保障监管的有效性?如何防止监管过程中的腐败现象?这已经成为合规计划在美国实施过程中的深水区问题。

(一)监管的公开与企业信息保密之间的矛盾

事实上,如何防止独立监管人对企业信息的不当调查与披露,问题也是由来已久。合规计划和审计材料是否需要保密,这是一个两难困境。早期的时候,合规计划和审计材料很少有保密要求,因此,这些材料可能用于刑事侦查以及针对公司的民事诉讼。监管机构、公司股东、心怀不满的员工和第三方都可以调查获取合规材料。除非受到保护,否则这些材料有可能成为检察官和民事原告的"诉讼路线图",[50]因此,这种披露将在根本上摧毁作为激励机制的企业合规计划,但如果将相关信息保密,不能被监管人发现乃至披露,这会影响公司合规计划的正常进展。[51] 从结果来看,合规与审计材料的披露风险仅促成了零星的司法或立法的尝试性保护,只有少数法院通过判例禁止披露潜在的不利合规材料。[52] 其中,合规材料的保护方法五花八门,包括律师—客户特权、工作产品原则和自我评估的特权。然而,大多数法院要么直接拒绝合规材

[49] See Caelah E. Nelsonal, *Corporate Compliance Monitors Are Not Superheroes With Unrestrained Power: A Call For Increased Oversight And Ethical Reform*, Georgetown Journal Of Legal Ethics, Summer, 2014. p. 735.

[50] See Ronald J. Allen and Cynthia M. Hazelwood, *Preserving the Confidentiality of Internal Corporate Investigations*, 12 J. Corp. L. 357 (1987). 专门讨论由于缺乏普遍的公司隐私权而引起的问题。

[51] See James F. Flanagan, *Rejecting a General Privilege for Self-Critical Analyses*, 51 Geo. Wash. L. Rev. 551, 574 – 76 (1983).

[52] See, for example, Bredice v. Doctors Hospital, Inc., 50 F. R. D. 249, 251 (D. D. C. 1970) (承认医院工作人员保密会议材料存在"压倒一切的公共利益").

料的保密特权,要么虽然接受但将该特权限制到基本无用的程度。[53] 所以有人主张,为了消除披露潜在不良合规材料所带来的困境,必须建立有限的证据特权,以保护某些合规材料不被披露。[54]

发展至今,监管人与公司之间关系的性质以及监督报告是否保密,并没有通用的强制性规则,都是根据处置协议临时约定。当然,没有争议的是,监管人即便由律师担任也不适用律师—客户特权关系,不享有证据特权。[55] 不仅如此,实践中又扩展了禁止性范围。[56] 比如,在美国诉道达尔公司的延期起诉协议中规定,当事各方都同意聘请的监管人与企业之间不适用律师—客户、审计师—客户或类似关系。此外,协议通常规定监管人在有效、公正地履行监督职责过程中,必须与企业之间保证充分的独立性。考虑到监管人的调查权以及监管报告内容的广泛性——可能包括产权的、财务的、机要的和竞争性的商业信息,协议也试图对监督报告保持高度保密。此外,公开披露报告可能会阻碍合作,阻碍待决或潜在的政府调查,从而破坏监督目的。由于这些原因,监督报告一般应保持非公开状态。[57]

但是,公众获取监督报告的诉求并没有因此而终止。例如,美国哥伦比亚特区地方法院于 2004 年应证券交易委员会(Securities and Exchange Commission,SEC)和美国国际集团(American International Group,AIG)的要求,针对 AIG 的不当会计和财务报告的问题做出最终判决。根据同意令(consent order)的条款,AIG 同意“聘请独立监管人,审查政策和程序以及 AIG 在 2000 年 1 月 1 日至最终判决书所确定的日期之间所有的交易。独立监管人完成审核后就需要向 SEC、司法部和 AIG 的内部审计委员会提供监督报告

---

[53] See, for example, Webb v. Westinghouse Elec. Corp., 81 F. R. D. 431, 433 – 34 (E. D. Pa. 1978)(限制自我评估特权的适用).

[54] See Michael Goldsmith and Chad W. King, *Policing Corporate Crime: The Dilemma of Internal Compliance Programs*, 50 Vanderbilt Law Review. 1, January, 1997. p. 8.

[55] See Root, Veronica, *The Monitor-Client Relationship*, Virginia Law Review, Vol. 100, No. 3, May 2014, p. 548.

[56] See Joseph Warin, Michael S. Diamant & Veronica S. Root, *Somebody's Watching Me: FCPA Monitorships and How They Can Work Better*, 13 U. Pa. J. Bus. L. 353 – 54 (2011).

[57] See Deferred Prosecution Agreement attachment D para. 2. 3, United States v. Total, S. A., No. 1: 13 – CR – 239 (E. D. Va. May 29, 2013), available at http://www.justice.gov/criminal/fraud/fcpa/cases/totalsa/2013-05-29-total-dpafiled.pdf.

(Monitor Reports)。2006年6月14日,SEC和AIG提出了一项动议,要求禁止公开发布监督报告。换句话说,只有SEC、司法部和独立监管人可以访问AIG提供的信息。法院批准了该动议,这就使各方相信他们的沟通是秘密进行的。5年之后,2011年1月,有记者试图获取监督报告,他首先根据《信息自由法案》(Freedom of Information Act)向美国司法部提出的请求,未果的情况下,他又尝试通过SEC获取监督报告,但SEC声称法院禁止转交。最终,记者提起了"为访问监督报告而进行干预的动议",认为基于如下两个原因监督报告必须公开:(1)宪法第一修正案所赋予的诉诸司法程序权;以及(2)获得司法记录的普通法权利。2012年4月16日,该地区法院颁发了命令,鉴于法院没有参与监督,独立监督人的监督报告并非司法记录,因此具有机密性。同时,提出了一般性原则,除非该报告属于司法记录或者权衡公众利益之需,方可披露该报告,否则应当保密。[58]

(二)无效监管问题及其应对思路

监督公开与否的无休止争论,也间接促使一种声音的出现:企业合规代价高昂但内部合规结构却可能无效。[59] 比如,在暂缓起诉和不起诉协议中,独立监管人的无效监管问题便处于旋涡的中心,独立监管人与减少公司不当行为之间可能没有显著的相关性。尽管联邦检察官坚持让公司聘用一名监管人,但有些人认为监管人既没有减少公司的不当行为,也没有通过帮助股东的方式提升公司绩效。百时美施贵宝(Bristol-Myers)的案例就是其中一个极端反映。在2004年,SEC指控该公司涉嫌各种会计欺诈行为,公司同意任命1名独立监管人,由他负责审查公司的日常会计情况。2004年8月4日,百时美施贵宝公司同意支付1.5亿美元解决欺诈费用。多年后,尽管任命的监管人曾经作过律师,也是一位退休的联邦法官,但该公司仍被指控"给保险公司和政府机构的账单中夸大了药品价格,在此基础上又与竞争对手达成了秘密的非竞争协议"。[60]

---

[58] See Root, Veronica, *The Monitor-Client Relationship*, Virginia Law Review, Vol. 100, No. 3, May 2014, p. 546 – 548.

[59] 事实上,相关警惕多年来一直存在。See Kimberly D. Krawiec, *Cosmetic Compliance and the Failure of Negotiated Governance*, 81 WASH. U. L. Q. 487, 544 (2003).

[60] *See* Jayne W. Barnard, *Corporate Therapeutics at the Securities and Exchange Commission*, 73 COLUM. BUS. L. REV. 793, 833 – 36 (2008).

事实上,引发无效监管的因素有很多,比如,独立监管人在选任过程中存在腐败行为。首起案例便是监管人涉嫌向检察官与涉案企业给予不正当的"答谢"。这是促使司法部颁发《Morford 备忘录》的重要动因,[61]也是其他国家在接纳独立监管人制度时顾虑重重,甚至削弱其作用的原因。再如,独立监管人除了丧失监管资格的惩戒之外,并不承担监督无效的民事责任;另外,更为重要的是,监管人的职责边界一直存在模糊地带,如监管人应否对股东负有信托责任(fiduciary duties)便无定论。这也是为什么有人一针见血地指出,不能将独立监管人视为不受约束的超级英雄,必须加强监督和道德改革,其中就包括在公司和监管程序之间再度引入中立的第三方和裁判,并施加有关监督的道德规则,以确保双方之间的公平。[62]

当然,围绕独立监管人的监督工作如何更有效,学界还提出了其他的思路,如立法应当围绕如何保护三方之间的信息交流建立特权规则,甚至考虑建立新型的"监督者—客户"关系;[63]强化监管人对企业的忠诚、勤勉义务,将律师的《职业行为示范规则》第 2.3 条款视为监管人角色标准,并鼓励其与企业之间展开坦诚的沟通。[64] 司法部的努力则体现于 2018 年的《Benczkowski 备忘录》,通过进一步明确独立监管人的遴选标准、政策和程序,以期实现监管的有效性。

六、独立监管人制度的中国探索

近来,检察院在企业合规运行机制的探索,虽然主要适用于中小微企业,并不涉及大型企业,但仍如雨后春笋、别出心裁并不断推陈出新。其间,有的设立独立监管人并初步形成了涉及三方的监管体系,不设独立监管人的,则由

---

[61] See Jessica Naima Djilani, *The British Importation of American Corporate Compliance*, 76 Brook. L. Rev. 338(2010). 对此,《Morford 备忘录》建议,检察官要求目标公司雇用监管人,必须允许公司选择个人,由检察官否决,或检察官认为,他在选择监察员时必须扮演"更大的角色",他应考虑至少三个合格的候选人。

[62] See Caelah E. Nelsonal, *Corporate Compliance Monitors are Not Superheroes with Unrestrained Power: A Call for Increased Oversight and Ethical Reform*, Georgetown Journal Of Legal Ethics, Summer, 2014.

[63] Root, Veronica, *The Monitor-Client Relationship*, Virginia Law Review, Vol. 100, No. 3, May 2014, p. 585.

[64] See Caelah E. Nelsonal, *Corporate Compliance Monitors Are Not Superheroes With Unrestrained Power: A Call For Increased Oversight And Ethical Reform*, Georgetown Journal Of Legal Ethics, Summer, 2014. p. 745.

检察院直接监督考察。

(一)合规监管制度的探索

以有无独立监管人为标准,合规监管制度可以为分为三类模式:检察院自我监管模式、委托行政机关监管模式与委托独立监管人协助模式。

检察院自我监管模式,顾名思义就是由检察院自己完成合规计划的监督考察。例如,青岛市人民检察院充分发挥检察建议在参与社会治理中的积极作用,采取以下合规介入步骤:首先,了解与考察企业。检察官与企业负责人开展多次沟通,并前往企业考察,建议企业继续经营发展。其次,向企业提出检察建议。建议企业建立风控部门,完善业务审批机制,堵塞系统漏洞,更改系统设置,加强法制培训。最后,向企业公开送达检察建议,要求涉案企业认真整改、合规经营。涉案企业将根据检察建议进行有针对性整改,完善企业内控制度,规范合规做好相关业务。[65] 这种模式,往往针对小微企业,直接由检察院自己承担监管职责。作为主导机关的检察院,有的还内设刑事合规专员。

检察院委托行政机关监管模式,是指检察院对涉案企业合规建设情况的考察主要委托给相关行政主管部门负责,比较典型的是宁波市人民检察院的作法。2020年9月,宁波市人民检察院探索建立涉罪企业合规考察制度,出台了《关于建立涉罪企业合规考察制度的意见》。在制度设计上,宁波市人民检察院将案件适用范围限定为直接责任人员依法应当判处3年有期徒刑以下刑罚的企业轻微犯罪案件,以契合轻微犯罪依法从宽处理的司法政策。在合规考察上引入行政监管手段,将考察期间对涉罪企业合规建设情况的考察主要交由相关行政主管部门负责;在结果处理上将合规建设情况作为最终对涉罪企业是否起诉的主要依据,对于涉罪企业在考察期内按照合规计划完善治理结构、健全管理制度、规范生产经营的,一般均作不起诉处理。该制度发生在审查起诉阶段,设定6个月到12个月的考察期,在审查起诉期限结束之前进行考察,所有活动都发生在审查起诉环节,在审查起诉结束前作出起诉或不起诉决定。[66] 该模式引起热议。支持者认为,行政监管部门参与合规监督考察,

---

[65] 杨璐:《青岛一企业利用跨境电商“刷单”走私,偷逃税22万余元》,载齐鲁壹点2020年6月16日,https://baijiahao.baidu.com/s?id=1669644419272362066&wfr=spider&for=pc。

[66] 参见孔令泉:《浙江宁波检察机关试水涉罪企业合规考察制度》,载澎湃新闻2020年9月26日,https://www.thepaper.cn/newsDetail_forward_9355991。

完成刑事执法与行政监管有效衔接,既是检察机关履行刑事诉讼的主导责任,也是帮助企业改善治理结构,督促消除犯罪潜在的原因。但也有人心存疑虑,认为企业合规监督考察机关是由政府行政主管部门或者企业所在辖区街道、乡镇政府部门担任,在相对缺乏合规计划统一范本前提条件下,要求考察机关审查发现合规计划缺陷,存在专业技术难度。[67] 据悉,宁波市检察机关正进一步完善涉罪企业合规考察制度,并将联合税务、银保监局、市场监管、海关等单位细化健全工作机制。

委托独立监管人协助模式,即检察院委托独立监管人协助监督。目前,独立监管人的名称虽然在各地并不相同,如合规监督员、独立监控人等,但其内涵并无二致。根据独立监管人产生的途径、费用支付方式以及检察官与独立监管人的关系,又可以细分为两类范式:一是检察机关携领型,即检察院支付费用,目的是防止监管人受资本驱动进而监管不中立,深圳市南山区人民检察院即采此范式。二是监管人独立监督、检察机关听取意见型。深圳市宝安区人民检察院的作法即为典型。宝安区司法局于 2020 年 8 月 28 日发布了《关于企业刑事合规独立监控人选任及管理规定(试行)》(以下简称《规定》),为合规不起诉机制的落地执行提供了配套措施。根据该规定,犯罪嫌疑企业可以委托刑事合规独立监控人对企业的合规情况进行调查,协助企业制订合规计划并监督执行,针对企业合规建设出具阶段性书面报告,作为检察院对犯罪嫌疑企业作出相应处理决定的参考。[68]

(二)独立监管人的现状及其可能的困境

据目前的资料来看,在独立监管人的实践探索中,深圳市宝安区的范式是比较有代表性也是最为成熟的。笔者便以其《规定》为蓝本,解析独立监管人的运行路径以及未来可能面临的困境。

《规定》所定义的独立监控人,是指受犯罪嫌疑企业委托,对企业刑事合规情况进行调查、规划、监督的律师事务所。结合域外的经验以及我国的实践探索,独立监控人将面临如下问题并亟待完善。

---

[67] 参见武卓立:《"合规考察"护航民企健康发展》,载《法治日报》2020 年 9 月 23 日,第 4 版。

[68] 参见《宝安区司法局关于开展第一批企业刑事合规独立监控人申报工作的通知》,载宝安区人民政府网 2020 年 11 月 30 日,http://www.baoan.gov.cn/basfj/gkmlpt/content/8/8093/post_8093092.html#5161。

第一,如何确保独立监控人的适格性?为保障独立监控人履行职责的有效性,独立监控人的适格性是基本的前提条件。《规定》主要作了三个方面的制度安排。首先,设置监控人的入选标准与条件,主要分为专业知识、技能条件与中立性条件。前者主要依据经验与工作年限来界定,如律师事务所拥有专职执业律师10人及以上,从事相关法律服务业务2年以上,并有企业合规及法律风险防控的相关经验,具备承担独立监管职责的专业知识及技能,获得省级以上优秀律师事务所荣誉的优先选任。而关于中立性条件,则要求监控人与承办的案件、监控的企业无利害关系。其次,通过检察院与司法局联合通过培训、考核惩戒与资格免除的方式来确保适格性。针对企业刑事合规工作的开展情况,区司法局和区人民检察院适时举办相关培训,对独立监控人进行年度考核,考核结果作为对独立监控人免除资格、续任的重要依据。在资格免除方面,主要针对在选任时弄虚作假,提供不实材料的,在履职过程中的违规、违法情况,等等。最后,引入社会监督机制来确保适格性。区司法局在选任工作开始30日前发布独立监控人选任公告。选任公告内容包括独立监控人的选任名额、选任条件、报名方式、报名材料、意见反馈方式等相关事项。其中,面临的问题集中体现于监控人入选标准与条件的设定方面:(1)选任范围、遴选资格过于单一,无法应对复杂多元的合规计划。目前只局限于律师事务所,根据涉案企业的业务类型与涉案情况,理应包括其他专业领域。(2)专业能力的要求。独立监控人需要对企业的合规计划是否充分有效发表意见,这必然需要对企业的经营与管理模式等具有相应的知识储备。但目前的规定却只是笼统要求应当“具备承担独立监管职责的专业知识及技能”。(3)在中立性方面以“无利害关系”来界定,但无利害关系本身即为一个弹性概念,需要在日后的工作中根据具体场域予以细化。

第二,独立监控人的调查权限如何界定以及如何保障监控人尽职调查?根据《规定》,监控人的职责分为调查职责、监督与参与整改职责。其中,调查是基础性权力,是监督与参与整改的前提。从涉案企业视角来看,如果想得到司法和监管机关的谅解,就必须分析导致违规的根本原因并采取确实有效的补救措施,进而证明公司充分认识到违规行为的严重性。这就需要监控人发挥其调查职能,及时、彻底地对违规行为展开调查。根据《规定》第11条的内容,独立监控人应就企业刑事合规情况进行调查。但该规定没有限定调查权限,这种笼统授权模式意味着监控人享有广泛的调查权。其中的疑问是,是否应当明确调查权的范围与限度?比如,是否可以调查所有的历史问题还是仅限于涉案的信息?由此引发监控人与企业之间的冲突与纠纷如何解决?这都是未来需要完善的。另外,《规定》明确要求独立监控人要秉承履行诚实、信用、谨慎、勤勉。这彰显了尽职调查的重要意义,但遗憾的是,如何保障监控人的勤勉尽责却没有更为明确的约束或激励机制。

第三,独立监控人如何避免成为监督与整改之间的摇摆人?根据《规定》第12条的内容,独立监控人不仅是监督者,更是企业整改的参与者。因为他要在调查的基础上协助制定合规计划,协助涉案企业制订合规计划。就监督而言,协助人民检察院监督合规计划的执行,具体分为两种方式:一是定期向区人民检察院报告合规监控情况,包括针对涉案企业履职情况、企业刑事合规建设出具阶段性书面监控报告,作为区人民检察院作相应处理决定的参考。二是发现涉案企业、犯罪嫌疑人曾隐匿的或者新出现的不合规行为,应及时向区人民检察院报告并督促企业、犯罪嫌疑人整改。其中不清晰的是,监督与参与整改的双重角色何者为主要?独立监控人与企业的关系,中立的监督无法避免对抗式的关系,而重在整改难免导向合作伙伴关系甚至亲密无间。类似美国监管人所面临的困境,这种双重角色可能导致监控人变为迷茫的摇摆人。

第四,监督的公开透明与企业信息的保密冲突问题。如前所述,监控人依据其广泛调查权,获得大量企业经营信息在所难免。虽然《规定》第14条明确要求独立监控人在工作过程中负有保密义务,对监控过程中知悉的国家秘密、商业秘密、个人隐私和未成年人犯罪信息,以及其他依照法律法规和有关规定不应当公开的案件信息,都不得泄露。但是,如果这些信息是整改计划的基础材料,是书面监控报告不可缺少的内容,该如何处理?[69] 书面监控报告不仅是人民检察院作相应处理决定的参考,而且是第三方、其他利害关系人都想获悉的内容。为了满足广泛的知悉权,有的地方检察院采用公开听证的方式来验收整改计划是否成功,即整改期满经公开听证,合规监控人(监督员)应在场接

---

[69] 《规定》第12条明确规定,独立监控人协助犯罪嫌疑企业制订合规计划以及协助区人民检察院监督合规计划的执行,需要针对其履职情况、企业刑事合规建设出具阶段性书面监控报告,作为人民检察院作相应处理决定的参考。

受询问,检察官汇总各方意见后视情形从宽处理。[70] 也有学者主张,在验收整改方案时,让被害方、公安机关、行政监管部门等参与,以专门条款形式规定听证制度,以公开透明发挥最大社会效果。这就产生了监管公开与企业信息保密的冲突,进而激发监管有效性与企业正当经营之间的矛盾。如果处理不当,必然影响监管效果以及整体合规计划效果。

第五,独立监管人的有效监管问题。如何保障独立监控人的有效监管是最核心的问题,其中的关键是如何设定有效监管的标准。从理论上讲,应当从过程与结果两个维度来判断。在监管过程中,监管人要确保独立、中立与公正性;从结果来看,独立监管人提供的书面监督报告应当具备科学性、合理性。否则,皆可视为违规监管与无效监管,监管人对此应当承担法律责任。可喜的是,《规定》第 14 条从禁止的视角设定了监管过程有效性的四个标准:不得妨碍案件公正处理;不得泄露企业与相关人员的信息;不得干扰企业的正常经营活动(如以监督考察为名随意干扰企业正常生产经营活动,以及其他任何损害犯罪嫌疑企业合法权益的其他行为);不得有收受财物等违反廉洁纪律的行为。第 14 条还明确了违规监管的法律责任:独立监管人履职中有上述行为之一的,视情节给予劝诫或免除其独立监控人资格,构成犯罪的,依法追究刑事责任。但是,监管人是否应当承担民事责任?另外,书面监督报告应该由哪些内容组成,其性质与效力如何界定,科学性、合理性标准如何设定,等等。这些重要问题目前皆付之厥如。

七、结语:以社会治理创新重塑合规监管制度

党的十九届四中全会审议通过的《中共中央关于坚持和完善中国特色社会主义制度推进国家治理体系和治理能力现代化若干重大问题的决定》,回答了如何推进国家治理体系现代化和治理能力现代化问题,中国之治的制度图谱与路径图谱因之日趋系统与完整。在此背景下,企业的行政监管部门与追诉企业犯罪的司法机关,都应站位于国家治理全局并更新监管理念与司法理念。申言之,应在原有监管职能与司法职能的基础上,融入社会治理格局之中,抛弃简单的应对逻辑——管控或放任,追诉或不诉。笔者建议,应以执法

---

[70] 如浙江岱山县人民检察院出台的《涉企案件刑事合规办理规程(试行)》,打包式地创造出"企业认罪认罚 + 出具合规承诺 + 确定整改方案 + 合规监督员进驻…整改期… + 公开听证 + 从宽处理 + 行政争议实质性化解"的司法模式。参见《涉案企业经合规整改可获从宽处理,这是怎么回事?》,载微信公众号"岱山县人民检察院"2020 年 9 月 27 日。

机关(主要包括行政监管机关、司法机关,下文同)参与社会治理为出发点重塑合规监管制度,结合中国的具体国情,并借鉴域外的有益执法经验与学术研究成果,完善以独立监管人为中轴的企业合规监管制度。应当围绕三方主体(执法机关、独立监管人与企业)之间如何分配权利义务这一中心问题展开,探讨制度性困境的解决之道。目前,亟待回应如下几个争点。

第一,独立监管人的适用范围。一个解决方案是,考虑到域外的经验——独立监管人只适用于大型企业,考虑到合规的高成本与聘用独立监管人的“必要性”原则,根据企业的规模确立二元化方案,即独立监管人只适用于大型企业,中小微企业则依靠企业自己的合规人员与检察院的外在监督,完成合规计划的监督考察。该方案的优势在于追逐了经济效益、节约了合规成本,但在社会治理的层面却并不妥当。不能仅根据企业的经营规模,认为规模小难以承担合规成本就因噎废食,执法机关与立法机关应着力研究如何降低监管成本、如何合理分配监管成本。要回归企业合规的制度初衷,要考虑企业经营中的风险及其补救的社会意义,更要考虑独立监管人独特的、不可替代的角色价值——专业的、独立的第三人。因此,中小微企业不能用内部的法务或风险内控人员来简单代替独立监管人。

第二,监管成本的合理标准以及合理分担问题。立法者除了深入探讨合规成本的合理控制之外,还应当思考合理分担问题,尤其是中小微企业的合规监管制度。比如,从执法机关承担社会治理职责的视角来看,让其分担一部分合规费用具有合理性,还可以考虑让行业自律组织在其中扮演积极的角色,如根据中小微企业的经营范围,由他们“打包”组织开展合规监管。这一点可以从《出口管制法》中获得灵感。该法第14条确立了合规激励机制,出口经营者建立出口管制内部合规制度且运行情况良好的,国家出口管制管理部门可以对其出口有关管制物项给予通用许可等便利措施。同时,为引导出口经营者建立健全出口管制内部合规制度,《出口管制法》还着力加强公共服务供给,第7条明确规定有关商会、协会等行业自律组织应当按照章程对其成员提供与出口管制有关的服务,发挥协调和自律作用。笔者认为,对中小微企业根据其经营范围分类引导、组织开展合规制度建设,是商会、协会等自律组织的公共服务供给的重要组成部分。因此,为了解决中小微企业的合规成本压力,一个值得思考的方案是,由商会协调、统一购买合规的商业责任保险,一旦企业被纳入合规计划，从保险费中支付独立监管人的合规费用。

第三，关于企业与独立监管人的关系问题。立法机关应当明确规则，其主导思想应着力于企业的整改而不是预先惩罚，应该淡化监管人与公司之间的对抗性关系与事先的惩罚关系。但同时，不仅要预防监管人与企业的“合谋”，共同欺骗执法部门，也要预防监管人怠惰失职给企业造成不应有的损失。这可以借鉴域外的经验，通过完善独立监管人的监督责任和道德责任，在此基础上将独立监管人与企业之间打造成友好工作关系。也可以通过构建检察机关、独立监管人与企业三方关系的再监督机制，如通过听证程序强化社会监督功能，对其间发生的争议，或者考虑涉案企业向上一级检察院申诉，或者合规计划失败，检察院提起公诉之后，结合我国的不起诉制度救济程序，涉案企业向法院申请再监督，在法院审判阶段重拾合规计划。

第四，执法机关与独立监管人的关系问题。执法机关应当通过规则明确其职责。一是应当完善独立监管人的有效监管标准以及无效监管的惩戒机制。具体包括：设定监督报告的合理性与科学性标准；设定监管人与企业产生新纠纷的处理机制；完善独立监管人与执法机关之间及时、有效地沟通机制。二是应当确保独立监管人勤勉尽责。如进一步明确勤勉尽责的认定标准与保障机制，确保其尽职调查，全面透彻地发现、识别企业风险所在，提出合理化的整改建议。这可以参照民商事、证券业律师服务领域中关于勤勉尽责义务的判断与处罚模式。独立监管人如果在尽职调查中未勤勉尽责，因遗失重要证据、泄露商业秘密、超越代理权限；或者导致审计流程和财务报告信息不全甚至存在虚假信息等，执法机关应当取消其监管资格，也可以考虑同时予以罚款，并赋予涉案企业提起民事赔偿之诉的权利。[71]

如果不能在理念与制度层面有效回应上述争点，独立监管人制度可能因为高成本、监管人角色的摇摆与职能边界模糊、监管有效性缺乏审查标准、无效监管缺乏救济程序等原因而功能异化，这将使合规监管制度走向预设的反面，也必然影响企业合规的适用前景。

---

[71] 近年来在民商事、证券业律师服务领域，勤勉尽责义务备受重视并成为案件的争点。如在尽职调查中未勤勉尽责，因遗失重要证据、泄露商业秘密、超越代理权限等，引发行政处罚与诉讼的现象频发。除了律师业务之外，作为第三方服务的注册会计师，由于自身没有依法履职，没能做到勤勉尽责，导致审计流程和财务报告信息不全甚至存在虚假信息，证监会予以没收、罚款的处罚现象也不鲜见。参见董明怀：《论注册会计师的勤勉尽责》，载《中国总会计师》2019 年第 3 期。

论企业合规检察建议*

李奋飞**

一、引言

在合规全球化的大背景下,越来越多的中国企业也开始重视合规管理。但是,西方国家合规制度发展的经验表明,如果没有针对合规的刑法激励机制,企业对有效合规计划的打造和推行,就没有强大的动力。① 应该说,在西方国家为企业合规所确立的各项刑法激励机制中,暂缓起诉协议和不起诉协议等刑事诉讼程序分流措施确实是极具创造性的。以美国为例,“这种适用于公司的暂缓起诉协议和不起诉协议,对被告方提出了新的义务:一方面要缴纳高额罚款,被没收所有违法所得,向所有因犯罪行为受到损失的被害方进行赔偿;另一方面还要承诺在配合检察官调查的前提下,重建合规计划或者完善合规管理体系,接受检察机关派驻的合规监督员,定期就其完善合规计划的进展情况向检察机关汇报。检察机关在对涉案公司进行持续合规监管的基础上,在考验期结束后,根据该企业重建或者完善合规计划的情况,最终决定是否作出提起公诉的决定”。② 暂缓起诉协议和不起诉协议制度等刑事诉讼程序分流措施的推行,不仅为企业以合规换取宽大处理提供了重要动力,也在很大程度上改变了检察官在企业犯罪治理中的传统角色,对于预防、消除企业再次实施犯罪行为,进而减少、避免刑事诉讼给公司、股东乃至社会带来的殃及效果,③ 无疑都具有非常积极的意义。

正因如此,在中国推进企业合规管理的过程中,不少人都主张引入暂缓起诉协议制度,建立企业犯罪附条件不起诉制度。目前,一些地方检察机关为了

---

* 原文载《中国刑事法杂志》2021 年第 1 期。

** 李奋飞,中国人民大学法学院教授、博士生导师。

① 参见陈瑞华:《论企业合规的中国化问题》,载《法律科学》2020 年第 3 期。

② 陈瑞华:《企业合规视野下的暂缓起诉协议制度》,载《比较法研究》2020 年第 1 期。

③ 参见李奋飞:《刑事诉讼应减少“殃及效果”》,载《法制日报》2012 年 4 月 11 日,第 10 版。

充分发挥法律监督职能,激励企业合规经营,为企业健康发展提供有力司法保障,已开始了“涉企刑事案件附条件不起诉”的探索,即检察机关在审查起诉时,根据涉罪企业或者与企业利益或发展存在重大关联的犯罪嫌疑人的犯罪情节和性质、认罪认罚情况、企业刑事合规建设意愿等因素,与符合适用条件的企业签订协议并启动刑事合规监管程序,企业在指定期限内履行协议约定的义务,检察机关即可以对其作出不起诉决定。④

实际上,无论未来中国刑事诉讼法是否可以接纳针对企业犯罪的附条件不起诉,都不影响检察机关在参与企业合规治理、推动企业合规机制的建立和完善上发挥重要的作用。毕竟作为宪法和法律规定的法律监督机关,检察机关已然可以在审查批捕、审查起诉过程中,积极参与社会治安防控体系建设,当发现涉案企业经营管理上存在合规漏洞和风险时,向其发出检察建议,以督促其建章立制或进行有针对性合规整改,完善企业内控制度,从而提高其依法规范经营和维护自身合法权益的意识和能力,以免其再次违法犯罪或受到伤害。有的地方检察机关在结合具体案件情况对涉案企业的法定代表人或者管理人员作出相对不起诉决定的同时,向涉案企业提出检察建议,要求其认真整改、合规经营。有学者甚至认为,此类检察建议的功能与不起诉协议和暂缓起诉协议中的合规建议有相似之处。⑤ 对于这种初步具有推动企业合规功能的社会治理检察建议,本文将其提炼为“企业合规检察建议”。有观点认为,如果针对企业犯罪的附条件不起诉制度未来能够在法律上得以确立,应放弃此类检察建议。对此观点,笔者不敢苟同。企业合规检察建议不仅与检察机关的法律地位没有冲突,反而是检察机关回应社会需求的应有之义,具有内在的正当性,尤其与当前民营企业犯罪治理刑事政策相契合。而且与探索中的“企业犯罪附条件不起诉”相比,企业合规检察建议也具有制发时间、对象较为灵活的独特优势。因此,不仅不应放弃企业合规检察建议,还应重新发现其功能,并对其进行合理优化,尤其要为其注入更多的协商因子和激励因子,特别是要确保接受合规检察建议建立或者完善了合规管理计划的企业能够真正得到宽大处理。基于此,本文拟结合实践中已经发生的企业合规检察建议,对其性

---

④ 参见《南山区人民检察院关于涉企业犯罪案件适用附条件不起诉试点工作方案(试行)》,内部发布稿。

⑤ 参见李玉华:《我国企业合规的刑事诉讼激励》,载《比较法研究》2020 年第 1 期。

质、样态、正当性以及局限等展开理论上的分析和讨论，以期对检察机关正在推行的合规不起诉改革有所裨益。

二、企业合规检察建议的性质

客观地说，企业合规检察建议并非新鲜事物，其雏形甚至可以追溯到建国初期。作为落实一般监督职能的检察措施，彼时的检察建议适用范围包括两个方面：一是在诉讼过程中对相关单位违法、不规范行为要求改正的建议；其二是在诉讼程序之外，针对案发单位的制度漏洞提出的预防建议。[⑥] 其中，第二个方面针对案发单位的制度漏洞提出的预防建议，就多少具有了推动涉案单位（可能包括但远远不限于企业）完善堵塞漏洞，完善内部管理制度的功能。

在第五届全国人大第五次全体会议上，最高人民检察院原检察长黄火青就在作最高人民检察院工作报告时指出："各级检察机关还通过办案，对一些机关、企业事业单位在管理上存在的漏洞，及时提出建议，帮助发案单位采取措施，健全制度，加强管理，对预防违法犯罪起到了一定的作用。"2009 年，最高人民检察院颁布的《人民检察院检察建议工作规定（试行）》（已失效）明确将检察建议适用于社会综合治理。该规定第 5 条明确规定："人民检察院在检察工作中发现有下列情形之一的，可以提出检察建议：（一）预防违法犯罪等方面管理不完善、制度不健全、不落实，存在犯罪隐患的……"2019 年，最高人民检察院公布的《人民检察院检察建议工作规定》第 2 条对检察建议的性质进行了重新界定，明确规定检察建议是人民检察院依法履行法律监督职责，参与社会治理，维护司法公正，促进依法行政，预防和减少违法犯罪，保护国家利益和社会公共利益，维护个人和组织合法权益，保障法律统一正确实施的重要方式。第 5 条还将检察建议分为再审检察建议、纠正违法检察建议、公益诉讼检察建议、社会治理检察建议以及其他检察建议 5 种类型。其中，社会治理检察建议，主要针对检察机关在履行检察职责过程中发现的违法犯罪隐患、管理监督漏洞、风险预警和防控问题向有关单位（包括但不限于企业）提出的。因此，企业合规检察建议显然属于社会治理检察建议的范畴。

中国检察机关之所以在依法办案的同时，还要将办案职能向社会治理领域延伸，做到标本兼治，是由其所具有的"法律监督机关"的宪法定位所决定

---

⑥ 参见任学强：《检察建议的理论与实践——以检察机关社会综合治理职能为视角》，载《社会科学论坛》2014 年第 10 期。

的。特别是在国家监察体制改革之后,中国的监督体系发生了重大变化。监察机关作为行使国家监察职能的专责机关被纳入监督体系中,并拥有了对所有国家公职人员“全方位的监察权”,而检察机关尽管作为“法律监督机关”的宪法定位并未改变,但却在总体上丧失了对职务犯罪案件的立案侦查权,[7]检察机关的法律监督手段变得十分有限,且存在不少争议。[8] 在此大背景下,作为国家利益和社会公共利益的代表,检察机关要有效维护国家法律的统一和有效实施,要在推进国家治理体系和治理能力现代化中肩负起重要的政治责任和法律责任,就需要更新监督理念、优化监督方式,特别是要充分发挥企业合规检察建议的社会治理功能,以减少和预防企业犯罪,推动整个社会的法治水平,获得企业利益保护和社会利益保障的“双赢”。[9]

近年来,随着中国经济进入高速发展期,企业犯罪的数量也呈快速增长之势。有研究者以“单位犯罪”“刑事一审”“刑事案由”为关键词在中国裁判文书网上进行了检索,发现我国企业犯罪的刑事一审案件数量 2014 年为 610 件,2015 年为 886 件,2016 年为 1352 件,2017 年为 2884 件,2018 年为 2261 件。[10] 由于现行的企业犯罪追责体系存在明显的缺陷,[11]无法有效地预防当前形势严峻的企业犯罪,而作为企业实施的内部管理机制,合规计划在发现和预防企业内部的犯罪行为上具有重要的价值。[12] 检察机关在审查批准逮捕和审查起诉等环节中,发现涉案企业内部管理制度不健全或存在违法犯罪的隐患,为帮助涉案企业完善内部管理机制,向涉案企业发出合规检察建议,可以推动涉案企业以刑事法律的标准来识别、评估和预防公司的刑事风险。

虽然包括企业合规检察建议在内的社会治理检察建议可以被看作是一种职权行为,但并未获得立法的“刚性赋权”,即对被建议对象而言只具有“柔性效力”。为了促进被建议单位对检察建议的重视和采纳,《人民检察院检察建

---

⑦ 参见李奋飞:《检察机关的“新”自侦权研究》,载《中国刑事法杂志》2019 年第 1 期。

⑧ 参见陈瑞华:《论检察机关的法律职能》,载《政法论坛》2018 年第 1 期。

⑨ 参见韩轶:《企业刑事合规的风险防控与建构路径》,载《法学杂志》2019 年第 9 期。

⑩ 参见刘子良:《刑事合规不足以解决企业犯罪问题》,载《广西政法管理干部学院学报》2020 年第 4 期。

⑪ 中国对单位犯罪的处罚实行的是以“双罚制”为主,以“单罚制”为辅的处罚原则。

⑫ 参见[美]菲利普·韦勒:《有效的合规计划与企业刑事诉讼》,载《财经法学》2018 年第 3 期。

议工作规定》试图从规范送达程序、建立抄送制度、积极帮助和支持被建议单位落实检察建议、加强对检察建议的跟踪督促等方面增强检察建议的“刚性”。有观点认为,“刚性”隐含着国家权力崇拜,随着社会控制范式的治理化转向,更应当倡导以检察建议“效能”取代检察建议“刚性”的提法。[13] 我们认为,无论是要实现检察建议的“刚性”,还是要实现检察建议的“效能”,都需要为检察建议注入更多协商因子和激励因子。只有这样,才能提升合规检察建议的质量,确保合规检察建议的落实,释放合规检察建议的动能。

三、企业合规检察建议的样态

既然企业合规检察建议是检察机关立足办案职能,适时向那些存在合规管理漏洞的涉案企业提出的,那么其样态就内嵌在检察权能的行使之中。在国家监察体制改革之后,检察机关在刑事诉讼中除了拥有对司法工作人员利用职权实施的侵犯公民权利、损害司法公正的14种犯罪的侦查权之外,还拥有审查逮捕、审查起诉等职权。经审查起诉,检察机关应当作出提起公诉或不起诉的决定。因此,根据提出的时间节点不同,企业合规检察建议可以划分为审查逮捕环节的企业合规检察建议、审查起诉过程中的企业合规检察建议、不起诉决定时的企业合规检察建议以及提起公诉后的企业合规检察建议几种样态。当前实践中,最常见的企业合规检察建议是检察机关在作出不起诉决定时提出的。

(一)审查逮捕环节的合规检察建议

目前,已有一些地方检察机关在审查批捕时,发现涉案企业存在合规管理漏洞后,向其提出了合规检察建议。[14] 而在中国的司法实践中,逮捕环节实际上属于异常关键的节点,甚至直接影响侦查程序乃至整个刑事诉讼的最终走向。批捕是如此重要,以至于某种程度上成了决定被追诉人定罪量刑的风向标。[15] 也正因如此,越来越多的辩护律师将公安机关刑事拘留后检察机

---

⑬ 参见李立景:《协同赋权:新时代中国检察建议的范式转型与重构》,载《湖南社会科学》2020年第5期。

⑭ 参见李青霞、刘飞雄:《湖北钟祥市检察院检察建议促受害港企完善管理》,载正义网,http://www.jcrb.com/procuratorate/jcpd/201711/t20171110_1814353.html。

⑮ 逮捕与定罪之间存在明显的线型关系,逮捕在一定程度上决定了具体的量刑结果以及刑罚的具体执行方式。参见王彪:《刑事诉讼中的“逮捕中心主义”现象评析》,载《中国刑事杂志》2014年第2期。

关批准决定逮捕前的这段时间，看作是刑事辩护的“黄金救援期”，并试图通过与检察机关的积极沟通和充分协商，如说服被追诉人认罪认罚、积极赔偿被害人的损失等，来说服其对被追诉人不予批准逮捕。假如辩护律师能够将案件成功地阻挡在检察机关批捕的大门之外，在很大程度上就意味着刑事辩护取得了一定的成功。这是因为检察机关一旦不批准逮捕，侦查机关通常会作出变更强制措施（一般是变更为取保候审）的决定，并极有可能作出撤销案件的决定，案件即便被移送审查起诉，检察机关也可能作出不起诉决定；检察机关即便提起公诉，法院通常也会作出适用缓刑或者定罪免刑的裁决。[16]

也正因如此，如果检察机关在审查逮捕时能够对于那些案发后积极认罪认罚的企业负责人作出不予批准逮捕的决定，同时向所在的涉案企业提出合规检察建议，就可以激励其建立和完善合规管理机制。未来，如果立法上能够明确，检察机关在审查批准逮捕或者办理羁押必要性审查时，应审查和考量涉案企业的合规管理情况，并在涉案企业已经存在较为完善的内部控制和管理机制时，可以对企业涉案人员尤其是企业经营管理人员不采取逮捕措施或者变更为非羁押性强制措施，无疑会对涉案企业建立和完善合规机制产生更大的激励作用。但是，遗憾的是，尽管近年来一系列关于产权保护的司法文件得以出台，最高人民检察院张军检察长也多次强调要树立“可捕可不捕的不捕”的检察观念，相当比例的企业涉案人员还是被采取了拘留或逮捕等羁押性强制措施。徐红亮律师在对上市公司高管涉嫌犯罪的羁押情况进行统计后发现，“在 280 位自然人涉嫌犯罪的案件中，261 人被采取过刑事拘留强制措施，179 人被采取过逮捕强制措施，此外还包括 8 人被监视居住（是否指定居所监视居住不详）。在审判阶段的第一次法庭审理时，被告人被羁押的占 60. 84%”。[17] 这不仅不利于保障企业的合法权益和促进企业的正常经营，也不利于调动企业建立合规管理机制的积极性。

当然，对企业法定代表人或者企业负责人逮捕后，检察机关如果能够将涉案企业采纳合规检察建议的情况，作为后续启动羁押必要性审查以及决定是否提起公诉的重要因素，也可以为涉案企业建立合规计划提供一定的动力。而且逮捕环节提出合规检察建议的最大好处是，可以将逮捕后的侦查羁押期

---

⑯ 参见陈瑞华：《刑事辩护的艺术》，法律出版社 2018 年版，第 160 页。

⑰ 李玉华：《我国企业合规的刑事诉讼激励》，载《比较法研究》2020 年第 1 期。

限与审查起诉的期限进行叠加，从而可以为涉案企业建立和完善合规计划设置更长的考验期限。只是审查逮捕的期限通常只有短短的 7 天，即使在犯罪嫌疑人未被拘留的情况下，也不得超过 20 日。检察机关要在如此短的期限内完成高质量的合规检察建议，是极为困难的。因为按照《人民检察院检察建议工作规定》的要求，检察官在履行职责中发现有应当提出检察建议情形的，除了应当报经检察长决定之外，还应当对相关事项进行调查核实，做到事实清楚、准确。这也可以解释为什么检察官在审查逮捕环节鲜有向涉案企业提出合规检察建议的。

（二）审查起诉过程中的合规检察建议

在中国的刑事诉讼中，由检察机关所掌控的审查起诉环节是一个独立而又重要的诉讼阶段，尤其是对侦查和审判起着承前启后的作用。通过对侦查机关或调查机构移送审查起诉的案件进行审查，检察机关不仅可以发现和纠正侦查或调查工作中存在的瑕疵和错漏，还可以最大限度地保障起诉到法院的案件能够满足定案所要求的“犯罪事实清楚，证据确实、充分”的证明标准。对于那些符合不起诉适用条件的案件，检察机关还可以依法终结诉讼进程，不再将被追诉人交付审判。特别是“以审判为中心”、认罪认罚从宽制度等司法改革的深入推进，刑事案件的办理方式将逐渐呈现两种“互斥共存”的程序格局，即“以庭审为重心”和“以审查起诉为重心”。其中，认罪认罚从宽案件就是“以审查起诉为重心”的典型。[18]

这一新的程序格局也为检察机关推动企业合规管理建设提供了重要依托。在某种意义上，合规计划甚至可被视作认罪协商机制在企业犯罪治理领域的具体应用。[19] 具体而言，检察机关在办理涉企刑事案件时，除应充分运用认罪认罚从宽制度，[20]高度重视企业合法权益的保护，尽可能地减弱刑事追诉对企业生产、经营及未来发展造成的不利影响之外，还应考虑合理延伸审查起诉工作的法律效果，结合涉案企业在经营管理结构上存在的漏洞和风险点，及

---

[18] 参见李奋飞：《以审查起诉为重心：认罪认罚从宽案件的程序格局》，载《环球法律评论》2020 年第 4 期。

[19] 参见赵恒：《认罪答辩视域下的刑事合规计划》，载《法学论坛》2020 年第 4 期。

[20] 企业犯罪更具复杂性，司法资源耗费也更多，且处罚通常较自然人犯罪轻微，因而更应当适用认罪认罚从宽处理机制。参见李本灿：《认罪认罚从宽处理机制的完善：企业犯罪视角的展开》，载《法学评论》2020 年第 3 期。

时向涉案企业提出检察建议,督促、引导和帮助涉案企业进行诸如建章立制、改变商业模式和经营管理方式等合规整改工作,提高其依法规范经营的能力,以最大限度地防控合规风险,必要时可以建议乃至责令涉罪企业聘请专业律师介入企业的合规整改中来。

甚至检察机关还可以考虑在合规检察建议中为涉案企业的整改设置6个月到1年的考验期。毕竟只有当犯罪嫌疑人在押时,检察机关才受《刑事诉讼法》第172条规定的审查起诉期限1个月(可延长15日)的限制,而取保候审、监视居住等非羁押案件的审查起诉期限则不受此限。如果犯罪嫌疑人本身就未被羁押,检察机关在检察建议中为涉案企业的整改设置了6个月到1年的考验期,则没有任何障碍。如果犯罪嫌疑人已被羁押,检察机关也可以为涉案企业整改设置6个月到1年的考验期,只是需要对犯罪嫌疑人改变强制措施。[21]

在过去的检察实践中,尽管也有一些检察机关在审查起诉过程中向涉案企业提出合规检察建议,但通常既不会为其合规整改设考验期,也未对其合规整改情况进行持续的监管,更未在对其合规整改情况进行评估验收后,将合规整改情况作为决定是否对涉嫌犯罪的企业和企业负责人提起公诉的考量因素,导致合规检察建议很难对涉罪企业产生合规激励作用,这显然不利于推动涉罪企业积极地进行合规管理体系的建设。不过,笔者在最近的调研中了解到,某检察机关已在办理一起走私普通货物罪的案件中,向涉罪民营企业公开送达了检察建议,要求其进行合规整改。在检察建议送达1个月之后,该企业向检察机关提交了合规整改报告。承办检察官拟前往该企业进行检查验收,并召开公开听证,以决定是否对该企业作出不起诉决定。据承办检察官介绍,如检查验收合规或将会对该企业作出不起诉处理。

(三)不起诉时的合规检察建议

作为公诉权的重要组成部分,不起诉权在涉企刑事案件中的充分运用,无疑能够在降低诉讼成本、避免“水波效应”等方面发挥积极作用。只是在过去的检察实践中,不起诉权尤其酌定不起诉权一直存在不敢用、不愿用等问题,

---

[21] 参见吴孟栓、李昊昕、王佳:《〈关于审查起诉期间犯罪嫌疑人脱逃或者患有严重疾病的应当如何处理的批复〉解读》,载《人民检察》2014年第4期。

涉企刑事案件的办理也难例外。[22] 党的十八大以来,颁布了一系列保护民营企业经营权和财产权的政策性文件以及司法解释,在此背景下,检察机关越来越强调通过不起诉权尤其是酌定不起诉权的合理运用来保护民营企业发展。例如,仅2019年1月至11月,江苏省检察机关就对1098个犯罪情节轻微的民营企业或其工作人员作了不起诉处理。[23]

但是,面对存在诸多制度缺失和管理漏洞的涉案企业,如果检察机关单纯地强调保护并对其“不诉了之”显然也是不妥当的。因为如果涉罪企业存在的合规管理漏洞不能及时堵上,就无法消除其再犯的“基因”。目前,一些地方检察机关已在实践中采取将“合规检察建议”与“相对不起诉”相结合的范式,来督促和帮助涉罪企业搭建合规管理体系。以福建永安县发出的一份企业合规建议为例。涉案的苏某是企业的实际经营管理者,其在明知设备存在故障可能引发火灾等安全事故的情况下,仍然继续使用设备,导致非正常运转的设备产生火星,引发森林火灾,损毁有林地面积37.38亩。为了贯彻落实《中共中央国务院关于营造更好发展环境支持民营企业改革发展的意见》精神,检察机关基于苏某案发后组织企业人员积极上山扑火,缴纳生态公益补偿金,有自首、赔偿被害人损失、自愿认罪认罚等从宽情节,依法对苏某作出了相对不起诉的处理。案件办结后,承办案件的检察官又对该企业进行实地走访,并就排查发现的企业发展中存在的安全生产管理漏洞和经营不规范问题,制发并公开送达了检察建议。[24]

但是,这里有个突出问题显然不容忽视。由于不起诉决定一经宣布便立即生效,因此在不起诉决定宣告后,检察机关再向涉罪企业发出合规检察建议,要求其“建章立制”“堵塞漏洞”,必然会面临约束力比较有限的问题。因为即使涉罪企业未能认真对待合规检察建议,存在的漏洞并未得到很好地整改,检察机关也没有后续的制约手段。毕竟对于已经生效的不起诉决定,非经法定程序,非具法定事由,是不可能撤销的。

㉒ 参见童建明:《论不起诉权的合理适用》,载《中国刑事法杂志》2019年第4期。

㉓ 参见姚东明、孙莹:《江苏:2019年前11个月对上千犯罪情节轻微的民营企业或其工作人员作出不起诉决定》,载最高人民检察院网,https://www.spp.gov.cn/spp/xsdjcgzxl/202001/t20200106_452890.shtml。

㉔ 参见陈艳、吴海珠:《不起诉之后的三次“面对面”,全力护航民企发展》,载网易2020年6月23日,https://dy.163.com/article/FFQ8P4SE0514E2SO.html。

（四）提起公诉后的合规检察建议

作为一个具有大陆法传统的国家，中国确立了以起诉法定主义为主的公诉模式，即只要检察机关认为犯罪嫌疑人的犯罪事实已经查清，证据确实、充分，依法应当追究刑事责任的，通常就会对其提起公诉，检察机关的起诉裁量权仅限于犯罪情节轻微的案件，涉企刑事案件也不例外。即使是在一些地方检察机关启动的合规不起诉制度改革探索中，不起诉也仍然主要适用于那些可能被判处 3 年以下有期徒刑的轻微刑事案件。例如，宁波市人民检察院探索建立的涉罪企业合规考察制度，就将案件适用范围限定为直接责任人员依法应当判处 3 年有期徒刑以下刑罚的企业轻微犯罪案件，以契合轻微犯罪依法从宽处理的司法政策。[25] 这固然有助于防止起诉裁量权的滥用，但却也大大压缩了检察建议对涉罪企业合规的激励空间，特别是在认罪认罚从宽制度推行之前，如果检察机关在对涉罪企业提起公诉后，再向其提出合规检察建议，[26] 通常已没有激发其建立和完善合规计划的手段。

不过，随着认罪认罚从宽制度改革的推行，特别是在认罪认罚从宽制度正式确立在 2018 年的《刑事诉讼法》中后，对于认罪认罚案件，检察机关必须就主刑、附加刑、是否适用缓刑等提出量刑建议。对于检察机关的量刑建议，除 5 种法定的不符合认罪认罚条件的情形以及量刑建议“明显不当”之外，法院“一般应当”采纳。在此背景下，如果涉罪企业能够自愿认罪，且有完善合规管理体系的意愿，即使是对必须提起公诉的案件，检察机关也可以向其提出合规检察建议，并可以考虑提出更为轻缓的量刑建议。涉罪企业也可以依据其在完善合规管理体系方面取得的成效，说服检察机关调整之前的量刑建议。只是按照目前《刑事诉讼法》关于审判期限的规定，人民法院审理公诉案件，必须在受理后 2 个月以内宣判，至迟也不得超过 3 个月。因此，如果不能对案件中止审理，指望涉罪企业在如此短暂的时间内堵塞制度漏洞、完成合规整改、建立合规体系的任务显然是不现实的。

四、企业合规检察建议的正当性

乍看起来，企业合规检察建议只是检察机关对逮捕、公诉职能的一种可有

㉕ 参见孔令泉：《浙江宁波检察机关试水涉罪企业合规考察制度》，载《民主与法制时报》2020 年 9 月 27 日，第 1 版。

㉖ 参见李菁：《“敲墙党”被公诉后，检察机关向涉案物业公司制发检察建议》，载 https://new.qq.com/omn/20190607/20190607A09MWI.html?pc。

可无的延伸。但事实上,合规检察建议的推行却使检察机关以监督者和把关者的角色参与了企业的合规治理当中,并承担起督促、引导和帮助涉案企业进行合规整改的职责,以助力涉案企业依法依规经营,避免其再次违法犯罪或者再次被侵害。这不仅与检察机关的法律地位没有冲突,反而是检察机关作为公共利益守护者的应有之义,具有内在的正当性,尤其与当前民营企业犯罪治理刑事政策相契合。与企业犯罪附条件不起诉制度相比,合规检察建议也有自己的独特优势。

(一)作为公共利益守护者的应有之意

中国检察机关是宪法明确规定的法律监督机关。国家监察体制改革虽引发了检察机关职务犯罪侦查权的转隶,但并未动摇检察机关的法律监督定位,检察机关仍承担维护国家法律的统一实施、纠正破坏法制行为的职责。在职务犯罪侦查权转隶之初,不少人特别是不少“检察人”大多担心,职务犯罪侦查权的整体转隶,是对检察机关的“致命一击”,将使具有中国特色的检察制度面临严峻挑战。[27] 现在看来,这种担忧并未成为现实,而“转隶就是转机”也并非只是为了提高士气的豪言壮语。这不仅是因为在检察机关内设机构改革基本完成之后,形成了“四大检察”(刑事检察、民事检察、行政检察和公益诉讼检察)法律监督总体布局,也是因为检察机关正在努力更新法律监督理念,试图结合办案过程中发现的社会治理、单位管理等漏洞,延伸法律监督职能触角,并以社会治理检察建议为抓手,来改进社会治理工作,提升社会治理水平,在推进国家治理体系和治理能力现代化方面发挥积极作用。

作为一种社会治理类检察建议,企业合规检察建议的推行,既意味着检察机关已不再只是“就案办案”,而开始承担起督促、引导和帮助涉案企业建章立制、进行合规整改的责任,也意味着检察机关作为法律监督机关所担当的角色是多重的,其不仅是犯罪的追诉者和人权的保障者,也可以是企业建立和完善合规管理机制的积极推动者。检察机关作为公共利益的代表之角色也决定了,其可以在企业合规机制的推行上有所作为。特别是“现代公司制度在我国实行时间不长,很多企业内部治理缺乏合规意识,也缺乏制订有效合规计划并

㉗ 参见李奋飞:《检察再造论——以职务犯罪侦查权的转隶为基点》,载《政法论坛》2018年第1期。

予以实施的能力”。[28] 目前,中国企业在全球性的合规浪潮之下,也正兴起一股建立合规管理体系的热潮,[29]检察机关无疑需要主动回应社会需求,积极向涉案企业制发合规检察建议,甚至可以尝试将涉案企业的合规整改情况,作为决定是否对涉罪企业提起公诉的考虑因素,这不但没有超出法律监督的合理射程,反而是在以一种新的也更能满足人民需要的方式,履行法律监督职责,服务民营企业发展,守护社会公共利益,推进国家治理体系和治理能力现代化。

只是不少检察机关对自身的角色扮演尚不清晰,对合规检察建议的重要意义认识也明显不足,再加上“案多人少”的矛盾在一些基层检察机关依然突出,检察官对延伸办案职能,推进涉案企业完善和建立合规机制,尚缺乏足够的积极性和主动性。这也是目前企业合规检察建议制发较少的重要原因。未来,如何激发检察官通过制发合规检察建议推动涉案企业建立合规机制的热情,将是无法回避的重要问题。

(二)契合民营企业犯罪治理的刑事政策

作为国民经济的重要组成部分,中国民营企业超过2500万户,对税收贡献超过50%;民营企业创造的国内生产总值、固定资产投资以及对外直接投资超过60%;民营企业中高新技术企业占比超过70%;民营企业对新增就业贡献率达到90%。[30] 但是,在民营企业数量不断增加的同时,民营企业的犯罪问题也越发凸显。究其原因,除自身因素之外,更多地可能还是企业本性、国家反应不足以及权力的滥用造成的。[31] 而传统的刑事追诉机制,不仅无法弥补犯罪给国家、社会、企业(家)的损失和伤害,显然也不足以有效地控制企业犯罪。[32] 刑事诉讼一旦启动,无论涉罪企业最终是否被定罪,都将遭受不可挽回的损失,有时甚至是“灭顶之灾”。尤其是在过去的刑事执法中,办案机关对民营企业动辄采取查封、扣押、冻结财产等侦查行为,甚至对民营企业负责人也

---

[28] 时延安:《发挥检察职能有效保护民营企业权益》,载《检察日报》2019年4月29日,第3版。

[29] 有关合规中国化的动力机制,参见陈瑞华:《论企业合规的中国化问题》,载《法律科学》2020年第3期。

[30] 参见林火灿:《国家统计局发布中华人民共和国成立70周年经济社会发展成就系列报告之二——经济结构不断升级 发展协调性显著增强》,http://finance.people.com.cn/n1/2019/0709/c1004-31222139.html。

[31] 参见周建军:《中国民营企业犯罪治理的刑事政策研究》,载《政治与法律》2012年第7期。

[32] 参见孙国祥:《刑事合规的理念、机能和中国的构建》,载《中国刑事法杂志》2019年第2期。

是动辄采取羁押性的强制措施，其后果是办了一个案子，搞垮一个企业，进而引发了诸如员工失业、等负面连锁反应。

也正是在此背景下，中共中央、国务院《关于营造更好发展环境支持民营企业改革发展的意见》才明确要求，“加大对民营企业的刑事保护力度”。最高人民检察院张军检察长也在第二届民营经济法治建设峰会上强调，“要考虑民营企业不同的经营管理模式，对经营中涉嫌犯罪的民营企业负责人要慎捕慎诉，最大限度保证民营企业正常生产经营”。㉝ 对待民营企业犯罪，更新之前“重打击、轻保护”的司法理念无疑是正确的。但是，如果检察机关在新的可能是“重保护、轻打击”的司法理念支配下，对于那些涉嫌犯罪（有的可能还比较严重）且存在各种管理漏洞的企业，如果动辄作出不起诉“一放了之”的处理决定，而对其经营管理中所存在的违法犯罪隐患“听之任之”，就难以促使企业承担起自我犯罪预防的责任，甚至涉罪企业极有可能会再次实施违法犯罪行为。

如果检察机关在办理涉企刑事案件的过程中，充分激活酌定不起诉中潜藏的激励因子，并能够及时延伸检察职能，通过向涉案企业尤其是那些涉嫌犯罪且具有合规整改意愿的民营企业制发合规检察建议的方式，来督促、引导、帮助乃至激励涉案企业特别是民营企业完善合规管理，进行合规体系建设，并对其合规整改情况进行持续的监督，就能够最大限度地减少和预防民营企业犯罪，这其实既是对民营企业最大、最好的保护，也是在为“企业发展营造良好法治环境”，㉞且完全契合民营企业犯罪治理的刑事政策。对于涉嫌犯罪的民营企业而言，如果能够按照合规检察建议的整改要求，建立或完善合规计划，激活内部的自我监管机制，不仅可能促使检察机关对其作出不起诉决定，从而避免定罪给自己带来的诸多不利影响，也可以大大降低追求经济利益时的刑事责任风险。㉟ 这无论是对国家、社会还是检察机关，都是有“百利而无一害”的。

㉝ 《张军在第二届民营经济法治建设峰会上强调依法保护民营企业家人身和财产安全》，载《法治日报》2020年11月2日，第1版。

㉞ 参见童建明：《充分履行检察职责，努力为企业发展营造良好法治环境》，载《检察日报》2020年9月22日，第3版。

㉟ 参见［德］弗兰克·萨力格尔：《刑事合规的基本问题》，马寅翔译，载李本灿等编译：《合规与刑法——全球视野的考察》，中国政法大学出版社2018年版，第57页。

（三）合规检察建议的独特优势

在从以上两个方面论证了合规检察建议的正当性之后，有人可能仍会心存疑虑。毕竟，近期一些地方检察机关尝试推行的“企业合规不起诉”改革方案，并不仅只有“检察建议模式”，还有“附条件不起诉模式”。既然如此，又何以证明企业合规检察建议的生命力呢？未来如果确立了“企业犯罪附条件不起诉制度”，是否就应当对之予以放弃呢？要回答此问题，就需要讨论“检察建议模式”所具有的优势，以及“附条件不起诉模式”的局限。首先声明，笔者在此对这两种模式进行比较，既不意味着二者的迥然对立，也不是要对二者作出孰优孰劣的简单判断，更不否认引入企业犯罪附条件不起诉制度的必要性和可行性。

事实上，“企业合规不起诉”的两种模式的区别更多是形式上的。在“检察建议模式”中，如果检察机关能够选择好时间节点，比如在审查起诉过程中，而不是在作出不起诉决定之后，向那些有建立或完善合规管理意愿的涉罪企业制发合规检察建议，要求其在一定的期限内完成合规整改，对其合规整改进行监督考察，并将其采纳检察建议进行合规整改的情况作为是否提起公诉的重要考量因素，那么其对涉罪企业建立或完善合规管理体系所产生的激励效果和“附条件不起诉模式”相比几乎没有什么本质区别。

除此之外，“检察建议模式”还具有“附条件不起诉模式”所不具有的优势。首先，合规检察建议提出的时间比较灵活。如前所述，检察机关既可以在审查批捕时提出，也可以在审查起诉过程中提出，还可以在作出不起诉时提出，甚至可以在提起公诉后提出；而附条件不起诉协议的签订则是在审查起诉环节完成的。其次，合规检察建议制发的对象也比较灵活。检察机关不仅可以向涉嫌犯罪的企业提出，也可以向其他的涉案企业提出，还可以向涉案企业的行政监管部门提出。而附条件不起诉协议则只能与涉嫌犯罪的企业签订，如果企业只是涉案而没有涉嫌犯罪，即使其在合规管理存在明显的合规漏洞，检察机关也难以与其签订附条件不起诉协议，激励其建立合规管理体系，并接受合规监管。但是，在此情况下，检察机关却可以通过向涉案企业发出检察建议的方式，来督促、引导和帮助其进行合规整改。因此，即使将来企业犯罪附条件不起诉制度确立在刑事诉讼法中，只要合规检察建议能够在助力企业依法依规经营上发挥积极作用，其就具有独立存续的价值。

五、企业合规检察建议的局限

目前,一些检察机关大多都选择在作出不起诉决定的同时,向涉案企业提出合规检察建议,这其中所蕴含的合规激励,对于督促涉案企业堵塞管理漏洞,完善内部合规管理制度,防范企业合规风险,提升依法依规经营能力等,确实可以发挥了一定的积极作用。[36] 但是,由于企业合规检察建议的整体质量有待提升,对涉案企业的约束力比较有限,且检察建议提出后又对合规整改情况疏于监管,因此其对督促、引导和帮助涉案企业建立有效合规计划的作用尚未能够充分发挥出来。

(一)合规检察建议的质量问题

作为一种社会治理检察建议,企业合规检察建议的实质是,检察机关通过延伸办案职能,督促和帮助涉案企业建立合规机制,实施合规计划。简言之,合规检察建议已让检察机关参与了企业合规治理。然而,公司治理问题是一项非常复杂且专业性很强的工作,会涉及法学、管理学、经济学、历史学等学科的知识。而且涉案企业之间在经营范围、组织结构、业务规模、合规风险管理体系等方面也是有诸多差异的。如果检察官不能意识到自身知识的短板,及时更新知识结构,又不能放下身段多听取被建议单位的意见,那么,即使"将制发检察建议的质量和效果纳入检察官履职绩效考核",也不可避免地会出现合规检察建议内容空泛,缺乏可行性、针对性和可操作性等问题,这既不容易引起被建议企业的重视,也无法有效帮助其根据自身的性质、业务、规模和合规风险点,来进行有针对性的合规整改。

以某检察机关在办理一起以非法运输危险物质罪时向涉案企业发出的检察建议为例。检察官通过走访调查发现,涉罪企业在公司管理、工作流程规范、员工安全教育培训等方面存在诸多违法违规问题,具有重大安全隐患,遂向涉罪企业发出检察建议,建议"落实确保收件员开箱验视的监管措施、在收件营业网点全覆盖配备安全检查设备以及完善对公司员工的安全教育培训制度"等。可以想象,这一按照目前的评价标准来看质量或许并不存在太大问题的合规检察建议,即使得到涉罪企业的重视,究竟其能否有效消除和堵塞其在合规管理方面存在的隐患和漏洞,尤其是不流于形式,真正能够助力其防范合

---

[36] 参见唐健:《宜兴不起诉助企焕发生机》,载《江苏法制报》2020年8月6日,第6版。

规风险、避免再次发生违法犯罪行为,也是不无疑问的。

未来,检察机关或可以从以下几个方面提升企业合规检察建议的质量。一是企业合规检察建议不仅要具有针对性、可操作性,还应重点围绕涉案企业可能面临的主要合规风险点来展开。毕竟企业合规的灵魂并不是大而全的合规管理体系,而在于针对企业的"合规风险点"确立专项合规计划。[37] 二是企业合规检察建议应引入更多的协商因子。虽然按照《人民检察院检察建议工作规定》第17条第2款的要求,"检察建议书正式发出前,可以征求被建议单位的意见"。但是,这绝不是说,检察机关在制发检察建议的过程中就可以进行单方面的职权运作,而应当尽可能听取涉案企业的意见,对涉案企业的意见给予认真对待,多与涉嫌企业就整改期限、整改事项、合规监管方式等重要事项交换看法,甚至应力求让合规检察建议的制发过程,成为建议方和被建议方达成"合意"的过程。三是应在合规检察建议中引入激励因子。检察机关不仅应尽可能在审查起诉过程中提出合规检察建议,还可以考虑在合规检察建议中明确载入诸如"涉罪企业在整改期限内进行合规整改的情况,将作为检察机关决定是否提起公诉的重要考量因素"。

(二)合规检察建议的约束力问题

"建议"从来都是为了被"接受",而不只是为了被"参考"。[38] 企业合规检察建议自然也不例外。检察机关向涉案企业发出合规检察建议后,当然希望其能按照检察建议的要求进行积极整改。虽然最高人民检察院在努力"让检察建议体现刚性、做到刚性",并在《人民检察院检察建议工作规定》第19条中明确了检察机关"应当要求被建议单位自收到检察建议书之日起两个月以内作出相应处理,并书面回复人民检察院"。但事实上,其对被建议对象而言只具有"柔性效力",如果被建议单位不认真对待合规检察建议,在规定期限内经督促无正当理由不予整改,或者敷衍塞责、应付差事,检察机关也只能"将相关情况报告上级人民检察院,通报被建议单位的上级机关、行政主管部门或者行业自律组织等,必要时可以报告同级党委、人大,通报同级政府、纪检监察机关"。而且由于合规检察建议通常是在检察机关作出不起诉决定后向涉罪企

[37] 参见陈瑞华:《中兴公司的专项合规计划》,载《中国律师》2020年第2期。

[38] 参见林喜芬:《论量刑建议制度的规范结构与模式——从〈刑事诉讼法〉到〈指导意见〉》,载《中国刑事法杂志》2020年第1期。

业提出的,使涉罪企业即便建立起一套有效的合规管理体系,也难以受到较为宽大的处理。在涉罪企业缺乏合规动力的情况下,指望其投入大量合规成本来强化合规管理显然是不现实的。

在检察实践中,还存在对企业及企业负责人作出相对不起诉决定的同时,向行政监管部门制发检察建议书的情况。例如,长宁区人民检察院就在对一批虚开发票的企业及经营者作出相对不起诉决定并举行集中公开宣告的同时,向税务机关制发了检察建议书。除建议税务机关对涉案企业依法予以行政处罚之外,还建议其督促和帮助企业查找漏洞,建立健全发票管理、税收申报等税务合规制度,通过对企业经营者和财务人员的教育和培训,提高涉案企业税务合规的意识和能力。[39] 但是,在检察机关的职务犯罪侦查权转隶之后,此类检察建议是否能够得到认真对待,在很大程度上也取决于被建议税务机关的配合程度,至于这些涉罪企业是否能在税务机关的督促和帮助下,及时地堵塞制度漏洞、完善合规管理,则更具有不确定性。

(三)合规检察建议的落实问题

效果是检察建议的落脚点和生命线。[40] 虽然从现有数据来看,检察建议的采纳率并不低(达到82.40%)[41],但是采纳率并不能说明所有问题,尤其不能保证检察建议的落实效果。对于检察机关而言,之所以要在办案过程中延伸检察职能,向涉案企业提出合规检察建议,其目的是督促、引导和帮助那些在内控管理制度等方面存在隐患和漏洞的涉案企业进行合规整改,以强化企业自我监督,完善自我约束机制,最终实现依法依规经营。但是,如果在检察建议提出后,检察机关不能对涉案企业的合规整改情况进行持续的监控和跟踪,就容易出现合规整改流于形式的问题。从笔者访谈了解到的情况来看,有的涉案企业虽然在接到检察建议后也作了及时的书面回复,并承诺会进行积极地整改,但实际上后续的整改措施并不到位,甚至非常笼统,流于表面,对公司治理方式几乎不会产生任何实质性的影响;有的涉罪企业虽然也在检察建议的督促下制定了一系列合规文件,但其实根本没有可能得到真正的执行,对其

---

[39] 参见《合规检察建议+相对不起诉,长宁检察护航企业"轻装"再出发》,载微信公众号"长宁检察在线"2020年10月20日,https://mp.weixin.qq.com/s/3eLcNuEUkb-NvnQarSNzbQ。

[40] 参见刘毅:《检察建议宣告规则体系的建构路径》,载《江西警察学院学报》2020年第2期。

[41] 参见孟亚旭:《检察建议采纳率达到82.4%》,载《北京青年报》2019年2月27日,第3版。

管控合规风险、预防再次违法犯罪也几乎起不到任何实质性的作用。

按照《人民检察院检察建议工作规定》的要求,人民检察院应当积极督促和支持配合被建议单位落实检察建议。督促落实工作由原承办检察官办理,可以采取询问、走访、不定期会商、召开联席会议等方式,并制作笔录或者工作记录。实践中,一些检察机关采取了“实地督查回访”的措施,来核实检察建议的落实情况。[42] 但是,仅靠检察机关的类似“回访”,怕也无法确保涉案企业重视整改工作,以实施有效的合规计划。因此,在合规检察建议提出后,检察机关应如何对涉案企业的合规整改情况进行监督考察,显然是个需要认真研究的问题。

目前,深圳市宝安区司法局联合宝安区人民检察院创设了受犯罪嫌疑单位委托的“独立监控人”,使其在一定意义上可以作为检察官的助手,来对涉嫌单位犯罪的企业完善合规管理的情况进行调查、规划、监督。[43] 深圳市南山区人民检察院也设立了“刑事合规专员”,一方面,协助配合承办检察官对案件的启动审查、协议签订、监督考察等全部程序环节,并独立做好后续跟进工作;另一方面,对承办检察官办理案件及企业刑事合规监管程序的过程进行内部监督。[44] 而浙江省岱山县人民检察院则创设了“合规监督员”,以帮助企业对违规行为开展自查整改,并根据风险因素及时修正在生产、就业、纳税等方面可能存在的风险隐患,建立执行一套有效完备的合规方案。[45] 无论将来最终采取哪种监管方式,但有一点几乎可以肯定,那就是检察机关需要引入外部的专业力量,来协助自己对涉案企业合规整改的情况进行持续的监督、考察。唯有如此,检察机关才有可能真正承担起督促、引导和帮助涉案企业打造有效合规计划的责任。

六、余论

随着认罪认罚从宽制度等改革的深入推进,检察机关在刑事诉讼中的主

---

[42] 参见金剑轩:《上海金山:对公交公司进行检察建议回访活动》,载正义网,http://www.jcrb.com/procuratorate/jcpd/201908/t20190826_2041254.html。

[43] 参见《深圳市宝安区检察院、深圳市宝安区司法局关于企业刑事合规协作暂行办法》,内部发布稿。

[44] 参见《南山区人民检察院关于涉企业犯罪案件适用附条件不起诉试点工作方案(试行)》,内部发布稿。

[45] 参见庄力文:《岱山县院出台〈规程〉推出涉企案件刑事合规办案升级版》,载舟山市岱山县人民检察院网,http://www.zjdaishan.jcy.gov.cn/djdt/202010/t20201015_2985949.shtml。

导地位日益凸显。但在延伸检察办案职能,通过向涉案企业制发合规检察建议,督促、引导和帮助企业建立合规管理机制方面,检察机关的应有作用还未能充分发挥出来。究其原因,除了有合规检察建议存在整体质量不高,约束力比较有限,以及对合规整改情况疏于监管等原因之外,还在于检察机关对参与企业合规治理、助力企业依法依规经营的重要性认识不足,合规检察建议至今也只是被简单地看作是一种社会治理类检察建议。加上一些检察机关提出企业合规检察建议的时机选择不当,不是在审查起诉过程中向涉嫌犯罪的企业提出,而是不起诉决定之后才提出,以致不能激活检察裁量权中所蕴藏的激励因子,难以为企业建立和完善合规计划提供内在动力。

特别是基于不信任衍生的各种限制,也让检察机关在行使不起诉裁量权时有些束手束脚。为了激励涉罪企业认真对待合规检察建议,建立有效的合规管理体系,必须为不起诉裁量权"松绑",让检察机关敢用、愿用酌定不起诉权能,以尽可能让那些建立了合理的合规计划的企业得以"出罪"。[46] 而且,从全球视野来看,检察机关起诉裁量权的扩大,不仅势在必行而且正当其时。[47] 无论不起诉裁量权最终能否在中国刑事诉讼中得以扩大,检察机关在进行公诉裁量时,都不应仅考量"犯罪情节",而必须考量"公共利益"。虽然刑事诉讼法至今尚未对"公共利益"在公诉裁量中的地位和作用作出明确规定,但是中国检察机关的性质和公诉的基本职能都决定了,必须将公共利益衡量作为检察裁量权行使的基础,尤其是在涉企刑事案件的办理中,更应如此。只有这样,才可以有效地防止公诉裁量权的不当行使,并确保涉企刑事案件的处理,能够符合社会公众的整体利益和最大多数人的普遍期待。

而对于那些接受合规检察建议进行合规整改的涉罪企业,检察机关在进行公共利益衡量时,需要考虑的因素至少也应当包括(但又远不限于):涉罪企业是否有前科;涉罪企业是否进行了有效的合规整改;定罪对无辜第三方造成的负面影响大小;等等。由于构成公共利益的因素是多方面的,检察机关在进行公共利益衡量时,就需要综合个案的具体情况和前述这些因素,作出一个总体的评价。[48]

㊻ 参见马明亮:《作为犯罪治理方式的企业合规》,载《政法论坛》2020 年第 3 期。

㊼ 参见李奋飞:《论控辩关系的三种样态》,载《中外法学》2018 年第 3 期。

㊽ 参见李玉萍:《论公诉裁量中的公共利益衡量》,载《政法论丛》2005 年第 1 期。

第三编

实　务

中兴公司的专项合规计划*

陈瑞华**

2018 年被称为中国的“合规元年”,在这一年,国务院国有资产管理委员会与国家发展和改革委员会相继发布了企业合规指引,试图以行政主导方式推动中国企业全面建立合规管理体系。在行政机关的推动下,很多企业相继发布了内部合规管理指引或者合规管理手册。但由于是在我国行政监管部门推动下制订的合规计划,加上大多数企业既没有受到过欧美行政机构的监管调查,也没有受到过诸如世界银行这样的国际组织的贸易制裁,因此所推行的合规计划大多数属于“大而全”的合规计划。例如,有些企业的合规管理手册将 10 余个问题确立为“合规重点领域”,范围涵盖公司治理和经营、安全、员工健康和公共安全、反商业贿赂和反腐败、消费者权益保护、反垄断、反不正当竞争、拆碎和资产、社会责任和员工权益、知识产权、数据信息、国际贸易和投资、商业伙伴等方面的合规管理问题。企业将如此众多的事项确立为合规重点领域,必然导致忽略那些“迫在眉睫”的合规风险,无法根据企业的性质、业务、规模和主要合规风险点,来“量身打造”一套有针对性的合规计划。

其实,企业合规的灵魂并不是“大而全”的合规管理体系,而在于针对企业的“合规风险点”确立专项合规计划。从那些接受过美国政府监管调查或者国际组织制裁的企业重建合规计划的经验来看,一项有效的合规计划必须是专项合规计划。例如,西门子公司的合规计划之所以被作为企业合规的样本,就在于它是一种针对反海外贿赂问题建立的专项合规计划,又被称为“反海外贿赂合规计划”。又如,中国湖南建工集团打造的诚信合规计划之所以被视为一种成功的合规计划,原因就在于它是针对企业参与国际银行招投标中的欺诈、腐败等问题所建立的专项合规计划,又被称为“诚信合规计划”。再如,中国中

* 原文载《中国律师》2020 年第 2 期。

** 陈瑞华,北京大学法学院教授,博士生导师,教育部长江学者特聘教授。

兴通信股份有限公司(以下简称中兴公司)建立的出口管制合规计划,是针对企业从事进出口业务过程中违反有关国家出口管制法律的问题建立起来的,又被称为“出口管制合规计划”。目前,中兴公司在初步建立出口管制合规计划的基础上,又在反商业贿赂领域和数据保护领域开始建立相应的合规计划,对于这两种合规计划,我们分别称为“反商业贿赂合规计划”和“数据保护合规计划”。

所谓“专项合规计划”,是指企业针对特定领域的合规风险,为避免企业因为违反相关法律法规而遭受行政处罚、刑事追究以及其他相应的损失而建立起来的专门性合规管理体系。对于那些从事国际贸易或进出口业务的企业而言,常见的专项合规计划有:反商业贿赂合规计划、诚信合规计划、出口管制合规计划、反洗钱合规计划、数据保护合规计划,等等。而对于那些单纯从事国内业务的企业而言,常见的专项合规计划则主要有:反垄断合规计划、反不正当竞争合规计划、反商业贿赂合规计划、知识产权保护合规计划、反洗钱合规计划、大数据保护合规计划、税收合规计划、证券合规计划、环境保护合规计划,等等。

与“大而全”的合规管理体系不同的是,专项合规计划是企业针对特定的合规风险而建立的专门性合规管理体系。这些专项合规计划除了要受到企业一般性的合规政策和程序约束之外,还要分别确立专门性的合规组织、专门性的合规政策和管理手册、专门性的预防体系、专门性的识别体系以及专门性的应对机制。由此,在企业统一的合规管理框架之下,存在若干个相互联系而又相对独立的分支型合规管理体系,从而使企业合规真正走向专业化,发挥有效地预防、识别和应对合规风险与违规事件的效果。

我们可以中兴公司 2018 年以后重建合规管理体系的经验为范例,对专项合规计划做初步的分析和评价。

中兴公司将诚信为本、按照道德标准开展业务奉为公司在全球范围内从事经营活动的基本原则。该公司发布的《商业行为准则》,确立了诚信和遵守道德标准的基本准则,对公司、员工、客户、商业合作伙伴和投资者提出了遵守法律法规的要求,将“以合乎道德的方式代表公司从事业务”确立为每一位员工的义务。根据《商业行为准则》,中兴公司致力于形成高效而有组织的合规运作,将合规制度嵌入公司全部业务流程,创立合规与业务的融合,从而形成业界一流合规管理体系,使合规成为该公司的竞争优势。

中兴公司成立了由总裁直接领导的合规管理委员会,在其领导下,各业务单位、合规专业部门与合规稽查部各司其职、协调配合,构成中兴公司合规风险管理的三道防线。其中,合规专业部门分为出口管制合规部、反商业贿赂合规部、数据保护合规部以及合规组织管理部四个部门,主要从事出口管制、反商业贿赂、数据保护等专项合规管理工作。在合规组织管理上,中兴公司建立了合规管理委员会领导下的“穿透式合规管理制度”。简要来说,在各合规专业部门设立法律法规专家中心(COE),针对重要风险领域设立专业化合规团队;设立专职BU合规团队,以此作为COE与业务部门的桥梁;在各业务部门设立合规联系人(POC),实现子公司穿透式合规管理,将合规政策传达到业务第一线。

自2018年中兴公司与美国商务部工业与安全局达成《替代的和解协议》之后,中兴公司在重建合规体系方面做出了一系列努力。首先,在合规文化建设方面,中兴公司董事长和总裁发表全员声明,表达合规建设的决心;公司高管作为各自领域第一合规责任人签署合规责任状,作出合规承诺,传达公司建立合规体系的决心和信心;中兴公司持续开展全员合规培训,倡导全员监督、内部举报文化以及多方位的外部合作。其次,在合规资源投入方面,公司加大合规管理资金投入,支持监察团队需求,加强与外部律师事务所咨询机构的合作,优化了全球贸易系统(GTS)、商业伙伴扫描系统(BPS)、法律及合规管理系统(LCM)等IT工具。加大合规风险评估,推进公司合规治理。再次,在流程制度建设方面,公司加强了合规管理委员会的作用,将公司合规管理制度的制定、合规事项审议和决策权纳入合规管理委员会;将合规检查点嵌入具体业务流程之中;通过IT系统的设置,将合规检查点进行线上IT处理,减少或消除线下人工检查。最后,在专业能力提升方面,公司与顶级律师事务所和会计师事务所进行合作,协同处理合规领域的专业问题。

中兴公司建立了业内一流的出口管制合规计划。该公司设立了专门的出口管制合规部,包括一名首席出口合规官,数名区域出口管制合规总监(分别任职于中国、欧洲、美洲和中东)以及工作于中国和其他国家的总监、经理、主管和支持人员。中兴公司发布并定期更新出口合规政策和出口合规手册,使之适用于总公司以及所有子公司。中兴公司及其子公司发布了受美国出口管制限制的中兴公司产品的“出口管制分类编码”(Export Control Classification Number,ECCN),以确保公司供应链和分销渠道的出口合规。中兴公司及其子公司还开展了覆盖全体员工的出口合规培训,包括全员出口合规意识培训以及根据职能进行的有针对性的培训。

中兴公司与美国政府委派的特别合规协调员和合规监察官展开积极合作,其出口管制合规计划是在与美国商务部达成《替代的和解协议》的基础上建立起来的。美国政府向中兴公司派驻了特别合规协调员和合规监察官,对中兴公司出口合规计划的重建和运行要进行为期10年的监控。可以说,出口管制合规计划是中兴公司合规管理体系的重中之重。根据美国商务部的公告,派驻中兴公司特别合规协调员团队的职责是,实时监控中兴公司遵守美国出口管制法规的情况,既包括全过程监测和个别事项的调查,也包括定期性合规评估。这个团队向美国商务部负责,具有完全的独立性。而在中兴公司内部,董事会下设一个由不少于3名非执行董事组成的特别审计/合规委员会,董事长属于该委员会成员,但不得担任主席。与此同时,中兴公司还聘请了1名独立特别合规协调员,承担协调、监察、评估和汇报职能。由此,在出口管制合规计划的打造方面,中兴公司就形成了合规委员会、独立特别合规协调员以及美国派驻的特别合规协调员团队这三道合规防线。

在建立出口管制合规计划的同时,中兴公司初步建立了反商业贿赂合规计划。该计划所要遵循的法律法规既包括中国的反腐败和反贿赂法律法规,也包括美国的《反海外腐败法》、英国的边境管理局以及其他业务所在国的反腐败和反贿赂法律法规。

中兴公司的反商业贿赂合规管理工作则由合规管理委员会领导下的反商业贿赂合规部负责。公司专门发布了《反贿赂合规政策》和《反贿赂合规手册》,由此构建了中兴公司反贿赂管理体系的八大基本要素。具体而言,其一,高层重视合规管理。中兴公司高层参与反商业贿赂合规的规划、决策和建议,直接对所管辖业务的合规性进行负责,参与合规培训和沟通,确保内部合规报告和沟通渠道的畅通性。其二,健全合规组织。各业务部门是预防、监测和应对贿赂的第一道防线,专门的反贿赂合规部门是第二道防线,合规稽查部则是独立的第三道防线。在开展合规管理工作时,公司将计划—执行—检查—处理转化为合理的规则—有效地贯彻—坚决地落地—有力地稽查这一闭环管理,形成合规业务和管理的双循环。其三,充分的资源投入。在专家中心、BU合规团队以及业务单位合规联系人三个层面上加强合规组织建设,引入并优化一系列 IT 系统和工具,提升合规管理的效率和水平。其四,系统的风险评估。公司反商业贿赂合规部和 BU 合规团队每年定期展开相关领域的风险评估,形成风险评估报告,根据业务和风险变化情况及时调整合规管理措施。其五,反贿赂合规政策体系。对于《反贿赂合规政策》、《反贿赂合规手册》以及各项管理规范及其工作指引进行定期修订,其中有关反商业贿赂的管理规范覆盖到礼品及款待、外部差旅、商业伙伴、采购交易、商业赞助、公益捐赠、客户培训、并购及合资、雇佣等项领域。其六,有效的流程管控。通过 LCM 和 TS(团队协作管理系统)设立合规审批流程,将合规审批流程嵌入公司的销售、采购、财务、雇佣和投资等业务流程之中,确保合规管控贯穿于业务活动的主要节点之中,合规审批流程不通过,相关业务不得继续进行。其七,全方位的培训和沟通,包括定期向全部员工开展反贿赂合规培训,并向新员工、管理层、合规团队、营销、财务、采购等重要岗位人员以及外部商业伙伴提供专项培训。公司还要求全体员工签署反贿赂合规承诺函。其八,持续的监督与改进。反商业贿赂合规部与 BU 合规团队对反商业贿赂合规计划的执行情况进行持续监督,对缺陷和不足进行整改。与此同时,合规稽查部定期开展合规审计,以发现合规体系的缺陷和不足,并督促完成整改。对于通过举报线索或审计发现的潜在违规行为,合规稽查部将按照有关流程进行调查,并提出是否采取纪律处分措施的建议。

数据保护合规计划是中兴公司新近建立的专项合规计划。中兴公司遵从全球适用的数据保护法律法规,尤其是《欧盟通用数据保护条例》(General Data Protection Regulation,GDPR)的规定,将数据保护的要求嵌入公司各项业务流程之中。合规管理委员会是公司数据保护合规的最高管理机构,与其他两项专项合规计划一样,数据保护合规也有三道管控防线:一是业务单位的合规联系人;二是数据保护合规部;三是合规稽查部。根据 GDPR 的要求,中兴公司陆续在欧盟重点国家任命欧盟数据保护官,负责数据保护的管理工作。

中兴公司确立了数据保护方面的主要合规政策,根据这一政策,公司在 GDPR 管辖的业务中,初步设立了"个人数据字典",在供应商管理中嵌入数据保护合规要求,逐步推进数据保护合规要求 IT 系统嵌入优化流程。公司建立了个人数据泄露应急响应机制，一旦发生个人数据泄露，组建应急团队，减少个人数据泄露可能导致的损失，确保受数据泄露影响的数据主体及时收到通知。此外，公司定期向员工提供保护合规培训，确保每一位适用 GDPR 管辖的员工和合作伙伴准确理解数据保护合规的要求，严格执行数据保护的制度和流程。

西门子的合规体系*

陈瑞华**

1977 年实施的美国《反海外腐败法》(Foreign Corrupt Practices Act, FCPA),确立了两个极为重要的法律条款:一是反贿赂条款(anti-bribery provision),二是账簿与记录条款(books and records),又称会计处理条款(accounting provision)。负责 FCPA 执法的机构是美国司法部和美国证券交易委员会(以下简称美国证交会)。从 1977 年至 2017 年,在 40 年的时间里,美国司法部共对相关公司执法 302 起,美国证交会执法 174 起,其中包括部分与外国机构联合执法的案件。通过 40 年的执法实践,两大美国机构共向相关公司罚款 100 亿美元。这种根据美国《反海外腐败法》所进行的执法活动,通常又被简称为"FCPA 执法"。

在美国司法部和美国证交会实施的 FCPA 执法历史上,2008 年对德国西门子股份公司(以下简称西门子公司)的罚款创下最高纪录。该公司最终与美国政府的和解金额是 8 亿美元,与德国政府的和解金额也是 8 亿美元。此外,西门子公司为应对政府执法花费的会计咨询、律师服务等费用高达 8.5 亿美元。但事件最终导致西门子公司建立了世界上最完善的合规体系。

一、西门子事件

2006 年 11 月,西门子公司因涉嫌商业贿赂而受到德国慕尼黑检察机关的调查。在调查过程中,检察机关发现西门子公司全球 20 多位接受"可疑支付"的接收人和公司来历不明、数百万欧元被转往阿拉伯联合酋长国、印度尼西亚、苏丹等国的账户。这些可疑的接收人和公司曾经接受过西门子公司的多笔资金,用于在多个国家进行商业贿赂,从而获取业务订单和编织商业关系网络。随后,西门子公司主动向美国司法部和美国证交会报告了总计在多个国

* 原文载《中国律师》2019 年第 6 期。

** 陈瑞华,北京大学法学院教授,博士生导师,教育部长江学者特聘教授。

家的行贿行为,并聘请美国德普律师事务所(Debevoise $ Plimpton)进行了长达2年的内部独立调查。

美国司法部经过调查,以西门子公司以及西门子阿根廷、孟加拉国、委内瑞拉分公司为共同被告人,提出了刑事起诉,指控上述被告人在多个国家通过咨询公司向有关政府官员支付了高额贿赂,并将这些贿赂款以“咨询费”和“律师费”的名义进行记账。

美国证交会则对西门子公司提出了民事起诉,指控该公司从2001年3月至2007年9月,向外国政府官员进行了广泛而系统的行贿以获取业务。其间,西门子公司向第三方提供了至少4283次、总计约14亿美元的资金,用于行贿全球多个国家的政府官员。通过行贿,西门子公司获得了332个项目,获取的利润额超过11亿美元。而自1998年以来的10年时间里,西门子公司曾向中国官员及相关人员行贿7000多万美元,并由此获取了金额高达23亿美元的订单,涵盖医疗设备、高压输电线路、地铁列车和信号系统等领域。

为避免造成更为惨重的损失,西门子公司最终与美国司法部达成了刑事和解协议。根据这项协议,司法部放弃对西门子公司提起刑事指控,条件是以西门子公司违反FCPA有关会计条款和内管制条款,对西门子公司处以4.485亿美元的罚款;以违反该法会计条款,对西门子阿根廷分公司处以50万美元罚款;以违反反贿赂条款和会计条款,对西门子委内瑞拉和孟加拉分公司各处以50万美元的罚款。

针对美国证交会提起的民事起诉,西门子公司选择了民事和解,最终西门子公司对美国证交会有关西门子公司违反反贿赂条款的主张既不否认也不予以承认,只是同意向美国证交会退还3.5亿美元的不正当利益。

与此同时,西门子公司在德国境内也与慕尼黑检察机关达成协议:检察机关认为西门子公司退货行贿行为至少获取了3.9475亿欧元的经济利益,基于该公司董事会存在疏于监督的问题,最终作出了处以3.95亿欧元罚款的决定。但检察机关不再对西门子公司提起公诉。

以上和解协议达成后,西门子公司主要在两个方面挽回了损失:一是西门子公司没有被认定为参与了行贿行为,德国的公共出口信用机构的保险对其继续有效;二是西门子公司作为负责任的合同签订者,可以继续与美国政府进行相关的交易。

西门子公司行贿事件发生后，该公司对管理团队作出了大幅度调整。监事会主席和首席执行官相继辞职，约200名经理被开除，100多名高层人员被责令配合调查。西门子公司还重新组建了合规团队，任命前财政部长特奥·魏格尔（Theo Waigel）担任独立合规监察官，从2009年开始持续监督西门子公司在合规方面的改进情况。西门子公司聘请独立的会计事务所和律师事务所等外部专业机构进驻，开启了德国历史上的首次公司独立调查。这项调查活动评估了5000多个咨询协议，检查了4000万元和银行账户报表、1亿份文件以及1.27亿次交易，进行了无数次内部谈话。西门子公司为此付出了高昂的代价，仅外部专业机构的调查费用就高达数亿欧元。

二、西门子公司的合规体系

西门子公司建立了独立而权威的合规组织体系。合规组织由首席合规官担任负责人，向西门子公司总法律顾问报告工作，并可以直接向西门子公司管理委员会和监事会提交报告。而总法律顾问则直接向西门子公司总裁兼首席执行官汇报工作。由首席合规官负责的这个合规组织，在各个业务集团和区域公司中都任命了各自的集团合规官或区域合规官。这些合规官员负责各自区域内的合规体系执行事宜，并向首席合规官报告工作。在各个集团和80多个地区公司中，西门子公司都任命了集团合规官和区域合规官，他们在合规部门其他合规人员的帮助下，执行合规体系，并对员工进行合规体系所要求的持续性培训，确保整个管理层每2年一次作出遵守商业行为准则的书面保证，负责对违规事件进行调查，确保上报人免受任何打击报复。如果违规事项得到确认，合规官将负责执行纪律处分。除了这些合规官之外，西门子公司还向各个职能部门、业务集团、业务部门、外国分公司、医疗领域任命或分派了数百名合规人员。在分派合规人员时，除了考虑业务规模之外，还要考虑与业务有关的合规风险。为保证所有合规官和合规人员的独立性，西门子公司要避免他们在履行职责时存在利益冲突，禁止他们在合规组织之外担任职务。

在原来反腐败合规的基础上，西门子公司的合规领域已经得到显著的扩大。目前，西门子公司的合规工作主要集中在四大领域：一是反腐败，防止权钱交易行为；二是反垄断，防止违反公平竞争原则；三是数据保护，注重保护相关的隐私数据；四是反洗钱，注重防止西门子公司被用作洗钱和为恐怖主义融资的工具。除此之外，对于西门子公司员工涉嫌违反刑事法律、行政法律或者内部规章制度的行为，或者针对那些涉及西门子公司或者西门子公司员工的刑事诉讼或者行政处罚程序，展开内部调查，并采取相应的惩戒措施。这也被视为合规工作的有机组成部分。

西门子公司的合规体系由两个部分组成：一是商业行为准则，二是三大制度保障。前者被视为合规体系的核心环节，所有员工按照合规体系行事的基本要求，是保证“只有清廉的业务才是西门子的业务”的关键要素。后者则由三大支柱组成：防范（prevent）、监控（detect）和应对（respond）。

西门子公司的商业行为准则包括八个部分，分别确立了“基本行为要求”“如何对待商业伙伴和第三方”“避免利益冲突”“公司财产的使用”“环境、安全与健康”“投诉与建议”“合规执行与监督”等方面的规则，基本上确立了西门子公司的基本合规制度。

（一）防范体系

所谓防范是针对可能的合规风险所采取的预防性措施。防范体系主要由六个部分构成：合规风险管理、制定政策和流程、培训和其他沟通方式、建议与支持、与人事流程相结合、联合行动和廉洁行动项目。其中，合规风险管理和培训是防范体系的核心部分。

一个成功的合规体系，要得到有效的运转，关键在于在具体业务流程中准确及时地确定合规风险，并有效地降低乃至化解这些风险。具体而言，在每一项业务流程中都要遵守法律法规和西门子公司商业行为准则。对于某些项目，决策者在作出是否参与投标、是否收购股权等决策之前，需要首先进行合规风险的评估。在雇佣商业伙伴之前，也要从合规的角度核查商业伙伴的诚信度，根据核查结果，更高管理层再作出决策，或者采取适当措施降低风险。在合规风险评估之外，西门子公司合规风险管理系统还要对业务部门乃至整个西门子公司的合规风险进行有效的识别。为此，西门子公司建立了自下而上和自上而下的两种识别方法。

当然，即便拥有再完善的合规制度，假如员工不了解这些制度，也不清楚如何将其付诸实施，那么这些制度也难以达到预期的效果。因此，合规防范体系中的重要环节就是将法律规定和合规制度及流程告知全体员工，同时为管理层和员工提供相应的培训和建议，并在公司所有层级持续传递高层关于合规的态度。

在培训之外,西门子公司注重与员工保持不断的沟通,以确保员工了解所有法律法规和内部规章制度的最新信息,以及最新的合规流程和合规工具。合规组织主要通过定期更新合规内部网络信息来支持这种沟通方式。与此同时,内部合规沟通还要确保在所有层级持续不断地传达高层管理者的合规态度,为此,各业务部门的合规组织要通过各种媒体和活动来提供这方面的支持。

除此之外,西门子公司的防范体系还建立了“建议和支持系统”。管理层和员工可以直接向所属合规官提出问题,询问在业务决策中处理合规风险和合规条例的解释和运用的情况。最终,西门子公司意图将诚信与合规融入员工的思维方式,从而形成一种独有的合规文化。

(二)监控体系

监控体系包括四项流程:控制管理、审计、投诉处理以及报告责任。同时,西门子公司还设立了全球特别调查官制度来处理员工和第三方的投诉,以作为对现有违规报告渠道的补充。

所谓控制管理,是指控制管理人员在进行业务活动时,都要在其职责范围内进行可持续的控制管理检查,包括对具体项目进行随机检查,以确保项目符合反垄断法和反腐败法的规定。

而审计则是指公司审计人员要定期检查合规体系是否在全球各个集团及分公司内得到了贯彻和执行,并定期检查是否存在违规情况。

投诉处理是一种为发现违规情况而设置的特殊程序。根据这一程序,任何员工均可向其主管、人事经理或公司指定的其他人员或部门提交投诉,或提供违反商业行为准则事项的线索。接到投诉后,首席合规官将启动由公司审计人员执行的专项调查,并向西门子公司审计委员会进行汇报。对于投诉或者投诉线索,应当进行彻底调查,所有文件都会得到保密存档,对投诉者不得采取任何形式的报复陷害。

与此同时,投诉也可以向西门子公司的全球特派调查官提出。这类特派调查官通常由执业律师担任,接受公司的聘请。经过调查,若特派调查官发现存在着违反商业行为准则甚至违反刑法的可疑行为的,可以将这一信息提交给公司合规办公室。后者据此启动专项调查程序,公司所有部门都有义务为该项调查提供帮助和支持。

为保证投诉机制的有效运行，西门子公司设立了一个全天候（每周 7 天、每天 24 小时）的合规帮助平台（Tell Us）。该平台被视为全球特派调查官职能的延伸，员工、客户以及合作伙伴均可通过多种语言，对公司内部的任何违法、违规或者犯罪行为进行网络或者电话举报，呼叫中心和网站由专业的外部供应商来进行运作，以确保每个问题都得到保密处理。西门子公司员工发出的每一份电子邮件，末尾自动生成这样一段内容：如果发现任何违反商业道德或违反法律的行为，尤其是违反反腐败法及反垄断法的行为，请联络西门子公司合规帮助平台“Tell Us”，并附上相应的网址。

所谓报告责任，是指西门子公司内部的报告责任机制。这个机制可以由若干个要素组成。首先，首席合规官定期或不定期地就合规问题作出内部报告的机制。报告的对象是公司董事会、审计委员会，报告的内容可以包括公司合法发展情况、合规计划的贯彻实施情况以及公司内部的重要合规程序。其次，公司设有披露委员会，向公司首席执行官和首席财务官负责，首席合规官以及其他部门主管都是该委员会的成员。披露委员会的职能是对提交给美国证交会的所有文件进行检查，以确保这些文件的完整性和准确性。首席合规官有义务确保合规程序与财务报表的关联性在财务报告中得到适当地反映，各部门主管也有义务确保上报给首席执行官和首席财务官的财务数据具有完整性和准确性。最后，披露委员会在每个季度还要向首席执行官和首席财务官汇报针对公司资产所发生的刑事犯罪情况。整个公司的汇报系统（Treulufo）已经达到良好的运行，公司审计部门可以对有关案件进行内部调查，合规办公室的人员可以提供有关的法律建议。

（三）应对体系

应对体系包括对违规行为的及时调查识别，对存在违规行为的员工进行处罚，并在全球范围内进行个案的跟踪。

无论是西门子公司员工、第三方还是其他人士，都可以通过举报系统和独立的特派调查官对违规行为进行举报。接获举报后，西门子公司各业务部门的合规组织要启动审查和评估程序。在这一程序中，各个业务部门的合规官通过审查举报材料，认为指控有足够的可信性的，将对案件的实质问题进行审查，以便确定是否有充分信息开展内部调查。首席合规官可以发布对案件集中调查的指令。在调查完成后，合规组织的人员需要准备调查报告，该报告应涵盖调查过程中发现的所有事实,对这些事实的法律评估,以及有关纪律处罚的建议。不仅如此,针对调查过程中发现的制度薄弱环节,调查报告还要提出整改意见和建议。

对于违反包括商业行为准则在内的法律法规的员工,西门子公司建立了两种惩戒机制:一是由中央纪律委员会在集团层面进行全球纪律处分,首席合规官是该委员会的常设委员;二是在中央纪律委员会权限不适用的情况下,由西门子公司业务部门负责人和人力资源部按照一般纪律处分流程进行惩戒,惩戒要遵守有关的合规规则。在进行纪律惩戒之前,纪律处罚的结果将在集团或者地方层面进行纪律惩戒的评估。负责惩戒的部门要考虑案件的全部情节,并尊重员工代表的共同决定权。

所谓全球案例追踪,是指西门子公司合规组织要集中记录所有的违规案例,跟踪相关的处理情况,确保每个案例的处理都要依照法律法规和公司制度进行。所有记录的案例都要根据其影响进行专门评估,也会被纳入首席合规官向西门子公司管理委员会和监事会提交的合规报告之中。

在针对有关员工的纪律处罚作出后,涉案的相关部门必须落实调查报告中提出的建议,对相关的制度漏洞和工作缺陷做出必要的补救,以避免类似的违规行为再次发生。

企业能动性与反腐败“辐射型执法效应”*

尹云霞** 庄燕君*** 李晓霞****

一、引言

近年来,美国依据《反海外腐败法》(Foreign Corrupt Practice Act,FCPA)不断开出过亿美金的罚款,而使FCPA在全球备受关注。FCPA禁止美国企业及在美国上市的企业贿赂美国以外的政府官员。这是一个独特的法律,是针对行贿方的法律,并将美国的执法触角延伸到海外。FCPA的执法难度很高,不仅因为反腐败案件中拿到确实证据本身就有很高难度,更因为FCPA的相关证据、证人多在美国以外,美国政府在海外取证不仅面临费用和时间的问题,更有外交和司法主权等棘手问题。FCPA执法机关在过去10年办理了约200个FCPA案件,罚款金额总计超过67亿美元(包括没收违法所得和罚款)。而美国司法部(the United States Department of Justice,DOJ)的FCPA执法小组虽然不断增加人员,现在也只有约20名检察官。美国证券交易委员会(United States Securities and Exchange Commission,SEC)的FCPA执法小组2010年成立时也就只有30名执法律师,目前约有40人。

虽然FCPA过去10年只有约200个案件,却转变了美国企业及在美国上市的企业的商业运作模式。美国FCPA执法起到了“辐射型执法”的效果,通过对少数企业的执法,从深层次改变了这些企业的商业行为,更影响、改变了其他企业,引导企业逐步建立和完善合规体系,有效地通过惩戒行贿方而遏制商业贿赂的发生。例如,世界巨头企业德国西门子股份公司(Siemens)(以下简称西门子)在向美国和德国政府共支付16亿美元罚款之后,改变了其经营模式,努力从事“干净的业务”,并建立了合规部门,全球有数百名员工专职于

---

* 原文载《交大法学》2016年第2期。

** 尹云霞,方达律师事务所合伙人。

*** 庄燕君,方达律师事务所律师。

**** 李晓霞,方达律师事务所律师。

合规工作。同时,西门子公司还要求其合作伙伴从事“干净的业务”,进而影响了其成千上万的合作方。早在2013年,对全球800个年收入超过10亿美元的企业的调研发现,其中73%的企业表示设置有首席合规官的职位,这些公司一般也具有比较成熟的合规机制(包括健全的首席合规官和合规委员会、固定的合规预算)。而相较之下,根据2014年针对我国境内企业的一份调研,我国民营企业建立较系统的书面内控政策的比例不足24%,远远低于在华的外国企业68%的比例,而我国民营企业通过贿赂影响业务或获得竞争优势的比例(21%)却远高于在华外企(6%)。

美国FCPA执法为何能以如此少的资源取得如此大的成就?FCPA执法并不是从一开始就如此有效。在FCPA制定后的前20多年中,执法很有限。FCPA执法的飞跃是在2000年左右,美国政府通过合作机制,调动了企业的主观能动性。不少FCPA案件都是涉案企业主动进行内部调查,向美国政府提供内部调查的结果和相关证据。以2015年为例,SEC公布的9起FCPA案件中,有超过6家涉案公司因为主动开展透彻的公司内部调查并且提交调查结果及相关证据而被SEC给予“重大合作奖励”。合作机制使执法人员在执法中事半功倍,执法难度大大降低。在西门子公司案件中,执法部门其实并未花费巨额成本去调查,反而是西门子公司自身花费了7.45亿美元聘请外部专业人员,在全球范围内进行了深入、独立的内部调查。在内部调查中,西门子公司发现总计多达14亿美元的行贿行为,并汇报给了美国政府。

企业为何愿意花重金进行内部调查,并向美国政府提供相关证据和发现?企业的动力在于,一方面,美国政府不断鼓励公司主动进行调查并报告,并明确在处理案件时会对企业所做的努力进行嘉奖,同时还公开和量化嘉奖的方式。例如,为了进一步鼓励企业合作,DOJ在2016年4月启动了一个为期1年的试点计划:如果被调查公司被认为是全力合作的,则罚金可以减半。另一方面,如果公司不进行内部调查和管控,公司的管理人员有更高的风险被认定为默许和纵容违法行为,而因此面临更大的个人风险。例如,2014年,DOJ在法国阿尔斯通公司(Alstom)(以下简称阿尔斯通)长达近90页的认罪协议中,指出该公司不配合的态度:该公司在发现违法行为后并未主动报告,在DOJ调查开始1年以后,仍然不是完全配合,直到DOJ调查后期,该公司才开始全面配合。阿尔斯通最终被DOJ重罚7.72亿美元。DOJ更进一步对其4名高管提出刑事指控。

中国刑法有自首制度,也倡导“坦白从宽,抗拒从严”,但企业很少主动自首或自我检举。而在商业贿赂案件查处中,虽然执法人员常常要求企业进行自查汇报,但是企业很少主动进行内部调查、主动报告,也很少有企业会制定相关的合规政策予以补救。究其原因在于,其一,中国的反腐败刑事执法主要针对政府官员,对行贿人的处罚力度仍然不够大,导致行贿方觉得行贿成本很低,即使被发现,也不会有严重的后果。再加上为了鼓励行贿人提供针对受贿人的证据,很多情况下如果行贿人提供了针对该受贿官员的相关证据,执法人员就不对行贿人进行刑事处罚。因此,企业没有动力进行深入的内部调查并汇报调查结果。其二,中国对单位行贿罪的处罚主要局限于罚金,形式单一,并没有在处罚之后要求企业进行内部治理、建立和完善公司内部合规制度,从而长远地规范企业内部的行为。其三,对于自首制度以外的积极配合或主动调查,中国法律和执法中并无明确、看得见的奖励。企业并未看到进行深入的内部调查、汇报、制定合规政策的好处和必要性。其四,中国缺乏详细、统一的量刑计算标准,企业无法预见展开这些行动会在多大限度上得到从宽处罚。其五,中国查处行贿案件,特别是单位行贿案件的数量虽然并不少,但是查得不够深入,有影响力的大案、要案较少,无法起到警示作用。办案的数量固然重要,但是质的飞跃更加重要。

在 FCPA 执法中,企业为何确信,如果其尽力进行了内部调查,全力配合美国政府的执法,将内部调查结果汇报给执法人员,制定有效的合规制度,就会有更好的结果?下文就美国 FCPA 下的合作机制、量刑标准、辐射型执法效果进行进一步分析和讨论,并与中国当前执法状况进行比较,提出借鉴的建议。

二、FCPA 下的合作机制

(一)FCPA 执法为何重视合作?

FCPA1977 年通过后,初期的执法活动并不活跃。直到 1982 年 DOJ 才陆续公开 FCPA 执法案件,2000 年以前,DOJ 每年公布的案件也是时有时无,即使有执法案件的年份,每年也不超过 5 起。SEC 的执法也类似。

FCPA 在早期执法不活跃的主要原因在于,几乎每个违反 FCPA 的案件都发生在美国领土之外,这给案件的发现、调查和起诉带来了巨大挑战。主要体现在:(1)涉案人员和相关证据往往在美国以外的国家,有时甚至是和美国没有建立外交关系或司法协助的国家或地区;(2)FCPA 案件往往涉及一个甚至多个第三方(如经销商或代理),这些主体也往往在海外;(3)FCPA 案件的涉案资金流向往往也是通过离岸账户,且通常以壳公司的名义进行;(4)违法交易也通常隐藏在公司的会计账目之下,较难发现。而对于这些违法证据,公司比执法部门更容易获得。正是由于这些原因,执法部门开始鼓励公司主动报告并配合,并明确提出为公司的这些努力提供“看得见的好处”。大约从 2000 年以后,FCPA 执法部门逐渐建立起了合作机制。

(二)SEC 的合作机制

2001 年 SEC 发布了首个关于合作的公告(Seaboard Report)。该公告称,考虑到涉案公司违法行为的性质及良好的应对,SEC 不打算对该涉案公司采取进一步行动。最重要的是,该公告为合作机制搭建了一个框架,即 SEC 在认定公司是否是配合时应当考虑如下因素:(1)公司的自律政策(self-policing);(2)是否主动报告;(3)补救措施;以及(4)公司配合程度。如果 SEC 认为公司是积极配合的话,会做出对公司有利的决策,包括减少对公司的指控、降低对公司的处罚或制裁等。在该框架之下,SEC 还提出了 10 多个企业应当具体考虑的问题。

2010 年,SEC 发布了关于鼓励个人和公司在调查中协助 SEC 的激励措施,正式建立 SEC 执法合作机制。这些激励措施包括合作协议、延迟起诉协议和不起诉协议,旨在鼓励个人和公司全面和真诚地协助 SEC 获得第一手证据,帮助 SEC 更好地确定调查范围、涉案人员、受害者情况以及非法所得等问题。这也是 SEC 第一次公布关于如何认定个人合作的指导性政策。

(三)DOJ 的合作机制

DOJ 对公司合作的鼓励也主要体现在对违法企业的起诉和量刑两方面。

首先,DOJ 在起诉时会考虑公司的合作程度。1999 年,DOJ 发布了《联邦追诉商业组织的原则》(Principles of Federal Prosecution of Business Organizations)。2003 年该文件被修订,并经当时的 DOJ 副部长拉里·汤普森(Larry Thompson)授权重新发布并变更为《汤普森备忘录》(Thompson Memo)。该备忘录扩展了联邦检察官在起诉商业组织时所应当考虑的因素,包括:(1)公司是否主动并及时报告;(2)公司是否愿意提供相关信息和证据,包括必要时是否选择放弃律师客户保密特权及相关工作成果;(3)是否找出公司内部涉案高管、员工或外部相关涉案人员;以及(4)公司是否采取了及时有效的补救措施。自2003年该指导原则被修改以后,DOJ开始增加对暂缓起诉协议和不起诉协议的使用。

其次,DOJ在量刑时也会考虑公司的合作程度,并且DOJ有详细的量刑规则和罚金计算方式来将公司的合作程度进行量化并对其进行奖励。2016年4月,DOJ发布了一个为期1年的执法试点计划,进一步激励公司对于违反FCPA的行为的主动披露、全力合作并补救和完善公司内控和合规体制,并且明确了公司获得额外合作奖励的条件和认定标准。

公司之所以相信合作会有好处,就是因为美国政府有着非常详细的量刑规则,根据这些规则,企业可以计算出其可能面临的刑罚,也可以通过政府的执法案例看到如果其配合政府的执法、制定有效的合规制度会得到怎样的奖励。

三、FCPA量刑标准

(一)FCPA量刑标准

20世纪80年代,美国刑事司法领域发生了一场革命性的运动,美国结束了过去每年1042个联邦法官和治安法官对大约103,000起案件进行没有约束的刑罚裁量的历史。为限制法官自由裁量权,确保量刑的一致性和确定性,美国联邦量刑委员会根据1984年的《美国量刑改革法》(The U. S. Sentencing Reform Act)制定了《美国量刑指南》(U. S. Sentencing Guidelines,以下简称《量刑指南》)。《量刑指南》虽然不具有法律效力,却是DOJ在确定罚金时参考的重要标准。该指南为刑事犯罪(包括FCPA下的犯罪)、罚金计算提供了明确、详细的指引。

在涉及违反FCPA的案件中,公司以及高管、董事、员工等相关方可能因违反FCPA的反贿赂条款(anti-bribery provisions)和会计条款(accounting provisions)而被施以罚款和监禁。在计算FCPA违法行为的具体罚金金额时,DOJ会依据《美国量刑改革法》的相关规定,同时考虑《量刑指南》来确定罚金范围。

在计算违反反贿赂条款的罚金范围时,DOJ主要遵循如下步骤:(1)确定基准犯罪级别(base offense level)。根据《量刑指南》,提供、给予贿赂或索贿、收受贿赂的基准犯罪级别是12(级别越高,表示犯罪情形越严重,处罚结果也越严重)。(2)依据具体的犯罪情节增加额外的犯罪级别。这些犯罪情节包括行贿次数、贿赂的价值、行贿人给予的利益以及被行贿外国官员的级别等。例如,如果贿赂次数多于 1 次,则犯罪级别会增加 2 个等级。如果行贿价值、因行贿所获或即将获得的利益或政府官员(或其代理)获得或即将获得的利益(以其中金额最高的为准)超过 6500 美元,则犯罪级别依据金额的增长而按一定比例增长。《量刑指南》详细列出了具体金额所对应的应增加的犯罪等级数。例如,如果行贿金额大于 6500 美元但小于 15,000 美元,则犯罪级别增加 2 个等级(最低增加 2 个等级);如果行贿金额超过 950 万美元,则犯罪级别会增加 20 个等级(最高增加 20 个等级)。(3)依据被告在犯罪活动中所起的作用调整犯罪级别。例如,如果行为人被法院认定在团伙犯罪活动中承担组织者角色或起领导作用,那么犯罪级别可能会增加 4 个等级。(4)根据被告的犯罪历史调整犯罪级别。例如,如果发现被告曾经有其他犯罪行为,其犯罪级别可能会增加 2 级。如果被告是职业犯(career offender),或者当前犯罪行为是惯犯模式中的部分行为且被告的收入基本源于该犯罪模式,那么被告的犯罪级别也有可能增加。(5)根据被告在调查中的合作程度和对责任的接受或认可度,减去一定的犯罪级别。例如,如果被告明确表示并认可自己在犯罪中的责任,或在调查中主动积极配合,主动并及时告知愿意达成认罪协议的意愿,避免了 DOJ 为准备庭审而投入资源,则可能降低至少 2 个犯罪级别。最后,DOJ 根据加总的犯罪级别,依据《量刑指南》相关规定最终确定对被告施加的具体罚金数额。

在对违反会计条款的行为计算罚金时,DOJ 基本遵循上述步骤,但是所考虑的具体犯罪情节有所不同。例如,在违反 FCPA 会计条款情况下,如果被告在违法行为发生之时担任某上市公司的高管或董事,则犯罪级别可能会增加。

除罚金金额之外,DOJ 还会依据犯罪级别同时结合其他因素对是否判处被告监禁、监禁期限给出建议。

(二)美国诉 VimpelCom Ltd. 案中的量刑标准

DOJ 在 2016 年 2 月对美国 VimpelCom Ltd. 公司(以下简称 VimpelCom)的量刑体现了 DOJ 最新的执法理念。DOJ 在针对该公司的延迟起诉协议中明确指出,该公司最终罚金 4.6 亿美元是在已计算出的罚金范围的起点金额上减少 45% 的结果。

DOJ 在确定对 VimpelCom 的罚金范围时，采取了如下步骤：(1)根据《量刑指南》，确定 VimpelCom 行贿外国官员这一行为的基准犯罪级别为 12。(2)因为贿赂次数超过 2 次，因此犯罪级别增加 2 个等级。(3)由于贿赂所获利益超过 4 亿美元，因此犯罪级别增加 30 个等级。(4)由于被行贿的外国官员处于高级别、决策层，因此犯罪级别增加 4 个等级。基于上述原因，该公司总计犯罪级别 48。最后，根据《量刑指南》相关规定确认该等级对应的罚金范围为 8.3 亿 ~ 16.7 亿美元。

在考虑 VimpelCom 的可责性时，DOJ 认为，VimpelCom 在调查中全力合作，明确认可其所犯罪行并愿意承担责任，因此决定对其减少处罚，最终决定罚金为 4.6 亿美元，该金额是在罚金范围最低档的基础上减少 45% 的结果。

对于 VimpelCom 的合作，DOJ 指出 VimpelCom 向 DOJ 提供了知晓的一切信息，包括涉案的个人；提供了前期内部调查发现的证据；提供在国外的证据；主动提供国外的证人，协助安排与已辞职员工的访谈；收集、分析、翻译及组织各类证据和信息。为肯定 VimpelCom 的全力合作，DOJ 决定对 VimpelCom 的罚金降低 25%。由于 VimpelCom 及时承认犯罪事实并补救，因此获得额外 20% 的合作奖励。

四、FCPA“辐射型执法效应”

正如 2015 年 SEC 执法部部长安德鲁·塞雷斯尼(Andrew Ceresney)在 SEC 合作机制正式建立五周年的一篇演讲中提到的，公司内部调查现在是非常普遍的公司实践，其毫无争议是公司发现潜在重大违法行为的最佳实践；当前与政府部门分享这些内部调查的结果也是习以为常的，因为公司已经认识到这样做所能带来的巨大好处。正是 FCPA 鼓励公司主动报告、主动发起调查并逐步引导公司建立完善的内部合规制度，使 FCPA 执法机制达到了“四两拨千斤”的作用，逐渐形成了一种“辐射型的执法效应”。这种辐射型的执法效果是通过对一个企业的执法，调动企业的能动性，从深层次改变这个企业的商业行为，进而辐射到其他企业。

FCPA 通过对违法企业进行惩罚给企业敲响了警钟。但从根本上改变企业行为方式的，是鼓励企业制定有效的合规制度，并让企业领导承担个人责任，从而自上而下地加强企业的内部监督管理，遏制企业领导和雇员为业务发展而去贿赂政府官员。例如，西门子在被处罚后，花了几千万美元，聘请知名律师事务所花了数年时间打造黄金标准的合规制度,发明了一系列的合规程序用于控制和防范员工贿赂政府官员,有些创新的计算机程序还申请了专利。这些合规制度有效地遏制了贿赂行为。

美国政府鼓励企业建立完善的合规制度,如果企业制定有效的合规政策和机制,美国政府在执法中会给予认可,减少相应的刑罚。例如,在摩根士丹利(Morgan Stanley)的一名高级管理人员被发现违反 FCPA 后,DOJ 决定不对摩根士丹利进行处罚,原因是摩根士丹利已经建立了有效的合规制度,而该制度对于这样的行为并不认可,这名高管应承担个人责任,摩根士丹利不应承担单位责任。DOJ 2015 年 11 月聘请曾在多家国际知名企业中担任合规官的陈惠作为合规顾问(Compliance Counsel),也体现了 DOJ 在执法中对公司内部合规制度建设和合规文化的重视。今后在所有 FCPA 的执法案件中,陈惠女士都会衡量涉案企业是否建立了有效的合规制度,而这也会成为判定对该企业的刑罚的考虑因素之一。

FCPA 执法的效果从一个企业辐射到其他企业,主要体现在四个方面。其一,从母公司辐射到其全球的子公司、合资公司等下属公司。在 FCPA 下,企业会因其为多数股东的子公司的行贿行为受到处罚。另外,在 FCPA 下,企业也可能因为其为少数股东的合资公司违法行为而受到处罚。因此,企业会逐步引导或要求下属公司也建立比较完善的合规制度。

其二,企业内部合规制度对第三方的辐射。FCPA 明确禁止通过第三方进行贿赂。DOJ 和 SEC 的 FCPA 执法行动发现,在跨国业务中,利用第三方来隐匿对外国政府官员的贿赂是极其普遍的现象。FCPA 下,企业可能因第三方为其牟利的违法行为而受到处罚。2014 年 12 月,雅芳集团就因其未对其咨询公司开展任何尽职调查,也并未要求咨询公司遵守雅芳集团合规政策而向 DOJ 支付了 1.35 亿美元以和解指控。美国《反海外腐败法》(FCPA Resource Guide)指出,企业可通过实施有效的合规机制来降低第三方代理的风险,包括对第三方进行反腐败尽职调查。因此,完善的公司合规制度要求对其经销商等第三方也有一定的反腐败合规要求。根据德勤(Deloitte)2016 年关于第三方的一份调研,超过 86% 的被调研企业拥有统一的第三方管理体系,如在针对第三方的尽职调查中发现其存在合规风险(如曾经有商业贿赂行为),则其很可能被公司剔除。因此,想要从知名外企获得业务的第三方,也会有动力建立良好的合规体系。另外，在第三方被聘用后，企业会对第三方为其提供的服务进行监督。例如，审阅第三方的财务凭证以确保没有不当行为。通过一系列的第三方管理制度，有良好合规制度的企业可以带动成千上万的第三方建立良好的合规制度。

其三，对企业投资对象、合作伙伴的辐射。FCPA 鼓励企业在进行投资并购活动时对目标公司做反腐败的尽职调查，如果企业明知目标公司存在很高的腐败风险，仍然对目标公司进行投资或与之合作，并从中分享违法所得，企业也可能面临 FCPA 的处罚风险。美国《反海外腐败法》指出，对目标公司是否进行有效的 FCPA 尽职调查是 DOJ 和 SEC 决定是否启动执法活动的主要考量因素之一。例如，2015 年 2 月，全球最大的轮胎生产商之一 Goodyear Tire & Rubber Company 就因未对投资对象进行充分的尽职调查而支付 1600 万美元同美国 SEC 和解。SEC 在和解协议中指出，Goodyear 在收购 Treadsetters 时并未进行充分的尽职调查，因此未能发现和阻止贿赂的发生。对于目标公司、合作伙伴的反腐败尽职调查，已经逐步成为行业惯例。合规问题已经成为在中国投资最主要的交易杀手(deal breaker)之一。一个公司如果希望在公司发展的过程中得到受 FCPA 管辖的私募资金或者企业的投资，需要合理管控其商业贿赂的风险。

其四，查处违法企业对其他企业具有警示作用。一家违法企业被施以重罚，其他守法企业以及潜在违法企业，会因被处罚企业的遭遇而自我反省，审视公司内部的合规制度，进行风险评估，避免经历相同遭遇。在美国政府对违反 FCPA 的企业施以重罚后，其他受 FCPA 管辖的企业开始增加合规方面的投入，具体投入包括财政预算、合规专业人员的增加、合规工作时间的投入等。例如，根据汤森路透(Thomson Reuters)2016 年的一份报告，71% 被调研的 600 多家公司预期将在 2016 年提高针对资深合规专业人士雇佣的预算。

五、中国刑法下商业贿赂执法和量刑

中国刑法中商业贿赂罪名主要包括贪污、职务侵占、行受贿等 11 项罪名。与美国 FCPA 下的处罚及量刑标准相比较，中国刑法有利有弊。美国对于市场经济下的商业贿赂犯罪研究早于中国，执法实践也比较成熟，因此很多执法经验是值得我们学习借鉴的。

(一)对单位行贿的惩处力度不大

中国比较注重对行贿个人责任的追究，但对单位行贿的惩处力度远远不够。FCPA执法机构近年来不断强调要加大对公司行贿中的高管个人责任追究的力度，而事实上，中国执法实践中一贯重视对单位犯罪中的个人责任追究。中国比较注重追究行贿犯罪中的个人责任，在公司构成行贿犯罪的情况下，单独处罚公司的情况比较罕见，在对公司判处罚金的同时，一般均会追究“直接负责的主管人员和其他直接责任人员”的个人责任。在2015年11月1日实施的《刑法修正案（九）》中，在原刑法关于犯单位行贿犯罪，应对单位处以罚金、对具体责任人判处自由刑的基础上，又增加了要对相关责任人个人并处罚金的规定。

但是，中国目前对于单位行贿的处罚远不及FCPA的惩处力度。主要体现在：（1）罚金数额不够大，导致无法达到惩戒的效果。中国向葛兰素史克（中国）开出30亿元的罚单，被认为是中国开出的最大罚单，也因此引得更多的国内外企业更加关注在中国的合规问题。在此前、后，都没有对于企业这样高额的商业贿赂罚款。然而，在美国，执法部门现在开出几亿甚至十几亿美元罚单也并不是惊天动地的大事，巨额罚单已然成为FCPA执法的一个亮点。（2）对公司的处罚形式单一。目前，中国刑法对于单位行贿，除了对单位直接负责人处罚之外，对公司处罚局限于罚金。FCPA对公司不仅施以罚金，往往还会要求公司在被处罚后，逐步建立完善的内部合规制度并就公司内控改善情况不时向政府部门报告和接受监督。罚金可以达到立竿见影的处罚效果，但是要求企业建立长期、完善的合规制度，是从根本上改变企业经营模式的重要方式。

（二）执法中存在“重受贿、轻行贿”的问题

中国在以往的执法实践中，普遍存在“重受贿、轻行贿”的问题。由于国有经济在中国经济中所占比重较大，无论司法机关还是社会民众均对利用公职犯罪的行为较为关注，对商业领域中私营企业存在的行贿犯罪危害认识不足。实践中，一些办案机关把工作重点放在整治受贿犯罪，相对忽视了对行贿案件的追究，以致刑法规定的惩治行贿犯罪的手段没有用足，影响了对行贿犯罪的惩治力度，出现对行贿案件追究刑事责任偏少、对行贿犯罪人员适用免于刑事处罚和缓刑的比例较高、对行贿犯罪人员适用重刑的比例较小的现象。据统计，2009～2013年，全国法院一审行贿犯罪生效判决人数12, 364人（行贿人多不具有国家工作人员身份），一审受贿犯罪案件生效判决人数48, 163人（受贿

人具有国家工作人员身份)，行贿犯罪案件的生效判决人数仅为受贿犯罪案件的26%。考虑到行受贿犯罪具有的对合关系，存在大量的行贿行为并未被追究刑事责任的情况。

值得注意的是，中国政府也已经逐渐认识到了打击行贿犯罪的重要性，并在2015年11月1日实施的《刑法修正案(九)》中修改了行贿罪的有关法规，加大了对行贿犯罪的惩处力度，如对各类行贿犯罪均增加了“并处罚金”的处罚；提高了对于行贿犯罪免于处罚的适用条件等。但是目前对于行贿的执法力度还有待加强。

(三)缺乏明确的合作政策鼓励公司主动开展调查行为

依照中国的法律规定及司法实践，查证犯罪的工作一般均由司法机关依照法定程序进行，没有要求公司应当主动进行内部调查。中国刑法中，鼓励公司配合行贿犯罪的调查，主要体现在对“自首”“如实供述”情节的认定。从2009年3月最高人民法院、最高人民检察院发布的《关于办理职务犯罪案件认定自首、立功等量刑情节若干具体问题的意见》、2010年12月最高人民法院发布的《关于处理自首和立功若干具体问题的意见》等文件中对“主动投案”和“如实供述自己的罪行”的解释可以看出，相关法规主要强调犯罪人应如实主动地交代自己的犯罪事实，并未提及涉嫌犯罪的公司需要主动开展内部调查，更未对公司主动调查内部存在的贿赂问题如何适用从宽处罚标准进行规范。甚至在司法机关开展调查后，企业如果主动聘请外部律师和会计师进行内部调查是否具有合法性(是否会被认为干扰办案)也不确定，公司内部调查应当履行何种程序，调查的结果是否具有法律效力等基本问题均尚存疑问。因此，在实践中中国公司因自身存在犯罪风险而主动聘请律师和会计师进行内部调查，并将调查结果主动报告司法机关的案例极其罕见。

此外，在司法机关开展调查后，公司除了如实供述自己的罪行之外，应当如何与司法机关合作，是否会因采取了补救措施(例如，解聘违法违规员工、书面警告、合规培训等)，制定了详尽的合规政策而受到从轻处罚也并无规定。

(四)处罚缺乏详细、统一的量刑计算标准

中国刑法体系中，对于商业贿赂犯罪的刑期计算标准较为概括，缺乏详细、统一的规范，涉案的公司往往无从准确地预判自己的行为将导致的法律后果。2014年1月1日起在全国法院实施的《关于常见犯罪的量刑指导意见》

（现已失效）中，涉及的具体罪名只包括盗窃、抢劫等15个罪名，其中涉及商业贿赂的只有职务侵占一个罪名。而该量刑指导意见中，对于职务侵占罪的量刑标准也只是比较原则性地规定了“达到数额较大起点的，可以在二年以下有期徒刑、拘役幅度内确定量刑起点”；“达到数额巨大起点的，可以在五年至六年有期徒刑幅度内确定量刑起点”；“在量刑起点基础上，可以根据职务侵占数额等其他影响犯罪构成的事实增加刑罚量，确定基准刑”。各地法院制定的关于常见犯罪的量刑指导意见实施细则，也仅对职务侵占罪每增加1个月刑期所对应的犯罪数额进行了规定，同时对可以从重处罚的情节及相关量刑基准的计算进行了规定，例如，“多次职务侵占的，增加基准刑的20%以下”。相比于实践中存在的诸多问题，量刑规范还有进一步细化的空间。

对于职务侵占罪以外的其他商业贿赂犯罪，中国刑法缺乏明确的量刑规范。以贪污贿赂犯罪为例，中国《刑法》规定，“对犯行贿罪的，处五年以下有期徒刑或者拘役，并处罚金；因行贿谋取不正当利益，情节严重的，或者使国家利益遭受重大损失的，处五年以上十年以下有期徒刑；情节特别严重的……处十年以上有期徒刑或者无期徒刑，并处罚金或者没收财产”。而2016年4月18日起实施的最高人民法院、最高人民检察院《关于办理贪污贿赂刑事案件适用法律若干问题的解释》（以下简称《贪污贿赂司法解释》），对行贿罪各量刑区间的基准数额做了统一解释，如行贿罪的入罪标准为3万元、情节严重的标准为100万元、情节特别严重的标准为500万元等，但对如何计算具体的刑期尚无统一的标准。

罚金刑的计算同样缺乏明确的标准。按照最高人民法院《关于适用财产刑若干问题的规定》，“人民法院应当根据犯罪情节，如违法所得数额、造成损失的大小等，并综合考虑犯罪分子缴纳罚金的能力，依法判处罚金”，但是罚金的计算缺乏明确的标准。如《贪污贿赂司法解释》对于贪污、受贿罪的罚金适用标准已经比其他罪名更为详细，首次明确了某罪名适用罚金的上下限，如规定“对刑法规定并处罚金的其他贪污贿赂犯罪，应当在十万元以上犯罪数额二倍以下判处罚金”，但仍然缺乏具体、统一的计算公式，企业无法准确预估自己面临的风险。对其他的罪名而言，罚金数额不仅没有计算公式，且尚未规定罚金的范围。

六、中国对美国 FCPA 下执法的借鉴

(一)立法、执法理念的研究借鉴

中国可以学习借鉴美国 FCPA 立法、执法理念,建立完善的刑事处罚体系。商业贿赂在腐蚀政府领导体制的同时破坏了社会商业诚信体系,它无疑比一般的暴力型犯罪对社会的危害程度更大。中国在市场经济发展方面落后于美国等发达国家,商业贿赂问题的凸显也晚于美国。

美国政府制定 FCPA,是因为在“水门事件”后,发现众多美国企业伪造公司财会账簿,掩盖公司资金的实际用途,并且私设“小金库”用于在海外的贿赂行为。虽然这是在美国以外的贿赂行为,受贿方不是美国的政府官员,但美国国会认为,市场经济的内涵在于通过竞争提供最优的产品或服务,贿赂恰恰导致资源配置的扭曲,破坏了市场的正常运行。鉴于商业贿赂对于整个经济体制的危害,美国制定了 FCPA。

目前,中国很多人对于商业贿赂犯罪给社会经济体系带来的危害的认识并不深刻。有人认为商业贿赂是中国社会转型期间一个有益的润滑剂,在向市场经济转型期间,商业贿赂给了不作为的政府官员动力去发展市场经济。这样的认识是危险的,因为商业贿赂对于经济和社会都有极大地破坏性影响。

从经济角度来看,商业贿赂破坏商业诚信体系,危害每一个人的生活。例如,因贿赂造成的政府监管缺位带来的环境污染、食品安全等社会问题,采购舞弊导致“豆腐渣”工程频频出现,等等。同时,商业贿赂会阻碍国家财富的增加。商业贿赂使得社会资源得不到有效地配置,资金没有用到高回报的项目中,对于国计民生很重要的基础项目被忽视。并且,商业贿赂也会腐蚀企业的专业精神,人力财力没有用到提高产品服务的品质中,而是通过商业贿赂拓展业务,而这样的行为也会滋生企业内部的蛀虫。在内部调查中,企业常会发现,企业员工声称用来贿赂政府官员的资金有相当一部分被员工自己侵占。著名的 GSK 中国的案件就存在部分高管利用旅行社从公司套现用以贿赂医生并从中侵吞几百万元公司资产的行为。

从社会角度来看,商业贿赂造成不正当的竞争,社会上层人士可以通过商业贿赂进行不正当的竞争而进一步积累财富,不公平的竞争会拉大贫富差距,加深社会矛盾。而且,商业贿赂会腐蚀政府领导体制。商业行为渗透到社会方方面面,商业贿赂也是如此,“小官巨贪”屡见不鲜,商业贿赂助推行政权力

腐败,降低政府的公信力。

我们可以从美国等经济发达国家的司法中吸取经验,在立法和执法理念上借鉴美国对商业贿赂犯罪的研究成果,结合本国国情,尽早建立起完善的商业贿赂犯罪刑事惩处体系。

(二)进一步加大对行贿方的处罚,鼓励企业建立合规制度

没有行贿方就没有受贿方。如果只对受贿方处罚,而不对行贿方处罚,虽然受贿的官员受到处罚免职,新的官员依旧面临同样企业的商业贿赂的诱惑,在没有高薪养廉支持的情况下,官员很难抵御诱惑。

FCPA 是针对行贿方的处罚。通过对行贿方的处罚,调动了企业的积极性和能动性,达到“辐射型执法效果”。除了考虑增加对单位行贿的罚金之外,中国可以考虑在处罚中,增加对企业内部合规制度建立和完善的要求。这样不仅能对违法企业达到立竿见影的执法效果,同时还能将执法效果辐射到其他企业,逐渐建立一个以公司内部合规控制和自查为主导的良性循环,以更有效地遏制行贿。

过去几年,合规文化在美国企业中迅速蔓延。但由于在中国大部分企业不受 FCPA 管辖,在竞争中美国企业常常处于不利的竞争地位,员工的行贿行为仍难以避免。如果中国政府进一步加强对行贿行为特别是单位行贿行为的处罚,建立一个公平竞争的机制,当每个企业都深刻地意识到行贿对于企业自身以及每个员工个人的危害时,企业和个人会趋利避害而选择不行贿。

(三)建立合作机制,明确从宽规范

查处犯罪只是手段,执法的最终目的是有效地遏制犯罪,为此司法机关不应当仅局限于对打击犯罪的数量的追求,更应当寻找更为有效的方法,通过执法让更多的公司意识到贿赂犯罪的风险,从而自觉建立有效的合规制度,并在被调查时能够更加主动地配合。

司法机关与其花有限的人力、物力和时间去调查众多公司的不法行为,不如充分发动公司的资源,让公司主动去调查、报告。FCPA 在对公司的处罚中,非常重视公司的合作,公司在被调查后多会主动开展内部调查。对此,中国司法机关也可以逐步引入公司自查的机制,同时鼓励公司通过建立完善的合规制度发现犯罪并主动报告,并对公司的这些努力进行嘉奖。例如,对于公司通过内部合规调查主动发现犯罪并予以报告的,可以在自首的范畴内给予更加

宽大的处理,包括免除处罚。对于司法机关已经开展调查的案件,可以鼓励被查公司聘请独立的第三方律师开展自我调查并将调查结果提交司法机关,根据合作的程度、查处结果的严重性等确定从宽量刑的幅度。但如果发现公司在此过程中并没有提供实质配合,而是借助内部调查的幌子隐瞒事实或毁灭证据,应当严格对公司进行处罚。对公司此前没有合规政策导致犯罪发生的或者发现不法行为后仍然隐瞒、掩盖不法行为的,应当严格并加大对公司责任的追究;对于采取事后制定有效的合规制度等补救措施的,可以在量刑时予以考虑减轻处罚等。

此外,对于公司积极合作的嘉奖应当量化和细化,尽量使这种嘉奖具有可预见性和可期待性,降低不确定性。否则,公司仍然会抱着不被执法机关发现的侥幸心理而不去主动调查和报告违法行为。

执法机关应该通过执法方式和力度的变化,让公司意识到公司内部合规制度对企业的重要性,并能够通过处罚结果的差异性而衡量出主动配合带来的益处。通过执法变化,让更多的公司主动参与贿赂犯罪的预防与查处中,有助于形成对贿赂“零容忍”的社会风气,也必然能够节省更多的司法资源,达到“集中资源办大事”的效果。

(四)细化具体罪名的量刑规范,建立统一量刑标准

与《美国量刑指南》相比,中国目前执法中缺乏统一、具体的量刑标准。现在,有一些检察院建立了自己的数据库,在执法中通过参考以往执法案例的量刑标准来衡量新案件的量刑标准是否适当。这样的有益尝试分散在各地,耗时耗力,且没有全国统一的标准。

如前所述,没有清晰统一的标准,企业难以判断进行内部调查并汇报给执法人员是否会得到具体的好处。因此,企业在主动配合中会有更多的顾虑,进而增加了执法的难度和成本。另外,如果司法人员有很大的权限可以决定企业受处罚的罚金,而量刑标准没有清晰的规定,则执法的不透明容易产生问题。企业在面临巨大的罚金时,可能会贿赂司法人员,也可能有司法人员会以此向企业索贿。而且没有统一清晰的标准,容易造成实践中的执法差异,影响法律的权威性。

随着改革开放、市场化经济的发展,中国在商业贿赂方面的执法已经有了很好的积累。《刑法修正案(九)》及《贪污贿赂司法解释》的出台,恰是一个对

于以往商业贿赂执法经验及量刑标准进行梳理的良好的契机,借鉴美国在量刑制度方面的经验,根据实践中已有或可能出现的问题制定详细且通俗易懂的量刑标准,促进量刑标准的规范化。

《出口管制法》深入解读之管制物项

尹云霞* 赵何璇** 康英杰*** 牛 玥****

一、《出口管制法》的管制领域

"第二条 国家对两用物项、军品、核以及其他与维护国家安全和利益、履行防扩散等国际义务相关的货物、技术、服务等物项(以下统称管制物项)的出口管制,适用本法。

前款所称管制物项,包括物项相关的技术资料等数据。"

(一)基本管制领域:两用物项、军品、核

根据上述条款,《出口管制法》的基本管制领域包括两用物项、军品以及核。这并非《出口管制法》另起炉灶,而是与我国现行出口管制法规体系中的管制范围一致的。

在《出口管制法》出台前,我国有关出口管制的法律依据主要是《军品出口管理条例》、《监控化学品管理条例》、《核出口管制条例》、《核两用品及相关技术出口管制条例》、《导弹及相关物项和技术出口管制条例》以及《生物两用品及相关设备和技术出口管制条例》、《易制毒化学品管理条例》等行政法规及规章。在现行的出口管制法律体系中,两用物项、军品、核物项都有相应的管制清单,对管制物项实行清单管理。《出口管制法》的管制领域与现行法规、清单的关系。(见表1)

---

* 尹云霞,方达律师事务所合伙人。
** 赵何璇,方达律师事务所律师。
*** 康英杰,方达律师事务所律师。
**** 牛玥,方达律师事务所律师。

表 1　管制领域与现行法规、清单

《出口管制法》管制领域	现行法规及规章名称	现行管制清单
军品	《军品出口管理条例》	《军品出口管理清单》
核	《核出口管制条例》	《核出口管制清单》
两用物质	《核两用品及相关技术出口管制条例》	《核两用品及相关技术出口管制清单》
	《生物两用品及相关设备和技术出口管制条例》	《生物两用品及相关设备和技术出口管制清单》
	《监控化学品管理条例》	《各类监控化学品名录》
	《易制毒化学品管理条例》	《易制毒化学品的分类和品种目录》
	《有关化学品及相关设备和技术出口管制办法》	《有关化学品及相关设备和技术出口管制清单》
	《导弹及相关物项和技术出口管制条例》	《导弹及相关物项和技术出口管制清单》

由表 1 可见,现行相关行政法规下的管制物项涵盖了两用物质、军品和核,与《出口管制法》所管控的范围大体相同。现行行政法规及规章分别有对应的管制清单,为了方便统一的许可证管理,商务部和海关总署颁布了《两用物项和技术进出口许可证管理办法》,集合了核、生物、化学、导弹等行政法规涉及的许可证要求,制定了《两用物项和技术进出口许可证管理目录》(以下简称《两用物项目录》)。除《军品出口管理清单》之外,其他清单所列物项被商务部和海关总署统一列入《两用物项目录》。该目录每年更新一次,体现各个清单的更新内容。

现行法规中没有对两用物项作出明确的定义,仅在《两用物项和技术进出口许可证管理办法》第 2 条第 2 款中定义为“本办法所称两用物项和技术是指前款有关行政法规①管制的物项和技术”。而《出口管制法》第 2 条第 4 款第一次对“两用物项”进行明确规定,即指“既有民事用途,又有军事用途或者有

① 《两用物项和技术进出口许可证管理办法》第 2 条第 1 款:“本办法所称有关行政法规系指《中华人民共和国核出口管制条例》、《中华人民共和国核两用品及相关技术出口管制条例》、《中华人民共和国导弹及相关物项和技术出口管制条例》、《中华人民共和国生物两用品及相关设备和技术出口管制条例》、《中华人民共和国监控化学品管理条例》、《中华人民共和国易制毒化学品管理条例》及《有关化学品及相关设备和技术出口管制办法》。”

助于提升军事潜力，特别是可以用于设计、开发、生产或者使用大规模杀伤性武器及其运载工具的货物、技术和服务”，显然将两用物项的范围扩大到了广义的军民两用品，而不局限于传统的核、生物、化学、导弹等领域。

（二）兜底条款：与维护国家安全和利益、履行防扩散等国际义务相关的货物、技术、服务等物项

《出口管制法》的一大突破之处是增加了“与维护国家安全和利益、履行防扩散等国际义务相关的货物、技术、服务等物项”作为兜底。根据该规定，虽不属于两用物项、军品和核范畴的纯民用的物项，但如果与维护国家安全和利益相关，也可以被纳入管制物项。这一变化在立法上有重要意义，可以将现行法律体系中无法管控但又对国家安全和利益相关的物项纳入管制范围。

我们注意到，在全国人大常委会第三次审议时，即有代表提出要对5G技术、量子通信技术等中国领先技术的出口实施限制，以加强综合国力竞争。我们理解，与维护国家安全和利益相关的物项（无论是军民两用还是纯民用），是相关主管部门在调整出口管制清单时重点考虑的对象，值得企业重点关注。

目前，有关机关尚未制定《出口管制法》对应的管制清单，尚不明确“与维护国家安全和利益、履行防扩散等国际义务相关的货物、技术、服务等物项”将以何种方式展现。《出口管制法》出台后，管制清单将如何调整，受到各方广泛关注。我们注意到，近期商务部新闻发言人在回答记者提问时明确表示，商务部将根据法律规定，进一步完善并适时发布管制清单，对此我们将持续保持关注。

二、《出口管制法》的管制物项类型：货物、技术、服务

根据《出口管制法》第2条的规定，《出口管制法》的管制物项为相关领域下的货物、技术和服务。其中，对货物的出口管制与传统的海关出口管理理念一致，较容易理解；而对技术和服务的管制，以及对条文中明确提到的“技术资料”和条文中并未提到的软件等物项的管制情况，需要进一步分析。

（一）受管制的“技术”和“技术资料”

《出口管制法》中没有对“技术”的概念作出定义。在中国现行出口管制制度下，部分管制清单中包含对“技术”概念的界定，如《核出口管制清单》以及《核两用品及相关技术出口管制清单》、《生物两用品及相关设备和技术出口管制清单》、《有关化学品及相关设备和技术出口管制清单》、《导弹及相关物项和技术出口管制清单》。这对于《出口管制法》下关于技术的界定有着重

要参照作用。

上述清单中对"技术"的表述略有区别,但总体而言存在共性。首先,上述清单中的"技术"是指研发、生产、使用特定物项所要求的"专门知识"、"专门信息"或"特定资料",而清单进一步对"研发、生产、使用"的范围进行了界定。从定义中,可以理解中国法对"技术"的管制范围较宽,基本涵盖了从研发到使用、维修的方方面面。这与美国《出口管理条例》(Export Administration Regulation,EAR)对技术的界定是比较相似的。(见表2)其次,在上述清单中,"技术"既包括"技术资料",也包括"技术援助"。最后,上述清单均对管制技术的例外做出了界定,具体而言,此处的"技术"不包括"公开领域技术"或"基础科学研究"中的技术。

表2　中美出口管制规定中对"技术"的界定

	中国现行出口管制法律体系中的"技术"(以《导弹及相关物项和技术出口管制清单》为例)	EAR 中的"技术"
定义	"技术"是指"研制"、"生产"或"使用"本清单所列物项所需要,并可以"技术资料"或"技术援助"的形式传授的专门知识。 "研制"是指生产以前的所有阶段,如设计、设计研究、设计分析、方案研究、样机的装配和试验、试生产方案、设计资料、把设计资料转化为产品的工艺过程、结构设计、总体设计、绘制设计图纸; "生产"是指所有的生产阶段,如生产设计、制造、总成、装配、检验、试验、质量保证; "使用"是指操作、安装(包括现场安装)、维护、修理、大修、翻修。	技术是指开发、生产、使用、操作、安装、维护、保养、修理、大修或翻新某产品或软件所必不可少的信息。
形式	"技术资料"是指下列形式:规划,计划,图表,数学模型,计算公式,工程设计与技术规范,书写或记录在磁盘、磁带、只读或可读写存储器等存储介质上的手册和说明书。 "技术援助"是指:技术指导、派遣熟练工人、培训、传授知识、咨询服务。	构成"技术"的信息一般包括: 口头或书面说明、用户指南、操作手册、数据表、故障排除提示等; 详细图纸、平面图或原理图; 测试结果、维修/故障分析; 技术说明; 研发方案,以及 任何对系统和操作属性详细、非公开的描述。

续表

	中国现行出口管制法律体系中的“技术”(以《导弹及相关物项和技术出口管制清单》为例)	EAR 中的“技术”
例外	“技术”不包括“公开领域技术”或“基础科学研究”中的技术。	已公开的技术不受管控。向公众提供且不限制其进一步传播的技术为“已公开”的技术,从而不受 EAR 管控。

值得关注的是,《出口管制法》第 2 条第 2 款还明确了管制物项包括“物项相关的技术资料等数据”。如表 2 所示,现行部分管制清单中已经存在对“技术资料”的管制,并以列举的形式对“技术资料”进行描述。在《出口管制法》中尚无对“物项相关的技术资料等数据”的界定,该等宽泛的定义在实践中可能引发相应的问题,如“技术资料等数据”的外延究竟有多宽?是否包括管制物项的通用系统说明以及技术参数信息?虽然立法将物项相关的技术资料等数据涵盖进来的原意是为了更好地保护重要数据,从而更好地维护国家安全和利益,但由于《出口管制法》目前仍对技术资料等数据缺少明确定义和指引,目前来看这种宽泛的定义反而会给中外企业的日常运营带来更多的不确定性。我们希望未来有关部门能够对该定义进行进一步的解释说明。

(二)管制物项是否包括“软件”?

《出口管制法》规定的管制对象包括“货物、技术、服务”,没有直接写明“软件”。从广义上来说,软件可能落入技术的范畴,也可能存在于有形的货物中,甚至可能与服务贸易相关。在中国现行出口管制法律规定中,也有多处将软件作为管制物项并对软件作出定义。因此,我们理解有关“软件”应属于《出口管制法》所管制的范围。(见表 3)

表3　中美出口管制规定中对“软件”的界定

	中国出口管制法律体系(以《核出口管制清单》《核两用品及相关技术出口管制清单》为例)	EAR
定义	“软件”是指载入于有形媒介中的一个或多个“程序”或“微程序”,其中“程序”是指电子计算机可执行的或可转换成可执行某一过程的指令序列;“微程序”是指保存在一个特殊的存储器里的基本指令序列,通过把其参考指令引入指令寄存器开始执行该基本指令序列。	EAR中“软件”的定义为:固定在任何有形的表达载体上的一个或多个程序或微程序的集合,包括源代码、脚本、程序、应用,经下载或其他有形介质得到的模块或相关内容。
例外	对“软件”转让的管制不适用于以下“软件”: 1.通常用以下方式提供给公众的软件: (1)在没有限制的零售点中销售;和 (2)专用于用户自身安装而无须供应商进一步具体支持的;或 2.“公共使用的”。	根据EAR,“已公开的软件”不受控。“已公开的软件”指的是“向公众公开”且“不限制其进一步传播”的软件。 实践中,美国商务部工业与安全局一般认为免费且可以匿名下载的软件是已公开的软件。此处的免费且匿名是指下载过程免费且无须提供可以识别主体身份的信息进行注册、无IP地址的追踪和限制、无身份验证等限制。

无论是现行的中国法规还是EAR,都对软件的管控设立了除外条款。虽然描述有所区别,但背后的原则均为公开的软件不受到管制。我们理解,《出口管制法》实施后,对于软件的管制也很可能适用这一原则。

此外,中国现行法规对“软件”的定义中,强调的是“计算机可执行”的指令,也就是目标代码或机读码,即由编译器或汇编器处理源代码后所生成的代码,它一般由机器代码或接近于机器语言的代码组成。而在EAR中,“软件”还包括源代码。我们注意到,在《出口管制法》三审稿审议过程中,曾有代表明确建议将源代码、算法一并列入管制物项。最终通过的版本虽未将源代码和算法写进法律,但将与管制物项相关的“技术资料等数据”列入了管制物项,其中是否涵盖源代码和算法仍存在不确定性。我们理解,软件及源代码作为一项核心关键技术,无疑应成为《出口管制法》管制的范畴。但未来关于软件的出口管制具体如何落实,还有待实施细则进一步明确。

(三)受管制的“服务”

除了传统的货物、技术之外,《出口管制法》还明确将“服务”也纳入管制物项。此举是本次立法的一项创新,充分体现了管制物项全覆盖的特点。然而,该项立法创新能否取得实际成效,仍取决于监管部门的进一步举措。同时这一立法创新也留下了许多问题,如什么类型的行为构成"服务"?有关行为是否必须与管制物项的生产、制造和使用等环节相关?是否以及如何使用管制清单来规范"服务",还需要配套的实施细则进一步予以明确。

在现行规定下,仅在《军品出口管理条例》中出现过管制"服务"的字样,但对于哪些服务纳入管制范围,并未明确规定;而其他现行法规及其管制清单中均未单独将服务列为管制物项。在美国出口管制法中,管制的物项一般也只包括商品、软件和技术,而不包括服务。

此外,监管部门将如何监管受管制的"服务"也值得关注。我们理解,服务的种类多样,相比起产品的转移更难发现。因此,在监管中对"服务"的认定将存在一定难度。未来监管部门如何认定"服务"的出口值得关注。

管制物项是实施出口管制制度的核心和基础。我们建议广大企业根据现行的相关管制清单,抓紧开展所经营物项的梳理和评估,准确判断自身在研发、采购、销售等环节是否存在落入管制清单的物项,并根据评估情况建立健全内部出口管制合规制度。

美国《反海外腐败法》2019~2020年盘点

尹云霞[*]　刘　榕[**]　李晓霞[***]

一、2019年FCPA执法再创历史纪录

(一)执法数量

2019年,FCPA执法机关(SEC和DOJ)共完成对16家公司的执法[含2个不起诉(Declination)案件],公司和解案件数约与去年持平。

(二)和解金额

2019年公司案件与美国政府(不含支付给联合执法的他国政府)的和解金额总计26.5亿美元,打破2016年24亿美元的纪录,创历史新高。

全球知名电信设备厂商爱立信(Ericsson)及俄罗斯最大电信运营商移动通信系统公司(Mobile Tele Systems,MTS)分别支付10.6亿美元和8.5亿美元与美国政府和解,两家公司和解总金额占2019年总和解金额70%以上;2020年年初,法国空客公司(Airbus SE)支付39亿美元与英、美、法三国就其行贿及出口管制问题达成和解。其中,因FCPA违法行为与美国政府达成的和解金额为20.9亿美元;前述案件刷新了FCPA历史10大案件榜单。

(三)高风险执法领域

在2019年的执法中,电信、能源、金融、科技四大行业是高风险执法领域(见图1)。

* 尹云霞,方达律师事务所合伙人。
** 刘榕,方达律师事务所律师。
*** 李晓霞,方达律师事务所律师。

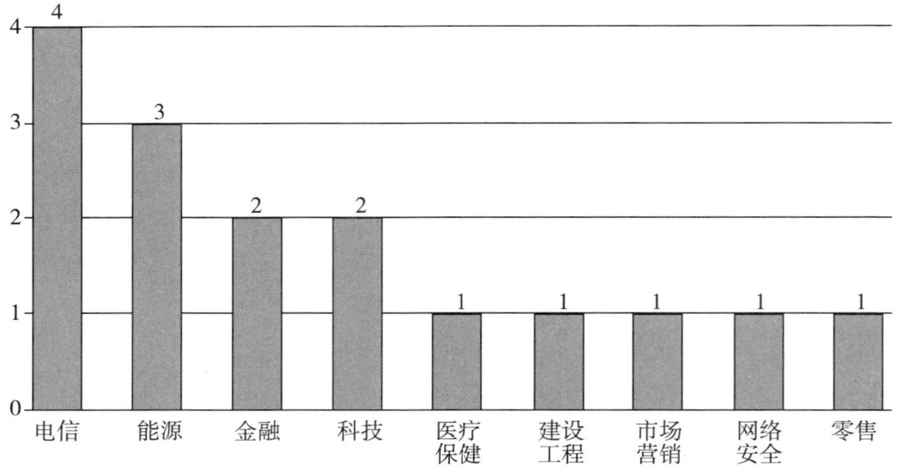

图1　2019年FCPA公司执法案件涉及领域

二、中国持续成为FCPA最热执法区域

（一）2019年FCPA涉及中国的情况

2019年，50%的FCPA和解案件涉及中国（见图2）。此前，涉及中国案件占比最高纪录为55.5%，发生在2016年。中国持续成为FCPA最热执法区域。

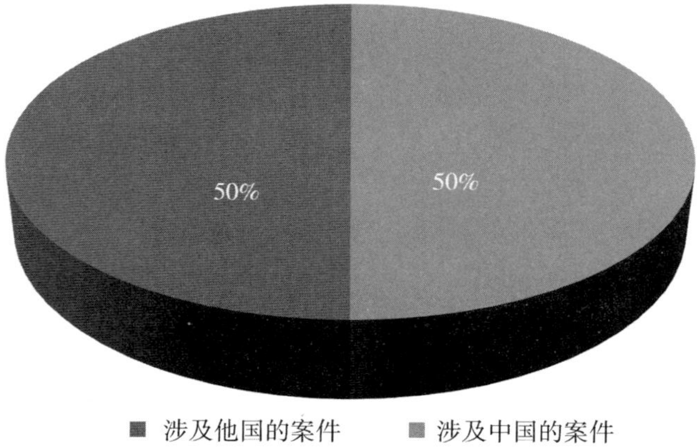

图2　2019年FCPA执法涉及中国的案件

涉及中国的8个FCPA案件，主要集中在医疗、零售、投行、市场营销、网

络安全、电信、能源七大行业。主要违法事实概括如下：

1. 费森尤斯(Fresenius Medical Care)

一家德国透析产品和服务提供商，为销售其产品，涉及在中国等全球 10 多个国家行贿医疗卫生人士，被指控违反 FCPA 反贿赂条款和会计条款。同时受到 DOJ 刑事指控。

2. 沃尔玛(Walmart)

一家美国连锁企业，因未对子公司实施充分的反腐败合规管控，放任子公司通过第三方等方式贿赂中国等国政府官员，被指控违反 FCPA 会计条款。同时受到 DOJ 刑事指控。

3. 德意志银行(Deutsche Bank AG)

一家德国银行，涉及在中国和俄罗斯聘用政府官员亲属，以利用政府官员的影响力获得投行业务，被指控违反 FCPA 会计条款。

4. Quad 公司(Quad/Graphics)

一家美国印刷及营销公司，在中国和秘鲁贿赂政府官员。同时，为掩盖其与一家受美国制裁的古巴国有电信公司的交易而进行财务造假，被 SEC 指控违反 FCPA 反贿赂条款和会计条款。DOJ 对该公司做出不起诉(Declination)的决定。美国上市公司掩盖制裁违规行为，可能会同时触犯 FCPA。

5. 瞻博网络(Juniper)

一家美国网络通讯设备公司，其中国子公司的销售人员伪造文件，以掩盖实际用于招待客户的费用，被 SEC 指控违反 FCPA 会计条款。

6. 巴克莱银行(Barclays)

英国乃至全球最大的银行之一，涉及在中国聘用政府官员子女，以获得业务，被 SEC 指控违反 FCPA 会计条款。

7. 爱立信(Ericsson)

全球知名电信设备厂商，涉及在中国等国利用虚假合同向政府官员输送利益，被 SEC 指控违反 FCPA 反贿赂条款和会计条款。同时受到 DOJ 刑事指控。

8. 西港燃料公司(Westport Fuels Systems)

一家加拿大清洁燃料公司，涉及为获得业务而向中国某政府官员输送利益，被 SEC 指控违反 FCPA 反贿赂条款和会计条款。

（二）两位中国公民被提起FCPA刑事指控

2019年11月，中国公民李延亮（Jerry LI）和杨宏伟（Mary YANG）因代表其原雇主行贿中国政府官员被DOJ提起刑事指控。李延亮同时面临SEC民事指控。截至发文时间，两人尚未被美国政府刑事逮捕。据2020年3月初华尔街日报，其原雇主预留了4000万美元就其中国子公司涉及的FCPA违法行为，准备与执法机关和解。

李延亮曾是某跨国公司中国子公司销售副总裁、执行董事，是该跨国公司在中国的最高级别管理人。杨宏伟曾任其中国子公司外务部的部长。两人被DOJ指控共谋违反FCPA，指控还涉及伪证、销毁证据等罪名。此外，SEC以帮助和教唆违反FCPA对李延亮提起民事指控。

两人的原雇主在中国的FCPA违法行为与2014年雅芳（Avon）案类似：都涉及早期为获得在中国的直销牌照、为删掉公司负面报道而行贿政府官员。雅芳及其中国子公司在2014年与DOJ和SEC达成认罪协议。公开信息未发现雅芳案中其中国子公司高管被提起FCPA指控。

这两个案件给我们两点启示：

（1）类似的案件，在5年前，执法机关不大会对涉案的外国高管提起刑事指控。但根据当前的执法政策，企业如果不供述涉案的高管并提交相关证据，则很难获得执法机关的从宽处理（如减免罚金），并且很难达成和解。从李延亮和杨宏伟原雇主来看，其预留的4000万美元和解金额远低于雅芳当时支付的1.35亿美元和解金。李延亮和杨宏伟原雇主的执法结果值得进一步关注。

（2）跨国公司的中国高管需提高警惕。美国上市公司（包括在美国上市的中国公司）或美国公司的中国高管，无论其是否具有美国身份（如美国国籍、绿卡或永居身份等），都可能因在中国的贿赂行为而受到FCPA刑事和/或民事指控。

（三）《中国行动计划》开始发力

DOJ在2018年年底发布《中国行动计划》后，在2019年相继对中国某信息与通信基础设施和智能终端公司及其关联主体发起欺诈、洗钱、制裁、妨碍司法等指控，并对多名中国公民发起商业间谍、侵犯商业秘密等相关指控。DOJ在2019年4月针对两个中国公民商业间谍的指控中表示，今后将加大与私有领域合作，以更好执行《中国行动计划》。

为实现《中国行动计划》的目标,美国某参议员督促DOJ调查中美贸易协定中可能涉及的FCPA问题。根据中美达成的第一阶段贸易协定,美国公司可以收购中国银行市场的不良贷款(Non-performing loans)。2020年2月底,美国某参议员致信DOJ并抄送SEC,其在信函中指出中国很多银行都是国有银行,督促DOJ调查中国金融和非金融公司向美国公司销售不良债务(distressed debt)所涉及的FCPA违法问题,并希望DOJ能明确具体的行动步骤,但其并未指出具体存在或可能存在哪些FCPA违法行为。根据外媒报道,DOJ确认收到了此信,但拒绝置评,SEC也并未回复该信函。

三、投资拉美的中国企业需提高FCPA执法警惕

继中国之后,巴西也成了FCPA热门执法区域。2019年,共4起FCPA案件涉及巴西,总计和解金额6.57亿美元,是继中国之后,执法案件涉及最多的国家。美国和巴西等拉美国家在反腐败领域的合作越来越多,在拉美有投资的中国企业应重视当地子公司的腐败问题,避免中国公司牵涉到相关案件中。

近4年涉及巴西的8个FCPA案件,总计和解金额约70亿美元,大多为美国和巴西政府联合执法的结果。巴西在反腐败立法和执法层面不断学习美国、英国等实践。2014年,巴西通过了《反公司腐败法案》(Clean Company Act),该法案在域外效力、和解协议、自我检举、企业合规机制等方面,都在学习美国FCPA和英国《反贿赂法案》(The Bribery Act)等国际实践。2015年3月,巴西颁布了一项法令,明确了企业合规机制应具备的关键要素,其内容与FCPA《企业合规机制评估指南》类似。

为进一步加大反洗钱和反海外腐败执法力度,美国联邦调查局(Federal Bureau of Investigation, FBI)于2019年3月在迈阿密设立FCPA调查组(FCPA Squad)。据公开消息,该调查组将重点关注发生在迈阿密及拉美的腐败行为。美国与拉美国家执法合作日益紧密,阿根廷、巴西等国近年来不断掀起反腐败风暴,在拉美国家有投资的中国企业,应警惕其当地子公司违反FCPA及拉美国家反腐败法律的风险,提防因当地子公司贿赂而牵连中国企业受FCPA指控的风险。

四、2019年FCPA执法亮点

(一)FCPA长臂管辖受阻

经过长达7年的诉讼,69岁的英国人Lawrence Hoskins终于在DOJ对其

的 FCPA 指控中获得胜诉。2020 年 2 月 26 日，美国一联邦法官准许了一项无罪判决，认定 DOJ 针对 Hoskins 作为阿尔斯通（Alstom）美国子公司的代理人违反 FCPA 的指控不成立。2020 年 3 月初，DOJ 在其官网公布对 Hoskins 的量刑，虽然法官判决 FCPA 指控不成立，但 Hoskins 参与的贿赂行为因涉嫌洗钱而被判决 15 个月监禁，罚款 3 万美元，DOJ 尚未就 FCPA 问题再提起上诉。

英国公民 Hoskins 曾受雇于 Alstom 英国子公司，但涉案期间在法国担任 Alstom 某部门前副总裁，因涉嫌为获得 1.18 亿美元合同而通过顾问行贿印度尼西亚当地官员，被美国政府于 2013 年逮捕，并提起刑事指控。Hoskins 并非美国公民或永久居民，在涉案期间从未涉足美国，其并不属于 FCPA 直接管辖的主体。

Hoskins 的经历一波三折。2015 年美国康涅狄格州联邦地区法院认定 DOJ 对 Hoskins 共谋违反 FCPA 的指控不成立。随后，DOJ 提起上诉。2018 年，美国第二巡回上诉法院维持区法院的部分判决，指出，DOJ 不能以“共谋”理论将明确不属于 FCPA 管辖的主体纳入管辖范围。随后，DOJ 以 Hoskins 作为 Alstom 美国子公司的代理人违反 FCPA，继续对其提起刑事指控。2019 年 11 月，Hoskins 被联邦陪审团认定作为代理人违反 FCPA。

在 Hoskins 被联邦陪审团认定违反 FCPA 之后，业界普遍认为，DOJ 很有可能会以代理理论继续扩大 FCPA 的长臂管辖。但 DOJ 助理检察长（Assistant Attorney General）在 2019 年 12 月第 36 届 ACI 国际反腐败大会上，用较长篇幅对 Hoskins 案进行点评，并回应了业界的担忧、传达了 DOJ 的态度，其核心观点包括：（1）DOJ 不会扩大代理理论的适用范围，或者突破 FCPA 本身的规定去适用代理理论。（2）DOJ 不会仅凭代理理论，就默认所有母公司都需要为其子公司、合资公司或关联公司承担责任。代理理论的适用需要依据个案分析，其成立与否取决于具体的事实和证据。以 Hoskins 案为例，DOJ 负举证义务，需证明 Hoskins 在涉案项目相关事宜中作为 Alstom 美国子公司的代理人（Agent of Domestic Concern）。（3）DOJ 不会仅凭代理理论就发起 FCPA 指控，在决定是否发起一项 FCPA 指控时，其会综合考虑举证责任、举证难度、案件性质和严重性、高层管理人员参与程度、自我检举、配合程度及补救措施等因素最终决定。

但在 2021 年 2 月底，联邦法官认为，DOJ 未能充分证明 Hoskins 是 Alstom

美国子公司的代理人，推翻了联邦陪审团的有罪认定，仅对其涉及的洗钱行为做出有罪判决和量刑。联邦法官的判决给DOJ通过代理理论指控外国主体带来挑战。虽然代理理论在FCPA下有明确的管辖权依据，理论上美国政府可以据此指控任何外国主体。但对DOJ来说，难点是如何证明代理关系的成立。Hoskins案在FCPA方面的胜诉一定程度上证明执法机关无法一味扩大FCPA的管辖权。

（二）跨国公司高管在FCPA下的个人刑事风险增加

FCPA执法机关近年来在无数场合强调他们对追究个人责任的重视，在2015年DOJ公布的《页茨备忘录》（Yates Memo）中，甚至把“向DOJ主动提供负有直接责任的个人并提供证据”明确作为对涉案企业宽大处罚的条件。在该政策驱动下，DOJ近年针对企业高管违反FCPA的刑事指控不断增加。2019年，DOJ公布34起个人FCPA刑事执法，创下美国金融危机后的新记录，其中，30人被认定有罪。

在FCPA执法案件中，很少有企业选择庭审。涉案企业几乎都支付相应和解金与执法机关达成和解。对于被指控的个人，也只有少数人会选择庭审。在某些年份，可能有一两个FCPA相关的陪审团庭审（Jury Trial）案件，但大多数年份，每年约有一个FCPA陪审团庭审案件。在2013年至2016年，未出现过陪审团庭审案件；在2017年和2018年，各出现一个；而在2019年，出现三个FCPA庭审案件，共4名被告被认定违反FCPA。

在当前执法政策下，涉案企业如不“交出”实质涉案的公司人员（尤其是涉案高管），将很难与执法机关达成和解，并获得从宽处罚。可以预见，在今后的FCPA执法中，会有更多的个人指控案件。随着个人案件不断增加，FCPA判例法将逐渐走向成熟。

五、趋势展望与合规建议

从执法机关的态度来看，在新的一年，FCPA执法并没有放松的迹象。据统计，2020年，超过100家公司正在接受FCPA调查。

对于受管辖企业，其唯一的出路是，加大对企业合规机制的投入，从源头上避免问题的发生。这是DOJ助理检察长在2019年年底ACI国际反腐败大会上坚持向企业传达的讯号。在过去10年，执法机关对企业合规机制有效性的期待和标准越来越高，企业为和解FCPA而付出的代价也越来越大（2008年西门子案之前,企业为解决 FCPA 问题而支付的平均和解金额仅为 800 万美元,而西门子案之后,该平均和解金额已远超 1 亿美元)。

面对明确的执法态度、日益成熟的多国联合执法手段,企业避免被多国政府联合执法的唯一出路是,加大对企业合规机制的投入,建立充分有效的内控机制,从源头上防止问题的发生,避免承担企业责任,同时提防多国政府联合执法。

而对于跨国公司高管而言,公司一旦受到 FCPA 调查,高管对于公司而言,仿佛是被鳄鱼咬住的腿,公司想要自救,只能选择断腿。公司可以“花钱消灾”(支付和解金),而跨国公司高管可能要背负牢狱之灾。因此,跨国公司高管需重新审视公司与自身的利益:在公司和个人业绩与合规之间,到底该如何选择?是选择眼前利益还是长远利益?

全球数据保护合规：常见误区及合规实操难点

尹云霞[*]　张　毅[**]　张文豪[***]

在数据日益重要的今天，企业在不断开拓数字化业务、挖掘数据商业价值的同时，也面临着越来越严格的数据保护法律和监管要求。很多国家受《欧盟通用数据保护条例》（General Data Protection Regulation，GDPR）的影响也纷纷制定或者修改了其数据保护法律，目前全球已经有超过 120 个国家有个人信息保护类的立法。技术日新月异的发展也大大加速了立法的变革，企业的数据保护及合规一直面临各种因法律的不确定性带来的挑战。对于越来越多“走出去”的中国企业来讲，如何以最小管理成本实现不同国家和地区的数据保护法律合规成为亟须解决的重要问题。在实践中，我们看到很多企业已经开始探索和部署建立全球数据保护合规体系，虽已取得一定成效但同时也遇到了各式各样的障碍和难题。本文将结合我们在全球数据保护合规以及国内网络安全与数据保护合规方面的经验，来分析企业在全球数据保护合规策略中的选择和常见误区以及实施和落地过程中常见的障碍。

一、企业开展全球数据保护合规的常见误区及难点分析

（一）GDPR 为主的全球合规策略是否简单易行并且适用于各国的业务发展的需求？

许多企业（特别是在欧洲有业务且受到 GDPR 管辖的企业）在开展全球数据保护合规工作时，会选择先做 GDPR 的合规，然后再将依据 GDPR 建立的合规措施和流程以尽量少的改动复制到各国，以实现内部流程的统一和减少差异化管理。然而这样的合规策略真的如预想一样有效以及简单易行吗？做到了 GDPR 合规是否也就意味着可以一劳永逸地同时满足其他国家数据保护法

---

* 尹云霞，方达律师事务所合伙人。
** 张毅，方达律师事务所律师。
*** 张文豪，方达律师事务所律师。

律的要求呢？

随着 GDPR 实施近两年，欧盟和各成员国监管机构对于这部法律的解读越来越多，执法案例也越来越多，这都对企业理解规则并在实践中依据规则开展合规给予了很多指导。我们经手过不少中国企业针对 GDPR 开展的数据保护合规项目，也协助过很多外国企业通过将总部的 GDPR 合规体系进行本地化来实现国内网安法的合规。不可否认的是，GDPR 的规则和体系确实可以给企业带来项目实施上的便利，有利于企业内部的统一管理和自动化工具的部署。但实践中我们也看到，企业在以 GDPR 为主建立全球合规体系的项目结束后，很多项目产出只流于形式并且没有注重与本地的法律结合。过了一段时间后，这些产物很难内化到企业的业务流程和管理流程，从而没有发挥出 GDPR 的体系在数据保护上的指引的功效。原因除了 GDPR 本身合规难度较高以外①，我们认为还有国内企业对 GDPR 的合规要求理解尚不深入，合规成本、资源限制后续合规项目继续投入，以及业务部门的意识和配合程度较低等原因。很多时候企业都以法律不强制要求为由最终没有实施例如 GDPR 要求的数据保护影响评估和 privacy by design and by default 这些措施。

另外，企业依据 GDPR 作为个人信息保护的合规要求并不一定能够完全符合很多其他国家数据保护合规的需求。这种常见的“一刀切”的做法在实操中会遇到如下的问题：

1. GDPR 的规定仅限于个人信息保护领域，在这样的保护体系下，企业在考虑海外其他国家的合规措施时可能会忽略融合其他领域的法律要求。很多国家对非个人信息或者技术本身也有一定的保护和限制性规定，如我国法律规定的“重要数据”“测绘地理信息”等，美国技术出口管制的限制以及印度等国家计划对物联网中涉及的机器运行数据进行的管控等。金融、医疗、电商等行业性法规往往也会在数据种类或者系统种类层面提出特殊的要求，并且会作为特别法优先适用于行业。一些国家的个人信息保护规则可能并不完全规定在其个人信息保护法中，如韩国个人信息保护相关的域外适用的

① Thomson Reuters 的一项调研显示，有约 1/3 的被调研企业认为 GDPR 合规比预想地更为困难，参见 Thomson Reuters，*GDPR Report-Business struggle with data privacy* ，Thomson Reuters（May 22，2019），https://www.thomsonreuters.com/en/press-releases/2019/may/businesses-struggling-with-gdpr-after-one-year-says-thomson-reuters-survey.html。

规定在其 Network Act(全称为 the Act on Promotion of Information and Communications Network Utilization and Data Protection)中,而不是在《个人信息保护法》(Personal Information Protection Act)明确,并且韩国的 KCC(Korean Communication Commission)已经根据 Network Act 对韩国本地企业和境外企业进行多次执法。

2. 很多国家的数据保护规则与 GDPR 存在差异,直接适用依据 GDPR 确立的数据保护措施可能并不能够完全满足各国的数据保护合规的要求。完全依据 GDPR 建立出来的公司政策和流程如果没有经过本地化或者只是有限地本地化,可能会在法律适用和术语上没有办法与当地的法律进行匹配。例如,我国没有完全采用 GDPR 中数据控制者和数据处理者的定义以及相应的归责方式。在实践中,我们看到很多协议在使用此类概念的时候,仍然直接引用 GDPR 中的定义,因此导致无法对应当地法律导致约定不明的情况。例如,新加坡也没有使用数据控制者和数据处理者的定义,在法律归责原则上也并非完全与 GDPR 相同。

实体规则方面的最大差别还体现在收集个人信息时的透明度要求以及数据主体的控制权(主要是数据主体权利)方面。不同于很多国家都要求数据主体同意一项数据处理行为,GDPR 规定了许多其他的合法基础,因此数据控制者还可以基于“正当利益”或“履行合同”,不经过数据主体的同意收集和处理其个人信息。这些依据 GDPR 设置的注册流程可能无法满足用户“同意”的要求,特别是企业需要发送营销信息(direct marketing)时,很多国家对此都提出了明示同意(opt-in)的要求,如果企业在非欧盟国家采取正当利益作为法律基础(欧盟部分成员国也认可基于正当利益进行直接营销),未事先就向用户发送营销信息取得用户同意,则可能会导致违反当地的法律要求。

3. 以 GDPR 为基础建立的部分合规措施可能在一些国家的合规水位过高,不利于当地业务的开展。例如,依据 GDPR 建立的合规体系往往要求企业在委托第三方处理数据或者与第三方共享数据时,与第三方签订相应的协议文件。在很多国家和地区法律尚没有此项要求(如印度尼西亚、越南等),如果企业内部制度强制要求业务部门签署此类模板协议,可能会给业务部门造成不必要的障碍。另外,GDPR 强调的限期删除原则,很多国家在过去几年也没有全面地开始严格执行。

（二）各国法律合规是否“只要符合法律最低要求”？

在我们负责过的众多数据保护合规项目中，“只要符合法律最低要求”和“保持行业平均的合规水位”是最常见的合规诉求。这两种诉求对于解决业务部门的某个具体问题、或者完成某个短期的项目而言是合理的。但是我们的经验是，企业以这种合规水位建立的管理流程或采取的合规措施，虽然看上去满足了某个时间点一些法律法规的书面要求，但在全球各国数据合规水位不断提升、民众个人信息保护以及隐私保护的意识不断提高、监管日趋严格的大前提下，这种“tick the box”的做法很多时候还会面临着这些合规项目的产出后期需要不断更新的问题。

目前，很多国家的法律规定（包括 GDPR 在内），都尚存在不清晰之处，而且很多国家监管机构的执法案例中对于主要的法律问题并没有详细论证和披露细节，国内的从业人员在缺乏当地背景的情况下，很难仅根据法律文本摸透当地监管的思路。如果企业仅以“法律最低要求”为标准，忽视监管机构颁发的指南、指引等不具有法律效力的文件，可能会导致企业的合规措施并不能充分满足当地的数据保护法律要求。这点在美国联邦贸易委员会的过往执法中有很好的体现，美国联邦层面尚没有统一的数据保护法，但是 FTC 过去 30 年来的执法主要是依据 FTC Act 第 5 条针对不公平（unfair）和欺骗性（deceptive）行为的原则性规定并且不断扩张解释来完成。FTC 的指引因此也成为当地合规需要重点考虑的文件之一。

另外，很多监管机构在进行数据保护执法时都是从消费者权益保护的角度出发来考虑用户的权益保护。用户期待值的不断提高也使得监管机构不断在执法层面提高对企业的合规要求（从 2019 年我国的 APP 个人信息保护执法来看，似乎也是这种消费者权益保护的思路为主）。

（三）B2B 企业比 B2C 企业面临的数据保护合规压力较小？

传统的 B2B 企业涉及的个人信息主要以 B 端企业的员工为主，例如企业的销售人员的联系信息。整体涉及个人信息的场景较少，因此很多 B2B 企业对数据保护一直不是很重视。随着全球数字化的发展，越来越多的 B2B 企业开始从线下到线上，例如汽车生产商开始直接面对消费者提供远程诊断服务、医疗器械行业通过线上获取患者数据进行植入物的 3D 打印等。

在中国提出“智能制造”大政策的前提下，必然会有更多传统制造企业向

IoT 转型,并且应用更多的用户数据来调整自己的产品设计以及营销策略。这些 B 端企业涉及的个人信息体量和敏感性并不亚于面对 C 端的互联网企业,特别是物联网产品的数据安全问题甚至可能涉及用户或公众的生命安全。而且很多物联网产品从设计、研发到生产和销售的周期要远远长于互联网产品,将数据和隐私保护要求嵌入产品设计显得更为重要。

此外,IoT 行业面临的数据保护合规问题往往不仅限于个人信息保护,还涉及非个人信息的监管要求。例如,我国药监局的《医疗器械网络安全注册技术审查指导原则》中对医疗器械运行数据作出了规范。其他国家也在考虑规范非个人信息的使用,例如印度电信部门考虑对机器间(Machine-to-Machine communication)的数据传输进行规制等。提供 3D 打印或者定制服务的 B2B 企业,为了减少客户订单的交流时间和增加订单完成的速度,大多考虑系统直连的方式。特别是一些医疗器械类的企业,会直接将一些影像类的数据进行去标识化处理后直接传给器械生产厂商进行定制生产。这种时候数据主体所在国(如在欧洲医院的病人)的数据保护法对于去标识化以及匿名化的要求,以及其他的数据保护要求(如数据限期存储和数据主体权利)也都会影响 B2B 企业的数据保护合规措施。随着产品的销售遍布全世界各地,这类 B2B 企业也会面临很多国家的法律适用和合规的压力。这种法律适用和规则调和方面的压力对于 B2B 企业而言也不见得就小于 B2C 企业。

(四)数据跨境传输安排是否一纸数据跨境传输协议就可以解决?

数据跨境传输安排是企业进行全球数据合规实操中最棘手的问题之一,其中主要原因在于跨境传输往往涉及较多的环节,需要同时考虑不同国家的法律要求。很多中国企业在出海时最为关注的问题是,其是否可以将海外的数据回传至中国处理和存储。这种安排涉及当地法律中的本地化要求、当地法律对数据传输至中国的要求以及中国将处理后的数据跨境再传输到海外国家的要求。在每一个有业务的国家设立当地的数据中心显然不是很实际,因此很多企业的数据流大多是从用户所在国→数据中心所在国→数据处理中心所在国→中国或更多国家等不同的传输路径。

出于对本国数据资源的保护、政治和国家安全等因素考虑,已经有越来越多的国家开始(考虑)数据本地化方面的限制。例如,俄罗斯对个人信息的本地化要求、我国的“重要数据”、印度 2019 年《个人信息保护法草案》中的

“critical data”等,美国有议员提出制定法律禁止将美国的个人信息向可能影响美国国家安全的国家(如中国、俄罗斯等)传输。这些数据本地化的要求有些十分明确,要求 App 或者网站的日志信息必须先落盘在当地的服务器,并且对在当地托管的数据中心的建设和运营也有明确的要求。

从数据跨境传输的限制来看,数据跨境传输安排也并不是单独签署一纸跨境传输协议就可以解决的。除了可能需要包含法律必备的条款或者使用政府公开的标准协议模板之外,部分国家还对企业使用的跨境传输协议提出了审批或备案的要求(如瑞士)。另外,这些数据跨境传输以及再传输也需要在企业自己的隐私政策中有所体现,以告知用户,否则将可能违反当地的数据保护法。另外,在欧盟,很多成员国都有很强势的劳资委员会(works council),这些劳资委员会对当地员工个人信息的收集处理以及跨境传输都有共同决策权。在没有与当地的劳资委员会沟通的情况下就将欧盟当地的员工的信息直接传回中国处理可能会引发劳资委员会的反弹和执法。

二、2020 全球数据保护合规安排建议

1. 全面了解自身业务并且对前期的核查进行复盘。通过数据核查,了解自身业务中涉及的每一项数据处理行为是企业建立全球数据保护合规体系不可避免且至关重要的一个过程。GDPR 的规制维度是细化到每一项数据处理行为的,如在判断 GDPR 的适用性时,需要具体到每一项数据处理行为来分析,对企业来说,可能仅某一项或者某一部分数据处理行为会落入 GDPR 的适用范围。数据核查不仅是事实发现与总结的过程,更是一个法律分析的过程,因为数据保护合规要求满足与否需要放到每一项数据处理行为的维度去分析。企业在对自身的业务中涉及的数据处理行为缺乏一个整体和微观的理解的前提下,很难充分地识别哪些数据处理行为以及在哪些国家的数据保护合规方面面临压力,因此无法有的放矢地制定适宜企业自身业务实践的全球数据保护合规策略。

我们经手的许多全球和国内数据保护合规项目或者数据审计项目中,很多企业的数据核查都是通过问卷的方式来收集各部门的信息,但很多情况下问卷问题不清晰或者法律术语过多,导致业务部门无法理解而无法给出更有价值或者准确的回复。之后在具体的数据处理行为都不完全弄清楚的前提下,就制定了很多公司政策来完结项目。需要指出的是,采取问卷调查的方式能够将第一轮的合规问题很快筛查出来，但是这种方式在企业有一定的数据保护合规体系并且员工对于数据保护的意识达到一定的水位和业务部门已经具备基本的数据保护知识的基础上才能取得很好的效果，然而这种方式不见得是适合首次进行数据保护合规的企业。

2. 数据合规体系应与企业的管理流程与业务流程有机融合，并有效开展审计和选取监测指标来衡量这些措施的有效性，重视新产品新服务和解决方案的合规评审。企业在建立数据合规相关的制度和流程时，应当兼顾企业现有的管理流程和业务流程，为业务部门提供具体的“正向指引”，尽量避免将过于“原则化”的规范式文本直接提供给业务部门。我们看到很多公司在国内网安法的合规问题上，在内部的员工个人信息保护指引中直接复制《个人信息安全规范》的内容，我们认为这种做法是很难发挥出给业务部门的指导和规范效果的。

对于已经建立的数据保护合规体系，企业可以考虑通过内部审计等机制来检验其实施落地的情况和有效性，以便及时识别与业务的不契合之处和不合理之处。这些不合理之处可以通过选取相应的指标（matrix）来进行衡量，如数据主体行权的平均回复时间以及回复质量（是否引发后续的应对）、隐私政策是否因为内部的合规排查不准确导致的更新次数、隐私办公室收到各业务部门的问题并且解答的次数等。定期的审计也是必不可少的。

另外，需要充分论证业务部门提出的法律方案以外的解决方案。技术领域日新月异的发展使得法律滞后性的问题越来越突出，而数据保护领域尤为明显。如果企业的数据保护合规策略过于僵化，或者习惯性从相对滞后的法律规则中推动出结论，对于处于法律空白领域的新型技术绝对不是一个好的信号。美国心理学家 Barry Schwartz 在 TED Talk 演讲上说的一句话可以用来表达了这种仅仅着眼于现有法律规则来提出解决数据保护方案的不足：“moral skill is chipped away by an over reliance on rules that deprives us from the opportunity to improvise and learn from our improvisation”（道德的技能已经被我们过分尊重规则的惯性摘除了导致我们现在无法进行即兴发挥也无法从这些即兴发挥中学习）。一个良性而且可持续的合规体系是要求企业法务与产品和安全团队一起协作的，企业法务适当地在相对滞后的法律规定的框架外从业务的视角以发展的眼光进行风险分析，并且尊重和充分论证业务层面考虑到的新的解决方案。

3. 以当地用户的视角进行合规,充分减少法律与业务之间的沟通误差。以用户的视角进行各国的合规可以让业务、法务以及技术等部门获得一个直观的感受以及体验上的"最大公约数"。法务也能够有效地理解各国法律的要求、当地用户的权益保护的诉求、以及外部监管的角度,更好地协助公司进行合规。随着我国经济水平的增长,我们在跨国收购以及运营的能力上相比前二十年已经有非常大的提高。这也导致了很多"中国经验"的输出。在各国数据保护合规的策略上,单纯的"中国经验"输出是需要非常小心的,因为这些经验很多时候体现的是我们在中国对中国区的用户以及用户行为的认识,这些认识并非与当地用户的行为和期待相符。调研显示,85% 的德国人倾向于 GDPR 的规定,但在美国此比例仅为 29%[②]。在有关是否愿意以隐私交换服务的调研中,不同国家的反馈也不同,德国对隐私的关注度最高,而印度最低。[③] 用户视角的不同往往会直接影响到不同国家的 App 或者产品的设计。只有在认识到这种差别的情况下,在做新产品上线的论证以及数据保护影响评估的时候才能够更有的放矢。

② Bhaskar Chakravorti, *Why the Rest of the World Can't Free Ride on Europe's GDPR Rules*, Harvard Business Review (Apr. 30, 2018), https://hbr.org/2018/04/why-the-rest-of-world-cant-free-ride-on-europes-gdpr-rules, https://www.pewresearch.org/global/question-search/?qid=1762&cntIDs=&stdIDs=.

③ Bhaskar Chakravorti, *Why the Rest of the World Can't Free Ride on Europe's GDPR Rules*, Harvard Business Review (Apr. 30, 2018), https://hbr.org/2018/04/why-the-rest-of-world-cant-free-ride-on-europes-gdpr-rules, https://www.pewresearch.org/global/question-search/?qid=1762&cntIDs=&stdIDs=.

欧盟白皮书出台：中国的境外投资将面临更严格的审查

韩　亮[*]　Christoph van Opstal[**]

为保护欧盟企业免受外国补贴导致的扭曲效应，欧盟委员会出台了白皮书。白皮书项下规定了针对外国补贴拟采取的措施，这将为欧盟再添一种新型监管工具，使欧盟委员会能够对外国投资特别是针对来自中国的投资展开广泛审查，现有或未来投资中涉及政府补贴的中国企业及相关利益方应当仔细审阅白皮书中的各项措施。

一、问题的提出和白皮书的出台意义

目前，欧盟的国家援助规则仅适用于欧盟成员国。此次出台新规则的目的在于：填补欧盟对于目前不属于欧盟国家援助规则适用范围、由非欧盟政府向在欧盟开展业务的公司提供补贴这一问题的“监管空白”；解决某些公司可能基于外国补贴获得不公平竞争优势的问题，从而创造公平的竞争环境。尽管白皮书以铝和半导体为例说明了外国补贴可能产生的扭曲效应，但白皮书所规定的措施可适用于所有市场情形和行业。

二、拟议方案与监管措施

白皮书规定了三个执法模块，以对在欧盟引起“扭曲”的外国补贴进行监管。该等措施广泛适用于目前在欧盟开展业务的企业、拟在欧盟进行的投资以及公共领域的招投标。

模块一为审查和解决市场扭曲问题的一般机制。该机制将使欧盟委员会（以及成员国政府）能够依据职权对获得外国补贴的企业进行调查。在该模块下，调查分为初步审查阶段和进一步调查阶段。在有证据表明外国补贴造成了扭曲效应的情况下，欧盟委员会进一步调查程序将会启动。如果确定补贴

---

* 韩亮，方达律师事务所合伙人。

** Christoph van Opstal，方达律师事务所律师。

将造成了市场扭曲，欧盟委员会可以施加救济措施。救济措施的形式包括要求补贴企业退还补贴或者其他在附条件批准一项合并审查交易时通常会附加的结构性或行为性救济措施。

模块二为针对利用外国补贴收购欧盟企业导致扭曲效应情形设立的强制申报制度。模块二项下规定的程序与欧盟委员会现有的合并控制审查制度类似。如果交易方使用外国补贴为收购欧盟目标业务的控制权交易进行融资，且目标业务的营业额超过1亿欧元（约合人民币8.05亿元），则交易方需要就该等收购交易向欧盟委员会申报。除营业额标准以外，欧盟委员会也可能会考虑其他辅助标准，如交易规模或申报前三年获得的财政支持总金额。值得注意的是，白皮书中规定的“控制”范围大于合并控制制度下的“控制”范围，可以涵盖使用外国补贴收购35%以上的股份或投票权或其他“重大影响”的交易。

在申报过程中交易方应当“维持现状”，在获得批准前不得进行交割。如果发现补贴性收购将导致扭曲效应，欧盟委员会可以通过施加类似于模块一的救济措施附条件批准交易，或者禁止交易。

模块三旨在解决对公共采购领域产生的扭曲效应。与模块二中的强制申报制度类似，白皮书要求获得任何外国补贴的投标人在参加公共领域招标时向招标国政府进行申报。白皮书中提出的申报标准包括申报前三年获得了外国补贴或者获得的补贴金额超过特定门槛。如果中标人可能涉及外国补贴且正在接受调查，相关公共采购程序可能需要待调查结果出来后才能进行。如果调查发现确实存在导致扭曲效应的外国补贴，则享受补贴的投标人可能失去参与现有甚至未来的公共采购程序的资格。

三、评估外国补贴所导致的扭曲效应

外国补贴仅在直接或间接在欧盟导致扭曲效应的情况下才属于上述三个模块的监管范围。这三个模块针对的是第三国提供的补贴，而与受益人的国籍无关。

（一）外国补贴的范围

白皮书将“外国补贴”界定为非欧盟国家的政府或任何公共机构提供的、使受助人获益的财政支持，包括：直接向在欧盟设立的企业提供的外国补贴；向在欧盟以外设立的企业提供，但由在欧盟设立的当事方使用的或者用于帮助对欧盟企业进行收购或者用于参与公共采购的外国补贴。

财政支持可以有多种形式,包括:如注资、补助、贷款等资金或负债的转移;如优惠税收待遇或财政激励措施等放弃或宽免公共收入;提供或购买产品及服务。

白皮书进一步指出,提供外国补贴并非一定出于经济目的,提供补贴的方式也可能有所不同。例如,外国政府可以向欧盟境外的母公司提供如选择性激励的企业税收制度等形式的补贴,该母公司随后可通过集团内部交易为位于欧盟的子公司提供资金。外国政府可能通过提供优惠融资、贷款担保和其他降低资金成本等方式操控并购交易。另外,提供专门税收优惠(所得税减免)或由政府支持型投资基金或中介机构提供资金等措施的直接目的可能在于为企业的境外投资提供支持。

(二)扭曲效应的范围

首先,白皮书规定了外国补贴的最低标准:如果企业连续三年获得的外国补贴低于200,000欧元(约合160万元人民币),该等外国补贴将不会受到审查。

其次,白皮书列举了几类较可能造成扭曲效应的外国补贴形式,包括:出口融资补贴;对陷入财务困境的企业提供债务豁免(在市场投资者不会提供的条件下);进行不限金额或期限的担保;一般性税收豁免以外的针对个别企业的单独税收豁免;直接为收购提供资金的补贴。

最后,除上述形式以外,白皮书还提出了其他多个标准用以个案分析具体的扭曲效应,包括补贴金额、受益人的情况、市场情形、受益人在欧盟境内的经营状况等。就模块二而言,白皮书提出还需考虑收购方是否享有在其国内市场的特权,而收购方可以利用这种特权影响其在欧盟的市场地位。

(三)欧盟利益测试的适用

如果确定存在实际或潜在的扭曲效应,白皮书提出可进一步适用一项欧盟利益测试,该测试旨在平衡相关补贴造成的扭曲效应以及可能对欧盟产生的积极影响。进行比较时需要考虑公共政策利益,如创造就业机会、实现气候中和及环境保护、数字化转换、安全、公共秩序以及公共安全和韧性等。不过上述欧盟利益测试是否会进一步具体化还有待观察,包括基于何种具体标准来确定外国投资者在多大程度上可以基于为欧盟带来的利益来抗辩其获得补贴的合理性。

(四)展望:对中国投资的潜在影响

白皮书提出的方案适用范围非常广泛。现有或未来投资中涉及政府补贴支持的中国企业及相关利益方应当仔细审阅白皮书中的各项措施,并尽可能在白皮书征求意见阶段向欧盟委员会提交意见。中国企业及相关利益方应当格外注意:

该审查制度的适用潜在被滥用的风险,具体体现在方案的适用范围方面,包括“外国补贴”和“扭曲”的内涵和构成标准,以及营业额门槛和控制权的认定问题;信息提供及信息披露问题,尤其是考虑到中国国有企业的结构相对复杂。

1. 针对中国? 尽管白皮书并没有明确针对中国,但是这些措施的出台使得近几个月来欧洲和世界各地本就瞬息万变的外国直接投资管制环境更不确定。因为担忧在新冠肺炎疫情危机的背景下,中国以较低的价格收购不良海外资产,而且中国可能比其他主要经济体更早、更快地从危机中复苏,各方均在加快推动相关监管措施的出台。白皮书还特别以铝和半导体这两个对中国来说至关重要且具有战略意义的行业为例,说明外国补贴可能会产生扭曲效应。

2. 该监管措施与其他投资和监管措施之间的相互作用。白皮书为欧盟处理外国投资问题再添新型监管工具。欧盟委员会拟在现行竞争法和贸易法相关规则(包括外国直接投资筛选机制)运行的同时适用白皮书中的各项措施。因此,一项交易在取得批准之前,除可能需要根据跨辖区反垄断申报审查和外国直接投资筛选机制进行不同的申报和审查程序之外,还将可能需要依据白皮书中新提出的外国补贴机制进行申报和审查。

在公开征求意见过程中需要考虑的问题之一是,上述不同的监管措施和审查流程之间如何无缝对接且互不冲突,尤其是涉及不同审查机关之间的信息共享、救济措施的采用和审查时间表等方面。另一需要考虑的问题是,现有的竞争法规则是否已足以解决外国补贴可能导致的扭曲效应。例如:

德国的竞争执法机关近期在审查中车株洲收购福斯罗机车一案时考虑了中国政府提供的补贴。该机关称:“我们在对交易进行竞争评估时考虑了国家补贴、技术和财务工具的可得性以及相对其他股权的战略优势等问题。我们同时还考虑了中国中车基于在其他市场所获得的政府补贴所获得的低价和倾销策略以及成本优势所可能造成的威胁。”

欧盟委员会数次尝试过分析国有企业的影响。在审查法国电力集团和中广核集团联合收购其他多家核能源企业一案时,欧盟委员会在分析控制权时考虑到了国资委在能源行业的决策权和影响力。

3. 欧盟利益测试。欧盟利益测试在中国企业抗辩政府补贴合理性的过程中可能将发挥重要作用。中国驻欧盟代表团曾表示:“中国的补贴措施主要是为了鼓励环保和节能,支持研发活动和创新,促进公司结构优化。”综上所述,该测试要求平衡相关补贴造成的扭曲效应及其可能对欧盟产生的积极影响。这首先要求白皮书进一步明确利益测试的适用范围,包括可能产生积极影响的补贴类型以及积极影响可能大于扭曲效应的情形。其次,中国投资者应当认真评估并预测市场上对其当前及未来涉及政府补贴的投资可能出现的批评声音,并就该等投资可能带来的积极影响准备清晰、自洽的说明。

征求意见期结束后,欧盟委员会计划在2021年通过立法落实白皮书中的各项方案。不过欧盟委员会的执行副主席表示,白皮书中的新型监管工具将在征求期届满后的“几个月内”投入使用。

大数据公司入罪风险研判：爬虫篇

庄燕君[*]　刘　超[**]

一、网络爬虫的利与弊

网络爬虫又被称为网页蜘蛛、网络机器人，是一种按照一定的规则，自动地抓取万维网信息的程序或者脚本。通俗来讲，网络爬虫模仿人工访问操作进行信息读取和收集的工作，只是网络爬虫爬取信息效率更高，数据量更大。网络爬虫在提升工作效率的同时，也会带来一些负面影响，比如侵占带宽资源，增加网站负荷量甚至会造成网站瘫痪，破坏计算机信息系统，侵犯公民个人信息，侵犯商业秘密等。

二、"爬虫"入罪路径选择之一：非法获取计算机信息系统数据罪

非法获取计算机信息系统数据罪是《刑法修正案（七）》增设的一个罪名，是指违反国家规定，侵入国家事务、国防建设、尖端科学技术领域以外的计算机信息系统或者采用其他技术手段，获取该计算机信息系统中存储、处理或者传输的数据，情节严重的行为。从以往的生效判例来看，涉案人员主要是通过木马、病毒等黑客渗透方式非法获取计算机系统数据。近期，从司法实践来看使用爬虫程序爬取数据的方式亦存在成立此罪的较大风险。

三、网络爬虫的入罪案例：绕过网站反爬措施获取公开信息入罪

（一）基本案情

2018 年，北京市海淀区人民法院对一起利用"爬虫技术"侵入计算机系统抓取数据案作出判决，该案被"互联网法律大会"列为全国首例利用"爬虫技术"侵入计算机系统抓取数据案。据公开的判决信息显示，被告单位 CEO、技术负责人等公司主管人员共谋，采用技术手段抓取被害单位北京某网络技术有限公司服务器中存储的视频数据，并破解被害单位的防抓取措施，使用"tt_

---

* 庄燕君，方达律师事务所律师。

** 刘超，方达律师事务所律师。

spider”文件实施视频数据抓取行为,造成被害单位损失技术服务费人民币 2 万元。经鉴定,“tt_spider”文件中包含通过分类视频列表、相关视频及评论等接口对被害单位服务器进行数据抓取,并将结果存入数据库中的逻辑。在数据抓取的过程中使用伪造 device_id 绕过服务器的身份校验,使用伪造 UA 及 IP 绕过服务器的访问频率限制。法院经审理后认为,被告单位违反国家规定,采用技术手段获取计算机信息系统中存储的数据,情节严重,其行为已构成非法获取计算机信息系统数据罪;公司 CEO、技术负责人等作为直接负责的主管人员及其他直接责任人员,分别被法院判处有期徒刑 9 个月至 1 年的刑罚及人民币 3 万元至 5 万元的罚金。

(二)释法说理

案件的认定在科技和法律界引起了一定争议,数据抓取行为的法律边界在哪里?是否需要对其进行刑法规制?据公开的信息可知,被告单位的犯罪行为主要是“破解北京某网络技术有限公司的防抓取措施,使用‘tt_spider’文件实施视频数据抓取行为,造成被害单位北京某网络技术有限公司损失技术服务费人民币 2 万元”,具体表现在“在数据抓取的过程中使用伪造 device_id 绕过服务器的身份校验,使用伪造 UA 及 IP 绕过服务器的访问频率限制”。主审法官在其撰写的文章中提及,被告单位及被告人在数据抓取过程中,采取了规避或突破被害单位反“爬虫”安防措施的技术手段,未经许可进入被害单位的计算机系统,属于非法获取计算机信息系统数据罪中“侵入”行为,从而构成非法获取计算机信息系统数据罪。①

(三)风险评议

计算机信息系统权利人获取数据可能花费了较大成本,数据作为核心资源,其不乐见于他人“不劳而获”。因此,为维护个人利益,网站一般会设置相应的反爬虫的技术保护措施。例如,识别 User-Agent,运维人员对可疑用户直接拒绝访问;判断同一 IP 或同一设备在一段时间内访问量异常;通过验证码、滑动解锁的方式,甄别爬虫,封杀 IP 等。通过上述判决书认定事实及主审法官的著述,我们理解绕过网站反爬虫措施获取数据属于违背权利人意愿读取、收集数据,将有较大可能被认定为对计算机信息系统的“侵入”,进而以非法获

① 参见游涛、计莉卉:《海淀法院审结全国首例利用“爬虫”技术侵入计算机信息系统抓取数据案》,载微信公众号“北京海淀法院”2018 年 12 月 29 日。

取计算机系统数据罪定罪处罚。

对于"侵入"的理解。在以往判例中,司法机关主要基于以下两种路径判定对计算机信息系统的"侵入":一是无用户身份的侵入,即通过盗取、破解密码等方式进入系统;二是超权限访问的侵入,即具有合法用户身份,但超越自身授权范围访问信息资源。本案中,涉案人员所实施的行为与前述两种"侵入"方式有所不同,其可以浏览被害单位网站提供视频,但不被允许使用爬虫技术对视频进行爬取,其实施绕过被害单位反爬虫安防措施的行为被评定为对计算机信息系统的"侵入"。此外,还存在一种相对折中的观点,即认为爬取数据行为是否能够认定为"侵入",要看网页设置的防护措施是否复杂严密,如果防护措施较为复杂严密,使用技术手段绕过防护机制的行为可以认定为侵入计算机信息系统,侵入后爬取数据就符合非法获取计算机信息系统数据罪。

对于"公开信息"的理解。由于刑法条文及相关司法解释并未明确规定非法获取计算机信息系统数据罪所称的"数据"是否包含公开信息,理论界及司法实务界对此问题存有争议。有的学者主张对于网页上公开的信息,任何人均可获取,只是权利人对获取方式进行了限制,禁止采取爬虫技术获取。应当理解为网页不排除行为人访问系统,获取信息,只是对访问的方式进行了限定(如对访问频率的限制),要将反爬防护措施与设定访问权限的安全保护措施区别开来,行为人绕开反爬防护措施不宜定性为非法获取计算机信息系统数据罪。本案中,被害单位 App 用户或视频 App 用户可以观看被害单位网站上的视频信息,从一般意义上讲,我们可以将此类视频信息理解为公开信息,而判决认定采取绕开安全防护措施的方式爬取此类公开的视频信息构成非法获取计算机信息系统数据罪。当然,主审法官在其撰写的文章中认为罪名所称的"数据"与"信息"不同,"数据"是信息化存储、处理和传输的客观表现形式,包含信息数据化后的数据和冗余数据,而非数据本身。② 信息公开不等同于数据公开。对于大数据公司来说,并不需要去厘清概念背后的区别与联系,只是在业务开展中需要树立风险防范意识,贸然爬取公开可见的信息存有一定刑事风险。

② 参见游涛、计莉卉:《使用网络爬虫获取数据行为的刑事责任认定——以"晟品公司"非法获取计算机信息系统数据罪为视角》,载《法律适用》2019 年第 10 期。

四、网络爬虫的出罪案例:采用爬虫获取内部公开数据出罪

(一)基本案情

犯罪嫌疑人于某系某互联网公司网络工程师,该公司内部使用一款企业即时聊天 App 作为内部人员沟通交流的办公软件,员工通过其个人账号、密码使用手机登录后,如有工作需要,可与公司内任一员工即时聊天,并可点击查看公司员工备注的姓名、员工号、手机号码、职位职级以及公司组织架构等信息,App 后台会将访问记录予以记录,公司内部制度规定非因工作需要不得随意查看其他员工的数据信息。2018 年 2 月,于某对该聊天软件的源代码进行反向编译,查找到该聊天工具传送员工信息数据的服务器接口,后编写了专门的爬虫程序,在其使用其账号密码登录 App 后,该程序自动运行,向该接口循环发送访问请求,成功从该隐藏接口爬取 6 万余名员工的姓名、员工号、手机号码、职位职级以及公司组织架构等信息。海淀区人民检察院承办检察官认为,于某的行为不构成非法获取计算机信息系统数据罪。③

(二)释法说理

在本案中,于某对公司聊天即时 App 具有访问权限,可以使用点击查看的方式获取 App 内数据,而于某通过对聊天软件的源代码进行反向编译,查找到该聊天工具传送员工信息数据的服务器接口,后采取编写爬虫程序方式获取批量数据。其行为从外观上来看,似乎也属违背了权利人的意愿收集数据,但承办检察官认为于某的行为既不符合"侵入 + 获取",也不符合"利用其他技术手段 + 获取",且其获取的数据属于其职权范围内可以知晓的内容,只是获取数据的表现形式及访问效率与在 App 内访问有所差别,但无本质不同。于某的行为不构成非法获取计算机信息系统数据罪。

(三)抗辩理由

通过上述不构罪案例,我们理解行为人如果能够主张其并未采取绕开权利人反爬安全措施的技术手段进入计算机系统,且获取的数据未超过权利人明确授权的范围,虽然其获取数据的方式违背了权利人意愿,但构成非法获取计算机信息系统数据罪的风险不高。

需要说明的是,司法人员基于对法律的认识和理解作出的认定并非就是

---

③ 参见纪敬玲、杨程:《对使用爬虫程序获取内部公开数据的刑事责任分析》,载微信公众号"办案指引"2018 年 11 月 7 日。

对审理此种类型案件的指导做法,上述几个问题在司法实践中尚存有争议,不同层级、不同地区的法院可能对此问题存有不同认识,当遇到类似案件时还需区别对待,具体问题具体分析。

五、大数据公司使用爬虫技术时注意事项

虽然各界对于"爬虫入刑"问题尚存有争议,但已生效判决对于处理类似问题具有一定的参考价值。大数据公司在日常经营中要尽量避免因为爬虫技术的使用引发类似的争议问题,以免致使公司及其经营者陷入极为被动的境地。我们也提醒公司在使用爬虫技术时做好以下三点:(1)尽量避免违背计算机信息系统权利人的意愿爬取数据;(2)尽量避免给目标服务器带来过大的负荷量,造成损害;(3)仔细甄别获取数据类型,谨慎处理包含公民个人信息、商业秘密等内容的信息。

此类案件中,除了涉及非法获取计算机信息系统数据罪,还可能涉及侵犯公民个人信息罪、侵犯商业秘密罪、破坏计算机信息系统罪、侵犯著作权罪等罪名,一般会依照想象竞合原则,择一重处罚。

据了解,此番多家大数据公司遭受调查涉案的多为特殊的数据,即公民个人信息,相应的刑事罪名为侵犯公民个人信息罪。

环保合规：企业提高 ESG 环境表现的必由之路

周亚成[*]　周　旋[**]

当前，ESG(Environmental Social Governance，ESG)投资已成为国际资本市场中一项重要的投资策略。特别是在新冠疫情引起的全球经济衰退期间，面对难以预料的重大风险，全球范围内重视 ESG 因素的公司在抵御风险方面的表现明显优于市场平均水平。《中国上市公司环境、社会和治理研究报告(2020)》指出，中国上市公司在环境、社会和治理三个维度框架内，环境维度的实践水平较差，所面临的环境影响管理挑战最大。2020 年 6 月发布的《A 股上市公司 ESG 评级分析报告》统计了 A 股 2012 年至 2020 年近 2 万件 ESG 风险事件，其中环境类(E)风险占比达到 43%，明显高于社会(S)及公司治理(G)两类风险。制度建设最为健全、所受监管最为严格的上市公司尚且如此，其他中国企业在成长和发展过程中面临的"环境压力"更可想而知。ESG 投资方兴未艾，企业如何应对投资者关注环境绩效并将 ESG 投资理念付诸实践所带来的挑战？我们认为，从根源上看，企业应通过建立 ESG 体系提升 ESG 表现尤其是环境表现，来应对监管机构的监管要求和资金方的 ESG 投资要求。

一、燎原之势——ESG 投资与企业环保合规

(一)ESG 投资

1. ESG 的基本理念

ESG 是英文 Environmental(环境)、Social(社会)和 Governance(治理)的缩写，其基本理念是关注企业环境、社会、治理绩效，而非仅以传统的财务绩效作为衡量企业的主要标准。通过构建 ESG 评价体系、对企业进行 ESG 评价，投资者可以通过考察企业 ESG 绩效，评估其投资行为和企业(投资对象)在促进经济可持续发展、履行社会责任等方面的贡献。

---

* 周亚成，中伦律师事务所合伙人。

** 周旋，中伦律师事务所律师。

2. ESG投资现状

作为责任投资的主要倡导者之一，联合国责任投资原则（UN Supported Principles for Responsible Investment，PRI）中的六项原则中有三项原则都直接援引ESG，分别是"将ESG问题纳入投资分析和决策过程""成为积极的所有者，将ESG问题纳入所有权政策和实践""寻求被投资实体对ESG相关问题进行合理披露"。目前，全球已有超3400家机构签署了PRI六项原则，例如J. P. Morgan Asset Management、MSCI、International Finance Corporation、HSBC Global Asset Management等，共计管理约90万亿美元的资产。与此同时，根据普华永道分析，随着ESG投资从小众到主流，全球ESG相关法规数量在过去15年中增长了10倍以上。

截至2020年10月20日，国内已有近50家机构加入PRI，包括中国平安保险（集团）有限公司、摩根士丹利华鑫基金管理有限公司、嘉实基金管理有限公司等。其中，排名前十的公募基金超过一半已签署加入PRI，包括中国最大的资产管理公司——中国人寿资产管理公司也是PRI的签署方。[①]

3. ESG评价体系的环境维度

世界范围内不乏国际组织、评级机构和证券交易所开发出评价因素和评价方法各具特色的ESG评价体系。比较成熟的明晟（MSCI）ESG评价体系中，环境维度主要包括气候变化、自然资源、污染与消耗、环境机遇4个主题，并进一步细分为碳排放、产品碳足迹、融资环境影响、气候变化脆弱性、水资源压力、生物多样性和土地利用、原材料采购、有毒物质排放和消耗、包装材料和消耗、电子废弃物、清洁技术机遇、绿色建筑机遇、可再生能源机遇共13个重要议题。汤森路透（Thomson-Reuters）则将其ESG评价体系中的环境维度分为节约资源、减排和产品创新3个主题，下设共61个关键指标。

从国内来看，中国证券投资基金业协会和国务院发展研究中心金融研究所发布的《中国上市公司ESG评价体系研究报告》将ESG评价体系的环境维度分为整体环境风险暴露程度、环境信息披露水平、企业环境负面绩效、企业环境正面绩效共4个一级指标，并进一步细分出行业环境风险暴露系数、企业环境风险暴露系数、企业是否披露了相关环境信息、企业环境信息披露是否包

① 小盟：《PRI罗楠：中国加入PRI的机构增长率全球最快》，载社会价值投资联盟网2019年7月2日，https://www.casvi.org/h-nd-622.html。

括关键定量指标、能耗指标、污染物排放、碳排放强度、企业绿色业务占比、企业绿色研发投入占比、企业绿色投融资占比共 10 个二级指标。我国香港特别行政区联合交易所出台的《环境、社会及管治报告指引》将“环境”分为排放物、资源使用、环境及天然资源三个层次,并设置排放物种类、温室气体总排放量、产生有害废弃物总量、产生无害废弃物总量、直接或间接能源总耗量及密度、总耗水量及密度等 12 个关键指标。

4. 企业关注 ESG 环境维度的必要性

在 ESG 投资理念和实践在中国快速普及的当下,相对于社会和治理维度,环境维度随着近年来更为严格法规的出台将会得到更多关注和审查。② 党的十九届五中全会提出,中国要深入实施可持续发展战略,要加快推动绿色低碳发展,持续改善环境质量,提升生态系统质量和稳定性,全面提高资源利用效率。背后体现的是中国的环境监管的重要性不会下降,因而企业积极拥抱 ESG,提前关注及应对环境维度的必要性和重要性已不言而喻。

(1)应对行政监管

根据证监会关于公开发行证券等的要求,尽管目前仅重点排污单位或其重要子公司应当依法披露环境信息,对于重点排污单位以外的单位,可以参照上述要求披露其环境信息,若不披露的,应当充分说明原因。但根据 2020 年 3 月由中共中央办公厅、国务院办公厅印发的《关于构建现代环境治理体系的指导意见》的表述,“建立完善上市公司和发债企业强制性环境治理信息披露制度”已经被提上日程,环境信息披露义务已经箭在弦上,成为所有上市公司和发债企业即将必须面对的问题。

(2)便利企业融资

除了中国银行业监督管理委员会(已撤销)发布的《绿色信贷指引》、中国证券监督管理委员会发布的《关于支持绿色债券发展的指导意见》以及中国证券投资基金业协会发布的《绿色投资指引(试行)》等引导性政策文件外,“环境维度”对企业融资的影响很快将由正式的法律法规体现。由深圳市人大常委会制定,并于 2021 年 3 月 1 日开始实施的《深圳经济特区绿色金融条例》已经将在投资特定项目时开展绿色投资评估作为包括银行业、证券业、保险业金

② 参见《ESG 需求——从小众到主流》,载微信公众号“普华永道”2019 年 12 月 20 日。

融机构在内的金融服务企业的强制性义务，评估的范围包括投资项目主体提供的环境影响评价相关报告、项目主体风险管控能力、项目环境效益，且金融机构亦应当将绿色投资评估内容纳入投资后管理。对于未按规定开展绿色投资评估的金融机构，监管部门将会处以罚款，若未开展绿色评估的项目发生应当处警告以外行政处罚的生态环境损害事件，金融机构将面临提供贷款或者投资金额1%以上10%以下的罚款。可以预见，随着更大范围的绿色金融立法的实施，ESG环境维度将会经由资本深刻改变企业的生态环境认知和行为。

(3)提高财务绩效

实际上，ESG表现与财务表现并不对立，在一定时间条件下，ESG表现优异的企业往往具有更好的财务表现。ESG方面表现出色的公司会有长期竞争优势、较低的下行风险以及更好的声誉。从对企业长远利益负责的角度来看，ESG不仅是重要的，也是企业实现可持续发展所必要的。根据中国责任投资论坛和商道绿融于2019年12月发布的《中国责任投资年度报告(2019)》显示，在二级分类标准同类基金中，ESG优选类指数基金的三年收益率排名百分比和一年收益率排名百分比均在前25%。

(二)企业环保合规

1. 合规与合规风险

简言之，合规就是符合规则。这里的“规则”包括法律、法规、规章等规范性法律文件，也包括行业规范、企业内部规章制度以及商业惯例、准则。所谓“符合规则”，既是过程，又是结果。合乎规则的理想结果需要企业在经营管理中主动使自己的行为达至规则的要求，即经历合规过程。在合规过程中，合乎法律法规的要求无疑是最为重要的。

与之相反，倘若未使自身行为与规则相契合，企业将面临相应的不利后果——既包括法律层面上的民事、行政甚至刑事责任，也包括商业信誉和企业形象的贬损。这种不合规导致企业承担不利后果的风险，即为合规风险。

2. 环保合规

对现代企业来说，合规早已不仅局限于反腐败和金融领域。事实上，“合规”这一概念也从未被限定在某一特定领域。随着规则和监管日趋严密、企业经营日趋复杂，合规正从单一走向多元。环境保护、安全生产、进出口管制、反洗钱、公平竞争与反垄断、知识产权保护、公司治理、个人隐私保护、产品质量与安全、网络安全和数据信息保护、劳动人事等,都是企业在经营过程中不可忽视的合规领域。国务院国有资产监督管理委员会于 2018 年 11 月 2 日颁布的《中央企业合规管理工作指引(试行)》将合规重点领域大致划分为市场交易、安全环保、产品质量、劳动用工、财务税收、知识产权和商业伙伴等几个方面。

随着近年环保领域频繁的立法与修法,企业面临的环保压力与日俱增,环保合规日渐受到企业重视。作为全面合规的一个专业分支,环保合规的内容包括但不限于环保合规体系建立、建设项目环保立项、污染防治设施的投入及持续有效运行、废水处理及水环境质量、大气排放物及大气环境质量、噪音排放及噪音污染、固体废物污染环境、危险化学品管控、土壤污染治理和修复、环境突发事件应急与环境争议解决、企业员工环保合规培训、清洁生产、节能减排及环境权益、供应链、环保税、环境信息公开等方面。

3. 环保合规的重要性

环保合规对企业的重要性不仅在于主管机构的监管要求,例如生态环境部门和证监会等,而且还在于环保不合规可能导致极为严重的后果,甚至关系到企业的存亡。

在最高人民法院于 2020 年 1 月 14 日公布的某生态环境损害赔偿案的指导案例中,某公司多次将数以吨级的危险废物委托给无资质的个人进行处理,危险废物最终被倾倒于长江等河流,不仅使饮用水源被迫中断数小时,更造成了严重的环境污染的后果,最终该公司被判决承担赔偿环境修复费用等数千万元。将危险废物委托无资质主体进行处置、擅自倾倒危险废物均是违反环保法律法规的严重行为,造成的环保合规风险不言而喻。企业加强环保合规管理,防患于未然可谓势在必行。

二、顺势而为——做好企业环保合规是提高 ESG 环境表现的必由之路

环保合规是企业环境事项符合内外部规则的理想状态,是过程与结果的统一,而 ESG 是责任投资的重要标准,合规管理则是企业达到前述标准的必由之路。无论 ESG 表现得好或坏,其本质上都源于一定程度覆盖 ESG 管理在内的企业合规管理,最终通过 ESG 评级或披露的信息表现出来。就 ESG 在国内实践而言,关注 ESG 评级表现无可厚非,但仅关注表现而忽视其他方面,则可能会犯舍本求末的错误。2020 年 9 月 23 日,哈佛大学法学院公司治理论坛

刊载的研究报告中,列举了企业应对 ESG 问题时七类常见的错误,其中第一项就是过分重视 ESG 评级和 ESG 表现本身,而没有真正关注并解决 ESG 体系下企业所面临的风险。[③] 我们认为,要从根本上提升 ESG 表现,缓解企业面临的 ESG 压力,尤其是其中环境维度的压力,就必须从根本上管控好企业面临的环保风险,而这必然要求企业关注环保风险产生的本源——环保不合规。企业要重视的是管控环保风险,而非仅关注于环保风险所带来的坏表现,例如较低的 ESG 评级。开展环保合规相关活动,有效管控风险,企业在 ESG 环境维度的表现自然就会提高。总的来看,做好企业环保合规才是提高 ESG 环境表现的必由之路。

(一)ESG 投资理念与环保立法原则一致

综上所述,ESG 投资理念本质上是在考虑企业传统财务因素的同时,将环境等非财务因素纳入决策过程,推行的是可持续发展的价值观,是一种价值取向型投资。[④] 这种注重环境保护的投资理念,起源于 20 世纪六七十年代由日益严峻的气候、环境和资源挑战所兴起的环保运动——抵制和抗议企业因过度追求利润而破坏环境、浪费资源。可以说,ESG 投资理念要求投资者运用资本的力量,充分参与环境保护过程之中,从企业生产经营的源头——资金端督促企业落实环保要求,至少不应投资与环保价值不符的公司或产业。

ESG 投资理念对投资者的绿色投资要求与我国《环境保护法》所确立的环保基本原则不谋而合。《环境保护法》第 5 条规定,“环境保护坚持保护优先、预防为主、综合治理、公众参与、损害担责的原则”。其中,“保护优先”和“预防为主”被置于各项原则之前列。环境污染一旦形成,治理投入往往数倍于污染行为所产生的经济利益。从环保角度看,ESG 投资将对于环保的重视从企业的生产经营环节前移至企业融资环节,从根本上防止污染项目的形成和发展,正是践行“保护优先”和“预防为主”原则的具体体现。

ESG 投资理念与环保立法原则一致,从根本上决定了企业主动做到环保合规,依照相关环保法律法规开展生产经营活动,就是积极应对 ESG 投资给

---

③ Kosmas Papadopoulos & Rodolfo Araujo, The Seven Sins of ESG Management (September23, 2020), https://corpgov.law.harvard.edu/2020/09/23/the-seven-sins-of-esg-management/.

④ 参见屠光绍:《ESG 责任投资的理念与实践》(上),载《中国金融》2019 年第 1 期。

企业融资格局带来的新挑战。

(二)ESG 环境维度评价因素与环保法律规定融合

ESG 投资不仅在理念上与环保立法原则相一致,ESG 环境维度的各评价因素也与现行环保法律法规的各项制度及具体内容相融合。一方面,各 ESG 评价体系下所设置的环境指标、因素力图准确地反映受评价企业的环保处境对投资的影响;另一方面,近年来国家和地方高密度的环保立法、修法为投资者评估企业的 ESG 环境维度提供了充分的法律依据。进一步来说,随着企业环境权利义务的明晰、环保违规的经济成本的提高,环保与企业正常开展生产经营已经紧密绑定,现行环保法律法规对企业环保状况的评判已经成为投资者评估企业 ESG 环境表现的基础。无论在何种 ESG 评价体系中,环境违法事件频发的企业都不可能在 ESG 环境维度取得优良表现。篇幅所限,针对上述融合本文暂举两例:

一是中国证券投资基金业协会发布的《中国上市公司 ESG 评价体系研究报告》所设 ESG 评价环境维度中的二级指标"污染物排放"。影响该项指标评分的关键是企业各类污染物是否符合环境标准。以大气污染物和水污染物为例,污染物的达标排放是《大气污染防治法》和《水污染防治法》中提纲挈领的核心制度,贯穿了环境影响评价、排污许可、排污监测、环保税等其他重要制度,关涉各地重点排污单位的确定,也是最常引发企业环境民事、行政和刑事责任的领域。排放大气、水污染物的企业在环境影响评价、排污许可的获取与执行、污染防治设施的使用与污染物监测等方面的合规性,将通过污染物的达标排放直接影响企业在 ESG 环境维度的表现。

二是香港联合交易所的《环境、社会及管治报告指引》在环境维度的排放物层面明确将"有关废气及温室气体排放、向水及土地的排放、有害物及无害废弃物的产生等的(a)政策;及(b)遵守对发行人有重大影响的相关法律及规例"作为报告内容。该指引直接将"遵守法律及规例",即合规,作为 ESG 环境维度内容,ESG 环境维度评价因素与环保法律法规密切相关,环保合规之于企业 ESG 表现的基础作用可见一斑。

(三)ESG 发展趋势与生态建设目标协调、与政府环保监管态势同步

从长远来看,ESG 投资理念在国内进一步普及的趋势与生态建设的目标是协调的、与我国环境监管日趋严格的态势是同步的。

党的十九届五中全会提出,“十四五”时期要在生产生活方式方面实现绿色转型,主要污染物排放总量持续减少,生态环境持续改善,生态安全屏障更加牢固,同时明确将“广泛形成绿色生产生活方式,碳排放达峰后稳中有降,生态环境根本好转,美丽中国建设目标基本实现”作为2035年基本实现社会主义现代化远景目标的一部分,以上目标离不开绿色产业的支持。ESG作为生态环境可持续的投资理念,正为上述目标的实现所急需。从绿色投资者到绿色生产服务提供者、再到绿色消费者,ESG与远景目标间的紧密关系将赋予环保合规以更加深远的意义。

在生态环境严监管趋势下,企业的环境违法行为将越发难以掩盖,作为ESG体系中重要因素企业环境风险的暴露程度将会显著提高,继而影响企业ESG环境表现。与此同时,ESG信息披露可谓是ESG与环境监管发展协同的一个具体体现。阳光是最好的防腐剂,ESG信息披露既在投融资领域为投资者进行投资决策提供信息,又为政府对企业进行环境监管提供信息。随着国内ESG信息披露义务的确立,ESG投资(源头治理)和环保监管(事中事后监管)双管齐下推动企业在环保问题上积极作为正在逐步成为现实。在这个意义上,环保合规既是企业应对监管的不二法门,也是企业提升ESG表现的必然选择。

(四)ESG环境维度达标与环保合规管理的融合

通过比较现有ESG与环保合规管理所涉范围,环保合规管理的范围涵盖了ESG环境维度的绝大多数范围,而ESG则可能在环境维度提出比环保合规管理更高的要求。环保合规是符合规则的理想状态,是过程与结果的统一,而ESG是责任投资对环境等维度要求的重要标准,合规管理则是达到前述标准的必由之路。

从目标上看,环保合规管理与ESG环境维度标准均以企业的长远发展,作为企业发展最终目标。二者的目标均包含了降低风险的同时,提高企业价值,以及提升企业形象。从路径上看,环保合规管理与ESG环境维度标准的路径均包含专业环境尽职调查;明确、公允的评价规则;来自第三方的独立评价;建立完善的管理体系;确保体系可持续的运行等。从实践结果看,目前ESG环境维度评价高、表现好的企业,往往都是环保合规管理水平高的企业。反之,环保合规管理风险较多的企业,往往无法达到ESG环境维度标准。因此,ESG 环境维度与环保合规管理融合的意义在于,通过二者融合,不仅可以系统管理的方式降低企业环保合规风险,还可提升 ESG 环保维度表现及企业竞争力,为企业发展带来更多机遇。

三、百川归海——环保合规助力 ESG 表现的五个方面

基于企业环保合规与 ESG 环境维度的融合,做到环保合规是企业应对 ESG 投资理念下的融资挑战、稳固并提高 ESG 环境表现的必由之路。为实现两者的融合,最终提升企业价值和形象,我们建议从以下几点着手。

(一)梳理和识别环保合规义务和 ESG 环境维度的具体要求

企业首要的合规义务来源于法律法规,而各 ESG 评价体系对企业的环境要求多有一定差异。企业可以通过梳理、识别、比对、跟踪其合规义务及 ESG 评价体系下环境维度的要求,建立并不断更新现实中各层级立法者与各类投资者对其行为的约束。只有对上述约束有了正确的认知,企业才能够做出与现实要求相符的行为,及时纠偏不合规事项。充分且合理地考量 ESG 环境维度,对企业了解及管理相关风险至关重要。

(二)构建相互关联的环保合规管理体系与 ESG 环境管理体系

在梳理现行环保合规义务和 ESG 环境要求的基础上,明确 ESG 环境指标的各项要求在法律法规体系中的连接点,在建立完善企业环保合规管理体系的基础上,通过引入 ESG 环境维度的相关具体要求,将构建的 ESG 环境管理体系适度融入环保合规管理之中。之所以说是“适度”融入,是因为 ESG 对企业的要求不限于法律法规的规定,其可能对企业提出更高的环保要求。但无论如何,其不可能低于法律法规所确立的底线。

(三)设置专门机构和人员

专门机构和人员是上述体系运行的载体。通过设置专门的管理机构(如董事会下的专门委员会)、配备与相关管理任务相适应的管理人员(通常应为企业高管)及执行人员负责环保合规与 ESG 环境维度的管理与执行,明确并落实相应的主体责任和绩效考核,企业才有可能将上述体系有效地运行起来。企业建立的上述组织架构,应当能够同时保证企业最高管理层的 ESG 战略和目标符合合规要求,能够形成具体的 ESG 行动指南,并通过基层的执行予以落实;基层执行者也能够及时地将 ESG 行动中的问题,尤其是环保合规问题及时向上层反馈,由确定的责任主体及时开展纠偏与解决工作。

（四）识别和评价合规风险

在建立上述制度保障后，需要依据环保合规义务和 ESG 环境维度要求，由专门机构和人员对企业的 ESG 环境合规风险，尤其是对不合规可能导致的法律风险进行识别与评价。这种识别与评价除了通过企业有效运行环保合规管理体系与 ESG 环境管理体系之外，还可通过日常合规检查或专项环保尽职调查的方式实现。

（五）通过风险报告和防控制度及时化解风险

在环保合规管理与 ESG 管理运行过程中，识别和评价 ESG 环境合规风险后，应及时报告并化解风险。通常环境风险直接产生在企业的生产环节，作为企业生存的核心，妥善处理该环节中的环境风险不仅需要上述专门机构和人员的恪尽职守，更需要企业中高层的关注以及协调。这进一步凸显出在企业运行环保合规体系与 ESG 管理体系过程中"沟通协调机制"的关键作用。类似地，环境风险的化解也需要综合考虑规范解读、风险等级、环保资金、技术可行性等多个方面，并由各个责任主体通力合作。

四、结论

随着 ESG 投资理念深入发展，国内企业无论是应对 ESG 相关监管要求，还是满足资金方的 ESG 投资要求，在国内环境执法监管日趋严格的大背景下，主动通过环保合规来积极应对，是提升企业 ESG 环境表现、获得长远发展机会的必由之路。

应对美国出口管制与制裁的七点建议*

贾　申** 　王晨星***

近年来,随着美国加强出口管制和制裁的执法力度,中国企业在参与全球贸易活动过程中面临的风险不断加大,越来越多的中国企业因违反美国出口管制和制裁相关法律付出了沉痛代价。在此背景下,政府部门和企业均应充分重视美国出口管制和制裁问题,积极完善合规管理体系,防控相关风险。

一、美国相关立法、执法的最新进展

疫情期间,美国政府执法大棒并未停歇,屡出新招。

出口管制方面,2020 年 5 月 22 日,美国商务部宣布将共计 33 家中国公司和机构列入"实体清单",包括烽火科技、云丛科技、奇虎 360、哈尔滨工业大学、哈尔滨工程大学、北京计算机科学研究中心等,至此中国通信行业"三巨头"和 AI 领域"四小龙"被一网打尽;5 月 15 日,美国商务部修改对华为公司的出口管制要求,凡是利用美国特定受控技术、软件和半导体设备生产的产品,无论是否在美国,均需取得出口许可;4 月 28 日,美国商务部发布两项最终规则:一是对中国在内的 D1 类国家取消特定物项(国家安全管控)的民用许可证例外,二是增加针对中国军事最终用户的特定物项出口限制,并扩大军事最终用途的范围。两项规则于 2020 年 6 月 29 日生效。

制裁方面,3 月 19 日,美国财政部海外资产控制办公室(The Office of Foreign Assets Control of the US Department of the Treasury,OFAC)以违反"对伊朗的制裁规定"为由,将包括 6 家中国企业在内 13 个实体加入"特定指定清单"(Specially Designated Nationals and Blocked Persons,SDN 清单)。

此前,众所周知,2019 年 1 月,美国司法部正式起诉华为和首席财务官孟

---

* 原文载《深圳法治评论》2020 年第 2 期。

** 贾申,京东方科技集团股份有限公司法务总监,合规管理部和国际法务部部长。

*** 王晨星,京东方科技集团股份有限公司国际法务部经理。

晚舟,指控主要涉及银行欺诈、违反美国对伊朗出口管制及制裁。2019 年 5 月,美国商务部将华为列入出口管制"实体清单";2019 年 10 月,大华科技、海康威视、科大讯飞、旷视科技、商汤科技、厦门美亚柏科、依图科技、颐信科技等 8 家中国高科技企业同时被列入上述实体清单;2016 ~ 2018 年,中兴通讯、福建晋华、烟台杰瑞等相继因出口管制和制裁违规被重罚或列入实体清单,引起国内的巨大反响。

中国企业为何屡次中招,撇开政治阴谋论,从法律角度看,美国出口管制和制裁的立法和执法逻辑究竟是什么?具体规定如何层层展开?本文拟从专业视角抽丝剥茧,希望对我国企业合规应对和政府措施出台提供实践参考。

二、合规监管要求

(一)美国出口管制介绍

美国出口管制是美国政府运用经济和行政手段建立的一系列审查、限制和控制机制,以直接或间接的方式防止本国限定商品或技术通过各种途径流通或扩散至目标国家,从而维护本国安全、外交和经济利益,包括军品管制和军民两用物项管制两个体系。

美国军民两用物项出口管制法律体系主要《出口管制条例》(Export Administration Regulations, EAR)、《出口管制改革法案》(Export Control Reform Act,ECRA)构成。EAR 适用于出口、再出口和"视为"出口或再出口"受 EAR 管辖"的商业或两用商品、软件以及技术(以下统称产品)。

目前,EAR 主要从产品、国家、主体和用途四个方面实施出口管制。① "受 EAR 管辖"的产品不仅包括所有位于或原产于美国的产品,还包括含有超过特定比例的受控美国来源成分的非美国产品,以及直接采用美国技术或软件生产的"直接产品"。

EAR 一般情况下通过许可证制度仅对军民两用受控产品出口至各国实施管制。美国商务部工业和安全局(Department of Commerce, Bureau of Industry and Security,BIS)管理的"商业控制清单"(The Commerce Control List ,CCL)规定了每个受管控产品的"出口管制分类编码"(Export Control Classification

① 参见叶小忠:《中国企业法务观察》(第 4 辑),法律出版社 2018 年版,第 58 页。

Number,ECCN)。根据某物项的 ECCN 可以确定其“受控原因”,将受控原因与“商业国家”(CCC)进行交叉比对后,即可确定该物项出口至某国家是否需要许可申请。特定物项的 ECCN 通常还会指出所适用的许可证例外。

除上述一般国家许可限制外,EAR 还禁止向全面禁运国家或地区出口或者再出口任何“受 EAR 管辖”产品,包括伊朗、朝鲜、叙利亚、古巴、克里米亚地区。

针对黑名单实体而言,在未取得许可的情况下,EAR 禁止任何人向拒绝人员清单(Denied Persons List)、实体清单(Entity List)、未验证清单(Unverified List)的实体或个人出口或者再出口任何“受 EAR 管辖”的产品。

因此,对于华为、海康威视等被列入实体清单的中国公司,供应商不得直接转售其任何美国产品(ECCN + EAR99),但第三国(例如韩国)生产的产品中如果未含有特定比例且出口中国受控的美国零部件,不属于 EAR 管辖,目前并不禁止。上述合规边界的准确理解非常重要。

此外,EAR 还限制出口、再出口任何与禁止最终用途相关的物项,例如用于大规模杀伤性武器、核、化学和生物用途以及海上核驱动。EAR 禁止某些受控物项②在中国、俄罗斯、委内瑞拉完全或部分地用于军事用户和军事最终用途。一般针对上述事项的许可申请适用“推定拒绝”,并且不适用许可例外。

行政罚款是违反美国出口管制法最常见的处罚措施。每次违规最高行政罚款约 30 万美元,或者为违规行为交易价值的两倍,以较大者为准。除罚款外,签发禁令、列入各种黑名单以禁止相关主体的出口权限等也是美国政府常用的行政处罚措施。针对故意违反美国出口管制的行为,可能会被起诉犯罪,目前最高刑事处罚为 100 万美元罚款和 20 年监禁(可根据违法行为次数累加计算)。美国政府采用严格责任制度执行美国出口管制,即使是无意的违规行为也可能会受到罚款和行政处罚。

(二)美国制裁制度介绍

美国政府根据其外交政策和国家安全目标,对目标国家、恐怖分子等威胁

---

② 美国《出口管理条例》(EAR)第 744 部分补编 2 中详细规定了禁止在中国、俄罗斯、委内瑞拉用于“军事用途”的具体受控物项,目前主要包括 CCL 中 ECCN 编码为 1A290,1C990,1C996,1D993,1D999,1E994,2A290,2A291,2B999,2D290,3A991,3A992,3A999,3B991,3B992,3C992,3D991,5B991,5A992,5D992,6A991,6A996,8A992,9A991,9B990 等,具体参见 EAR § 744. Supp. 2。

美国国家安全、外交政策或经济的实体或个人进行经济制裁。《与敌贸易法》(Trading With the Enemy Act ,TWEA)、《国际紧急经济权利法案》(International Emergency Economic Powers Act,IEEPA)以及《以制裁反击美国敌人法案》(Countering America's Adversaries Through Sanctions Act,CAATSA)均授权美国总统对敌国实施经济制裁。

1. 一级制裁

一级制裁适用于美国人,包括美国公民、永久居民、根据美国法律成立或组建的实体,以及所有身处美国的人。目前,美国政府将伊朗、朝鲜、叙利亚、古巴、克里米亚地区列为全面制裁国家/地区,要求任何美国人不得与上述国家/地区交往。此外,OFAC 还通过众多行政令构建起包括 SDN 清单在内的诸多清单,禁止美国人与 SDN 清单上个人、实体及其拥有 50% 或以上股权的实体进行交易,并冻结 SDN 清单中个人与实体所拥有的位于美国及处于美国人拥有或控制的财产。

非美国人在未获得许可的情况下,若利用或者通过美国人达成涉及制裁国家、个人、实体的交易,也可能会受到美国一级制裁处罚。例如在交易中使用了美国金融系统、出口原产于美国的产品等。

2. 二级制裁

二级制裁主要针对非美国人,要求任何人不得从事涉及伊朗、朝鲜、俄罗斯的特定行业活动,否则会受到美国的制裁。

除了特定行业和活动外,美国政府还禁止非美国人为包括特定 SDN 清单在内的被制裁个人或实体进行实质性协助、赞助或提供财务、材料、技术支持,或提供货物、服务支持该等人员,否则也会受到美国制裁。

3. 处罚措施

OFAC 同样采用严格责任制度执行美国经济制裁。对于违反一级制裁的,OFAC 可处以行政罚款,每次违规最高罚款约 30 万美元,或者为违规行为交易价值的两倍,以较大者为准。在制裁领域,故意违法同样可能会被追究刑事责任,每次违规最高可为 100 万美元罚款和 20 年监禁(可根据违法行为次数累加计算)。对于违反二级制裁的,美国政府无法直接处以罚款或追究刑事责任,但可能采取列入 SDN 清单、拒绝高级管理人员进入美国、禁止进出口特权以及禁止使用美国金融系统或特定服务等措施实施制裁。

（三）出口管制和制裁的关系和未来趋势

1. 出口管制和制裁的关系

出口管制和制裁是美国政府用来维护国家安全、打击敌对国家的两种重要方式。出口管制主要针对出口（物流）行为，适用于含有美国因素的产品；而经济制裁则覆盖租赁、融资、投资、担保、批准、旅游、运输、提供服务等多种行为（商流），其二级制裁也不需要含有任何美国因素。虽存在上述区别，但是两者也存在一定重叠。如果未经许可，将美国原产或含美元素的产品出口至被制裁国家、实体或个人，会同时违反美国出口管制和经济制裁的规定而受到双重处罚。

2. 美国出口管制法律变化

2018 年 8 月，美国总统签署《出口管制改革法案》。该法案将现有的美国出口管制实践纳入立法，为现行的军民两用物项出口管制提供永久的立法基础，同时该法案还将扩大美国出口管制法的适用范围，特别是增加了对美国“新兴和基础技术”的出口控制。ECRA 明确将以下因素作为识别“新兴及基础技术”的重要考量因素：该技术在其他国家的发展情况；出口管制实施后对该技术在美国发展的影响；就限制该技术向外国扩散的出口管制的效果。2018 年 11 月，BIS 根据 ECRA 的规定，发布 14 大类“新兴技术”范围，包括生物技术、人工智能和机器学习技术、先进计算技术、数据分析技术、量子信息和传感技术、物流技术、机器人等。目前，BIS 已结束在上述领域征求公众评论，对于“新兴技术”的具体类别及管制措施随时可能发布。

三、积极应对的七点建议

近些年，美国出口管制和制裁问题进入政府、企业管理者和公众视野。无论未来走向如何，美国出口管制和制裁方面的强监管都是我国企业面对的现实的、长期存在的风险。该领域的严厉执法是国际业务中的一把“达摩克利斯之剑”，尤其需要我国政府和高科技企业高度重视。从政府角度，必须有所作为；从企业角度，应纳入合规体系，作为重点合规模块加强管理。

（一）应明确国内外法律冲突时的遵从原则和方案，适时推出反制措施

许多中国企业既依赖于美国的技术，又依赖于我国和第三国的市场。因此，在国际贸易和经营领域需要同时遵循不同国家的法律要求。如果美国法律要求禁止将先进技术、产品出口至特定国家或用途，我国或第三国政策又鼓

励引进、合作，势必造成企业业务无所适从。在上述法律冲突的情况下，建议我国政府充分发挥引导作用，尽量在不违反出口国法律的情况下，开展技术引进和国际贸易。

（二）应提醒相关企业高度重视特殊时期的出口管制和制裁风险

企业业务不同、国际贸易规模不同，对贸易合规的重视程度也会有所区别。笔者建议，根据目前的执法实践，如果中国企业符合以下情况的，就应发出预警，提醒其充分重视该领域合规工作。

1. 企业主要业务涉及高端制造业或军民两用产品，尤其是同时依托于美国和我国或受制裁国家（主要是全面制裁国家）两个市场的，应充分注意出口管制问题；

2. 一定时期内，企业同制裁国家或实体的国际业务（不限于贸易）交易比较频繁，单笔交易规模较大（一般百万美元以上）的，应充分注意美国制裁问题。

（三）应丰富国内相关法律专家资源，为企业提供专业咨询服务

应积极利用地方政府，特别是各地司法局的律师和专家资源优势，为上述重点企业及时提供基础培训和针对性的服务。风险较高的企业，有一部分已被美列在“实体清单”之中，对于其自身以及与其有广泛业务合作的企业带来更多的潜在违规风险。但更多的中国企业，对美国相关法律要求和执法逻辑还未“吃透”，仅凭媒体报道获取有限认知，容易过度解读美国合规要求，视美国公司的任何产品为”猛虎“，不敢采购，更不敢销售给“实体清单”企业。因此，特别需要组织真正理解美国执法逻辑和边界的涉外合规专家进行指导，防止不合规，更要防止“过度合规”，争取做到“精准合规”，才能最大限度保证业务的有序开展。

（四）企业应制订具体合规指引，明确合规边界

合规指引一般应按照合规风险识别、合规要求以及合规管控措施的逻辑层次展开，遵循从法规到落地的嵌入思路，逐层递进。合规风险识别主要是确定合规的边界，合规要求主要是划定红线，合规管控措施主要负责合规管理的落地动作。

根据美国出口管制和制裁法律法规要求，非美国主体主要涉及出口管制风险、违反二级制裁要求风险以及转化为一级制裁的风险。

首先,出口管制方面,主要包括:未经许可向某些国家出口、再出口受管制产品(CCL 中具有 ECCN 编码的物项);与实体清单、拒绝人员清单上的实体或个人进行有关“受 EAR 管辖”产品的进出口贸易;将“受 EAR 管辖”产品出口至伊朗、朝鲜、古巴、叙利亚、克里米亚地区;将某些特定受控产品出口至中国、俄罗斯、委内瑞拉的军事用户,或用于军事用途。

其次,作为非美国实体,涉及的二级制裁风险主要包括:与特定的 SDN 清单上实体(包括其所控制的子公司)、个人或与朝鲜、伊朗、俄罗斯三国的指定行业企业开展重大交易。如果涉及美国物项、美元结算,会转化为一级制裁,受到美国严厉处罚。

为有效应对上述合规风险,企业在开展具体业务时应全面控制与各类清单实体或个人、特定国家的交易,注意特定物项的军事用途限制要求,注意结算货币和清算银行等。

(五)企业应通过制度和流程固化风险防范措施

从企业角度看,合规指引和政策制定只是第一步,更重要的是如何将合规要求嵌入业务,嵌入企业风险管控中去。笔者认为,最重要的是一整套专业的合规制度和流程,并通过 IT 手段实现。

1. 制订制度

美国出口管制和制裁属于专业合规模块,相关制度应将一般性内容和特殊内容两部分结合起来。一般性内容包括管理机构、参与部门、管理基本范围、合规筛查、合规审查、合规检查、合规考核问责、法规追踪和培训、IT 系统建设等;特殊内容包括合规条款嵌入合同的范围、合规要求与管控更新等。

2. 嵌入流程

出口管制与制裁的合规控制流程是制度的具体落地,主要是企业法务合规部门牵头,由 IT 协助,嵌入现有的合同管理系统中去,主要从国别、交易对方审查两方面进行落地;如果进口产品中含有美国受控物项,需要进行识别标注,通过出口商向美国商务部专门申请出口许可。如果出口商要求出具销售合规承诺函的,要审核承诺函内容是否合理,一经签署,务必遵守。由于美国出口管制政策和各类限制物项、名单会不定期发生变化,还需建立完善的合规持续改进机制,定期更新合规筛查的相关信息。

此外,建议丰富风险隔离措施,应将补充完善的合规条款模板嵌入现有采购和销售标准合同文本中,根据客户具体情况选择适用。具体的合规条款应当包括以下三个方面:交易相对方保证不违反美国出口管制和制裁的规定;交易相对方如果违反相关规定,法律责任由其承担;我方在对方违反规定时,有权随时解除合同,不承担违约责任。

(六)企业应对重点业务领域、重点环节和重点人员进行持续培训

在出口管制和制裁合规框架下,国际贸易领域是重点业务领域,采购和销售是重点环节。企业应根据前述合规指引,开发专门的培训课件,将合规培训嵌入法律风险培训中,培训对象应包括法务合同审查人员、海外采购主管、销售主管、企业 IT 开发人员、财务人员等。

(七)企业应积极进行限制物项的备货和二元化替代

为从根本上应对美国出口管制的限制要求,避免高科技领域被频繁"卡脖子",短期来看,我企业应梳理出涉及自身供应链安全的美国军民两用物项,提早安排备货;长期来看,应加大政府扶持力度和企业间投资合作,加快实现物项国产化或第三国生产替代。

对医疗机构建立内部监管体系的思考

施祖东*

2018年8月，国务院办公厅发布了《关于改革完善医疗卫生行业综合监管制度的指导意见》①（国办发〔2018〕63号，以下简称“63号文”），这是近期我国为构建医疗卫生领域全行业、全要素、全流程监管体系而出台的具有纲领性和指导性的政策文件。在强化政府主导责任和行业组织自律作用的同时，该文件明确提出“落实医疗卫生机构自我管理主体责任”的基本要求，强调了医疗机构要按照健全现代医院管理制度的要求，在服务质量和安全、依法执业、财务资产、医药采购等方面建立相应的内部管理体制和治理机制，落实主要负责人的“第一责任”。“63号文”没有为医疗机构内部监管体系规定专门的组织方式和运行机制，而这种涵盖要素准入、机构运行、从业人员的全过程监管模式，以及风险预警和评估机制等创新型综合监管机制，显然让此前讨论较多的以“财务和资产管理”为主要内容的医院内控体系②难堪重任。为了妥善应对综合监管制度建设给医院监管理念、体制和方式带来的重大转变，尤其是适应“从注重事前审批转向注重事中事后全流程监管”的改革方案，提升医疗机构自我治理的能力和水平，亟须克服系统性研究不足和成熟经验缺乏的困难，设计并建构一套架构清晰、功能健全、标准明确的医院综合性内部监管体制机制。在我国，一系列同样由行政机关主导、聚焦企业内部监管和风险防范的“合规管理”机制改革正在发生，并从保险、证券等金融领域逐步蔓延至全体国有企业和境外经营企业。③ 2018年11月，国务院国有资产监督管理委员会印

* 施祖东，北京大学口腔医院副研究员、医务处处长。

① 国务院办公厅《关于改革完善医疗卫生行业综合监管制度的指导意见》（国办发〔2018〕63号）。

② 夏莽、黄炜：《我国公立医院内部控制建设现状分析——基于公立医院内控体系框架研究的发展历程》，载《中国医院》2014年第2期。

③ 参见陈瑞华：《论企业合规的中国化问题》，载《法律科学》2020年第3期。

发了《中央企业合规管理指引(试行)》④,对于如何快速提升国有企业合规经营管理水平,打造“法治央企”,以“合规治理”保证企业持续健康发展进行了明确规定,合规管理运行体系、合规管理评估、合规考核评价、合规报告等基本制度框架得以确立。2018 年 7 月,由国家质量监督检验检疫总局和国家标准化管理委员会联合发布的《合规管理体系　指南》正式实施,成为合规管理体系的国家标准。放眼世界,合规管理作为现代企业治理方式和行政监管激励机制,在美、英、法等主要西方国家和世界银行等国际组织取得长足发展,形成蔚为壮观的制度体系和成熟的评价标准。在深入研究合规管理基本理论和制度的基础上,将其与医院的内部监管系统兼容并轨,实现深度融合,构建以合规管理为中心的医疗机构内部监管体系,方为规范并提升医院内部监管效能的因应之道。

一、合规管理模式的历史变迁

20 世纪 30 年代经济大萧条之后,美国政府为稳定金融市场颁布了《1933 年银行法》《1933 年证券法》《1934 年证券交易法》等法律,进入金融业分业经营和强力监管时代,各金融机构必须严格执行政府监管部门的法律和命令。直到 20 世纪 70 年代,政府外部管制有效维护了美国金融系统稳定,但随着通货膨胀导致市场利率逐渐超过管制利率,在金融创新浪潮的影响下,金融管制开始松绑。在 20 世纪 80 年代,宽松的监管环境又造成金融风险攀升,大量银行的倒闭和财务造假、内幕交易等事件使人们意识到放松监管带来的金融机构效率提升是以伤害金融系统稳定性为代价的。于是,通过在世纪之交重拾巴塞尔协议(全球范围内主要的银行资本和风险监管标准)和出台《萨班斯 - 奥克斯利法案》(对全美上市公司提出合规性要求)等规范,美国政府对金融业的监管方式从行政强力监管模式转变为充分激发企业自我治理能力的合规管理模式。2005 年,巴塞尔银行监管委员会发布《合规与银行内部合规部门》,作为专门性的合规管理指南,确立了有效合规管理体系的框架和标准。合规管理模式抛弃了以往那种施以强制性命令和事后严厉处罚的管制方法,形成监管机关和企业主体相合作的“回应型监管”新格局。通过指导企业建立并完善预防违规行为发生的有效合规计划,政府部门将监管权下放到企业,不

④　国务院国有资产监督管理委员会:《中央企业合规管理指引(试行)》(国资发法规〔2018〕106 号)。

仅极大地节省了监管成本，而且实现了事前、事中、事后的全流程监管，能够及时识别并妥善应对合规风险，发挥预防违规行为和危害后果发生的功能。[⑤]

二、合规管理模式变迁的理论借鉴

从合规管理模式的变迁历史来看，美国金融业的监管大致经历了“管制缺乏导致风险严重——为应对风险实施严格管制——为促进金融效率放松管制——为防止新的风险，强调外部监管与内部自我约束并重”[⑥]的历史变迁轨迹，其背后蕴含的监管理念和方式变革为医疗行业综合监管制度改革，尤其是医院内部监管体系构建提供诸多可资借鉴的成功经验。

（一）引入合规管理以实现内外协同共治

外部监管系统通过制定统一的硬性规则、以监管部门的强势介入能够迅速实现对于被监管主体的行为规范，但也存在明显的缺点：一方面，外部监管过于强调规则的统一性而往往忽略个体的差异性，“一刀切”的监管模式常常成为备受诟病的主要问题之一；另一方面，外部监管常常具有滞后性，往往是现实中出现了诸多问题之后以强制性手段进行“重拳出击”“专项整治”。因此，“一管就死、一放就乱”是外部监管天生具有的劣势，监管部门和被监管主体之间的信息不对称，甚至是利益冲突成为严重制约外部监管非常重要的因素。

相反，内部监管则是通过加强机构内部的监管体系建设和监管能力提升，把外部监管的压力内化为机构内部规范运行的动力和日常行为，能够实现监管的系统性、连续性和实时性。首先，合规治理降低了行政机关的监管成本，弥补了行政监管力量不足、监管能力有限的缺憾，行政机关通过指导和监督被监管单位建立合规治理体系并监督其有效运行，使全流程、全覆盖的监管成为可能；其次，合规管理的生命在于有效，合规治理遵循国际通行的精密体系和成熟标准，从组织、制度和文化，到预防、识别、应对等，能够最大限度防范合规风险、提高监管效能；最后，合规治理与行政合规监管相辅相成、互促互进，既能调动自我治理的积极性，又能确保监管机制的科学性、有效性和激励性，实

---

⑤ 参见陈瑞华：《企业合规制度的三个维度——比较法视野下的分析》，载《比较法研究》2019 年第 3 期。

⑥ 肖远企：《合规管理模式的变迁路径及其启示》，载《银行家》2006 年第 9 期；陈瑞华：《企业合规的基本问题》，载《中国法律评论》2020 年第 1 期。

现双方主体协同共治、合作共赢。

因此，在外部监管向内部监管的转换过程中，实现的是监管理念和方法的转换，即外部监管由监管具体的工作和细节转变为监管机构内部监管系统规范建立和有效运行的效果，从而实现行为和责任的转变，这与“63 号文”提到的政府“放管服”改革和进一步推进现代公立医院“管办分开”等诸多理念不谋而合。

（二）引入合规管理以明确责任主体

各种组织机构，都会建立一套确保自身有序运行的系统和程序，从而保证组织运行的规范和效率。但是组织自身追求的最终目标与监管机构追求的更大层面上的规范和效率往往存在一定的差异性，具有自身经济利益的组织尤其如此。因此，从外部监管转向内部监管一个非常重要的前提就是把外部监管所要达到的目标和宗旨转变为机构内部监管的评价与考核指标，并专门设计出一套特别的组织体系来保障这一特定目标的实现。对于合规管理而言，最重要的是把行政法律甚至刑事法律层面上对于组织最基本、最重要的监管要求在组织内部得以落实来保障组织本身的健康持续发展，从而实现在特定的事件中“组织责任已尽，而犯错的是个人”的管理效果，因此把合规管理从组织内部的管理体系中分离出来，作为专门的职能并以特定的组织资源、文化理念、制度流程和效果评价来落实这一监管职责，从而实现组织这一实体避免因为个人的违法犯罪行为受到影响而得以健康持续的存在和运行下去。

因此，合规管理体系是一套有别于现有组织内部质量与能力、规范和效率运行的系统，它需要在现有的组织架构中重新去构建并赋予特定的职能，从而有机会让医院的主要负责人去实现“第一责任”。

（三）引入合规管理以建设诚信文化

合规治理作为独立于经营治理和财务治理的现代企业三大治理体系之一，从诞生之初就与诚信道德文化密切相关，《美国量刑指南》明确提出制定有效的合规计划必须促进一种鼓励道德行为和合规的组织文化。美国检察机关在对建立合规计划的企业作出不起诉决定时，也会将企业文化作为重要考量因素。每个单位主体都有自身独特的文化，以此来指引各成员的思想和行动，美国司法部长拉里·汤普森（Larry Thompson）认为，这种文化是一个态度和实践的网络，它倾向于自我复制和延续，并超越了任何一个管理者的任期。这种文化可能灌输对法律的尊重，也可能滋生对法律的蔑视和渎职，单位本身必须对其所提倡的文化和行为负责。

三、公立医院现有监管体系存在的问题分析

随着公立改革的深入推进和现代医院管理制度的不断构建，区分政府的办医主体责任和医院自身运营的自主权利思路越来越明确。这其中要解决的重要课题是作为特殊的主体，公立医院的发展宗旨必须要符合其在国家健康事业中特有的定位和社会责任，公立医院在医疗服务提供中的主体责任及其公益属性不能在改革的过程中出现偏离，在“办”和“管”的边界上如何实现有效区分，以及医院现有的内部监管体系如何保障落实政府办医的宗旨是面临的主要问题。

（一）外部监管体系的过于强势影响医院自主运营的主体地位

一直以来，“管”与“办”、“政”与“事”如何区分一直是公立医院改革过程非常重要的基本概念和探讨的重要话题。公立医院习惯于按照上级各类部门的各种指令开展各项院内具体工作，从患者排队不超过10分钟、卫生间必须备有厕纸等非常细微的工作到医院的年度预算规模、重点学科建设和未来发展规划，事无巨细，都直接受到上级部门的文件指引并随时接受各种检查督导，医院管理者对于上级部门“哪些该管、哪些不该管”这样的问题似乎从不去思考，更无法争辩。这样的结果，一方面，造成上级部门承担了太多的管理责任、模糊了“行业管理”与“机构管理”的界限，“一刀切”成为迫不得已的选择；另一方面，原本可以由公立医院个体在微观运营中自主决策的事项变成了执行统一政策的要求，各项具体管理的效果完全依照上级部门的监管评价来决定，迎接检查成为日常具体工作的重要内容。

（二）内部价监管体系的过于薄弱影响医院合规运行的有效实现

严格地说，在公立医院内部，从不缺乏各种具体监管体系的建设和管理要求，纪委、监察、内控、行风、医疗质量、患者和信息安全、采购、对外合作等方面都出台了一系列具体的规章制度和管理规范，建立起了各个相应的“工作组”“职能部门”，分属于不同的主管领导，人员重叠、职责交叉，平时工作各行其是，出现问题层层漏洞，缺乏一个强有力的主责部门、特定的资源和严格的规程把所有重大的合规问题集中起来监管。同时，上级部门在重大责任事件的处理过程中首先强调的是医院主管部门的管理责任而不是医院监管部门的监

管责任，从而主管部门的职能日益强化而监管部门的影响可有可无，“运动员”的声音比“裁判员”的声音更加响亮，合规风险突出，但合规管理备受漠视。

四、合规管理体系对于加强医院内部监管的借鉴意义

合规管理的理念和做法在现有的医院管理中尚属于新生事物，毕竟作为事业单位的公立医院和作为经营单位的企业存在诸多的不同，尤其是在现代医院管理制度构建过程中，是否以及如何在公立医院建立起一套代表所有权、经营权和监督权的体系众说纷纭、莫衷一是。但是，大型国有企业和作为医疗服务主体的公立医院，其健康可持续发展以及其在整个社会生活中所承担的社会责任是一致的，在机构实现自身发展和特定群体的合法利益基础上，严格服从举办部门的功能定位、履行特定的社会义务没有差别。因此，借鉴引入国有企业的合规管理体系对于加强医院内部监管具有重要意义。

(一)内部合规管理体系的独立化设置

建立专门的合规管理组织架构是合规计划有效实施的关键环节之一，合规组织体系遵循独立、权威、享有必要的资源、信息沟通顺畅四大原则。合规管理部门的建立不是要取代原有监督职能部门的职责，而是把监管本身作为一项独立的职能具体化，把各个合规重点风险领域和重大合规问题的监管职责集中起来。首先，“合规管理牵头部门独立履行职责，不受其他部门和人员的干涉”，是合规“客观独立”的基本原则，也是独立承担责任的前提和基础。这就要求把“远动员”和“裁判员”的角色区分出来，避免类似采购部门既制定采购的规则又实施采购的行为。如果不能树立并保持合规部门的独立性，监管部门难以遏制被监管部门和人员以“机构之名”追逐“个人之利”。其次，合规管理部门及其人员要具有足够的权威性。医院的内部合规监管部门应当由管理层成员担任负责人，并且在决策层中设立高级别的合规管理委员会，充分保障合规组织和人员享有足够的权威和地位。再次，合规管理组织要享有必要的资源，需要投入足够的人力资源进行必要的合规风险评估和合规调查活动。最后，合规组织要保证上通下达，信息沟通顺畅，上至医院的合规管理委员会和合规部门，下到各个职能科室的合规专员，需要构建合规状态实时监测、合规信息即时共享、合规风险及时报告的联动机制。

(二)内部合规监管体系的实效化运行

合规监管体系的实效化运行，首先，应当树立合规重点风险领域的概念，

全流程、全要素监管的方针并不意味着对所有环节一视同仁地投入监管力量。医院应根据自身运营特征和各部门的职能特点识别合规风险点和重点风险领域,建立有针对性的专项合规计划和行为准则,设计相应的监控、调查机制,有效建立风险识别、风险预警、风险应对以及合规审查和违规处置的工作体系,把重点岗位、重要环节和重要人员的底线、红线和高压线系统地建立起来,通过人员的规范行为保障机构的健康成长。其次,应形成合规监管的"内部合力",积极整合各部门的监管职能,形成跨部门综合监管合力并明确合规管理的责任承担,对于重大风险,打破人事身份、财务审计、患者质量和医疗安全各管一块的权责分割状态,以事项而非职能进行综合监管。最后,应形成合规监管的"内外合力",与上级部门的合规监管相衔接,实现各级部门对于医院重大事项监管的连续性和实时性,尽量消除内外监管的信息不对称,有助于实现监管责任的衔接和监管效果的评价。

(三)内部合规管理体系的足量化激励

激励机制是合规治理迅速普及、合规计划有效实施的重要推动力量,包括内部激励和外部激励两大组成部分,吸引力和威慑力并存。在正向激励方面,医院应将遵守合规计划作为考核的重要指标,奖励在合规建设中表现突出的部门和个人。此外,合规风险的发现和识别仰赖于合规调查和举报机制的高效运行,西方国家多对举报违法违规行为的"吹哨人"进行严密保护和丰厚嘉奖,医院也应借鉴这一做法。在反向激励方面,最重要的是坚决执行制度,惩罚违法违规责任人,经过合规调查确定的违规责任人无论是谁,都应该一视同仁,严格依照合规制度进行公正处理,并对有合规污点的员工在晋升和考核上建立一票否决机制。

总之,"合规管理"已经成为现代企业为了避免因为个人的违法犯罪行为而危及企业存续下去的一项重要保障机制,是实现从外部监管向关注内部监管的理念和方法的转变,在医疗卫生行业推行综合监管的大背景以及不断深入推进公立医院改革、构建现代医院管理制度的过程中,学习、研究并逐步建立以合规管理为核心的医院内部监管体系具有重要的理论意义和现实意义。

公司合规监察官机制研究

中兴全球法律政策研究室

为预防违法违规企业再次触犯法律法规，执法机构除对违法违规企业采取罚款、禁令等措施外，还可能要求其聘请合规监察官，以监督该企业在一定期限内遵守相关法律法规，促使企业提升合规治理水平。在专业领域方面，合规监察官机制被广泛应用于出口管制合规、反商业贿赂合规等多个领域。在地域范围方面，美国、英国、法国等许多国家均设有合规监察官机制。

一、合规监察官的应用场景

根据应用场景的不同，合规监察官可被划分为广义的监察官、特别合规官、独立公司监察官等不同类型。广义的监察官应用于：(1)民事及刑事领域当事人协商达成和解协议的情况，且一般由法院批准设立或监督；(2)商事主体和政府机关(甚至是世界银行等国际组织)之间。

本文着重介绍特别合规官和独立公司监察官两类监察官。

1. 特别合规官(Special Compliance Officer, SCO)/内部特别合规官(Internal Special Compliance Officer, ISCO)。根据《国际武器贸易条例》第127.10条的规定，美国国务院政治军事事务局助理秘书长(Assistant Secretary for Political-Military Affairs)有权对违反《武器出口管制法》和《国际武器贸易条例》的行为处以民事处罚。民事处罚一般包括向美国财政部支付罚款和签署和解协议(Consent Agreement)。和解协议规定了提升合规建设水平所需的措施①，例如任命SCO或ISCO，制定全面的审计政策或建立全面的出口跟踪体系。

2. 独立公司监察官。美国司法部(Department of Justice, DOJ)以及各联邦检察官办公室在联邦刑事调查中可能与被告签署认罪协议(Guilty Plea

① 每份和解协议都是针对所发生的出口违规行为、公司在问题解决方面的合作程度以及签署协议时已采取的合规措施程度而制定的。

Agreement)、延迟起诉协议(Deferred Prosecution Agreement)或不起诉协议(Non-Prosecution Agreement),并将设立独立公司监察官作为该等协议的条款之一。

二、监察官的适用条件

就SCO或ISCO的适用而言,美国国防贸易管制理事会(Directorate of Defense Trade Controls,DTCC)尚未发布关于适用标准的成文规定,也未在和解协议中专门说明适用的理由。从本文统计来看,违规数量多的企业更有可能被适用监察官机制,反映出执法机构通常将合规体系的完善程度作为适用监察官机制的重要标准。关于SCO或ISCO适用标准的具体分析请见下文。

就独立公司监察官而言,DOJ于2008年发布的Morford备忘录②规定,应根据特定事项的实际情况判断是否适用独立公司监察官,并规定了在评估是否适用监察官时应考虑的两项因素:其一,需考虑使用监察官可能对公司和公众产生的潜在效益;其二,不应出于惩罚目的设置监察官。DOJ于2018年发布的Benczkowski备忘录③进一步要求采取成本收益分析,即需证明有必要指派监察官,且相对于潜在成本而言指派监察官能获得明显效益,才能指派监察官。此外,Benczkowski备忘录规定,刑事司在指派监察官前需获得上级部门和助理检察长的同意。

根据Benczkowski备忘录的规定,在评估监察官的"潜在效益"时,主要考虑的因素包括:(1)违规行为是否涉及对公司帐簿和记录的操纵,或利用不健全的合规项目或内部管控体系;(2)违规行为是否在整个公司内普遍存在,或是否得到高级管理层的批准或协助;(3)公司在合规项目和内部管控体系方面是否有重要投入或改进;(4)公司是否对合规项目和内部管控体系进行验证,以证明其能够防止或监测类似违规行为。

就监察官适用带来的"潜在成本"而言,不仅应考虑公司需支出的金钱成本,还应考虑监察官的拟定工作范围是否适当,以避免给公司经营造成不必要的负担。

---

② Morford Memorandum: Selection and Use of Monitors in Deferred Prosecution Agreements and Non-Prosecution Agreements with Corporations.

③ Benczkowski Memorandum: Selection of Monitors in Criminal Division Matters.

三、合规监察官的选择和聘任

(一)选任程序

就 SCO 或 ISCO 的选任而言,总体包括两种方式:由受监察方自行选择,或由 DTCC 明确指定个人或要求受监察方在指定范围内选择。

就独立公司监察官的选任程序而言,根据 Benczkowski 备忘录的规定,明确选任流程旨在建立公众对流程的信心,并帮助选任资质高度匹配、且不存在或不显示出任何实际或潜在的利益冲突的人员或实体。为实现这些目标,独立公司监察官的选任通常包含候选人提名、初审、推荐、审查和表决等程序,但经常设委员会授权可不遵循该程序的除外。

DOJ 建议监察官人选可为与该案件监管要求契合的会计师、技术专家、科学专家、合规专家等。实际中,监察官主要由律师担任,且经常为退休检察官。在监察期间,如监察官不再符合其要求,政府可更换监察官,监察官也可自行辞职。

(二)费用问题

监察官费用由受监察方承担,影响监察官费用的主要因素包括监察期限、业务和和解协议的复杂度、受监察方合规和道德体系现状以及受监察方所在地和所处行业。监察官费用信息是保密的,并且为监察官工作的个人或团队的费用也有所不同,因此难以估算任命成本。④ 但监察官费用一般比较高昂,通常超过 3000 万美元,有一家公司据称所支付的监察官费用超过 1.3 亿美元。⑤

监察官在向公司提交预算时,应将上述因素考虑在内。监察官和公司也应就小时费率或固定费用以及费用上限进行协商。另外,为了增加透明度并防止利益冲突,监察官应定期向公司同步已产生或预期产生的费用。

四、合规监察官的职责与职权

通常情况下,设置监察官有两种途径:一是通过法院命令直接指派监察官,二是通过协议聘用监察官。但无论哪种方式,相关的法院命令、协议中应

④ Corporate Monitors: Make the Most of the Appointment, By Eleanor Tyler, Bloomberg Law.

⑤ Robert Anello, Rethinking Corporate Monitors: DOJ Tells Companies to Mind Their Own Business, https://www. forbes. com/sites/insider/2018/10/15/rethinking-corporate-monitors-doj-tells-companies-to-mind-their-own-business/#656db3cc5b41.

明确规定监察官、受监察方和政府间的职责和权限,以及监察的目标和范围。⑥

（一）专业性

1. 独立性。监察官既独立于受监察方,又独立于政府。⑦ 为了体现监察官的独立性,监察官在所有监察活动中均应保持公正和客观,避免任何可能损害程序公正性和客观性的行为。同时,监察活动的独立性不会因未来监察项目或其他经济因素而受影响。

独立性还表现在:除合理的费用和支出外,监察官不应接受监察方的任何有价物;在监察活动终止之日起至少一年内,除了政府同意的监察职务外,监察官不得向受监察方提议或提供任何服务;在监察过程中,监察官不能和受监察方讨论未来可能的工作形式,包括担任监察官角色等。⑧

2. 遵守职业准则。监察官团队的每个成员都应熟悉并遵守相关法律、法规和监察官职业准则的要求,并在出现合规问题时立即提供专业指导。⑨

3. 内部监察。监察官应采取合理措施,确保监察官团队的所有成员遵守相关法律、法规和职业准则的规定。⑩

（二）监察计划

监察官为了履行其职责,通常需要了解和解协议中企业的所有不法行为。⑪ 法院命令或监察官聘用协议通常应要求监察官在监察活动开始之前制定工作计划,该工作计划需与受监察方和政府协商并达成一致。制订监察计划的目的主要在于控制费用、增加透明度,促使各方做好充分准备,而受监察方也能够对监察工作有预期。同时,监察官的职责范围应根据每个案件的具体情况进行调整,以避免给受监察方的运营带来不必要的负担。⑫

监察计划的内容通常包括监察官的任务和目标,拟评估的公司政策和流

---

⑥ American Bar Association: Monitors Standards Table of Contents, standard 24－3.1, 2016.

⑦ Selection and Use of Monitors in Deferred Prosecution Agreements and Non-Prosecution Agreements with Corporations, U.S. Department of Justice, March 7, 2008.

⑧ American Bar Association: Monitors Standards Table of Contents, standard 24－4.1, 2016.

⑨ American Bar Association: Monitors Standards Table of Contents, standard 24－4.1, 2016.

⑩ American Bar Association: Monitors Standards Table of Contents, standard 24－4.1, 2016.

⑪ Selection and Use of Monitors in Deferred Prosecution Agreements and Non-Prosecution Agreements with Corporations, U.S. Department of Justice, March 7, 2008.

⑫ Selection and Use of Monitors in Deferred Prosecution Agreements and Non-Prosecution Agreements with Corporations, U.S. Department of Justice, March 7, 2008.

程描述、拟审查文档清单、拟访谈人员名单、里程碑计划等。

如果由于情况变化而导致监察官对工作计划进行重大更改的，监察官应向政府及时进行披露更改，并在适当的情况向受监察方披露。但是，如果向受监察方披露工作计划会阻碍监察官履行职责，则工作计划中的某些内容只能向政府进行披露。[13]

(三)文档审查与人员访谈

通常情况下，为履行法院命令或协议规定的职责，确保监察工作有效、监察建议可行，监察官有权对必要且合理的公司文档进行审查，并对公司人员进行访谈。法院命令或监察官聘用协议中应明确说明受监察方要提供给监察员的信息和文档类型，以及要求受监察方人员接受监察官访谈的情形。

(四)出具报告和建议

1. 报告提交。法院命令或监察官聘用协议中应要求监察官向法院或相应行政机构提交书面报告，以阐述调查结论和建议。法院命令或监察官聘用协议应具体说明监察官书面报告的形式和频率，以及受监察方是否以及何时可以收到报告拟稿及最终报告。

2. 反对意见及证据。除非法院命令或监察官聘用协议中另有说明或有其他不当之处，通常情况下，监察官允许受监察方和政府对报告提出反对意见及举证说明。但报告和建议由监察官独立出具，反映监察官的客观结论，受监察方和政府均不得修改监察官的报告。[14]

3. 监察报告的保密性。法院命令或协议应说明监察官报告的保密程度。若监察官报告需保密，政府可以决定其他政府机构或部门是否可以获取该报告。如果可以获取的话，应做好保密措施。如果报告可以公开披露或提供给第三方，则监察官应与政府和受监察方协商披露方式，以防止泄露专有和机密信息。[15]

4. 调查结果和结论的依据。监察官的调查结果和结论应公正、客观，并建立在相关证据的基础上。监察官应陈述所有调查结果和结论的事实依据，并

---

⑬ American Bar Association：Monitors Standards Table of Contents, standard 24 – 3. 3, 2016.

⑭ American Bar Association：Monitors Standards Table of Contents, standard 24 – 3. 3, 2016.

⑮ American Bar Association：Monitors Standards Table of Contents, standard 24 – 3. 3, 2016.

留存足以证明该事实依据的记录。[16]

5. 纠正报告错误和/或不准确性。如果在发布报告后,监察官确定其包含重大错误,则监察官应正式将信息通知给所有收件人。

(五)争议解决

受法院命令任命的监察官的任命命令中应具体说明法院将对监察官获取信息过程中产生的任何争议具有管辖权。通过监察官聘用协议任命的监察官的聘用协议中应具体说明解决有关监察官获取信息过程中所产生的任何争议的程序,其中应考虑涉及的利害关系,包括政府希望保持调查的秘密性,受监察方希望保护其专有或机密信息。[17]

五、合规监察官任期及其终止

要求聘任监察官的和解协议中通常包含关于监察官所需资格、选任程序、职责范围、更换等事项的说明以及监察期限。监察期限从几个月到几年,主要取决于监察范围,尤其是所发现的问题和所需补救措施的范围。具体来说,需考虑几个方面:违规行为的性质和严重程度;违规行为的普遍性和持续时间;高级管理层的共谋情况;公司历史上出现类似不当行为的情况;公司合规文化;协议约定的补救措施的规模和复杂程度,包括实体或业务单位的规模;补救措施制定和执行的情况。

如果公司未履行协议下的义务要求,则政府可延长监察期。例如,渣打银行于2012年签署了一份为期两年的延迟起诉协议,就违反美国制裁法律向伊朗、利比亚、苏丹等国付款的行为与美国财政部下属外国资产管理办公室达成和解,但该协议约定的监察期限后来被延长四次。如果公司能够展现其受监察事项已充分改善以致不再需要监察官,则监察期也可提前终止。

六、出口管制合规领域的合规监察官机制应用现状

为维护美国国家安全及外交利益,美国政府创建了完善的出口管制体系,从而限制某些特定物品、软件或技术去往受限制的国家或地区。作为该体系的一部分,《出口管制条例》(Export Administration Regulations,EAR)和《国际武器贸易条例》(International Traffic in Arms Regulations,ITAR),分别规定了美国军民两用物品和军用物品的出口限制。同时,美国政府设立了专

---

[16] American Bar Association:Monitors Standards Table of Contents,standard 24-3.3,2016.

[17] American Bar Association:Monitors Standards Table of Contents,standard 24-3.3,2016.

门机构,负责 EAR 和 ITAR 的执法。其中商务部下属的工业与安全局(U. S Department of Commerce Bureau of Industry and Security,BIS)负责 EAR 执法,国务院下属 DTCC 负责 ITAR 执法。这些机构制定了多种处罚方式以解决违规企业存在的问题,例如罚款、限制出口特权等。在执法实践中,它们还会视情况与受罚企业达成和解协议,其中常常包括设立监察官、实施补救措施和处以罚款等内容。

限于 BIS 的合规监察官适用案例有限,本文选取同样为出口管制领域的 DTCC 执法案例进行分析,并以其自 1978 年以来与 66 家企业达成的和解协议为范围,进行本部分研究。

(一)合规监察官的应用趋势分析

自 2001 年 DTCC 第一次适用监察官机制以来已经将近 20 年。在此期间 DTCC 一共达成和解协议 66 份,其中 32 份和解协议规定了设置监察官机制,占比为 48.5%。由此可见,监察官机制是 DTCC 的一项常规行政执法方式,这与 BIS 截至目前仅在执法实践中适用一次监察官机制的情况相比较,呈现截然不同的选择态度。

(二)合规监察官的设立原因

虽然合规监察官机制在 ITAR 执法领域已经适用多年,但 DTCC 尚未发布类似 DOJ 的成文规则说明合规监察官机制的适用标准。同时,DTCC 也未如 DOJ 在与受监管方的和解协议中对适用监察官的理由进行专门说明。因此对于监察官的适用标准,本部分通过案例分析和适用目标进行推论。

第一,是否罚款金额高就将适用监察官机制?答案是否定的。通过案例梳理,未表明罚款金额与被罚款企业设置监察官存在直接关联。例如,2008 年波音公司被处罚 300 万美元,但和解协议中未要求设立监察官。而 2009 年 Analytical Methods 公司被处罚 50 万美元,同时被要求设立 SCO 监察 3 年,以及 2018 年 Darling Industries,Inc. 公司被处罚 40 万美元并被要求设立 ISCO 监察 18 个月。这些公司的罚款金额较低,但依然被设置了监察官,反而某些罚款金额更高的公司没有在和解协议中被要求设置监察官,例如 2004 年 ITT Industries 被罚款 800 万美元,未适用监察官机制,但同年 EDO Corporation 被罚款 250 万元且同时被适用 3 年监察期。

第二,是否被指控的违规数量多就会适用监察官机制?在执法中,DTCC

依照 ITAR 第 128 款对每次违规处以 100 万美元 + 罚款的处罚原则，同时考虑自愿披露等减轻情节，确定对违法机构的罚款金额。由此可见，企业违规数量和减轻情节将影响企业受罚金额，但未说明违规数量是监察官机制的适用标准。但整体统计上看，在实践中，违规数量多的企业更有可能在 DTCC 执法中被考虑适用监察官机制。相对于适用监察官机制的案例中企业的违规数量（去除极值后平均数为 148），未适用的案例中企业的违规数量（去除极值后平均数为 11）明显更少。

在 DOJ 的和解协议中，通常会对被处罚公司合规建设情况进行简要评估，并依据评估结论解释是否适用监察官机制。其逻辑在于完善的合规体系可以帮助企业有效地识别和控制违规风险，防止受处罚企业再次出现类似违法行为，而监察官机制则可以帮助和监督企业建立合规体系。在 DTCC 执法实践中也体现了 DOJ 依据企业合规体系水平决定适用监察官机制的这一逻辑。当一个企业违规数量多，通常说明企业更可能存在着体系性的合规风险，而非偶发因素造成的个别违规，DTCC 也更可能适用监察官机制。因此，DTCC 执法实践体现了执法机构通常将合规体系的完善程度作为适用监察官机制的重要标准。

（三）监察期限分析

虽然 DTCC 未规定监察期的上限，但 DTCC 在其官网中指出，和解协议的有效期“一般为 3 年到 4 年”。这一说法与实践统计的结果基本一致。在统计案例中，企业受监察时间最长为 5 年，其中监察期为 3 年的案例占比为 46.9%，3 年及以下的占 75%。

（四）合规监察官选择和任命

通过和解协议任命的监察官通常采用两种方式选任：由公司按照一定要求选择并经 DTCC 批准，或 DTCC 明确指定个人或要求受监察方在指定范围内选择。除少数情况，例如在 2001 年与波音公司达成的和解协议中，DTCC 明确指定该公司负责财务的副总裁为特别官员（Special Official）以及在 2008 年与 Lockheed Martin 公司达成的协议中，DTCC 指定要求“在受监察方总法律顾问办公室任命一人担任 ISCO，任期至少 2 年”，其余 30 例内外部监察官均由受监察方根据和解协议要求，在协议达成后 60 日内自行选择提名，并经 DTCC 主任批准后任命。整体而言，DTCC 任命程序遵循以下程序：

初次任命：受监察方应在命令发出之日起 60 日内提名监察官职位人选，提名须经 DTCC 主任书面批准。受监察方应在主任批准提名之日后 15 天内，以书面指定该人担任该职位。

授权：在监察官任命后 30 天内，受监察方应对合规监察官进行书面授权，允许其进行监察、监督，推动受监察方的合规遵从。

任期：监察官应按照协议约定完成任期。如果协议约定先任命 SCO，在一定任期后可以选任 ISCO 替代，则受监察方可以按照协议约定的时间提出替代请求。通常情况下，如果被监察方希望申请由 ISCO 替代 SCO，应在 SCO 任期结束前至少 60 天，向 DTCC 主任提出书面申请，申请需包括 SCO 对 ISCO 的建议。ISCO 的任命须经 DTCC 主任书面批准。

如果监察官无法履职至任命期满，或暂时无法履职超过 30 天，或如果 DTCC 主任认为监察官未胜任而撤销其职务，受监察方应推荐一位可继任人员。受监察方应在继任者任命前至少 30 天提出监察官替换申请，除非经 DTCC 主任同意，方可不受该时间限制。

(五)合规监察官类型

虽然在部分和解协议中可能出现不同表述，例如在与 Rocky Mountain Instrument Company 的和解协议中表述为公司需要设立"Responsible Official"(责任官员)，但仍可通过监察官的任命范围将其分为两类：SCO 或 ISCO。对于这两种监察官类型，DTCC 对其做了如下定义：(1)SCO：除非获得 DTCC 主任批准，被提名为 SCO 职位的人，当前或此前应当均未受雇于受监察方，或任职于任何受监察方的经营部门、子公司或业务部门中。同时，作为任命为 SCO 的条件，和解协议终止之日起一定时间内，受提名人不得接受受监察方的雇佣。(2)ISCO：除非获得 DTCC 主任批准，被提名为 ISCO 职位的人，在提名为 ISCO 之时应由受监察方雇用，并且在被提名之前至少两年是受监察方的全职雇员。在具体实践中，和解协议可能对监察官的任职做出不同的规定：

要求任命 SCO：协议要求受监察方选任一名非受雇的公司外部人员担任 SCO。

要求任命 ISCO：协议要求受监察方选任一名公司内部人员担任 ISCO。

要求任命 ISCO 或 SCO：协议要求受监察方选任监察官，但未限制或指明监察官的类型，企业可自行从内部或外部进行选任。

要求任命 SCO—ISCO:协议要求受监察方选任一名非受雇的公司外部人员担任 SCO,在 SCO 监察一段时间后,受监察方可以按照和解协议向 DTCC 请求并经 DTCC 主任同意后更换任命 ISCO。

在87.5%的案例中,DTCC 允许受监察方任命 ISCO 在全部或部分监察期内完成监察工作。虽然监察机制的启用都是由于受监察方的违规行为造成,但 DTCC 监察官制度在实践中依然较大程度体现出一定的弹性。

(六)合规监察官的职责

监察官的职责将在和解协议中进行列明。由于各受监察方的违规情况以及经营现状均有差异,因此监察官职责也有所不同,但和解协议中监察官一般具有如下职责:

(1)确保受监察方制定必要的政策和程序。通过必要的政策和程序,确保受监察方充分遵守 ITAR 管制活动,并根据需要监测、改进和更新这些政策和程序。

(2)向 DTCC 主任和受监察方提交报告。

(3)强化受监察方的合规培训。

(4)监督受监察方按照协议的规定进行审计。监察官应当监督或对受监察方在监察期内进行约定次数的审计,审计职责在绝大多数和解协议中均有列明。

(5)分类审查。在众多协议中,DTCC 要求受监察方审查并核实其制造的所有物品的出口管制受控情况,因而开展或监督分类审查也属于监察官的职责。

同时和解协议还可能约定监察官具有提升受监察方合规文化、确保受监察方实施全面的自动化出口合规体系等多种职责。

七、反商业贿赂合规领域的合规监察官机制应用现状

在反贿赂执法领域,目前中国法域下无监察官机制,国外法域如美国、英国和法国等存在反腐败反贿赂法域下的监察官机制。其中,美国《反海外腐败法》(Foreign Corrupt Practices Act,FCPA)执法体系下的监察官机制应用最为成熟。企业违反 FCPA 的处罚后果,主要包括罚金、合规义务以及报告义务。其中,报告义务可分为自我报告(Self-reporting)以及设立独立合规监察官(Independent monitor)两种情况。

（一）合规监察官的应用趋势分析

根据FCPA执法案例数据，从1977年至今，在FCPA执法案件中要求设立Monitor（包括要求设立独立合规监察官以及要求承担自我报告义务并设立独立合规监察官两种情形）的案件占比约为50%。

纵向来看，从2007年开始，在FCPA执法案件中，设置监察官的案件数量比例呈下降趋势。《Morford备忘录》提出，在与公司达成的和解协议中需要权衡设置监察官的成本及给公司和社会公众带来的收益。同时，《Benczkowski备忘录》对在刑事案件中设立监察官确定了更为严格的标准。

（二）合规监察官的设立原因

通过分析执法案例发现，企业是否设计（Design）并实施（Implement）了有效的合规体系，是决定是否设立合规监察官的主要考量因素。同时，需要注意的是，即使企业具有完善的合规体系，如果其合规体系并未得到有效实施，企业也可能被要求设立合规监察官。如在Airbus案件中，Airbus因在全球多国实施贿赂受到美国、法国、英国监察机构的联合调查。法国反腐败局（Agence Francaise Anti-Corruption，AFA）针对Airbus的反腐败合规体系进行了评估，指出Airbus已经完成了合规体系的设计，并认为其合规体系的设计已经达到了业界最高标准，但仍有必要对其实施进行监督，以保证其合规体系在Airbus及其子公司充分实施。

通过分析执法案例可知，及时采取适当的补救措施以及完善企业合规体系建设是企业避免被设立监察官的关键。例如，2017年瑞典电信公司Telia因在乌兹别克斯坦向政府官员行贿，被罚款9.65亿美元。根据Telia与DOJ达成的暂缓起诉协议（Deferred Prosecution Agreement，DPA），考虑到公司采取补救措施的情况以及公司承诺继续提升其合规体系和内部会计控制措施以确保其合规体系满足协议中“公司合规体系”的要求，DOJ认为没有必要设立合规监察官。公司采取的补救措施包括解聘参与违法行为的所有个人；解聘负有监察责任的个人，包括公司董事会中参与决策或没有阻止违法行为发生的个人；建立新的、强有力的合规机制；实施完善的合规体系；整顿公司的治理结构。

（三）监察期限分析

设立独立合规监察官是企业与监管机构所达成和解协议的一部分，监察官的期限也往往与和解协议的期限保持一致。通过统计近5年FCPA执法案件发现,在反贿赂执法领域,当企业被要求设立独立合规监察官时,监察期限在 1 年至 3 年之间。大多数案件的监察期为 3 年(66%),部分案件的监察期为 2 年(22%,个别案件为 27 个月,占比 3%),同时还有少部分案件的监察期为 1 年半或 1 年。

在监察期内,如果企业未能履行其在和解协议项下的义务,相应地,企业再次发生不法行为的风险没有得到消除,此时,FCPA 将可能延长监察期限。如果根据当前情况已经没有必要设立监察官,也可以提前结束监察期。例如,如果公司已经停止在协议所涉及的地区开展业务,或者公司与其他企业进行合并,而该企业具有有效的道德和合规体系,此时,设立监察官可能就不再必要。

(四)合规监察官的选择和任命

监察官应具有相应的资质,并且应该是独立于公司或者是政府部门的第三方:一方面,监察官应独立于公司,不是公司的顾问;另一方面,监察官也不是政府的雇员或代理。

根据反贿赂执法案例实践,合规监察官的选任方式一般为由公司提名监察官候选人,DOJ 对候选人进行审查和评估,并确定监察官人选。根据《Benczkowski 备忘录》,监察官的选任流程具体如下。

1. 设立监察官遴选常务委员会

DOJ 刑事部门设立监察官遴选常务委员会(Standing Committee on the Selection of Monitors)。常务委员会由如下人员组成:(1)主管刑事部门欺诈科的副助理部长(Deputy Assistant Attorney General,DAAG)或其指定的人员;(2)欺诈科主任或其指定的人员;(3)刑事部门道德官员。

2. 监察官遴选流程

(1)提名监察官候选人。在协议实施的至少 20 个工作日内,公司需要提交书面报告提名 3 名符合资质的监察官候选人。

(2)对监察官候选人进行初步审查。

(3)准备监察官推荐备忘录(Monitor Recommendation Memorandum)。

(4)常务委员会对监察官候选人进行审查。

(5)助理检察官审查。

(6)副司法部长审批。

(五)合规监察官的职责

监察官不仅需要评估企业是否设立了道德和合规体系,还要评估其道德和合规体系是否得到有效实施。因为一个设计良好但是没有得到有效实施的合规体系，将无法降低企业再次违法的风险。

关于监察官的职责范围，根据《Morford 备忘录》，监察官为了履行其职责，通常需要了解和解协议中企业的所有不法行为，但是，监察官的职责不应该超出为降低企业再次发生不法行为的风险所必需的范围。

以爱立信案件为例，根据爱立信与 DOJ 达成的和解协议，监察官的评估范围包括公司内部会计控制措施、记录保存、财务报告政策和程序等。同时，也会对董事会及高级管理人员的承诺以及公司合规体系建设的有效性进行评估。相应地，公司需要与监察官充分合作。包括：(1) 为监察官获取公司的文件和资源提供便利；(2) 对上述信息不设访问限制；(3) 提供对于所适用的当地法律（如数据隐私法、国家安全法）的指引。在不违反当地法律的前提下，公司应当向监察官提供其履行职责所需要的所有信息、文件、记录，以及尽力让监察官可以联系到公司的前雇员、第三方合作伙伴、代理商、顾问等。

（六）国别分析与行业分析

通过对 2015 年至 2019 年 FCPA 执法案例进行统计和数据分析发现，从被要求设立监察官的企业所属国家来看，美国企业被要求设立监察官的案件数量明显超过其他国家。巴西、俄罗斯的排名也较为靠前。上述数据与企业被执法的案件总量具有密切的关系，总体而言，在 FCPA 执法案件中，美国企业被执法的案件数量远远超过其他国家。

从被要求设立监察官的企业所属的行业来看，医疗保健行业被要求设立监察官的案件数量明显超过其他行业。其次，基础材料、通信服务的排名也较为靠前。总体上来看，医疗保健、基础材料、通信服务等属于重点执法领域，因此，执法案件基数大在一定程度上也导致了被设立监察官的案件数量相对较多。

（七）合规监察官的工作方式

1. 审查和报告的程序

以爱立信案为例，监察官进行审查及报告的程序包括以下内容。

在合规监察官正式任命后的 120 天内，合规监察官应开始初步审查（Initial review）。初步审查后 180 天内，监察官需出具初审报告（Initial report），报告应包括审查结果以及对提高公司合规体系有效性的建议。合规监察官须将报告提交给公司董事会，并将副本提交给 DOJ 刑事部门欺诈科。

在收到报告后的60天内,公司需书面通知监察官以及DOJ对此报告的意见。否则,在收到报告后的180天内,应完全采纳和实施报告中的建议。

在初审报告出具后的180天内,合规监察官应开始复审(Follow-up review),并在开始后120天内出具复审报告,同时将报告提交给公司董事会和DOJ刑事部门欺诈科。公司须在收到报告后30天内书面通知监察官及DOJ对报告的意见。否则,在收到报告120天,应完全采纳和实施报告中的建议。

在出具复审报告后的120天内,监察官须开始二次复审(Second follow-up review)并出具二次复审报告。在监察期结束75天前,监察官需要向DOJ提交认证报告(Certification report),对公司至今采取的补救措施进行总结,包括合规监察官建议的实施情况以及公司补救措施的可持续性。同时,监察官需要确认公司是否设计并实施了有效的合规体系来防止发生违反FCPA和其他反腐败法律的行为。

2. 对违法行为的及时报告

一般而言,监察官应和公司以及政府进行公开、及时的沟通,以对不当行为进行审查并制定适当的应对措施。在一些情况下,如监察官发现公司可能存在先前未发现或新出现的违法行为,并且相关违法行为:(1)可能对公共健康安全或环境带来风险;(2)公司的高级管理层参与了该违法行为;(3)涉及妨碍司法公正;(4)涉及犯罪活动,政府可能主动或秘密地对其进行调查;(5)其他可能引发重大损害风险的,应立即将可能的违法行为直接向政府报告,同时不必告知公司。

八、合规监察官应用中的重点问题分析

(一)商业秘密保护问题

根据监察官的工作职责,监察官有权获取其为履行工作职责所必需的信息。同时,根据美国《信息自由法案》(Freedom of Information Act, FOIA),政府的记录和档案原则上应向所有人开放,但是部分信息可免于公开,如涉及商业机密信息豁免(Confidential Commercial Information Exemption)、审议过程特权(Deliberative Process Privilege)、隐私豁免(Exemptions Relating to Privacy Interests)等。那么,对于监察官提交给DOJ的评估报告,原则上也在需要公开的范围内,但是涉及企业商业秘密的信息可获得豁免。但是,对于哪些信息可以被确认为商业秘密信息而获得豁免,值得讨论。

2008年,西门子因违反FCPA与DOJ达成认罪协议,根据认罪协议,西门子被要求设立为期4年的独立合规监察官。在协议实施5年后,一家非营利性新闻组织提交了一份FOIA请求,要求提供与西门子监察有关的记录。2014年,该新闻组织就该事项向美国哥伦比亚地区法院提起诉讼。作为回应,DOJ提供了部分文件,但根据FOIA的豁免原则编校或保留了部分文件,其中包括涉及商业秘密的豁免。关于涉及商业秘密的豁免,哥伦比亚地区法院在其裁决中指出,商业机密信息豁免原则"对商业秘密以及商业或财务信息等特权或机密信息提供了保护"。但是,法院认为DOJ对该豁免原则的适用范围过于宽泛,如不恰当地对一些涉及"对监察官活动的一般性描述"文件进行了保留。同时,对于一些涉及西门子合规计划和商业决策的机密信息,法院认为对上述信息的编校是适当的,并且DOJ可以根据豁免条款保留"与西门子收益有关的一些基本商业运营信息"。

(二)律师特权问题

根据《Morford备忘录》,合规监察官本身应该是完全独立于公司的第三方,而不是作为公司的雇员或是代理的角色。因此,在合规监察官和公司之间不适用律师—客户特权保护规则(Attorney-client privilege)。例如,在爱立信与DOJ达成的和解协议中明确约定,"双方同意在公司和监察官之间不存在客户—代理关系。如果公司试图根据律师—客户特权豁免规则拒绝向监察官提供相关的信息、文件、记录、设备或前任或现任员工数据,或者公司有理由认为可能会违反适用的法律,公司应该与监察官一起商讨双方可接受的解决方案。如果该问题无法得到解决,在监察官的要求下,公司应该立即向监察官以及DOJ提交书面通知。该通知应当包含对所涉信息、文件、记录、设备或前任或现任雇员的总体描述,以及不能向监察官提供的法律依据。DOJ会考虑是否需要进一步要求公司提供上述信息"。

因出口管制违规而设置监察官的案例中,一般情况下,DTCC与客户签署的和解协议中均会特别说明:签署本协议不代表放弃客户—律师特权,但是监察官有完整权利接触及获得员工、记录、文件等与监察有关的事项。

(三)国家秘密

在监察官机制的应用中,美国政府在海外应用该机制的案例远少于其本国,监察官机制在非美国地区适用时,监管中会涉及与国家秘密的冲突问题。

我国《保守国家秘密法》第3条第2款明确规定,一切国家机关、武装力量、政党、社会团体、企事业单位和全体公民都有保守国家秘密的义务。在面临向外部机构提供、披露信息时,为避免泄露国家秘密,需在文档外发前进行必要的国家秘密审查。

根据泄露会使国家安全和利益遭受损害的程度,国家秘密的密级分为绝密、机密、秘密三级。虽然《保守国家秘密法》中规定了国家秘密的定密方式和范围,但是并不表示仅定密的文件含有国家秘密,而未定密的文件不含有任何国家秘密。

任何组织和个人未经有关主管部门批准,不得携带、传递国家秘密载体出境。否则,将可能被根据《保守国家秘密法》第48条追究刑事责任。

在应对外国司法特权下的监察时,监察官的需求与当地法律之间可能会存在冲突,受监管方需要遵守当地国家秘密保护相关法律规定,对需要提交给外部的文档进行审查:判断文档信息属于什么密级,确定信息的知悉范围。对于属于不可出境的秘密,需要与监管方进行沟通,协商解决。

九、合规监察官应对建议

尽管没有一家企业希望被设立监察官,但企业如违反出口管制或反商业贿赂等美国政府法律,以至于被执法机构决定适用监察官机制时,企业应当积极调整作为受监察方的责任意识。受监察方则应该努力完善内外部建设与合作,从而将不可避免的成本和干扰降到最低,甚至可以利用监察官来发挥优势。⑱

(一)创建有效的内部合规治理体系

1. PLAN——要素完善的合规体系设计

为了指导公司进行出口管制合规,BIS发布了《出口管制合规指引》,简称ECP,其中包括八个要素:高管承诺、风险评估、出口授权、记录保存、审计、培训、处理违规、创建并维护手册。在反商业贿赂合规领域,DOJ则根据多年的执法和监察官机制适用经验,发布了《企业合规体系评估指引》(Evaluation of Corporate Compliance Programs, Guidance Document, Updated: June 2020,以下简称指引),指引包含六个要素:风险评估、政策和流程、培训与交流、匿名举报机制和调查流程、第三方管理、兼并与收购。虽然监管机构的指引都不是强制

⑱ https://www.law.com/newyorklawjournal/2020/01/10/how-to-avoid-and-survive-the-dreaded-monitorship/?slreturn=20200128071814.

性的,但这些要素是长时间的执法经验总结,也是监管机构进行评价时的参考依据。企业在进行合规体系设计时可以参考上述要素。同时,也需将其经营特点下的特定合规风险要素纳入企业的合规体系设计之中。

2. DO——持续投入的合规体系运行

即使是设计良好的合规体系,如果实施过程松懈或无效,在实践中也可能达不到预定的目标。合规体系是纸面的体系还是实施、审查和不断修正的体系,也是外部监管机构关注的重点。

合规体系执行有效性可通过合规承诺、自主权及资源、奖惩措施来评判。首先,一方面,高级管理层对于合规的承诺,将推动合规融入企业价值观之中,成为企业的政策,并逐层落实;另一方面,高级管理层对合规的亲身示范,积极参与合规体系的宣传、工作、培训,都将给企业员工做出示范。其次,自主权及资源。合规体系的运营,应该由具有一定的独立性和自主权的团队或岗位负责,从而使其能够独立、客观地发表合规评价。同时,企业也应该为合规部门的工作提供充足的预算和支持。最后,有效的奖惩措施。对于企业员工而言,仅仅进行合规意识培养是不够的。在运行中,应对遵守合规的行为给予有力的奖励和高调的宣传;与此同时,对于违反合规行为的惩罚也将形成示范。

3. CHECK——客观公正的合规体系检查

企业要认识到合规设计可能会由于企业经营所处阶段的不同而产生偏差、遗漏,合规运行也可能由于机构内逐层传递造成合规要求的力度衰减。这些企业经营的复杂性和动态性,要求企业对已创建的合规体系进行阶段性的检查或审计。首先,合规审计必须具有独立性。无论是 BIS 还是 DOJ,都在其合规指引中认可审计的重要性,也未要求审计必须是由企业以外的第三方进行,但审计必须具有独立性,才能确保审计结果不会受其他部门和人员等影响。其次,合规审计必须做到客观公正,才能得出对企业有价值的结论,企业才能参考审计结果进行必要的调整。通过定期的合规审计,企业获得合规审计报告,并不断完善其合规体系。

4. ACTION——有的放矢的合规体系调整

首先,对于检查或审计过程中发现的违规行为,企业不仅应该作出对应的处罚,还应对违规行为是属于个例还是系统性问题进行判断。对于体系设计存在的问题,企业应当及时进行调整。对于属于体系执行存在的问题,企业应对合规体系未能有效执行的原因进行分析，如是否属于管理层或员工意识不到位，是否属于流程嵌入不合理等，并针对具体问题与相关人员进行充分沟通并及时解决和改进。

其次，对于发现的违法行为，企业还应根据案例的具体情况，参考执法机构的指引和要求，积极考虑进行及时、全面、真实的披露。这一情形应当被视为合规体系有效运作强有力的指标。

（二）与合规监察官建立良好合作

1. 依法选择合适的合规监察官

监察官的选择并非完全由公司决定，但是公司通常可以选择候选人后提交政府部门进一步批准。《Morford 备忘录》要求监察官必须是“高素质且受人尊敬”的，而且不存在实际或潜在的利益冲突。在选择监察官时应当关注其专业性和其职业道德，寻找业界声誉较好的主体作为候选人。

另外，对于非美国上市公司来说，其中需要重点考虑的一个问题是监察官的所在地。虽然非美国的监察官可能对本地业务的特殊性有更好的了解，并且通常可能更容易与位于被监察企业所在时区的人员进行沟通，但不足之处在于，由于该监察官必须最终向美国政府报告，为了确保达到政府的期望，该监察官极有可能需要聘请美国法律顾问就美国法律事务提供建议，这将增加公司的成本并扩大“审计人员”的数量。

2. 完善与合规监察官合作的工具与机制

（1）充分准备及广泛宣传，以确保公司管理层和全体员工都理解监察官的角色以及公司与监察官在各个级别进行全面合作的承诺，充分配合监察官的文档或者访谈等需求，并明确在配合过程中的具体要求，如及时、准确地提供相关信息等。

（2）建立相应的应对流程。为了评估公司的合规计划，监察官及其团队必须了解业务，因此需要访问文档、系统及访谈员工。公司应确保有足够的资源来处理监察官的各种需求，并确保监察官的工作顺利进行。无法有效地协调将影响工作的进展，导致额外的时间、精力和成本，并影响监察官报告的评价结果。因此，可以设立负责协调监察官需求的接口团队，负责处理监察官的需求以及向其提供支持。

（3）获取监察官的工作计划，了解详细的时间表以及其希望访谈的地点和员工名单。因为现场访谈需要进行大量的准备工作，提前获取相关需求信息是确保监察工作平稳高效进行的前提。

(4)开发有效的互联网技术工具,该工具可用于跟踪监察官的需求和建议以及公司的响应和实施情况,如记录监察官的报告进度及跟进对监察官报告建议的采纳和完成情况。

(5)定期进行沟通,获取监察官对公司合规体系改进和配合情况的评价与期望。公司还应在整个过程中重点与监察官和政府进行沟通,保持开放的沟通渠道和合作以减少因信息不对称而产生的误解和障碍,促进监察工作顺利进行。同时,有效的合作和沟通还有助于增加监察官在监察期结束时对合规体系进行有效性认证的机会,避免了延长监察期或任命一个全新的监察官。

(三)积极高效地与外部咨询机构配合

作为中国企业,一旦被适用监察官机制,如何避免因为语言、立场等天然差异,造成监察官负面评价,甚至被认定为违反和解协议,将成为受监察方必须面对和解决的重要且紧急问题。寻找合适的外部咨询机构,有助于在语言、立场等方面填补监察官和受监察方之间的互信沟壑。

一方面,关于外部咨询机构的选定。我国出口管制法律尚属初立,目前我国企业在国际上所面临的主要出口管制执法压力和监察官机制适用风险均来自美国。一旦企业被适用合规监察官机制,建议企业首选监察机构所在国的咨询机构,如律师事务所进行合作。相较国内以及其他非监察机构所在国的咨询机构,这些本国的咨询机构具有天然的语言优势、熟悉法律及程序等各种经验优势,将更有效地帮助企业渡过适应期,并在后续与监察官的配合中及时、有效地传递讯息,且更易被监察官接受与信赖。

另一方面,关于有效管控外部咨询机构成本。合规体系的建设需要大量资源投入,但并不是不计成本的。我们应当认识到,合规建设与企业发展和营利的目的并不是天然违背的,这也体现在《Morford 备忘录》在考虑适用监察官机制时,将效益纳入判断原则之中。因此,受监察方应当寻找有能力、有高度职业责任感的外部咨询机构,也应当做好咨询机构成本管理,如设立专门的人员进行记录、核对。同时,企业应当加强能力内化,如成立专门的团队,一边与外部咨询机构对接,一边对外部咨询机构的意见进行内部分析,不断增加企业团队所承担工作的比重,这样既能使合规融入企业内部,也有利于培养自己的专业团队,提升合规治理效益。

中国企业海外合规经营的挑战与实践*

金杜律师事务所吴巍律师团队

近年来，中国企业对"一带一路"倡议的参与程度不断加深。2018年，我国企业共对全球161个国家和地区的5735家境外企业进行了非金融类直接投资，投资金额高达1205亿美元，其中对"一带一路"沿线的56个国家直接投资156.4亿美元，新签对外承包工程项目合同额达到了1257.8亿美元。2019年4月，第二届"一带一路"国际合作高峰论坛于北京召开，预示着走出去的中国企业会越来越多，但在广泛参与海外经营的同时，如何迎接境外越发严峻的合规挑战，更好地利用国内国际两个市场、两种资源，成为中国企业在新形势下需要思考的问题。

案例简介①

A公司为一家在美国上市的中国企业。A公司在参与"一带一路"建设的过程中，以承包方身份参与H国某大型基建项目的投标。该项目总投资额约25亿美元，由世界银行提供资金支持。

2017年年初，A公司为推进项目开展，根据H国的行业惯例和交易习惯与当地一家中介机构B公司签署了《咨询服务合同》。

该合同约定由B公司为A公司提供一系列咨询服务，包括向H国政府及有关部门推荐A公司，协调A公司与H国政府之间的关系，为A公司争取竞争优势，并最终协助A公司获得该项目。作为对价，A公司将按照该工程项目设计、采购、施工等总成本的4.5%向B公司支付服务费。首付金额为20%，剩余80%将根据项目工程合同中约定的业主方支付项目进度款的时间，以半年为期分次向B公司支付。该合同并未明确B公司的收款账户。A公司第一

---

* 原文载《企业营商风险与合规指引》，法律出版社2020年版。

① 以下为基于真实业务改编的案例。

次付款时,依据B公司的指令,将服务费付至一个在某国际知名避税港开设的银行账户,第二次付款时,则直接将服务费付给了B公司指定的个人账户。

2017年年底,世界银行廉政局接到举报称A公司通过B公司向H国相关人员行贿,遂对A公司是否存在相关违规行为开展调查。调查期间,世界银行廉政局曾多次向A公司发函问询相关事实。A公司并未意识到此事的重要性,回函时多敷衍搪塞。最终,世界银行向A公司发函,称其认为A公司在争取H国项目时存在向H国相关人员行贿的行为,该行为违反了世界银行的规定,将对A公司及其直接责任人实施为期三年的附条件禁入制裁。

随着事态的发展,此事也引起了美国证券交易委员会(United States Securities and Exchange Commission,SEC)的关注,并以A公司涉嫌违反美国《反海外腐败法》(Foreign Corrupt Practices Act,FCPA)的规定为由对A公司进行立案调查。

律师点评

一、"走出去"的中国企业正面临着多重合规挑战

随着"一带一路"倡议的贯彻实施,"走出去"的中国企业越来越多,但在不断参与国际市场竞争与合作的同时,中国企业也面临着更为复杂的法律环境及合规风险,这些风险来自多个不同的法域和不同层次的法律规范。

首先,无论中国企业在何处开展海外经营,其行为仍然会受到中国法律管辖。近年来,我国对于腐败贿赂行为的打击力度不断提高,相关立法的完备程度、执法的严厉程度进一步提升,形成了前所未有的对腐败行为"零容忍""全覆盖"的局面。除了刑事法律与反不正当竞争法的相关规定,国家监察委、国资委也对打击腐败贿赂提出了相关要求。

其次,"走出去"的中国企业还需要遵守东道国的法律法规。根据"透明国际"发布的2018年度"清廉指数","一带一路"沿线国家的得分普遍较低,包括H国在内的多数非洲以及中西亚国家,清廉指数仅有15~30(满分为100),远低于欧美发达国家。由于经济社会发展水平不高,腐败现象突出,东道国通过中介机构向投标方索贿的"潜规则"并不鲜见,这也使中国企业在这些国家开展海外经营时面临着更大的合规压力。

除此之外,欧美发达国家以及一些国际机构的监管态势也日趋严峻,不同

国家、不同调查机构之间展开了越来越紧密的配合。2018年，美国三个重要的《反海外腐败法》案件中，便有11个国家的政府机关为美国政府提供了协助。此外，美国时任司法部长 Jeff Sessions 还在2018年年底宣布启动“中国行动”，强调要“识别有关同美国公司竞争的中国公司 FCPA 案件”，中国公司被明确列为执法重点。除了 FCPA 方面的执法变化，美国在出口管制、贸易制裁的执法触角也越来越频繁地伸向中国企业。根据美国《2012年国防授权法》，对于一个非美国实体，如果其存在违反美国贸易制裁措施的重大交易，即使相关交易不存在任何美国连接点，美国仍然可以对其施加制裁，这些都体现了美国政府对中国公司的执法关注正在进一步强化。

2018年5月，欧盟《通用数据保护条例》正式生效。自此，一切向欧盟境内主体提供服务并处理个人数据者，均受到该法的管辖，中国企业也不例外。企业违反该法最高可能承担2000万欧元或者企业上一年度全球营业收入的4%（两者取其高）的罚款，对企业影响巨大。

国际金融机构监管方面，截至2019年10月25日，共有852家中国（不含港、澳、台）企业和个人出现在世界银行的黑名单上。中国目前已经成为被制裁主体数量最多的国家之一，而10年前的这一数字还仅为4家。很多海外工程项目都是世界银行等国际金融组织资助的，如果这些国际金融组织发现投标人有欺诈、贿赂等不当行为，可能将投标人及其关联主体加入黑名单，禁止其继续参与资助项目的投标。

由此可见，中国企业在海外经营过程中会受到多重法律制约，且监管的力度正在不断加强。具体分析上述A公司的案例，世界银行作为该项目的资助方，会对项目相关方的经营行为是否廉洁进行监管，而作为在美国上市的公司，A公司会受到美国 FCPA 的管辖，FCPA 中也明确禁止企业向外国公职人员行贿。尽管各国反腐败的法律完善程度不一，但加强对腐败行为的打击和制裁，维护公平、廉洁的营商环境，是当今世界各国以及相关组织的一致目标，中国企业需要妥善地处理好海外经营中遇到的问题，否则就很容易和A公司一样，面临多重制裁的困境。

二、中国企业在境外经营时暴露出来的合规问题

在海外经营活动中，中国企业常常因为经验不足、观念差异等原因，在境外遭遇合规问题，甚至不得不支付昂贵的学费。上述案例中，A公司不了解H

国的营商环境，对通过中介机构行受贿的做法没有引起足够的警惕，且在应对世界银行调查的过程中，A公司也并未采取积极应对的态度和方法，最终被世界银行施以严厉的制裁。

具体在案例中，A公司与B公司签订《咨询服务合同》时，虽然做了基本的尽职调查，但仍以为自己只是在遵从H国的行业惯例和交易习惯，只要签订了合同就建立起了防火墙，如果出现问题可以由B公司负责，并没有意识到世界银行作为该项目的资助方，会对项目参与方的经营行为进行监管和调查。这表现出了中国企业对境外法律制度、监管环境理解不到位。实际上，类似世界银行这样的多边金融机构在"一带一路"所涉及的大型基建项目中，往往会扮演着重要的角色，包括亚洲开发银行、非洲发展银行等，他们会对项目参与方的廉洁性和合规行为进行监管，而东道国的政治、法律环境又各有区别，这就要求企业在开展海外业务可行性分析时，除了对商业因素进行评价外，也应当将东道国的监管环境、项目所涉及的国际金融组织监管规定等合规因素纳入考察范围，识别项目可能面临的合规风险，提前熟悉合规法律环境。A公司并非这些年中国企业因为海外经营中的腐败行为被查处的孤立个案，其所暴露出来的"短板"，在其他企业中也普遍存在。中国企业应进一步提高海外合规意识，否则在越来越严格的国际营商监管环境下，企业的合规"短板"将会无处遁形，甚至给企业造成极大的损失。

另外，中国企业对境外机构的执法程序、工作习惯较为陌生，在遇到问题的时候往往不能有效沟通和答辩，从而一步步使企业陷入被动。在A公司案中，世界银行在向A公司发函之前已经掌握了较为充分的行贿证据。但是在给A公司的第一封函件中，世界银行并未透露调查内容，也没有透露A公司可能涉嫌违规，只是要求A公司确认参与过涉案的基建项目。A公司的项目人员在收到第一封函件后，完全没有意识到风险，也没有向公司的合规部门汇报，而是自行对调查函进行了答复。此后，世界银行围绕事实问题进一步向A公司发函询问，并逐步向A公司披露其已经掌握的行贿证据。此时，A公司的项目人员仍然没有上报合规部门，更没有咨询律师意见，而是以人员离职等理由搪塞。直到世界银行发函告知拟对A公司进行处罚时，A公司的项目人员才向公司法务部门汇报了前后的情况。在这一事件中，A公司的应对不力一步步使公司失去了申辩机会，给调查人员留下了不配合、不诚实的印象，使公司承受了更为严厉的处罚结果。

实际上，上述问题也反映了A公司在合规管理体系上存在的一些漏洞。这些漏洞在一些中国企业中并不罕见：例如，某些企业在启动项目时，合规方面的审查往往是缺失的；企业虽然设立了审计部、法律部，却没有明确规定这些部门的合规管理职能，也没有形成风控流程、合规报告机制；企业不能识别境外监管合规风险信号，及时启动应对预案等。这反映出仍有很多中国企业尚未建立起完善的合规管理体系，也没有针对海外合规风险形成良好的风险管控机制，一旦遇到重大风险，往往无法有效应对。

三、中国企业急需建立合规体系以迎接境外合规挑战

除了前述案例，中国企业在海外经营的过程中也暴露出了很多问题，这导致中国企业面临着极高的海外合规风险。想解决这些问题，不能等到问题暴露了才逐一去解决，而是需要从体系的层面进行自我完善，防患于未然。为了降低风险，更好地应对境外合规挑战，中国企业急需结合自身的实际情况，建立起一套有效、全面、有针对性的合规体系，为企业的海外经营保驾护航。

2018年12月16日，国家发改委等机关联合发布《企业境外经营合规管理指引》（以下简称《指引》），为"走出去"的中国企业如何提升境外经营合规管理水平提供了参考和启示。需要提示的是，《指引》只是为企业境外经营合规管理提供的基础性指导，国际经营环境复杂多变，企业合规管理的基础和条件也不尽相同，企业应对照《指引》，结合自身实际加强境外经营相关合规制度建设，不断提高合规管理水平。

《指引》第二章立足于中国企业参与国际市场的实践，对中国企业经常面临的合规风险进行了梳理，为企业呈现了一张较为清晰的合规风险地图，企业可以参照该地图，依托自身业务性质，圈定自身的合规风险评价重点。例如，关于在对外承包工程中要关注的事项，《指引》列出的投标管理、合同管理、反腐败反贿赂等内容，都是与A公司案息息相关的。A公司需要以案为鉴，有的放矢地把海外工程承包项目中这些高风险问题作为重点领域，完善合规管理体系。

除此之外，《指引》列出的高风险问题还包括：

（1）在境外贸易中，企业要关注贸易管制、质量安全与技术标准、知识产权保护等方面的具体要求；此外，企业还要关注业务所涉国家（地区）开展的贸易救济调查,例如反倾销、反补贴、保障措施调查等。

(2)在境外投资中,企业要关注市场准入、贸易管制、国家安全审查、行业监管、外汇管理、反垄断、反洗钱、反恐怖融资等方面的具体要求。

(3)在境外日常经营中,企业要关注劳工权利保护、环境保护、数据和隐私保护、知识产权保护、反腐败、反贿赂、反垄断、反洗钱、反恐怖融资、贸易管制、财务税收等方面的具体要求。

同时,《指引》要求企业重视风险管理的全面性,确保经营活动全流程、全方位的合规,点面兼顾。《指引》的及时出台,为中国企业开展合规制度建设、迎接境外合规挑战提供了重要路径,企业应依托自身特点,识别重点领域,建立起符合自身特点的境外合规制度。

四、一旦被调查,中国企业可以做什么?

如果中国企业在海外经营中因为合规问题被相关机构立案调查,根据我们的经验,中国企业在应对调查的过程中应当重点关注以下几个方面。

第一,要把合规要求嵌入业务一线,形成企业危机处理的有效机制。企业运营过程中,业务部门往往是企业对外开展业务,或者与其他各方进行沟通的桥梁和纽带。因此,企业需要形成有效机制,确保外部调查等合规风险事件发生时,业务部门能将相关情况第一时间上报至企业的法律部门或总法律顾问,由法律部门参与对被调查事件或类似危机事件的处理和应对,使业务部门不仅是沟通的桥梁和纽带,也是合规的第一道防线,以免像A公司一样延误了公司进行申辩的最佳时机,造成负面影响。企业可以通过合规培训、合规表现纳入绩效考评等手段,不断强化业务部门的风险意识,把合规的要求嵌入一线的业务流程中,使合规成为企业文化的重要组成部分。

第二,端正态度,积极配合,不延误、不推诿。根据以往的经验,当事人积极配合调查的态度和表现,在类似调查案件中往往会起到至关重要的作用。毕竟,制裁只是手段而非目的,维护公平、廉洁的营商环境才是各方的一致目标。结合A公司上述案例中的情况,在世界银行处理案件的流程中,世界银行更愿意看到一个为了实现合规而不断努力的企业。根据世界银行《一般制裁原则和指南》的规定和公开案例,积极配合调查将为企业争取到减轻1~3年或减轻50%幅度的处理结果。如果被调查的企业能够在第一时间表示出坦诚的配合态度,对调查机构主动作出自我检举和披露,及时采取补救措施并处分涉事人员,其被减少制裁期限或处罚幅度的机率就会大幅度提高。前述案例中,A 公司并没有向世界银行表现出有意愿解决问题的积极态度,甚至企图以涉事项目经理已离职等理由敷衍搪塞,给世界银行一种 A 公司企图回避调查、推卸责任的负面感受,导致制裁结果加重。

第三,组建具有不同法域背景的律师团队。考虑到中国企业海外经营面临多重监管,会受到不同国家法律规范,不同国际组织特定规则和程序的制约,企业应对外部调查时,应视具体情况,组建一支具有多重法域背景的律师团队。首先,无论遭遇何种监管,企业都需要对实务具有丰富理解的中国律师,分析企业面临的问题并协助企业与调查机构或其他中介机构展开有效沟通。其次,企业还应根据调查机构选择不同的律师。例如,面对美国 SEC 或者司法部的调查,企业需要熟悉、了解美国法律及相关执法程序的律师;在世界银行调查中,企业需要在应对国际金融组织制裁方面有丰富实践经验的律师。在实践中,由对中国法域和境外法域都有深入理解的律师共同为企业提供全面的法律服务至关重要,缺少其中任何一方,都可能对争议的有效解决构成阻碍,一旦在某些重要方面出现疏忽,就会在应对调查的过程中留下重大的法律风险。

第四,开展内部调查,收集整理证据,梳理抗辩思路,按时如实答复。在实践中,世界银行对被调查方提供的抗辩意见和证据会予以高度重视。因此,调查一旦启动,企业应尽快开展内部调查,对案件情况进行全面、细致的复盘,尽力收集相关事实证据,对相关当事人进行访谈并制作访谈笔录,寻找抗辩突破点。而且,企业还可借此机会了解自身还存在哪些合规问题,并予以改进。需要注意的是,世界银行自身也会从多个渠道收集证据并进行相互印证,国内企业切不能存有侥幸心理,企图篡改、伪造证据或作出虚假陈述,否则不但会导致抗辩失败,根据世界银行规则,还将因为阻碍调查而受到更严厉的制裁。

第五,重视文化差异,提高与调查机构的沟通效率。很多中国企业在收到相关机构调查函、询问函时,对其中的很多常用概念都存在理解上的偏差。例如,“fraud”(欺诈)和“negligence”(过失),中外对于“过失”“重大过失”“故意”等不同法律概念的理解并不完全一样。对于这些英文调查材料,企业的领导如果理解得不够全面,抗辩思路出现偏差,很容易凭主观臆断做出错误应对。在调查应对阶段,我们建议企业及早让熟悉调查程序且兼具中西方文化背景的律师介入，由律师为企业提出有效的申辩理由。A公司在调查初期，没有寻求律师的帮助，仅凭自身对相关文件的表面理解便草率回函，最终证实徒劳无功。

第六，保持与商业伙伴进行及时的沟通与交流。在“一带一路”的项目中，多个企业组成联合投标体进行联合投标的做法非常普遍，这类项目如果遇到合规问题，调查机构往往会分别向各企业展开调查，企业应保持与相关的商业伙伴进行及时沟通，避免因为信息不对称导致各自的陈述出现矛盾，进而被调查机构认定为“不诚信”。此外，供应商是投标程序中容易出问题的环节，如在投标材料上造假以获取项目机会等，企业要加强和供应商的沟通和管理，加强审查，避免因为供应商的违规行为而引火烧身。

机遇与挑战向来都是并肩而行，“走出去”的中国企业在把握“一带一路”历史机遇，不断开拓海外经营的同时，也要注意防范这个过程中会面临的多重合规挑战。国际合规监管环境越发严峻，中国企业应立足于自身合规管理体系的建设与完善，对境外经营中的重点领域予以高度重视，并注意与相关机构保持良性沟通，最大限度地降低海外合规经营风险。

附录：企业合规与社会治理专题研讨会综述*

开 幕 式

2020年12月20日，由中国人民公安大学法学院、中国人民公安大学企业合规与社会治理研究院、方达律师事务所主办的首届“企业合规与社会治理专题研讨会”在中国人民公安大学木樨地校区举办。来自司法部、商务部、最高人民法院、最高人民检察院、全国人大常委会、中国证监会、国家市场监督管理总局、北京大学、中国人民大学、中国政法大学、中兴通信、方达律师事务所等行政监管部门、国内高校、科研院所、企业和行业协会的150多名学者和专家到会研讨。

本次专题研讨会聚焦“企业合规与社会治理专题研讨”。开幕式上，中国人民公安大学党委副书记、校长曹诗权发表致辞，中国人民公安大学党委委员、副校长汪勇主持。

曹诗权校长在致辞中首先对中国人民公安大学企业合规与社会治理研究院的成立表示祝贺，并对与会嘉宾表示热烈欢迎。其次，曹诗权校长就本次专题研讨会提出三点：第一是要深入学习、研讨、贯彻习近平法治思想，掌握领会新精神、新要求、新理念，准确把握研究的主体和方向。着力破解为什么合规和为什么治理的问题。第二是要深入把握发展与安全的关系，坚持总体国家安全观，扎根中国实践，真正把国家安全、社会安全、人民安全和企业安全融通契合起来。第三是要深入把握国际国内两个大局，面向加快建设现代化经济体系，加快构建以国内大循环为主题，国内国际相互促进的新发展格局，新发展主体。最后，曹校长预祝本次研讨会圆满成功。

开幕式最后，举行了由北京方达律师事务所向中国人民公安大学企业合

* 综述由马明亮教授、唐彬彬老师、毛逸潇博士、陶朗逍博士、焦娜博士、王士博博士、孙可博士完成。

规与社会治理研究院的捐赠仪式。方达律师事务所高级合伙人尹云霞律师致辞指出,企业合规是企业治理的必要内容,是中国企业健康发展的必由之路,但是中国企业的合规建设才刚刚开始,还需要在理论和实践领域进行更深入的挖掘与研究。

第一单元　国家治理中的企业合规

第一单元由中国人民公安大学企业合规与社会治理研究院名誉院长、北京大学法学院陈瑞华教授主持。陈瑞华教授表示,非常荣幸作为第一单元的主持人,本单元的主题是“国家治理中的企业合规”,由五位报告人和两位评论人分别发言。企业合规是一个跨学科的法学理论和实践问题,在中国的法律在实践中,企业合规越来越频繁地出现在公司治理、行政监管、合规不起诉改革等多个场合;在法学研究领域,企业合规的研究刚刚开始,产生了一定的理论成果,但是对很多问题的研究还有待于进一步深化。由于我国关于企业合规的研究和制度构建处于起步阶段,无论是监管部门、司法机关、学术界,还是企业界和律师界,都对此感觉到比较陌生。例如,企业合规和风险防控以及和法律风险防控,甚至和企业家风险防控之间的关系问题;企业合规究竟是法律问题还是道德问题;企业合规与公司治理的关系问题;企业合规为何会进入行政法领域,成为行政和解的必要条件;企业合规为何会进入检察机关审查起诉的范畴;等等。对于上述基本理论问题,将由第一单元的七位专家学者来谈一谈他们的观点。

本单元的五位报告人分别是:北京新世纪跨国公司研究所副所长丁继华博士、北京大学法学院蒋大兴教授、中国政法大学比较法学研究院解志勇教授、中国人民大学法学院时延安教授、中国人民大学法学院李奋飞教授。本单元的评论人分别是:中国人民大学法学院教授、《中国法学》总编辑张新宝先生,最高人民法院研究室刑事处处长喻海松博士。

第一位报告人是北京新世纪跨国公司研究所副所长丁继华博士,报告主题是“企业合规的性质和功能”。丁继华博士从企业合规的内涵、企业合规的简史、企业合规的功能、有效的合规管理四个方面进行展开。

首先是企业合规的内涵。“合规”一词由英文“Compliance”翻译而来,它常指实现组织全部的合规要求,包括组织的全部“合规义务”与“合规承诺”。

企业合规,通常有以下三层含义:一是遵守公司总部所在国和经营所在国的法律法规及监管规定,包括国际通行规则与非通行规则,体现的是外部规制;二是遵守职业操守与道德规范,如诚实守约等,体现的是道德规范;三是遵守企业内部规章制度,特别是响应合规监管和体现合规承诺的行为准则等,体现的是内部规章。企业合规的重要功能之一就是防范合规风险。所谓合规风险,是指企业因未能遵循法律、监管规定、规则、自律性组织制定的有关准则,而可能遭受法律制裁或监管处罚、重大财务损失或声誉损失的风险。合规管理是现代企业一项核心的风险管理活动。企业应综合考虑合规风险与信用风险、市场风险、操作风险和其他风险的关联性,确保各项风险管理政策和程序的一致性。企业合规管理要将企业所需履行的全部合规义务与合规承诺转化成对企业及员工的合规要求。由此可见,合规管理是一项管理活动,和风险管理与法律风险识别存在区别。合规管理还要求管理层承诺做正确的事,并且采取管理措施确保管理层的承诺得以实现,可以囊括营销方法、财务管理方法、法务管理方法等多种治理手段。因此要求企业开展合规管理体系建设,建立一套体系化、制度化的自我监督与管理工具,对企业生产经营中可能产生的不当行为进行预防、监督与应对。合规管理工作涉及的内容广泛,包括职业安全与健康、产品质量、环境保护、反腐败、劳动用工、贸易管制、反洗钱、个人数据保护等各个领域。而企业合规管理体系的框架包括组织体系、制度体系、运行机制、文化建设等四大支柱。

其次是企业合规发展简史。20 世纪 70 年代"水门事件"爆发,催生了对企业合法的要求,尤其是要求企业开始建构管理体系来加强治理;2008 年西门子全球贿赂事件爆发,导致全球企业开始重视合规管理;2018 年的中兴通讯事件,则成为中国企业强化合规管理的节点。基于这三大合规事件,1977 年的美国《反海外腐败法案》,标志着政府开始将合规加以应用,作为一种治理工具,要求相关企业建立合规;2008 年之后,合规演变成国际竞争规则,意味着企业不仅要进行产品竞争,而且要遵守合规的竞争规则;随着 2010 年 OECD《内控、道德与合规良好实践指南》的发布,合规已经成为企业通行的管理体系的内在要求。企业合规也带来了国家司法治理的变化,美国 FCPA 通过查出违规案例来要求企业建立合规管理体系;2010 年英国反贿赂法规定建立合规体系可以免除企业员工违规的责任;2016 年法国萨宾 2 法案更是规定如果没有建立合规体系公司将承担责任，这体现了司法治理理念的变化，从查处违规、打击企业犯罪转变为将合规要求前置，作为一种预防性措施，要求企业主动建立防范违规行为的合规体系。

再次是企业合规的功能。第一是预防包括刑事、行政、民事、伦理等方面的合规风险；第二是提升管理规范，使企业的治理、决策、制度、流程更加规范；第三是实现价值创造，使企业更加值得信任、创造企业的信用、增加企业的信誉、实现可持续发展。在国际竞争中，合规不仅是企业防护的胄甲，还是企业进攻对手的长矛。

最后是有效的合规管理。在《美国陷阱》这本书中，作者皮耶鲁齐从组织层面对阿尔斯通过去的合规管理进行了反思，他认为阿尔斯通做的是纸面上合规，而实质上在不断违规，因此倡议企业应避免纸面上的合规，开展真正有效的合规管理。那么如何来评价企业合规管理有效性呢？美国司法部要求从合规体系是否设计良好、是否能够执行、是否执行有效等三个方面进行公司合规方案有效性评价，包括基于风险的方法论、合理配置企业资源、向董事会独立汇报、整合进入其他部门、制定可测度的标准、开展有区别的培训、针对高风险的政策、对高风险持续监控、吹哨人机制有活力、合规方案能被评估等具体要求。总结来看，企业在建立合规管理体系时，要将规制性、强制性的合规义务和伦理性、选择性的合规承诺两个方面的合规要求进行制度化，转变为企业制度，并通过合规措施和流程化的方式建立内部控制体系，还要注意用合规监督和文件化的方式固定合规结果、加强合规审计。

第二位报告人是北京大学法学院蒋大兴教授，报告主题是“企业合规与公司治理”。蒋大兴教授表示，企业合规是当前研究的热点议题，具有重要价值。但是合规真的能改变公司的治理和行为，甚至能够改变国家和社会的治理吗？这可能是较为困难的，一个公司的治理很难因为董事们是否讨论合规而发生本质的不同。合规以及公司治理的模式和效果是由所在地的文化基因所决定的，对很多企业控制者来说，如果不是遭受了严重的挫折，合规可能始终是第二位甚至末位的选择。但是这样不意味着关于合规的讨论失去了意义，对此，蒋大兴教授主要讨论了三个问题。

第一，合规在企业经营中的地位为何，究竟是高标准还是底线。有人提出合规是强制性的，在公司治理中需要有合规的底线思维，这个观点可能不完全正确。从外在控制的角度来说，合规是以改善市场主体的合规价值取向为目的而预设的一种强制性规则。其基本含义是公司所有的内部行为除了必须符合法律法规、国际条约和规范性文件的规定外，还要符合商业行为准则、商业惯例、公司章程、内部规章、公序良俗甚至各种承诺的要求。在此意义上，合规既是一种法律要求也是一种道德要求，其外延非常广泛。既然合规还包括伦理规范和各种承诺，那么就不可能是强制性的，因此合规不会成为企业经营的底线。在要求企业守法已经变得十分困难的当下，如果还强制企业遵守标准可能更高的伦理，更是难上加难。尤其是在竞争对手如果大量选择不合规，而监管惩罚却经常缺位的情况下，没有企业会坚持把全面合规作为底线。这样的现实甚至意味着企业经营者如果想在市场中胜出，一些违法行为可能是必须容忍的，在公司治理中首先应当对企业所面临的合规风险进行内部分级，只有可能导致刑事责任、致使企业全面崩溃的违法行为才需要作为一级风险，列为企业经营的底线。企业的法务总监、首席合规官、总法律顾问的首要任务就是要帮助本企业的董事、监事、高级管理人员识别并守住这些合规的底线，对这些可能导致毁灭性结果的行为说不。虽然全面合规很重要，但合规要付出大量成本。企业经营者在进行商业决策时必须要衡量利益得失，抓大放小。大量的轻微违法行为，虽然可能影响企业的诚信，但在经营者看来可能是应当容忍的，因为确实有的时候对于企业而言，选择违约比选择守约更有价值。面对这样的公司治理现实，法律人可能陷入纠结，因为经常会遭遇法律判断和商业判断难以两全的窘境，如果支持商业决策就可能涉及违法，如果不支持商业决策就可能在商业上失去利益，在大多数不会造成企业崩溃的情况下，法律可能要为商业让步，因此企业违法成为一种较为普遍的现象。法律人在进入企业后往往会转变观念，法律的逻辑只在会造成企业崩溃的原则性问题上才有重大价值、才会被企业家重视，除此之外的违规行为以商业目标为主，这是全面合规难以推行的重要原因。企业以营利为其主要目的，合规在很大程度上确实只具有手段功能，要服务于营利这一根本目的，否则就背离了企业作为营利组织的本质。因此讨论企业合规的底线必须要退守到这些原则性界限的范围之内，只有可能影响企业崩溃的危机才会被视为底线。当然，这只是想说明合规的第一层要求，即企业守法，已经是非常高的标准了，但并不代表合规不重要，它在建立企业信用方面仍然有重大价值，全面合规应当是所追求的最高目标。虽然伦理道德也有可能法律化,如同我国《公司法》第 5 条所规定的,合规就变成了全面守法。而且对跨国公司来说,遵守东道国的伦理可能比遵守某国的法律更有价值。例如,不遵守伊斯兰教的伦理就可能无法在一些国家营业。这些伦理对某国来说可能不完全是强制性的法律,针对这些跨国公司的合规含义可能有所区别。但是对我国的企业经营者来说,只有把合规当成高标准才符合当前现状。

第二,在公司治理中应由谁负责企业合规。在实践中产生了很多做法,在董事会决策时可能受到多种方式的监督,既有可能引入外部监管,也有可能由董事自己来负责合规,还可以由下属的法务部门、风控部门或者内部审计部门来进行合规的保证。出具法律意见书来确保董事会的经营是合规的,是最为常用的模式。这在实施过程中可能面临法律判断和商业判断的冲突等很多问题,所以合规管理的最佳目标可能不是由某一个部门来推行合规,而是将合规贯彻于企业的全部交易流程中。

第三,通过什么方式来推行合规。目前有培训、惩罚、奖励三种方式,对我国企业来说培训主要是给予企业知识,而未必能养成行为准则,更加重要的方式应当是惩罚和奖励,美国就在刑事处罚中将合规作为一种奖励方式。我国也一直用这三种方式来约束人的行为和社会生活,但是很明显其效能是有限的,可能缺乏合规文化才是当今合规困难的最主要问题所在。

第三位报告人是中国政法大学比较法学研究院解志勇教授,报告主题是“企业合规的行政法治理机制”。解志勇教授表示,现代企业所面临的风险包括合规风险、经营风险和财务风险,合规风险与其他两项风险并列的事实已是不容置疑的,应予高度重视。那么,行政法应对企业合规管理提供哪些帮助呢?解志勇教授从六个方面梳理了行政法对企业合规的治理机制:一是行政法需要为企业合规管理提供法律依据;二是对建立合规机构提供行政指导;三是在某些领域要强制性要求企业履行行政性义务;四是综合应用行政措施来推进企业合规管理;五是为外国法律研究提供专业支持;六是为国内企业提供参照。

一是为企业合规管理提供法律依据。除了《证券法》《公司法》等法律以外,从行政管理角度,国务院、各部委和地方管理机构也可以制定行政法规或者规章,来为企业合规管理提供更加具体细致的要求。在实定法依据的专门化方面，我国合规管理方面的法律依据在商业银行、保险公司、证券公司等金融领域得到较早的建立，其后拓展至国有企业领域，包括2016年8月国务院办公厅《关于建立国有企业违规经营投资责任追究制度的意见》、2018年11月2日国务院国有资产管理委员会《中央企业合规管理指引（试行）》等，将中央企业的合规管理从政策文件上升为法律文件，并要求中央企业“根据”指引制定实施细则，同时也倡导地方国有资产监督管理机构“参照”指引积极推进所出资企业的合规管理工作。在依据从标准到法律化方面，《合规管理体系指南》等合规管理相关的标准作为倡导性文件对企业的合规管理起到了示范作用，而法律根据阶段性的客观情况适时参考标准化的内容，从而在立法层面吸收借鉴相关的标准。在企业合规管理体系方面，也能够依据这些标准和指引在企业内部的合规机构中确定建立企业内部合规机构的标准、职责、权限、工作内容、方式。

二是对建立合规机构提供行政指导。首先是对普通企业提出建立合规机构的建议，综合合规管理的法律文件与标准，合规管理机构可以包括治理机关、专门机关、管理机关、保障机关、外部监督机关，等等。其次是对已建合规机构的企业提出提升的建议，包括建立协作机制、问责机制、预警机制、审查机制、评价机制、报告机制。最后是对国内企业合规机构的建构提供指导模板，结合《中央企业合规管理指引（试行）》和《合规管理体系指南》，国内企业合规机构的建构主要有以下环节：制定战略规划与方针、确定合规管理目标、确定体系的范围、建立合规管理组织、建立合规管理的一般和专项的管理制度和流程、合规审查、风险识别与预警、评估改进、问责及评价、合规培训。

三是强制性要求企业履行行政性义务。一方面，中资跨国（境）企业必须建合规机构。中资企业应当学习和掌握驻在国家（地区）的法律法规，尤其是该国的禁止性规定，并予以严格遵守，并且要建立全面有效的跨境合规管理体系。另一方面，国有跨国（境）企业按标准建合规机构。按照相关标准，国有跨国（境）企业已设有风险控制、审计、法律事务、纪检监察等多重负责监管的部门，合规机构可以有效性为目标，调整合规管理计划。

四是综合应用行政措施。首先，对应建而不建合规机构或建构不合格的企业应予以处罚。对于企业未按规定建立合规管理体系或者在合规报告、风险评估和监控方面处理不当的行为，可采取行政处罚。其次，对合规管理不合规或运行不顺畅的企业可采取行政约谈。以劝导加约谈的模式促使被监管企业将合规管理义务内化于市场决策中。再次，调整行政检查的频次或方式来激励企业自觉遵从内部管理型规制。最后，将企业实施内部管理制度的情况作为行政许可的条件。

五是提供外国法律方面的专业支持。首先是外交、领事、商务、司法部门等官方机构提供法律查明、送达法律文书、司法协助等支持。其次是政府部门支持高校、科研院所对相关国家、地区法律的研究。再次是支持民间建立相关机构，如律师事务所、法律援助中心等法律服务机构。最后是发布特定国家特殊规定的提示与警示，建构对特定国家特殊规定警示的激励等制度。

六是为国内企业提供参照，上述内容主要针对跨国（境）投资的企业，对于我国境内经营的企业，可以参照适用境外经营合规管理的相关规定，早日建成与中国地位相适应的现代企业制度。

第四位报告人是中国人民大学法学院时延安教授，报告主题是“企业合规的出罪功能”。时延安教授表示，司法实务中对单位入罪的门槛较低，而且单位犯罪的处理往往与自然人犯罪捆绑在一起，以往的研究也未能为单位出罪提供很好的机制，合规引入之后，使得我们对单位犯罪进行了重新思考。

时延安教授首先分享了一些基本看法。单位是一个组织体，单位承担刑事责任的根据应是组织体责任，但这与英美的组织体责任模式有所不同，我国对自然人和单位同时处罚，而在定罪和量刑时予以分别考虑。不同的组织体责任模式对于组织体的内涵有着不同理解，在时延安教授看来，组织体是人的集合，而人是靠规则而不是靠文化集合起来的，人的行为在组织体内部首先是依据规则指引，而不是靠文化指引，文化会影响人的行为，但直接作用于人的是规则。因此，对组织体责任内核应从内部治理机构和运行方式来理解，对单位（包括企业）的刑事责任追究，应从其内部治理结构和运行方式的角度来理解，只有当自然人的行为及后果可归责于这种治理结构和运行方式时，才可以对单位进行追究。

随后，时延安教授从三个方面分析了企业合规的出罪功能。第一，单位是否违反义务。所有单位犯罪都需要判断单位是否违反有关义务，这些义务主要是由行政法和商法加以规定的，如果通过合规建设能够证明单位已经履行义务，就可以否定犯罪成立。换言之，合规及其实施是判断公司是否违反义务的事实基础。比如在环境犯罪中,如果单位关于处理污染物的规则清晰且健全,并能有效地付诸实施,只有个别员工在处理污染物时实施了违规行为,那么单位并没有违反有关义务,单位不应构成污染环境罪。第二,单位违反义务与危害结果是否具有相关性。如果所违反的义务与危害结果之间没有相关性,即便违反义务,也不能对单位定罪。同样在污染环境案件中,出现了污染环境的结果,但如果企业只违反了有关产品质量方面的义务,这与污染环境的结果之间并不存在关联,那么也不能认为企业构成污染环境罪。这一点虽然理解起来比较容易,但在实务中有时会非常复杂。第三,单位的刑事归责中最核心的议题是如何区分单位犯罪和自然人犯罪,也就是如何为自然人以单位的名义实施犯罪行为和单位犯罪划定清晰的界限。需要考虑的是,自然人即便是以单位的名义实施的行为,甚至可能为单位带来利益,但是如果不能归责于单位的治理结构或者经营方式,那么也不能对单位进行追究。单位犯罪的归责基础是单位内部治理或经营结构导致危害行为发生,如果合规建设能够证明单位内部治理及经营方式是健全的,某一危害结果即不应归责于单位。单位决策及其内容是单位治理结构和运营方式的具体体现,如果某一决策并非基于单位正常的治理程序作出的,也不应对单位定罪。实务中很多中小企业被有组织犯罪控制,他们绑架了单位从而实施相关危害行为,在有组织犯罪的控制下,相关犯罪行为不能视为企业正常治理程序作出的决策。总结来看,企业合规作为出罪事由,核心问题是违反义务,其次是违反义务和危害结果具有关联性,最后看能否归责于治理结构和运营方式,任何一点加以否定都可以对单位进行出罪,整个过程应在构成要件部分解决,而不宜放在违法性中作为正当化事由考虑。

第五位报告人是中国人民大学法学院李奋飞教授,报告主题是“企业合规的刑事诉讼激励机制”。李奋飞教授表示,西方国家企业合规发展的经历告诉我们,如果没有针对企业合规的刑事激励机制,企业就难以获得建立完善合规体系的强大动力。在企业合规刑事激励机制中,暂缓起诉协议和不起诉协议可能是最具开创性的。以美国为例,适用于公司犯罪的暂缓起诉协议使检察机关能够对涉案公司进行持续的合规监管,在考验期结束后可以根据企业重建或者完善合规体系的情况作出是否提起公诉的决定。显然,暂缓起诉协议和不起诉协议这种程序上分流措施为企业合规提供了强大的内在动力,也改变了传统上检察官的角色。我国刑事诉讼法确立了五种不起诉制度,目前没有把企业是否建立完善的合规体系作为决定是否对其作出不起诉决定的重要考量因素,我国的附条件不起诉制度也主要是针对未成年人实施的轻微刑事犯罪案件。在此背景下,在推进合规治理体系建设的过程中,多位学者提出要把企业合规附条件不起诉确立在未来的刑事诉讼法之中。立法总是落后于实践,在检察机关参与社会治理、保护民营企业的背景下,部分地区检察机关已经开始探索合规不起诉,有学者将其概括为两种模式,即检察建议模式和附条件不起诉模式。

检察建议模式,是指检察机关在审查起诉过程中发现涉案企业存在合规漏洞或者合规风险,可以主动延伸办案职能,向涉案企业甚至监管机关提出检察建议,有的案例还把根据检察建议进行合规整改情况作为检察机关是否起诉的重要考量因素,在对企业的合规整改情况进行评估之后,可以作出不起诉处理。在实践中,检察建议模式往往是在作出不起诉决定的同时向涉案企业提出检察建议,在最近的研究中将这种社会治理类检察建议概括为企业合规检察建议。附条件不起诉模式是指检察机关在审查起诉过程中,对积极配合调查、采取补救措施、认罪认罚的涉案企业暂时不予起诉,检察机关对其提出合规整改要求、签署合规整改协议、设置一定的考验期,根据合规整改的情况,检察机关作出是否起诉的决定。在一些案件中,检察机关对完善合规机制的企业作出了不起诉决定。这两种模式都是对现有的酌定不起诉制度的灵活运用,有人认为,未来如果针对企业犯罪的附条件不起诉得以确立,检察建议模式就出现了生存危机,对此李奋飞教授持不同观点。他认为两种模式的区别有时只是形式上的。在检察建议模式中,如果检察机关能够选择好提出检察建议的时间节点,不在作出不起诉决定的同时提出,而是在审查起诉的过程当中,甚至可以在审查逮捕的过程中提出检察建议,就同样可以把企业的合规整改情况作为起诉考量因素,如此一来,检察建议模式和附条件不起诉模式的区别就不明显了。此外,检察建议模式相较于附条件不起诉模式还具有两个方面的独特优势:一是时间节点较为灵活,二是对象较为灵活。不仅可以针对涉罪企业,还可以对其他涉案企业,甚至可以对企业的行政监管机关提出检察建议,所以检察建议模式具有持续的生命力。

企业合规的刑事诉讼激励机制不仅局限于合规不起诉,还有认罪认罚从宽制度。如果将企业在认罪认罚之后还同意将合规作为一种考量因素，那么检察机关可以提出更为轻缓的量刑建议。此外，在强制措施的使用上，如果企业能够接受检察机关的建议，进行合规整改，可以适用更加轻缓的强制措施。在我国，羁押对刑事诉讼的走向影响深远，可能会影响定罪和量刑，如果能够变更为更轻缓的强制措施，则能为企业建立合规机制提供更大的动力。

第一位评论人是中国人民大学法学院张新宝教授。张新宝教授对五位报告人的发言内容进行了梳理和总结，并谈了两个观点。其一，企业合规应放在社会法治的大背景下来考察，如果监管规定比较模糊、滞后，导致企业的野蛮生长，到最后才加以集中治理，并且有时还存在选择性执法现象，那么企业合规是较为困难的，只有社会具有良好的法治环境，才能真正推动企业合规的建立。其二，在民事领域中也涉及一些合规问题。首先是雇主责任。这和刑法单位责任的问题是相通的，企业因为员工行为承担相应的雇主责任，这是企业合规治理的重要一环。其次是民法中规定了反性骚扰条款，企业、事业单位、国家机关都要制定相应的制度和措施机制来进行预防、受理投诉等，否则发生性骚扰事件后，用人单位要承担相应的责任。最后是企业在个人信息保护和数据安全方面，如果没有做好数据合规，也可能承担较重的民事责任。

第二位评论人是最高人民法院研究室刑事处处长喻海松博士。首先，喻海松博士着重对刑事合规领域时延安教授和李奋飞教授的发言发表评论，认为时延安教授的发言可以归纳为如何划清单位犯罪与自然人犯罪的界限，从而撇清单位的刑事责任，无论是义务的违反、义务的结果相关性，还是结果的归属，实际上都是为了将单位从刑事责任中择出。李奋飞教授的发言可以归纳为充分利用单位认罪认罚制度的空间，作为企业合规的激励机制，无论是不起诉、量刑建议，还是强制措施的采取，目的都是激励单位不仅要认罪认罚，还要认合规。在合规不起诉方面，无论是在不起诉的同时发出检察建议，还是采取附条件不起诉的方式，在现行刑事诉讼法的框架下，空间可能只在认罪认罚制度之中。其次，喻海松博士表示，企业合规的特点在于刑事风险的严厉性，这种严厉性存在于活生生的司法实践中，对企业产生了强大的激励。例如，数据企业的合规问题。随着 2017 年、2018 年一大批数据企业因为侵犯公民个人信息罪受到刑事追诉之后，很多企业开始认识到违反数据采集规则存在严重的风险。因此，企业合规的必要性在于一旦企业被认为是单位犯罪、遭受刑罚之后,会面临资格被剥夺、企业经营难以为继的后果。最后,喻海松博士对刑事合规中所合之规的内容展开分析,认为刑事合规要合乎的规范其实不是刑法,因为企业所涉嫌的犯罪在刑法中主要是行政犯,是以违反前置法律法规为前提的。《刑法》第253条之一规定的侵犯公民个人信息罪,条文中只有“违反国家有关规定”的表述,这些有关规定包括2017年6月1日起施行的《网络安全法》、2021年1月1日起施行的《民法典》人格权编中关于个人信息保护的条款、正在审议中的个人信息保护法和即将审议的数据安全法,所以所合之规应是前置的行政法律法规。

最后,本单元主持人陈瑞华教授表示,企业合规是一个跨学科的重大前沿课题,五位报告人中既有专注于企业研究的学者,也有来自公司法、行政法、刑法、刑事诉讼法领域的学者,企业合规多学科交叉的特性意味着任何一个学科都不能涵盖全部内容,因此需要交叉研究、相互协作、取长补短。在本质上,企业合规是一种公司治理方式,但是有行政监管提供外部激励机制,作为行政监管的重要手段;合规也成为刑法激励机制,作为出罪和量刑宽大的根据;合规在刑事诉讼法中也存在一定的空间,被公诉制度和量刑程序所吸收。本单元展示了企业合规的基本理论问题,能够反映当前关于企业合规研究的基本状况,再次对五位报告人和两位评论人的精彩发言表示感谢。

第二单元　合规不起诉制度的改革探索

中国人民公安大学法学院院长、中国人民公安大学企业合规与社会治理研究院院长李玉华教授主持的第二单元“合规不起诉制度的改革探索”中,五位来自检察院、公安机关的实务工作者结合本单位的探索进行了介绍。三位评论人对以上报告内容发表了各自的看法和观点。

首先,来自深圳市宝安区人民检察院刑检二部的黄美华部长以“刑事合规不起诉的宝安模式”为题作了主题报告,着重从工作的概况、工作的成效、工作存在的困难、下一步工作举措等方面汇报了宝安区人民检察院2020年以来探索开展企业刑事合规工作的情况。黄美华认为,企业刑事合规是一个复杂的系统工程,原因在于涉及两个维度,即企业内部治理与刑事诉讼。她认为,将企业刑事合规内嵌于认罪认罚从宽制度,并以不起诉作为突破口,对刑事合规不起诉的程序设计来说是较为合理的尝试。她对三种企业合规不起诉模式选择的优点、不足之处分别进行了阐述,指出宝安区人民检察院在企业合规不起诉模式选择上所考虑的因素。黄美华介绍,宝安区人民检察院多举措提升企业刑事合规的质效。一是制定完善的制度、配套文件、协作办法;二是创造性推行独立监控人制度;三是创立与独立监控人相配套的合规专员制度;四是切实发挥行业自治在加强行业自律、服务企业发展等方面的重要作用;五是探索制定企业刑事合规通用标准;六是探索制定企业刑事合规验收机制。黄美华表示,宝安区人民检察院开展企业刑事合规探索工作以来,产生了较大的正向效应。一是涉案企业重获新生;二是将试点经验上升为政策推广;三是企业刑事合规由“被动”变“主动”;四是培养、繁荣企业刑事合规市场。最后,她也提到企业刑事合规在司法实践中的困难。一是附条件起诉的法律依据不足;二是合规实践受限于办案期限及检察业务考核;三是企业与责任人员的处理难以剥离;四是制定企业刑事合规通用标准、验收机制难度大;五是与公安机关、行政机关协作配合不足、程序衔接不畅。黄美华指出,宝安区人民检察院将进一步对企业刑事合规工作进行深入探索。一是尝试制定适合中小企业规模的刑事合规通用标准及评估考察机制;二是联合推动建立具备宝安品牌特色的重点物流企业联合会等行业自治组织,构建行业合规标准指导企业合规;三是探索将企业刑事合规的激励机制从不起诉扩展至酌定从宽量刑情节;四是联合区司法局等部门加强对企业的刑事合规法律宣传贯彻以及对行政执法机关的柔性执法培训。

宁波市人民检察院检委会专职委员王焰明围绕“以行政监管助推合规实效——涉罪企业合规考察的宁波路径”进行了报告,对构建涉罪企业合规考察制度的必要性、实施路径发表了自己的看法。关于为什么要探索开展涉罪企业合规考察,王焰明讲到,一是国内外形势发展的迫切需要。主要是最高人民检察院《关于充分发挥检察职能服务保障“六稳”“六保”的意见》中要求努力让企业“活下来”“留得住”“经营得好”。涉罪企业合规考察,可避免定罪量刑给涉罪企业带来信誉下降、交易机会减少、生产经营陷入困境等不利影响。二是检察机关积极参与社会治理的必然要求。建立涉罪企业合规考察制度,是在充分履行刑事诉讼主导责任的基础上,实现检察职能由之前的事后、消极预防向事前、积极预防转变,从而推动企业犯罪的诉源治理,有利于深化、拓展检察机关参与社会治理的深度,增强企业内部治理的功能和实效。三是企业实现可持续发展的有效路径。可以有力推动企业防控未来法律风险，有利于提高企业未来竞争力，实现企业可持续发展；可以有效解决对涉罪企业作出不起诉决定后，制发检察建议的不足、企业内部管理制度缺陷隐患、再次违法犯罪风险等问题。关于如何构建涉罪企业合规考察制度，王焰明提出，宁波市检察机关发布《关于建立涉罪企业合规考察制度的意见（试行）》，规定在审查起诉环节对涉嫌犯罪的企业，符合规定的条件，设立一定考察期(6 个月以上 1 年以下），要求企业出具合规建设计划并接受考察承诺书，在考察期限内根据合规计划，完善企业治理结构，健全规章制度，规范生产经营，进而在考察期结束后综合其合规建设情况、犯罪情节等决定是否起诉。关于如何更有效实行涉罪企业合规考察制度，第一，要进一步统一思想认识。从涉罪企业的角度来看，要充分认识刑事合规考察制度对预防再次违法犯罪和企业长远发展的现实意义；从检察机关的角度来看，要“刑事打击”与“合规营救”并重；从行政机关的角度来看，开展合规考察是充分履行行政管理和服务职能的具体表现，系服务企业高质量发展的工作新模式。第二，要科学制订合规计划。注重合规计划的专门性、针对性、有效性。

浙江省岱山县人民检察院检察长卢宏辉以“岱山检察刑事合规工作的实践探索与思考”为题，介绍了岱山县人民检察院刑事合规实践探索的主要做法，刑事合规办案模式中遇到的重点难点问题，并对未来刑事合规工作的开展提出了设想。关于刑事合规实践探索的主要做法，卢宏辉介绍了岱山县人民检察院前期探索以开展刑事合规风险预警防控为主，区域主要集中在浙江自贸试验区舟山绿色石化基地。主要方式是针对调查走访和司法办案中发现的企业刑事法律风险问题，以制发刑事合规预警告知书方式进行提示，以检察建议方式强化监管，督促企业落实整改、堵塞漏洞。2018 年至今岱山县人民检察院共向相关项目企业发出刑事合规风险预警告知书 37 份，检察建议 7 份。目前，进一步探索将企业刑事风险合规整改落实情况纳入案件处理酌情考虑因素，依托检察办案强化防控刑事法律风险问题的针对性、实效性及合规整改刚性。2020 年 9 月，岱山县人民检察院制定出台《涉企案件刑事合规办理规程（试行）》，在检察办案中加强刑事合规考察机制的司法实践探索，对落实合规整改的企业及管理人员，依法作不起诉处理、提出缓刑建议等予以合规激励。另外，卢宏辉提到了刑事合规办案模式的重点难点问题，具体包括：其一，关于案件的适用范围。办案规程里设定的是企业、经营者、员工实施的与企业经营活动有关的案件。在实践中,有的地方试点时明确规定为企业经济犯罪,并确定了适用罪名范围。考虑到岱山县人民检察院企业犯罪案件数量较少,故对犯罪类型和罪名不作具体限定,适当拓展探索的覆盖面,对涉及企业经营活动的其他罪名也可适用,如拒不支付劳动报酬、合同诈骗罪等。但对为犯罪而设立的公司企业则不予适用,如为虚开增值税发票而专门设立的空壳公司。其二,关于适用条件。要求是需自愿认罪认罚且愿意接受合规整改和合规监督员监督,出具合规整改承诺书。这些前置条件既是案件基础条件,也是合规激励的前提,是必须具备的。关于适用的刑罚条件,根据合规激励的程度作适当区分,对拟作不起诉的案件一般限定为宣告刑为 3 年以下有期徒刑案件,对拟提起公诉提出宽缓量刑建议的可能判处 3 年以上 10 年以下有期徒刑的案件也可适用,但一般要具备从轻处罚情节或减轻处罚情节。其三,关于合规整改方案。重点围绕刑事合规风险因素展开,由涉案企业针对经营管理中的刑事风险防控漏洞制定执行刑事合规计划,包括整改的目标、期限、举措、结果及协助合规监督等。我们考虑到合规整改方案这项工作刚开始探索,大部分企业对此都比较陌生,有必要建立标准化框架内容,对企业制定合规整改方案进行指引,保证规范化和有效性。其四,关于合规考察期限。企业合规考察本质上是在法律适用上对特殊主体采取特别规定,期限设置原则上限定在强制措施期限内及时进行整改,但考虑企业整改的周期相对较长,也可考虑探索暂缓起诉,对考察期适当予以延长,确保涉案企业有相对充足时间制订合规计划并执行落实,接受监督考察。目前,设定的合规考察期原则上是在 6 个月至 2 年,考虑采用暂缓起诉方式,以期解决办案期限与考察期间可能出现的不相配套问题。其五,关于合规监督员选派。对合规监督员的选任分为专业合规监督员与普通合规监督员两种,以专业合规监督员为主,普通合规监督员为辅。专业合规监督员从律师事务所、会计师事务所、税务师事务所等中选任;普通合规监督员则由检察院与相关部门协商在公务人员中确定。合规监督员的费用考虑原则上由涉案企业承担,对确有支付困难的小微企业则考虑设立专项经费等方式予以帮扶。其六,关于合规听证会。整合合规整改验收听证和诉前听证,在考察监督期满后,召开公开听证会进行评议,由检察机关主持,邀请人民监督员、合规监督员、侦查人员、行政监管部门人员及行业协会代表参加评议。经公开听证后，对完成合规计划实现预定目标的企业，依法予以不起诉处理，并向行政管理部门提出减轻行政处罚建议。对未达到合规预定目标的企业，则依法提起公诉。

南京市建邺区人民检察院副检察长李勇介绍了“合规承诺与认罪认罚不起诉融合的建邺模式”，认为认罪认罚从宽制度是构建中国式刑事合规的绝佳契机和重要突破口，建议将合规承诺与认罪认罚不起诉相融合，通过合规计划使检察机关成为改变企业治理结构的推手。李勇提到刑事合规与认罪认罚从宽的关系主要体现在：一是刑事合规与认罪认罚从宽都是刑事司法模式由对抗走向合作趋势中的一环，合规计划通过企业的自我管理来代为履行国家的犯罪预防职责，配合国家的司法调查，获得从宽处罚的处理，与认罪认罚一样也是一种合作模式。二是合规从轻与认罪认罚从宽的正当性根据相同。企业合规计划是为预防违法犯罪而建立的，经评估有效的合规计划，预防必要性随之降低，进而预防刑减少，整理量刑从宽甚至不起诉。三是刑事合规所体现的合规意识与认罪认罚制度中的认罪态度互为表里。自然人发自内心的认罪认罚态度通过其言行表征，签署认罪认罚具结书。作为“没有灵魂和肉体”的企业，其认罪认罚体现在合规计划上。公司企业特别是大型企业，是自我再制的系统，具有“企业公民”的地位，企业文化成为企业的灵魂，可以对员工关于什么是合法的、什么是不合法的看法产生严重影响，影响雇员对某些法律规范的有效性或合法性的感知，所以公司应当承担责任。同样，当一个涉罪企业案发后，通过真诚努力建立并有效实施合规计划，所体现出的合规意识和努力构建合规的企业文化，体现的是认罪悔罪态度，预防必要性降低，理应获得从宽处罚。四是刑事合规与认罪认罚从宽在优化司法资源配置的目标上相互通联。一方面，合规计划与认罪认罚从宽制度的上述立法目的趋向一致，建立了有效合规计划的企业，其犯罪发生时配合司法机关调查并改进其合规管理，体现了认罪认罚的态度，可以从宽；另一方面，节约了司法资源和犯罪预防的成本，理应给予刑罚上的激励。李勇还提到合规承诺与认罪认罚不起诉融合的实践探索，包括：第一，涉案企业表示愿意认罪认罚，实施合规计划的，在律师见证下，签署合规承诺具结书。检察机关可以提出从宽处罚的建议，对具有从轻、减轻情节或者社会危害性不大的轻刑案件，符合相对不起诉条件的，可以作出不起诉决定。合规承诺书，应当附完备的合规计划，应当要求涉罪企业委托专业的人士建立切实有效的合规计划。第二,利用审查起诉期限督促合规,在取保候审的案件中,现在实务中的主流观点认为审查起诉期限可以是一年,与取保候审期限相同。对于单位犯罪来说,李勇认为,可以分案处理,对于单位犯罪的审查期限可以不受一个月及延长、退回补充侦查限制。这可以就可以“腾出”一年的考验期出来。第三,通过不起诉后的建议合规,符合相对不起诉的条件,在不起诉决定后发出检察建议,建议企业建立合规计划。问题是企业不落实这个检察建议怎么办?其实是“不能怎么办”,这就是我们没有附条件不起诉或者暂缓起诉制度所导致的无奈。李勇提到了解决办法是:(1)对于涉案企业未充分履行,具有破坏生态环境和资源保护、食品药品安全的损害社会公共利益的行为,检察机关依法启动民事公益诉讼程序。(2)发现问题向行政监管部门通报。第四,不起诉的听证程序,无须由法官批准,在作出相对不起诉决定前,检察机关可以进行公开听证,由侦查机关、涉案企业、被害方、律师、人大代表、政协委员、人民监督员等参加,充分听取各方意见。最后,李勇概括总结了目前面临的问题:一是立法上的需求。最大的问题是,没有类似于未成年人犯罪的附条件不起诉制度,或者类似于美国的暂缓起诉制度。二是涉罪的很多是中小企业甚至是小微企业,难以承受合规计划的成本;而大企业,具体实施犯罪一般不是高层,要证明成立单位犯罪是比较困难的。我们国家单位犯罪理论采取的是“企业决策责任论”,强调“以单位名义”“集体研究决定或者有关负责人员代表单位决定”“为单位谋取利益”。三是缺乏合规专业人才。对于企业来说,建立真正有效的合规计划是一个专业性极强的系统工程,能做的人不多。同样,合规考察的专业人才匮乏,类似于合规监督员,如何准确评估一个企业的合规计划是否有效。

杭州市滨江区公安分局经侦大队的方奇大队长以“企业刑事合规促进会——公安机关助力企业合规经营的新探索”为题,介绍了滨江区企业刑事合规促进会的成立背景、组织架构、发展目标、工作计划等方面,希望以此来不断提升区内企业安全合规水平。方奇提到了为进一步强化服务企业、护航发展能力,打造更优营商环境,2020 年 8 月 21 日,滨江区围绕“共建、共享、自治、智治”理念,创新工作举措,按照“党委领导、公安主导、部门联动、企业主体、社会参与”的总体架构,携手网易、海康、大华、创业慧康、宇视、恒生、新华三等 7 家企业和“拾贝保”创立了滨江区刑事合规促进会。该促进会发展的三大目标是维护企业权益的新载体,引导合规发展的新阵地,展示企业风采的新窗口。促进会工作进展包括对企业进行走访,对企业领导员工开展合规培训,与企业开展相关主题教育,与滨江区重点电商企业共同发起成立互联网经济与安全委员会行业自律组织“电商同盟”,建立促进会公众号等。关于促进会工作开展计划,方奇提到2020年会员单位合规部门建设及合规官培养;2021年主题编写各类合规工作指引。而且研究合规重点课题领域包括:公安机关在合规考察监管制度中的职能和作用;企业反舞弊、反不正当竞争等专项合规建设;电商及社交媒体平台合规管理机制;企业尽职调查机制的完善和补强;专项合规人才引进及本地化培养机制。

之后,三位评论人对以上报告内容发表了看法。最高人民检察院法律政策研究室主任高景峰认为,检察机关作为法律监督机关,在司法实践中一定要在法律的基本框架内进行,同时要和检察建议、认罪认罚从宽制度、不起诉制度结合起来。在合规制度的考评环节,通过发出检察意见,检察机关督促行政执法机关积极履行职责,综合运用刑事、行政、民事、经济处罚手段,发挥检察机关与行政执法机关的合力。此外,需要进一步思考如何借鉴未成年人的附条件不起诉制度、考察期限制度。

全国人大常委会法制工作委员会刑法室副主任黄永提出了三点看法:第一,刑事合规建设需要观念的变化,对刑事法律的理解需要新的价值观认识,刑事和经济之间的关系越来越密切,刑事价值趋向于社会保护功能。刑事合规是跨学科、跨领域的概念,对刑事立法、执法、司法工作者提出了挑战,五位报告人介绍了在实践工作中的做法,对工作具有敏锐的洞察力,并对自己的工作进行了相应的调整。第二,刑事合规不仅是实践操作问题,还是一个制度构建问题。刑事法律的发展对经济领域的介入越来越深,这也是刑事合规体系建设对刑事法律的冲击与结合,把合规有效的纳入刑事法律规范之中,包括企业的外部经营和内部管理,还有刑法中规定的入罪和出罪。第三,关于刑事程序的问题,刑事合规不是独立的,在刑事程序中需要注意对涉案财物的查封、扣押、冻结以及判决之后的处置。

最高人民检察院检察理论研究所学术部主任董坤认为,企业刑事合规如何与检察职能延伸相契合是一个很新且值得研究的问题,未来发展包括两个面向:一是近景规划,即相对不起诉制度与刑事合规的融合,在法律现有的框架之内进行,相对不起诉制度的弊端在于作出决定之后,检察院没有相应的职能持续跟进企业刑事合规;二是远景规划,即构建附条件不起诉制度,这将涉及方方面面的问题,例如附条件不起诉适用的案件范围、考验期限、履行义务、考察监督人员,考验期满之后的评估模式等。总之,在实践中还可能出现三个问题:第一,如何在相对不起诉制度和对单位附条件不起诉中进行选择;第二,单位主管人员犯罪时,查明公司经营治理中存在漏洞,那么对单位附条件不起诉能不能延伸到单位主管人员;第三,监管人的问题,由检察人员担任监管人时,存在检察人员流动性大,而监管期限长,不能进行有效监督,在实践中探索的独立监控人中可以由行政机关担任,需要考量刑事合规兴起之后带来的工作量。此外,律师事务所和会计事务所担任独立监控人时,该如何解决费用的问题,尤其是对于中小企业而言,合规成本是个大问题。

最后,主持人李玉华教授总结道,五位报告人在会议前做了充分的准备,报告内容体现了我国当前刑事合规最鲜活的实践和探索,希望借此能够在世界合规浪潮中贡献中国智慧。

第三单元　行政监管与专项合规

中国人民公安大学法学院马明亮教授主持本单元。在行政监管角度下,企业合规能否融入行政监管?在行政监管角度就融入企业合规,尽早地解决企业在经营方面的问题。

中国证监会处罚委王卫华委员报告主题是“资本市场合规监管体系”。国务院对资本市场持“零容忍”的立场,对资本市场进行严格的监管与查处。目前,在资本市场的法律监管体系比较健全。从全国人大基本法,包括公司法、证券法、刑法等,到最高人民法院、最高人民检察院、公安部出台的司法解释。从国务院部门法规、行政规章,从中央文件与上市交易所文件到公司内部规范,形成完善的制度体系。监管方式分为监管机构的日常监管与企业的自律监管。行政执法力量主要有:稽查局、稽查总队、沪深专员办以及派出机构稽查处。行政调查的权力与保障,新的证券法赋予面较广,冻结资金最长可以到达两年。限制出境等权限也在完善。行政处罚工作流程从收案,到事先告知,再到听证以及复核。处罚结果有处罚结案、不处罚结案、处罚完移送公安机关。行政处罚完还有行政诉讼,行政诉讼逐年增高,行政处罚比例也较高。欢迎以及希望司法界领导专家对于行政监管和处罚工作进行批评与指正,希望行政处罚水平进一步提高。现有监管稍有滞后,希望多学习,将行政监管与处罚更上一层楼。

国家市场监督管理总局反垄断局邱阳处长报告的主题是“市场监管局在反垄断合规中的工作”。首先介绍了反垄断法的整体结构以及主要内容,结合域外经验,提出反垄断合规主要有以下几个:(1)控制企业对于垄断行为的发生。反垄断合规能帮助员工提高反垄断意识,使其易规避违法行为,从源头上降低风险。(2)识别垄断违法行为。既可以识别自身违法行为,还可以识别对方企业违法行为,有利于行业整体良性发展。(3)避免扼杀创新业务。(4)降低企业国际化经营风险。(5)降低违法成本。反垄断法实施以来,反垄断制度建设不断完善,但在实践中还是有问题出现,比如反垄断意识不强、合规缺失、对于反垄断执法不配合、暴力抗法等。从执法部门角度来看,除了加强执法外,应如何更好地帮助企业建立或完善合规。反垄断合规指南制定以及加强合规指导,是促进反垄断法深入实施的重要手段,更是企业公平竞争的迫切需要。从 2018 年开始起草的经营者合规指南主要是给予企业基本指导,共 6 章,目的是预防企业风险,市场监管局也将积极帮助企业。

司法部行政执法协调监督局袁雪石处长报告的主题是“行政监管新趋势”。袁雪石处长认为中国目前监管是动态的监管趋势,如何做好企业合规监管,有三对关系要注意,分别是自治与管治、风险预防与事后补救、守法预期与监管尺度。行政监管有了新的特点:从政府向社会多元治理转变,更加强调企业自身的作用,企业对自己的行为负责、更加强调建设回应性政府、从部门治理到整体治理的转变、从以处罚许可到多措并举强化精准治理、从事前管控到事中事后过渡。

商务部合作司张亮处长报告主题是“规范企业海外经营行为的若干思考”。首先,介绍了我国企业在海外经营现状。大多数企业都能遵守法律法规,部分企业存在恶性竞争、贿赂等不当行为,造成负面影响。导致的原因可以分为外部因素和内部因素,外部因素主要有:国际形成完善的法律体系,今年来加大执法力度;个别国家针对中国设置贸易壁垒;部分国家营商环境不完善,法律法规不健全。内部因素主要有:观点认识不足,认为合规只是规范,不需要过多投入;知识上存在缺失,缺失合规基本知识和培训;管理上缺少经验,多数企业缺少专门处理合规管理的队伍。应对策略有以下几点:第一,加强顶层设计。商务部牵头拟定关于规范企业海外经营规范意见,2017 年 5 月审议通过。第二,完善监管制度。严格执行各项政策法规,督促企业落实合规经营。第三,强化合规意识。引导企业增强合规意识。第四,处置违规行为。及时发现企业违规情况,督促其整改。其次,主要从风险防控和提升竞争力两方面考虑,为什么要合规。有以下措施:第一,健全政策法规体制;第二,完善监管体系;第三,强化监管措施,落实备案制度,违规企业开展联合惩戒。

左力会长首先肯定各位报告人的内容,并提出医药化工企业是合规推行较早的行业,但是目前推行仅在外企和少数国内大企业中进行,并没有在行业内推广进行。主要是政府对于合规激励措施不够,使企业缺乏内在动力和积极性。期待未来国家对于合规不起诉的模式转型,使企业转变经营理念,从头搭建合规体系。

方达律师事务所合伙人林彦华律师认为,要想让企业愿意做合规首先要注意两个问题:一是立法预期性和合理性;二是合规建设要与奖惩体系挂钩,即主动做合规的企业出现违法事件时是否可以免责或者减轻惩处。除此之外,林彦华律师对在场嘉宾提出了以下几个问题:第一,在证券领域行政和解推进的情况?第二,作为私主体,如何认识数据主体的概念?针对数据等级保护,企业运营中如何判断数据监管范围,哪些数据范围是可以流动的?北京大学张平教授针对五位报告人所作发言,提出为何要合规、合规内容、如何合规。

第四单元　合规在公司治理中的作用

方达律师事务所合伙人尹云霞律师作为主持人,介绍本单元的发言人和评论人,引入关于“合规对于企业而言,是增加成本,还是创造价值”的探讨。

中兴通讯股份有限公司(以下简称中兴)副总裁黎文,以“以风险为导向的企业专项合规”为主题发言,介绍中兴的合规经验,分享中国化的企业合规体系构建路径。黎文认为,2018 年被称为中国企业合规元年,正是由中兴事件引发了中国这场企业合规的热潮。在中兴事件发生时,商业环境不好,事件的发生使中兴的形象受损,成为不合规企业的代表。但是,中兴作为 A 股上市最大的通信公司,自 2013 年起就开始着手建立合规,是业内较早开始合规的企业。近几年,中兴与其他企业就合规问题进行了很多交流。在以往与中央企业的交流中,中央企业建立合规通常是因为国资委的要求,这是以管理执行为导向的合规。在与一些民营企业的交流中,他们的出发点是中兴遇到的问题他们也可能会遇到,让中兴介绍经验,这是以风险为导向的合规。黎文强调,本次发言主要从企业的视角,探讨风险导向下的企业合规。从企业角度来讲,企业合规渊源就是公司合规政策,即如何将外部监管的要求,结合企业的业务场景,转立法为企业内部的合规政策。企业是无法全面合规的,应当是需要建立专项合规,中兴在1.0的合规时代做的是全面合规,在2.0的时代将合规收缩为贸易进出口管制合规、反贿赂和贿赂、数据保护三个领域的专项合规。这三个领域是会为中兴带来系统性风险的领域。但是,这三个领域的合规无法融合在一起,因为他们有差异化的业务场景,需要做独立的专项合规。企业定义合规的范围是第一步。在此之外,中国跨国企业内部的合规体系一定要中国化,贯彻落实党的十八届四中全会“依法治国”的要求。具体而言,企业的合规要有规则体系、实施体系、监督体系,还要有管理层的承诺、资源投入、文化建设等保障体系。企业要针对在礼品款待、外部差旅、招聘、并购等具体的业务场景,设计工作中的可操作程序,将合规嵌入业务流程,使产品研发到销售运行的各个环节均实现合规。中兴的合规体系最终达到的目标就是经营有红线意识,而中兴合规目前最大的难题就是合规人才的短缺。因此,中国人民公安大学企业合规与社会治理研究院的成立具有重大意义。

京东方科技集团合规中心中心长、国际法务部长贾申,以“从守护价值到创造价值——如何通过大合规管理赋能业务”为主题发言,分别对美国企业、国内企业的合规管理体系进行分析,进而讨论大合规在公司治理中的作用。首先,贾申认为,在以美国为例的外企合规管理体系中,合规首要针对的是强监管、高风险、高处罚的外部要求,包括特定的国际惯例、域外法律要求等。在合规的组织架构方面,主要存在法务与合规相结合的模式,内控与合规相结合的模式两种。在合规运行机制的方式,美企的合规落地路线,包含从价值观、员工行为准则的确定,到合规政策在流程化、指南化的执行程序中落地实施。在合规管控模块方面,美企主要针对反贿赂、反垄断、贸易合规、数据安全和隐私这几个风险点进行,还有一些其他业务部门主导的板块,包含环保、健康和安全、产品质量安全、消防安全等。其次,贾申认为,在国内企业合规问题上,

2018年应该是中国的“大合规”元年,应国内外时代背景的需要,合规逐渐成为企业健康的基本保障和跨国企业的必由之路。国内企业合规管理模式有“三条线”,合规的综合管理部门是法务部门,专项管理部门包括人士、财务、环保等部门,主轴部门是业务部门,形成了三位一体的模式。中国各个企业的风险差别很大,应当挑选主要的风险点,建立专门的合规红线。随着企业运营和业务线的增加,合规的重点也需要相应变化,灵活地将合规嵌入业务流程当中。合规运行机制主要包含三道防线,分别是业务部门、职能部门和审计纪委部门。贾申强调,中国企业与美国企业的合规存在诸多差别,例如,中国企业构建合规体系的过程中应当注重与纪检监察等既有内控、风控等组织结构相融合。最后,在探讨大合规在公司治理中的作用的问题上,贾申将有效合规管理总结为“准、融、实、简”的四字心得:合规的边界需要画准,企业可以借助外部律师把合规的边界画准;合规要与风控、内控等既有体系相互融合;合规也要嵌入业务流程,确保能够落实;合规对领导的汇报、对业务的沟通要简单,不使用难懂的法律语言。总体而言,贾申认为,合规具有独立的价值,其价值不只在于防守。合规可以作为进攻对手不合规的武器,新业务的扩展也越来越依赖于合规性的确认,在招标、合作等商业活动中,合规也会带来更多的业务资源。

北京字节跳动科技有限公司高级合规官刘榕,以“中国企业全球化合规制度的建立”为主题发言,明确了企业构建合规体系的要点。刘榕认为,第一,企业需要识别企业的风险点。在风险点识别的过程中,企业可以对业务人员做风险调查问卷,也可以在媒体进行负面新闻检索,还可以查阅企业的虚实账,以这些方式发现企业经营的风险。第二,企业需要针对风险点进行评估,对企业有“系统性、致死性”的风险点进行合规管理。第三,企业需要制定合规管理的组织架构,合规的第一道防线是业务部门,第二道防线法律合规部门,第三道防线是审计和其他监管部门。合规委员会是解决企业合规问题的决策层,由企业高层和各个主要部门构成,负责制定合规政策以及在合规案件发生后决策处理方式。第四,企业需要制定合规管理制度,在纲领性的合规制度确立之后,应当与业务部门充分沟通,确定专项合规的制度内容,包括对合作伙伴的管理、捐赠活动管理等。第五,企业应当建立合规保障措施,包括将合规纳入员工考核标准进行激励、注重合规信息化建设、建立专业化的合规人才团队等。第六,企业应当注重合规的培训和宣传,树立企业人员的合规意识。

泰康保险集团股份有限公司(以下简称泰康)合规负责人靳毅,以“企业合规管理演变的观察”为主题发言,结合泰康的经验,倡导将合规视为企业可持续发展的基石。靳毅认为,合规在15~20年由隐学变为显学,特别是中兴、华为事件之后,合规成为所有企业的共识。中国之前的合规主要在跨国公司、金融机构等少数领域,但现在开始,合规开始体系化发展,使2018年成为合规元年。另外,合规也由外驱力变成内驱力。当前大部分头部的金融机构已经不只是关注外部监管机关的要求,而是形成了一整套既有共性、又有个性的打法,由企业的内驱动力带动合规,将合规融入企业的文化。“赚钱之道写在刑法中”的表述并不正确,当今世界,真正赚钱的是百年老店,合规由外驱转为内驱是企业价值观的诉求,“合规守护,泰康永续”就是泰康的价值观。此外,合规还从纸上合规变成了合规科技。企业越来越注重以技术手段驱动合规,运用科技手段将所有的合规都嵌套到业务流程中,如在系统中设置风险预警。这些变化主要是基于两个趋势而产生的:第一,中国“跑马圈地”的阶段已经结束,规范化的社会发展使企业难以赚到快钱,现在需要的是农夫,而不是猎人;第二,中国企业实力增强。中国企业被美国制裁,也是因为实力增强,进入了美国视野。小企业本身不适合做合规,其需要先活下来,才应该考虑合规。泰康全系统做合规的人员有600多人,超过总人数的1%,这些人没有带来收入,企业的实际投入成本较大。靳毅认为,未来我们要重视三个问题:第一,谨慎“合规异化”,如果过分强调合规,合规恐阻碍业务、难以为企业带来价值;第二,需认识到合规是一个复合学科,需要管理、法学、技术等多样人才配合;第三,合规是中国软实力输出的重要手段,随着中国企业的强大、走出去,中国先进的合规理念将外向传播。

北京大学口腔医院医务处长施祖东,以“医疗机构合规问题研究初探”为主题发言,展望医疗机构合规的发展趋势。施祖东认为,医疗机构领域的合规尚未开始,期待合规理念能够在此成长。在法律理念中,“人”和“法人”都是基于自由意志而承担责任,是基于群体决策的理性、人与法人责任切割的反思,产生了合规。合规是企业可持续发展的基石,也使得企业变成了政府执法的内部监管者。公立医疗机构是事业单位,但也是承担责任的法人。当前,由医疗机构承担责任的法律条款有700多条,其中1/4的条款涉及剥夺医疗机构的资格,有引入合规的需求。以“魏则西事件”为例,相关部门在对该医疗机构的核查过程中,发现部分医务人员违规、科室与外部医疗机构违规合作、发布虚假广告等问题,致使该医疗机构自2015年起全面停业。该机构在2014年以前年门诊量上百万,但是至今仍然处于停业整顿状态。限制医疗机构的资格,对其有致命性影响,因此需要切割个人与医疗企业间的责任。施祖东结合个人发表合规相关论文的经历认为,当前医疗卫生管理学界似乎认为合规为时尚早,而医疗卫生法学界已经开始重视。现代医疗机构的监管逐渐由强调外部监管变为注重内部监管,主张加强医疗机构主体的监管责任。施祖东认为,医疗机构的专项合规应当包含反贿赂、患者隐私保护等方面,具体问题尚需研究。另外,也需要对医疗机构监管体制进行反思,纪委、审批等监管体制已经存在于医疗机构内部,但是,这些体制的职务权力划分和资源整合仍然存在问题。从外部来看,在推行医疗机构自监管的过程中,没有诱惑、只有威胁,可以增加部门法中激励医疗机构合规的内容,如规定对尽到了监管义务的医疗机构减轻处罚。总体而言,医疗机构合规是尚在研究的问题,需要多方面思考、实践。

方达律师事务所资深律师康英杰作出点评。康英杰认为,如几位发言人所言,合规与风险、信用、价值均存在关联。首先,从合规与风险的角度分析,合规能够帮助企业化解风险。在实践中,企业主要需要符合的是税务、财政等行政部门的法律要求,即实现行政合规。随着中国的合规不起诉制度发展,刑事合规发展已经走在前面,行政监管领域也应当有所思考,比如建立“行政违法不处罚”制度以推动行政合规。其次,合规与信用也有关联,当前各类信用惩戒机制建立,企业需要思考对信用风险的规避,考虑失信后的信用修复问题。最后,合规能够帮助企业获得价值,因为其在减小风险、增加交易机会、获得行政许可便利等方面均有实际作用。

北京大学法学院蒋大兴教授作出点评。公司法上的公司治理概念其实是狭义的概念,而本单元所称合规联系下的公司治理是广义的概念。合同法规制的是公司的外部行为,而公司法规制的是公司内部的高层行为,对于公司内部的中、低层自然人行为,交易法和组织法确实存在规制的空白地带,而合规的重要作用就是填补这一空白。通过思考本单元的各个企业专家的发言,蒋大兴认为,公司法的改革应当思考重构公司治理的概念,也应当将差异化的合规需求视为公司治理的重要内容,既注重合规体系的全流程化管理,又注重专项化的合规构建。在外部机制推进企业合规的问题上,应当结合中国当前的经济发展阶段、企业发展阶段,纳入企业合规成本的考量,谨慎合规功能的异化。

主持人尹云霞律师对本单元的发言和评论进行总结。尹云霞认为,企业是管理自身风险的最好角色,企业也有建立有效合规制度的方法,做好合规能够降低社会治理成本。她呼吁立法、监管机构的领导能为企业建立合规制度提供更多动力,推动多元社会治理的发展。

第五单元　律师在推进企业合规中的作用

本主题是从律师的视角来审视企业合规,由方达律师事务所合伙人庄燕君律师主持。

金杜律师事务所合伙人吴巍报告的题目是“独立监管人在合规不起诉制度中的定位与价值”。金杜律师事务所是最高人民检察院在深圳市宝安区合规制度试点单位的合规监管人,吴巍律师分享了对合规监管人的认识。合规监管人制度在国外主要应用于反商业贿赂和出口管制领域,合规监管人在这些领域发挥预防和监督的作用,目的是提升企业内部合规监管机制和合规监管水平。吴巍律师从合规监管期限、合规监管人的选任(合规监管人的工作范围、考察的标准以及对合规监管人的监管)方面对域外的经验进行了介绍,并着重介绍了实践中的合规监管做法,分为五个阶段:项目启动阶段(检察院和企业签订和解协议)、企业提供自查报告、合规监管人审查合规计划是否完备、沟通确认考察标准、核查执行情况并提出评估意见。吴巍律师在最后提出了合规监管制度转化为国家治理效能的美好期望。

方达律师事务所合伙人赵何璇报告的题目是“进出口管制合规为中国企业量身定制的风险‘防弹衣’”。赵何璇律师从企业进出口管制合规这个具体的实务问题的角度,以美国将中国部分高科技企业纳入管制名单事件切入。赵何璇律师认为出口管制合规体系的特点有中国企业面临外部压力大、美国《出口管制法》法律性与政治性并存、美国《出口管制法》技术性强和国际规则知识需求性强。并根据上述特点,赵何璇律师认为做合规业务的律师应当具备帮助企业化解外部压力、快速响应、抓住合规体系的重点、快速研究、帮助企业培养国际规则的思维和应对能力。赵何璇律师最后提出了出口管制合规体系要避免“拿来主义”、内部合规人和外部合规人合作和企业加强企业内部合规培训的建议。

中伦律师事务所合伙人周亚成报告的题目是“环保律师高效推动绿色发展的全过程。”周亚成律师提出,环保合规是国家层面非常重视的一个问题,也是合规制度中的一个重要组成部分。周亚成律师认为,帮助企业建立环境的行政合规体系和刑事合规体系的主体是律师,在合规制度体系中,周亚成律师引入了国家法治的“十六字方针”:有法可依、有法必依、执法必严、违法必究。环保合规在推动环境保护的作用巨大,环保合规与政府政策联系紧密,企业应当密切关注政策变化。周亚成律师反对环保合规是耗费企业资金的观点,提倡应当从长远的眼光来思考环保合规。

广东德博惟度律师事务所管委会主任孙蕙心报告的题目是”刑事合规共同体中律师的职能定位”。孙蕙心律师认为,刑事合规需要不同的主体共同参与,在刑事合规共同体中,需要有一致的目标,改变之前监管与被监管主体之间对立的态度。孙蕙心律师从自己主导的合规案例出发,分享了律师在做合规计划时应当深入了解企业运行以及行业模式,这样才能确保合规计划落地,并且在制定合规计划时律师应当保持中立的地位,降低自身风险。孙蕙心律师在最后提出了培养企业合规的自主意识的建议。

江苏振强律师事务所高级合伙人黄斐报告的题目是“合规不起诉”。黄斐律师从自己主导的合规案例切入,提出了报告的三个关键词,即借力、合力、尽力。借力,就是借助当地政府和工商联说服检察院做出合规不起诉的决定;合力,包括整合律所内部的力量、行政监管部门力量、聘请第三方监管机构;尽力,打造企业合规体系并通过检察机关考核。合规不仅仅是表面功夫,更是“刮骨疗毒”,是企业内部组织体系的合规化,企业的合规计划还要制定合规管理的运行体系、保障体系。黄斐律师最后还介绍了在实践中合规报告的具体结构。

中央民族大学法学院院长韩轶教授肯定了各位报告人的报告内容。韩轶教授认为五位报告人紧扣企业合规的价值和作用,从不同的角度对企业合规进行了解读。韩轶教授认为我国对企业合规的关注点产生了两个新变化:一是企业合规逐渐成为企业风险内控机制一个必不可少的环节;二是企业合规从民商事合规、行政合规推进到刑事合规。韩轶教授提出了自己的观点:一是应当高度重视企业的法律风险,特别是刑事法律风险;二是企业刑事合规的关键是提前风险控制,企业也应当承担社会责任。韩轶教授认为企业合规包括三个方面:完善的规章制度堵塞漏洞、重大交易行为的审查官以及提供合规的咨询与报告。

江西盛义律师事务所副主任毛巧云首先对各位报告人的发言内容进行了总结。毛巧云律师分享了江西合规监管人制度在实践中的应用案例。最后,毛巧云律师提出制度设想,即合规监管人的选任能否参照破产管理人制度。

闭 幕 式

闭幕式上,方达律师事务所尹云霞律师和北京大学法学院陈瑞华教授作为发言人进行总结,中国人民公安大学法学院李玉华院长主持。

李玉华院长首先向与会嘉宾的参会表达了感谢,表示热烈欢迎各位专家学者继续关注中国人民公安大学企业合规与社会治理研究院,并进行各项学术交流。

方达律师事务所尹云霞律师提出三点总结性看法:一是把合规融入中国多元化的监管体系是很紧迫与必要的。二是企业合规是具有可行性的,也会遇到很多挑战,但是这些挑战都是有方法的,要根据各个企业制定不同的合规计划。三是做好企业合规需要多方努力共同推动。合规是能够创造价值的,需要法律共同体的共同参与才能够使合规在中国真正的落地生根。

北京大学法学院陈瑞华教授指出,应该从不同角度,帮助企业探索合规,目前来看,可以通过三大改革来做到这点:一是行政监管方式的改革。把合规引入行政监管中,推动企业做到自我监管,奖惩并进,督促企业进行自身的合规建设。二是刑法的改革。合规必须成为企业出罪的根据,这是企业合规的基础理论。只要这样,才能成为企业进行合规的强大动力。三是刑事诉讼法的改革。实施合规不起诉不能够违反法律。刑事诉讼法的修改一定要引入合规,以合规换取宽大的强制措施、换取附条件不起诉等。只有推动刑事诉讼法的修改,才能有真正的合规空间。